循证社会科学研究系列丛书

杨克虎 总主编

国家社会科学基金重大项目"循证社会科学的理论体系、国际经验与中国路径研究"（项目编号：19ZDA142）的阶段性研究成果

循证社会科学的统计基础

杨克虎 尚宏利 周文杰／著

科学出版社

北 京

内 容 简 介

本书是为循证研究领域初学者设计的统计学入门读物。本书重点介绍了描述性统计等统计学基础知识，通过简明易懂的方式，帮助读者掌握在循证研究中常用的数据处理、描述和分析方法。同时，本书结合统计理论，应用实地调研的数据进行 Stata 操作，让读者在理解统计理论的同时能够进行实战操作，具有很强的指导性和应用性。

本书适合社会科学、教育学、医学等领域的研究生和本科生，以及从事循证研究的相关人员阅读。

图书在版编目（CIP）数据

循证社会科学的统计基础/杨克虎，尚宏利，周文杰著. —北京：科学出版社，2024.6

（循证社会科学研究系列丛书/杨克虎总主编）

ISBN 978-7-03-077836-9

Ⅰ.①循… Ⅱ.①杨… ②尚… ③周… Ⅲ.①社会科学-统计方法-研究 Ⅳ.①C32

中国国家版本馆 CIP 数据核字（2023）第 252584 号

责任编辑：刘英红　夏水云 / 责任校对：贾娜娜
责任印制：赵　博 / 封面设计：有道文化

科学出版社 出版
北京东黄城根北街 16 号
邮政编码：100717
http://www.sciencep.com

北京市金木堂数码科技有限公司 印刷
科学出版社发行　各地新华书店经销

*

2024 年 6 月第 一 版　开本：720×1000　1/16
2025 年 2 月第二次印刷　印张：21 1/2
字数：431 000

定价：198.00 元

（如有印装质量问题，我社负责调换）

总　　序

　　循证社会科学（Evidence-based Social Science）是循证医学与社会科学交叉而成的一个新兴学科，主要基于最佳证据、运用循证方法来揭示和阐释社会科学领域的规律性问题、因果性问题和决策性问题。循证社会科学是随着20世纪90年代兴起的循证实践运动（Evidence-based Practice Movements）的发展而产生的，21世纪以来逐渐受到关注并在国际上得到较快发展。目前，循证社会科学已成为一个具有一定学术影响力和社会影响力的新的学科交叉研究领域。

　　循证社会科学的兴起和发展不是偶然的，它反映了科学发展的规律和某种必然的趋势，也蕴含着深层次的驱动因素。具体来看主要有以下四个因素。

　　一是循证医学发展的科学影响。自1992年加拿大学者Gordon Guyatt等在《美国医学会杂志》上发表 Evidence-based medicine: A new approach to teaching the practice of medicine 一文标志着循证医学正式诞生以来，循证医学"基于问题的研究，遵循证据的决策，关注实践的后果，后效评价，止于至善"的理念和"有证查证用证，无证创证用证"的方法就广受科学界及社会高度认可。借鉴循证医学的理念、方法和技术，在社会科学领域通过最佳证据的生产、传播、转化和应用，进而促进科学决策的循证实践更是被誉为社会科学的第三次"科学化"浪潮。可以说，循证医学给了循证社会科学发展的理论基础和动力。

　　二是学科交叉融合的发展结果。当前，全球新一轮科技革命和产业变革呈现出信息、生命、材料等众多领域知识汇聚融合的新特点，在此大背景下，人类在解决经济、社会等关系人类生存和社会发展的重大问题时，越来越多地需要综合运用多学科知识，需要在不同学科间开展广泛的交流与合作。在此过程中，学科之间知识不断交叉、融合、渗透，科学研究呈现出从"单一学科"向"交叉学科"的范式转变的趋势，我们已经进入了交叉科学时代。循证医学独特的视角、先进的理念、科学的方法和跨学科、跨地域合作的创新模式对自然科学领域和社会科学领域各学科的发展产生了深远的影响。心理学界自20世纪七八十年代开始即制订了相关心理学实践的原则、手册、指南与标准，在学校心理学、咨询心理学、家庭心理学、行为分析甚至各种社会服务或社区服务等领域开展了一场声势浩大、席卷全球的循证实践运动，推动着循证的思想、理念与方法交叉发展并渗透到传统的管理学、教育学、社会学、经济学等社会科学领域，循证社会科学在不断深化的交叉融合下迎来了一次次发展机会。

三是科学研究范式的演变革新。随着大数据时代的到来和数据的爆炸性增长，计算机不仅仅能做模拟仿真，还能进行分析总结和理论阐释，这一时代的变化显而易见的是让数据模型构建、定量分析方法及利用计算机来分析和解决科学问题的第三科研范式——计算机科学有了丰富和可以计算的数据基础，更为重要的是推动了数据密集范式从第三范式中分离出来，成为一个独特的科学研究范式——第四范式：数据密集型科学研究范式。在数据密集型科学研究范式环境下，科学研究由传统的假设驱动向基于科学数据进行探索的科学方法转变，由大数据组成的科学数据成为科学家们进行科学研究的最佳证据选择，也就是说科学研究范式的演变革新为循证社会科学发展提供了坚定的证据保障及应用驱动。

四是社会重大问题的治理需要。循证的理念、思想和方法已经在西方发达国家的科学决策、政府治理和智库研究中受到重视并推广应用。1999 年，英国布莱尔政府公布了《政府现代化》（*Modernizing Government*）白皮书，提出"本届政府要更好地利用证据和研究的方法来制定政策，更多地专注于能产生长期影响的政策"。2007 年澳大利亚总理陆克文指出"循证决策是改革政府的核心"。2016年 3 月 18 日，美国第 114 届国会通过了成立"循证决策委员会"的法案[H.R.1831（114th）：*Evidence-based Policymaking Commission Act of 2016*]，以确保联邦政府在制定每年为社会服务提供 1.6 万亿美金的资助政策和干预措施时是基于证据的，同时评估联邦计划和税收支出的有效性。由此可见，循证社会科学已在社会治理、政府建设等领域得到一定的应用，循证社会科学的价值在实践层面得到了挖掘和彰显。

在我国，循证社会科学研究与实践尚处于萌芽阶段，虽然教育学、法学、社会工作、管理学等社会科学领域的从业者、决策者和研究者们逐渐意识到循证科学决策的重要性和紧迫性，但相关研究证据较少，涉及领域比较局限，而且也没有支持循证社会科学研究与实践的平台。此外，人们对大数据时代获取、生产、评价、转化利用社会科学领域证据的方法知之甚少。所以，开展循证社会科学的理论与实践研究，探索和厘清循证社会科学的理论、证据、应用、平台等问题，对填补当前我国循证社会科学发展的诸多空白，推动循证的理念、方法和技术惠及更多的社会科学研究及实践，显而易见具有重要的学理意义和实践意义。部分学者及国家相关机构也已经意识到了发展循证社会科学的价值所在，并开展了相应的自觉行动。2019 年 5 月 30 日，科技部组织召开的香山科学会议——"循证科学的形成发展与学科交融"（第 S49 次学术讨论会），就是国家在循证科学研究领域的战略布局和发展引领的标志。

兰州大学是教育部直属的全国重点综合性大学，是国家"985 工程""211工程""双一流"重点建设高校之一。成立于 2005 年的兰州大学循证医学中心一直重视将循证的理念和方法推广运用到社会科学的研究和实践领域，以推动循证社会科学研究的发展。中心邀请了国际循证社会科学权威学术组织 Campbell 协作网主席 Haluk Soydan 教授、美国南加利福尼亚大学社会工作学院 Iris Chi 教授等国际一流循证社会科学专家到兰州大学进行学术交流和开展培训工作。2010 年 1 月，派出博士研究生拜争刚赴美国南加利福尼亚大学师从 Haluk Soydan 教授学习；2010 年 12 月，开始与加拿大麦克马斯特大学合作推出"卫生系统证据"数据库中文版，并联合培养循证卫生决策管理方向的研究生；2014 年，与南加利福尼亚大学社会工作学院签署合作备忘录，共同开发"中国儿童与老年健康证据转化数据库"，组织团队对 Campbell 协作网及 Campbell 系统评价进行学习研究；2016 年，在兰州大学的立项支持下组建了由法学、管理学、经济学、教育学、心理学、哲学、社会工作、公共卫生、医学等学科研究人员组成的循证社会科学研究团队，开展循证方法学的培训和学术研究；2017 年，派出博士研究生王小琴赴加拿大渥太华大学师从 Campbell 协作网主席 Jeremy Grimshaw 教授研修学习，12 月，兰州大学正式成立"循证社会科学研究中心"，并将"循证社会科学研究平台建设"作为"双一流"建设项目给予优先支持。

扬帆起航的兰州大学循证社会科学研究中心以"原创导向、交叉融合、开放合作、超前发展"为指导原则，充分发挥兰州大学循证医学学科的人才优势和方法学优势，整合国内外及学校相关人文社会科学的优质资源，瞄准循证社会科学研究的前沿及空白点进行探索研究及应用。2018 年，编著出版国内第一本"循证社会科学"教材《循证社会科学研究方法：系统评价与 Meta 分析》。2018 年至 2022 年，前后举办 10 期"循证社会科学研究方法"培训班，来自全国 20 余个省（自治区、直辖市）的近百所高校、科研机构的千余名学员参加培训，"循证社会科学研究方法"作为"研究生学科前沿交叉课程"得到兰州大学立项支持；每年主办"循证科学与知识转化"论坛，邀请国际循证医学创始人、加拿大皇家科学院院士、加拿大麦克马斯特大学 Gordon Guyatt 教授，全球证据委员会共同主席、加拿大麦克马斯特大学 John N. Lavis 教授，Campbell 协作网前执行总裁 White Howard 教授，Campbell 图书馆（Campbell Library）总主编 Vivian A. Welch 教授等国际循证社会科学权威学者来兰州大学讲学，分别与 Campbell 协作网、美国哈佛大学、美国南加利福尼亚大学、英国贝尔法斯特女王大学、加拿大循证卫生决策研究中心、加拿大麦克马斯特大学、加拿大渥太华大学、瑞士日内瓦大学签署了合作协议，就循证社会科学的人才培养、科学研究、学术交流、国际合作等方面开展了实质性合作。2018 年，兰州大学循证社会科学研究中心入选中国智库索引（Chinese Think Tank Index，CTTI）。2019 年 12 月，中心申请到全国第一个"循证社会科学"国家社会科学基金重大项目"循证社会科学的理论体系、国际经验与中国路径研究"（项目编号：19ZDA142），并率先开始在全国招收循证社会学方向的博士研究生。2021年，"循证社会科学的课程体系及教材建设实践"获教育部首批新文科研究与改革实践项目立项支持，循证科学被兰州大学列入"十四五"规划交叉学科重点建设名单，获批国家留学基金管理委员会"循证社会科学创新人才联合培养项目"；2022年，再次获批国家留学基金管理委员会"全球卫生青年创新人才联合培养项目"，两年间连续派出11位青年教师和研究生赴哈佛大学、麦克马斯特大学、贝尔法斯特女王大学、日内瓦大学、鲁汶大学等国际知名大学师从权威专家进行交流访学或接受联合培养。同年，"循证科学"交叉学科博士学位授权点正式获批；"循证社会科学交叉创新实验室"作为兰州大学哲学社会科学实验室（首批）获立项支持，Campbell协作网前执行总裁White Howard教授被兰州大学聘任为循证社会科学交叉创新实验室外籍教授；与全球证据委员会合作，翻译并发布了《全球证据委员会报告》（中文版）；循证社会科学研究中心被列为兰州大学新型智库建设试点单位，并入选"CTTI2022年度高校智库百强榜"；6门课程与6本教材获兰州大学立项建设，系列课程与系列教材渐成体系。

在已有的发展和研究基础上，兰州大学循证社会科学研究中心将目光瞄准到更为广阔的理论和实践领域拓展上，组织相关专家完成"循证社会科学研究系列丛书"以适应和回应循证社会科学研究和实践发展的需要。丛书包括杨克虎等的《循证社会科学研究方法：系统评价与Meta分析》，胡晓玲、柳春艳的《循证教育学概论》，魏丽莉、斯丽娟的《循证经济学》，李秀霞的《循证卫生决策研究方法与实践》，刘光华的《法循证学理论与实践》，王学军的《循证治理》，郭丽萍的《循证教育学研究方法与实践》，徐争的《循证艺术疗法理论与实践》，刘勍、袁陇珍的《循证图书馆信息实践》，以及《中国循证社会科学发展年报》等10余部著作、刊物。期待"循证社会科学研究系列丛书"的出版能为确立循证社会科学的理论体系，探索循证社会科学发展的中国路径，促进中国循证社会科学的发展，奠定我国在国际循证社会科学研究领域的学术地位发挥相应的作用。

本丛书的出版，得到了全国哲学社会科学规划办公室、国家自然科学基金委员会、甘肃省科技厅、甘肃省哲学社会科学规划办公室，以及兰州大学学科建设与发展规划处、社会科学处、科学技术发展研究院和中央高校基本科研基金的支持和资助，得到了许多领导和专家的关注和大力支持。在此表示由衷感谢！

杨克虎

2023年2月

前　言

　　循证（Evidence-based）研究，即基于证据的研究，是一种始于医学，但已被广泛应用于教育学、经济学、心理学及社会工作等领域的新兴研究范式。元分析（meta-analysis）是循证研究领域进行证据综合的主要方法。最早的元分析至少可追溯到1904年统计学家K. Pearson的研究。1954年，W. G. Cochran正式提出了以固定效应和随机效应为主体的元分析方法。1976年，G. V. Glass首次提出了术语"meta-analysis"。1977年，M. L. Smith和G. V. Glass出版了首部社会科学领域的元分析著作。1985年，L. Hedges和I. Olkin出版了首部荟萃分析统计方法的教科书。1993年，M. W. Lipsey和D. B. T. Wilson对来自社会科学领域的302篇文献的处理效应进行了元分析。同年，Cochrane协作网（Cochrane Collaboration）正式成立。1995年，I. Chalmers和D. G. Altman首次提出了"系统评价"（systematic review）这一术语。2000年，Campbell协作网（Campbell Collaboration）正式成立。2002年，T. Lumley提出了"网状元分析"（network meta-analysis）。2009年，《系统综述和Meta分析的首选报告项目》（*Preferred Reporting Items for Systematic Reviews and Meta-Analyses*，PRISMA）正式发布。伴随着元分析和系统评价理论和方法的成熟，从2008年开始，一些重要的统计软件包（如R和Stata）均开发出了元分析的统计模块，极大地提高了元分析的数据处理能力。

　　近年来，循证社会科学在经济、教育、法律、管理等领域都得到了突飞猛进的发展。目前，循证社会科学不仅成为新文科建设成果的重要体现，而且其循证理念也已被广泛应用于人文社会科学的各个领域，形成了由循证管理学、循证教育学、循证法律学、循证犯罪学、循证政治学、循证图书馆学、循证经济学、循证心理治疗、循证矫正、循证社会工作等构成的庞大新型学科群。同时，循证实践也已被广泛应用于科学决策、国家治理、智库研究等多个领域。随着循证社会科学理论与实践的深入，海量证据资源的获取与分析越来越成为制约循证社会科学发展最主要的短板。为此，本书立足基础证据数据的分析，从循证研究的一般统计理论、方法与工具入手，对循证社会科学的统计学基础展开探讨。

　　在笔者已结项的前一个国家自然科学基金项目（课题名称：信息致贫的微观机理与信息减贫的宏观制度关联研究，研究周期：2019~2022年）中，围绕信息致贫的微观机理，笔者对5 000余名受访者进行了调查，获取了大量关于信息贫困成因的证据信息。正是立足于前述研究中已形成的理论、方法与数据基础，本书试图借助循证研究的理念，全面介绍一系列基础性的统计方法与工具，以便对这些证据资料进行有效解析，从而为深度循证信息贫困研究的展开提供鲜活的事例。

本书是兰州大学杨克虎教授领衔的国家社会科学基金重大项目"循证社会科学的理论体系、国际经验与中国路径研究"（项目编号：19ZDA142）与周文杰教授主持的国家自然科学基金面上项目"循证信息贫困研究"（项目编号：72374170）的具体研究成果之一。本书共分为十四章，涉及一系列基础性数据统计分析方法。这些数据统计分析方法，可被视为获取广泛的原始证据，并深入展开循证研究的第一步。我们期望，通过对这些数据统计分析方法的介绍，为读者有效参与循证科学研究，展开证据综合奠定基础。当然，作为一本学术著作，本书还有不尽完善的地方，期望得到读者和专家的评点与指教。

周文杰

2024 年 4 月

目 录

第一章 数据的类型 ·· 1
第一节 数据简介 ·· 1
第二节 信息源视野 ··· 10
第三节 信息能力感知与 ICT 的使用与获取 ··· 13
第四节 信息贫困的关联因素 ··· 15
第五节 数据分类 ·· 18
第六节 数据来源 ·· 22

第二章 数据处理与展示 ··· 27
第一节 数据处理 ·· 27
第二节 数据展示 ·· 39

第三章 描述性统计 ·· 51
第一节 统计表 ·· 51
第二节 统计分组 ·· 54
第三节 集中趋势 ·· 56
第四节 离散趋势 ·· 62
第五节 偏度与峰度 ··· 66
第六节 数据标准化 ··· 68

第四章 统计推断基础 ··· 73
第一节 抽样推断概述 ·· 73
第二节 抽样方案设计 ·· 75
第三节 抽样平均误差 ·· 78
第四节 必要样本容量 ·· 84
第五节 参数估计 ·· 87
第六节 假设检验 ·· 97

第五章 总体均值的检验与方差分析 ··· 108
第一节 总体均值的检验 ·· 108

第二节　方差分析 ………………………………………………………… 112
　　第三节　协方差分析 ……………………………………………………… 129
第六章　聚类分析 ………………………………………………………………… 132
　　第一节　聚类分析概述 …………………………………………………… 132
　　第二节　系统聚类分析 …………………………………………………… 137
　　第三节　动态聚类分析 …………………………………………………… 142
第七章　因子分析 ………………………………………………………………… 148
　　第一节　因子分析概述 …………………………………………………… 148
　　第二节　因子分析的基本模型和统计量分析 …………………………… 149
　　第三节　因子分析的计算 ………………………………………………… 151
　　第四节　因子分析的步骤 ………………………………………………… 154
第八章　相关分析 ………………………………………………………………… 163
　　第一节　相关关系概述 …………………………………………………… 163
　　第二节　相关系数 ………………………………………………………… 166
第九章　回归分析 ………………………………………………………………… 173
　　第一节　一元线性回归分析 ……………………………………………… 176
　　第二节　多元线性回归分析 ……………………………………………… 186
　　第三节　不同函数形式和变量类型的影响 ……………………………… 193
　　第四节　哑变量 …………………………………………………………… 202
第十章　非参数检验 ……………………………………………………………… 211
　　第一节　单样本非参数检验 ……………………………………………… 211
　　第二节　多样本非参数检验 ……………………………………………… 216
第十一章　时间序列分析 ………………………………………………………… 221
　　第一节　时间序列分析概述 ……………………………………………… 221
　　第二节　时间序列的水平指标 …………………………………………… 224
　　第三节　时间序列的速度指标 …………………………………………… 228
　　第四节　时间序列的因素分析 …………………………………………… 232
　　第五节　季节效应分析 …………………………………………………… 242
　　第六节　循环变动和不规则变动分析 …………………………………… 246
　　第七节　ARIMA 模型 …………………………………………………… 247
第十二章　面板数据分析 ………………………………………………………… 256
　　第一节　面板数据概述 …………………………………………………… 256
　　第二节　线性面板数据模型与 Stata 实现 ……………………………… 259

第三节　动态面板数据的广义矩方法 …………………………… 268
　　第四节　非线性面板数据模型与 Stata 实现 …………………… 273
　　第五节　利用面板数据做项目评价与政策分析及 Stata 实现 …… 278
第十三章　测量 …………………………………………………………… 292
　　第一节　测量的定义与工具 ……………………………………… 292
　　第二节　测量方法 ………………………………………………… 295
　　第三节　测量工具的信度评价 …………………………………… 301
　　第四节　测量工具的效度评价 …………………………………… 303
　　第五节　"个人信息世界量表"的信度检验 …………………… 306
　　第六节　"个人信息世界量表"的效度检验 …………………… 310
第十四章　统计指数 ……………………………………………………… 313
　　第一节　指数的概念和分类 ……………………………………… 313
　　第二节　个体指数与综合指数 …………………………………… 315
　　第三节　平均指数 ………………………………………………… 319
　　第四节　指数体系与因素分析 …………………………………… 321
　　第五节　几种重要的统计指数编制 ……………………………… 326

第一章　数据的类型

在社会科学领域，实证研究毋庸置疑已成为主流范式。应用科学的测量方法获取经验证据，并使用严谨的数理统计方法对这些证据加以解析，以获得由样本到总体的一般性认识，构成了当代社会科学实证研究范式的逻辑主线。显然，以"证据"为核心，开展原始证据的取得和对原始证据的整合，是当代社会科学研究范式的最精确概括，也是循证社会科学的逻辑起点。本章将以"个人信息世界量表"（Information World of Individuals Scale，IWoIS）为基础来展开数据类型的学习。

第一节　数据简介

数据是整个实证研究的基础。在经验研究中，甚至可以称"数据为王"。数据是对现象进行计量的结果。它不是单个数字，而是由多个数字构成的数据集。数据可以是数字，也可以是文字。通常可以按计量尺度和时间状况进行分类，数据的类型不同，采用的统计分析和计量分析的方法也不同。研究者可以通过数据库、调查问卷、实验、模拟等方法获取数据。获取的数据通常先存储在电子数据表如 Excel 中，然后导入 Stata 等数据软件，对数据进行检查、预处理、转换、分组、展示、定位、配对、合并等处理。

本书所使用的示例，来自信息贫困研究领域，其中的数据是在国家自然科学基金项目的资助下，由周文杰教授的研究团队通过大规模社会调查所获取的。由于使用的事例数据主要为 2019 年和 2020 年分别在甘肃的陇西和和政调研所得，故将其分别命名为"陇西数据"与"和政数据"。本组数据的主体部分是通过于良芝教授等所编制的"个人信息世界量表"对受访者个人信息世界贫富程度进行测量获得的。同时，根据需要，还选用了由 Ralf Schwarzer 和 Aristi Born 编制[①]，

[①] Schwarzer R, Born A. Optimistic self-beliefs: Assessment of general perceived self-efficacy in thirteen cultures[J]. World Psychology, 1997, 3(1-2): 177-190.

张建新和 Schwarzer 翻译[①]、王才康和刘勇进行了信效度检验[②]的"一般自我效能感量表"（General Self-efficacy Scale，GSES）作为对受访者自我效能感进行测量的工具。此外，还根据现有研究成果和本书的研究目的添加了对性别、年龄、民族、收入、职业和教育水平等变量进行测量的问项。

一、"个人信息世界量表"简介

个人信息世界理论是作为考察信息不平等的基础性概念而提出的。自 2003 年以来，于良芝教授基于三项相互关联的课题，先后访谈了大量城乡居民。田野研究所获得的证据不仅为个人信息世界概念的提出与完善提供了条件，也为测量个人信息世界的贫富程度提供了依据。"个人信息世界量表"的编制正是基于上述研究而实现的。具体而言，根据于良芝教授的相关研究，个人信息世界由内容、边界和动力三个要素构成[③]。因此，"个人信息世界量表"包括了对这三方面各维度的测量。

首先，本量表对于个人信息世界内容的测量包括信息主体的可及信息源（available information sources）、可获信息源（accessible information sources）、惯用信息源和信息资产四个层次。具体而言，在对可及信息源和可获信息源的测量方面，本量表提名了一些有代表性的物质和人际的信息源供受访者选择。在对惯用信息源和信息资产的测量方面，本量表则不仅提名了信息源，而且依据知识信息的类别对每种信息源做了进一步区分，并请受访者报告了他使用每种信息源的频率。

其次，本量表对于个人信息世界边界的测量是通过时间、空间和智识三个维度进行的。在时间维度的测量方面，本量表要求受访者报告自己每天在搜索、阅读/浏览、参观、学习等信息获取活动上所花费的时间，并据此衡量其个人信息世界时间边界的大小。在空间维度的测量方面，本量表首先提名了一系列信息活动场所，请受访者选择自己在过去一年中开展过搜索、阅读/浏览、参观、学习等信息获取活动的场所，据此判断其个人信息世界空间边界的范围。对于智识维度，本量表设计了三类问项，分别考察了受访者的语言水平、信息搜索技能和批判思

---

① Zhang J X, Schwarzer R. Measuring optimistic self-beliefs: A Chinese adaptation of the General Self-efficacy Scale[J]. Psychologia, 1995, 38(3): 174-181.

② 王才康, 刘勇. 一般自我效能感与特质焦虑、状态焦虑和考试焦虑的相关研究[J]. 中国临床心理学杂志, 2000(4): 229-230.

③ Yu L Z. How poor informationally are the information poor? Evidence from an empirical study of daily and regular information practices of individuals[J]. Journal of Documentation, 2010, 66(6): 906-933; Yu L Z. Information worlds of Chinese farmers and their implications for agricultural information services: A fresh look at ways to deliver effective services[OL]. 2012-09-20, http://www.ifla.org/files/hq/papers/ifla76/85-yu-en.pdf; Yu L Z. Towards a reconceptualization of the "information worlds of individuals"[J]. Journal of Librarianship and Information Science, 2011, 44(1): 3-18.

维能力。

依据个人信息世界理论，目的性信息实践、知觉性信息实践和无意识信息实践体现了个人信息世界发展变化的动力。因此，本量表对于受访者的个人信息世界动力的强弱程度，是通过考察其在上述几种信息实践中对阅读、上网、看电视和与人交流四种信息获取途径的使用频率进行测量的。

二、"个人信息世界量表"的问项设计

（一）个人信息世界的内容要素

个人信息世界的内容要素主要包括可及信息源、可获信息源、惯用信息源和信息资产四个维度。这四个维度存在相互递进的关系，可以单独分析，也可以汇总分析。但在汇总分析时要注意，这四个维度之间存在着先因后果的关系，而且在测量项目上也存在共线性问题。

1. 可及信息源维度

信息主体在物理上可及的信息源，如分布在信息主体生活区域内的图书馆、信息中心、各种咨询机构的专家、私人藏书、亲戚朋友的藏书等（周文杰团队设计问项见表1.1）。

表1.1 可及信息源维度的测量

测量构念	变量名	测量项目	说明	
周边存在的信息源	available1	可及信息源-图书馆	此三种信息源为传统信息源，可单独作为变量，也可汇总为一个变量	可将所有这些变量汇总为可及信息源的总得分
	available2	可及信息源-书店		
	available3	可及信息源-政府信息公开点		
	available4	可及信息源-电脑	此两种信息源属网络信息源，可汇总	
	available5	可及信息源-数据库		
是否认识以下人员	available6	可及信息源-政府工作人员	此四种信息源为人际信息源，可单独分析，也可汇总	
	available7	可及信息源-研究人员		
	available8	可及信息源-医生或农业技术员		
	available9	可及信息源-记者		

2. 可获信息源维度

位于信息主体从事信息活动的空间之内、他（她）有时间获取和利用的、能够被他（她）的认知所处理的信息源，本书称之为可获信息源。这些信息源不仅是信息主体在物理上可及的，也必须是他（她）在时间上和智识上可及的（周文

杰团队设计问项见表 1.2）。

表 1.2　可获信息源维度的测量

测量构念	变量名	测量项目	说明
工作或生活中有问题时，获取信息的渠道	accessible1	可获信息源-图书馆	1. 此变量汇总方法与表 1.1 可及信息源变量汇总方法相同； 2. 此处存在的研究问题是：为什么明明是可及的信息源，但对于某些特定人群来说，却成为不了可获信息源？分析中要注意加入控制变量
	accessible2	可获信息源-书店	
	accessible3	可获信息源-政府信息公开点	
	accessible4	可获信息源-互联网	
	accessible5	可获信息源-数据库	
	accessible6	可获信息源-政府工作人员	
	accessible7	可获信息源-研究人员	
	accessible8	可获信息源-医生或农业技术人员	
	accessible9	可获信息源-记者	

3. 惯用信息源维度

一个人的惯用信息源是他（她）常规性地作为信息源而加以利用的各类客观事物、知识记录或人员，即他（她）可以声称具有"用户身份"（usership）的那部分信息源。对于特定的信息主体来说，可以获取和利用的信息源或许很多，但很少有人会常规性地利用他（她）能获取的所有信息源。可获取信息源中那些被信息主体常规性利用的种类，不仅是信息主体在物理、时间及智识上可及的，也是他（她）的利用习惯可及的，本书称这部分信息源为惯用信息源（周文杰团队设计问项见表 1.3）。

表 1.3　惯用信息源维度的测量

测量构念	变量名	测量项目	说明	
过去半年读过的书	habitual1_1	惯用信息源-故事类图书	这些信息源可被视为传统信息源。在具体分析中，可将每种信息源单独作为一个变量进行分析，也可按故事、知识、实用、政策等类型进行汇总后再加以分析	按照理论预期，惯用信息源很可能是一个中介变量。在实际分析中，对一种信息源如何由可获变为惯用，应该加入更多行为、认知及人口统计学特征因素来加以分析
	habitual1_2	惯用信息源-知识类图书		
	habitual1_3	惯用信息源-实用类图书		
	habitual1_4	惯用信息源-政策类图书		
过去半年读过的杂志文章	habitual2_1	惯用信息源-故事类杂志文章		
	habitual2_2	惯用信息源-知识类杂志文章		
	habitual2_3	惯用信息源-实用类杂志文章		
	habitual2_4	惯用信息源-新闻时政类杂志文章		

续表

测量构念	变量名	测量项目	说明	
过去半年读过的报纸栏目	habitual3_1	惯用信息源-故事类报纸栏目	这些信息源可被视为传统信息源。在具体分析中，可将每种信息源单独作为一个变量进行分析，也可按故事、知识、实用、政策等类型进行汇总后再加以分析	按照理论预期，惯用信息源很可能是一个中介变量。在实际分析中，对一种信息源如何由可获变为惯用，应该加入更多行为、认知及人口统计学特征因素来加以分析
	habitual3_2	惯用信息源-知识类报纸栏目		
	habitual3_3	惯用信息源-实用类报纸栏目		
	habitual3_4	惯用信息源-新闻时政类报纸栏目		
过去半年看过的电视节目	habitual4_1	惯用信息源-故事类电视节目		
	habitual4_2	惯用信息源-知识类电视节目		
	habitual4_3	惯用信息源-实用类电视节目		
	habitual4_4	惯用信息源-新闻时政类电视节目		
过去半年用过的网站	habitual5_1	惯用信息源-游戏网站	这些信息源可单独分析，也可汇总为网络信息源加以分析	
	habitual5_2	惯用信息源-专业网站		
	habitual5_3	惯用信息源-实用网站		
	habitual5_4	惯用信息源-新闻时政网站		
	habitual5_5	惯用信息源-政府网站		
过去半年咨询过信息的人	habitual6_1	惯用信息源-乡镇政府工作人员	这些信息源可单独分析，也可汇总为人际信息源加以分析	
	habitual6_2	惯用信息源-研究人员		
	habitual6_3	惯用信息源-医生或农业技术员		
	habitual6_4	惯用信息源-记者		

4. 信息资产维度

本维度主要由惯用信息源维度通过赋分而得到。因此，在实际分析中，信息资产维度与惯用信息源维度具有很强的共线性关系，不宜作为自变量同时加入模型。此外，信息资产维度是个人信息世界框架中最重要的维度，这一维度上的得分，可作为因变量构建大量有意义的模型。除惯用信息源维度的赋分外，本维度还需要计入如下几个变量。

信息源一旦被利用，就有可能产生一系列效果。例如，信息主体可能由此获得其中的信息，记住信息的内容并将其纳入自己的知识结构；他同时还可能了解如何查到该信息，以及从何处可以获取类似信息。在这里，这些被利用的信息及其在利用过程中产生的认知结果被称为个人信息资产。个人信息资产如同个人的经济资产一样，具备可积累性。个人阅读过的信息在量上可以积累，由此获得的知识、技能和见识也可以积累。这些信息资源经过信息主体的利用，与他（她）

发生认知上的亲密接触，至少在一定程度上成为信息主体记忆可及的。如前所述，这部分信息资源及其产生的结果被称为信息资产或资产化的信息（周文杰团队设计问项见表1.4）。

表1.4 信息资产维度的测量

测量构念	变量名	测量项目	说明
过去一年用过的搜索工具	asset1	信息资产-网络搜索引擎	这三个变量针对受访者的高端信息获得能力，可单独分析，也可汇总分析
	asset2	信息资产-计算机检索的藏书目录	
	asset3	信息资产-专业数据库	

（二）个人信息世界的边界要素

个人信息世界的边界由时间、空间和智识三个维度共同决定。在这三个维度中，智识维度更具有分析价值。要注意的是，受访者最终的受教育水平既是智识维度的一部分，也是一个独立的变量。

时间、空间、智识三个维度的边界同时限定了个人获取信息、提取信息价值、积累信息资产的可能性，因而限定了个人信息世界的内容及信息主体的经历和体验。一个边界狭小的个人信息世界意味着贫乏的信息经历和体验，因而对应着贫弱的信息主体。这样的信息主体是真正意义上的信息穷人。

1. 时间维度

本维度直接调查了受访者每天用于信息获取的时间，其变量名为 time。这一变量是一个连续变量，在实际分析中应注意，此变量需要与职业等其他变量大量混合在一起使用才有意义，而且此变量作为自变量和因变量可能意味着不同的问题。

个人信息世界的时间边界是指个人在日常生活和工作中有意识地分配给信息活动的时间。有些人的大部分工作时间和相当比例的工作外时间都用来从事信息活动，有些人主要利用工作外时间从事信息活动，而有些人则很少将自己的时间（无论是工作内的还是工作外的）专门用于信息活动。人们用于信息活动的时间长度不同、时段（工作内或工作外）不同，可获取的信息源也将不同，他（她）们作为信息主体的经历和体验也必然不同。正因为如此，时间也在很大程度上决定了个人信息世界的存在状态，并成为个人信息世界的边界之一。

2. 空间维度

空间指有意识的信息活动（即后文所说的知觉性和目的性信息实践活动）发生的场所，如图书馆、博物馆、书店、教室或培训场所、报告厅、实验室、办公室、广场、集市、地铁、火车、飞机等。

个人信息世界空间边界的差异首先表现在量的方面，即信息主体开展信息活动场所的多样性。其次表现在质的方面，即信息主体开展信息活动的场所的类别。不同的场所与信息活动的关联度存在不同：有些场所是社会为了支持特定信息活动而专门设置的，如图书馆；而有些场所则是为了其他目的而设置的，但可能会被某些人用来从事信息活动，如火车、飞机。假定一个人经常利用社会为支持信息活动而设置的大部分场所（如图书馆、博物馆、书店等），而另一个人的信息活动则与任何社会性信息活动场所无关，那么我们可以说这两人的个人信息世界具有不同性质的空间边界，并因此获得不同的信息经历和体验。由此可见，信息主体经常性利用的场所及其性质在很大程度上界定着其个人信息世界的状态（周文杰团队设计问项见表1.5）。

表 1.5 空间维度的测量

测量构念	变量名	测量项目	说明
过去一年，是否在以下场所获取过有用信息	space1	获取有用信息的场所-图书馆	空间维度与可及和可获信息源在测量项目上有着很多重复，可以对照检查测量的信度。本维度可以单项分析，也可以汇总分析
	space2	获取有用信息的场所-会议室	
	space3	获取有用信息的场所-车站	
	space4	获取有用信息的场所-博物馆	
	space5	获取有用信息的场所-书店	
	space6	获取有用信息的场所-旅行途中	
	space7	获取有用信息的场所-课堂	
	space8	获取有用信息的场所-地铁	

3. 智识维度

智识水平指个人信息活动可以达到的智力和知识水平。在认知心理学中，比较接近的概念是"智识能力"（intellectual ability），即在特定时间点上个人已经获得的认知技能的总和，包括认字与计算能力、语言能力、分析能力、信息检索能力等。智识不同，人们实际上可以获取的信息源也会不同，由此限定的信息体验或经历也将不同。智识与空间、时间一样，具有重新界定信息可获取性、限定信息体验的作用，并因此构成个人信息世界的边界之一。个人信息世界的智识边界越狭小，能够进入其信息体验的信息源也就越匮乏（周文杰团队设计问项见表1.6）。

表 1.6　智识维度的测量

测量构念	变量名	测量项目	说明
阅读水平	intelligence1_1	智识-中文阅读水平	在个人信息世界中，信息资产和智识维度是两个最重要的分析维度。智识维度可以单项分析，也可以汇总分析
	intelligence1_2	智识-外文阅读水平	
是否通过以下手段进行过信息搜索	intelligence2_1	智识-日常生活信息搜索工具	
	intelligence2_2	智识-工作学习信息搜索工具	
在看电视、报刊及上网时，能够深入理解信息的程度	intelligence3_1	智识-知识类报纸栏目	
	intelligence3_2	智识-新闻时政类报纸栏目	
	intelligence3_3	智识-专业类电视节目	
	intelligence3_4	智识-新闻时政类电视节目	
	intelligence3_5	智识-知识类网站	
	intelligence3_6	智识-新闻时政类网站	
最后阶段的教育水平	edulevel	智识-最后阶段的教育水平	

（三）个人信息世界的动力要素

在当代社会，信息主体是个人在经济主体、社会主体等角色之外获得的又一重要角色。这一角色之所以可能，是因为个人能够作用于或行动于信息和信息源这一客体之上，即针对信息源和信息开展信息实践，并因此获得不同于经济活动和社会文化活动的经历。

个人在日常生活和工作中开展的信息实践具有不同类型。

第一类信息实践是无意识的信息实践。这是指个人开展的不以信息生产、获取或利用为目的，但有可能偶发信息获取行为的实践活动。无意识的信息实践一般要满足两个特征：一是个人在开展这一活动时并不是以获取信息为目的，也没有意识到自己正在开展信息活动；二是在这一过程中实际上发生着信息的传播与交流。在这类信息实践中，信息或信息源作为潜在的客体存在，但个人的实践活动却另有目标，缺乏信息主体的自觉。

第二类信息实践称为知觉性信息实践。知觉性信息实践是指个人为了实现一般的信息目标（如为了增长见识或为了在某一方面保持知晓度）而开展的信息活动，或应他人的要求/邀请而参与的信息活动。在这类信息实践中，信息主体知道自己正在从事特定的信息活动，但尚未将这一活动与特定问题、特定行动、特定决策等具体目标相关联。由于知晓正在从事的信息活动，信息主体对信息内容具有较高的关注度。这样的关注度使信息主体除了完成"增长见识""保持知晓度"的目标，还经常可以捕捉到对自己当前或未来生活问题有价值的信息。知觉性信息实践与无意识的信息实践的根本区别在于，在前者中，个人意识到自己正在开展信息活动，也会关注信息这一客体对象，即已经具备信息主体的自觉，而后者缺乏这种自觉。由此可见，动力维度需要与可及信息、可获信息、职业类型、手机和电脑使用情况相结合进行大量分析。

第三类信息实践称为目的性信息实践。这是信息主体为了解决具体问题、支持具体决策或行为、填补具体的认识空白而主动开展的信息活动。目的性信息实践包括三个特征：一是有特定的问题或需要作为目标，信息活动受到明确的目标驱动；二是个人意识到目标的实现需要信息支持，信息活动建立在对信息价值的明确预期之上；三是个人针对问题主动寻找信息并有一系列相关的信息活动，如选择信息渠道、评估信息相关性、记录和保存信息等。在周文杰团队收集的有关农民信息实践的数据中，比较典型的目的性信息实践就是为了解决种植和养殖过程中出现的病虫害而开展的信息活动（如咨询邻居、查阅图书、咨询农业技术员）。

个人作为信息主体的实践活动发生在怎样的空间中，他（她）作为信息主体的活动领域就具有怎样的空间特征；个人作为信息主体的实践发生的时间长度和发生在怎样的时段，他（她）作为信息主体的活动领域就具有怎样的时间特征；个人作为信息主体的实践达到怎样的智识水平，他（她）作为信息主体的活动领域就具有怎样的智识特征；同样，个人作为信息主体的实践以哪类信息和信息源为客体，其个人信息世界就具有怎样的内容特征。要改变个人信息世界的边界或内容，就需要改变信息主体的实践。可以说，个人信息世界的形成、维护和发展是通过信息主体的实践实现的；知觉性和目的性信息实践因此构成了个人信息世界发展变化的基本动力（周文杰团队设计问项见表 1.7）。

表 1.7 动力维度的测量

测量构念	变量名	测量项目	说明
遇到生活问题时的信息获取途径	dynamic1_1	生活问题-阅读	
	dynamic1_2	生活问题-上网	
	dynamic1_3	生活问题-问人	
了解新闻动态，开阔眼界	dynamic2_1	开阔眼界-阅读	这些测量项目可以分项统计，也可以汇总后进行分析
	dynamic2_2	开阔眼界-上网	
	dynamic2_3	开阔眼界-看电视	
	dynamic2_4	开阔眼界-问人	
休息休闲时的信息来源	dynamic3_1	休息休闲-阅读	
	dynamic3_2	休息休闲-上网	
	dynamic3_3	休息休闲-看电视	
	dynamic3_4	休息休闲-问人	

三、"个人信息世界量表"的赋分规则

在实际研究中，我们对个人信息测量得分进行了赋分加权，以便使各变量具有可比性。"个人信息世界量表"通过专家调查的方式，对量表所涉及的信息源及信息实践之于个人信息获取的重要性进行了加权。2012年6月，周文杰团队向熟悉信息问题研究的10位专家发放问卷，收回有效问卷9份。经过计算，制定了本量表的赋分规则表，并据此对量表中的原始问项进行了赋分。赋分完成后，把每个维度上的得分进行无量纲化处理，使其转换成一个满分为100分的分值。

第二节　信息源视野

Schutz认为，人们知识的结构化是通过其日常生活与周边区域的关联来实现的[1]。依照相关程度的差异可把人们日常生活的区域划分为如下几种：①触手可及的区域，指人们日常行为发生的区域，属最相关的区域；②潜在可及的区域，指当人们有需要时，其行为可扩展到的区域，属第二位的相关区域；③相对无关区域，指与人们的直接兴趣暂时无关的区域；④绝对无关区域。为了考察个体信息来源的广泛程度，Sonnenwald等设计了"信息视野"方法，通过让个体提名他们的信息源，并依据这些信息源离其自身的远近绘制"信息视野地图"，据此对个体信息行为的特征进行分析[2]。

"信息源视野"理论正是基于Schutz的理论，并借鉴Sonnenwald的方法而提出的。"信息源视野"理论认为，Schutz所划分的区域经过"信息源偏好标准"（information source preference criteria）过滤后，形成了三个层次的信息源：最重要信息源、次重要信息源和边际信息源。信息源偏好标准包括：信息的可获取性（availability）和可及性（accessibility）、信息内容（如信息的质量）、信息的可用性（如有清晰组织结构的信息）、用户特征（如用户的媒体选择习惯）和情境因素（如缺乏时间）。基于经验研究，Savolainen发现，为满足当下的兴趣，个体对日常生活中的知识进行结构化，使其信息行为的相关区域不断扩大，这种结构化也反映了个体对信息源所提供信息的重要程度的评估[3]。在搜寻满足最主要

---

[1] Schutz A. Common-sense and scientific interpretation of human action[M]//Collected Papers I: The Problem of Social Reality. Dordrecht: Springer Netherlands, 1962: 3-47.

[2] Sonnenwald D H, Maglaughlin K L, Whitton M C. Designing to support situation awareness across distances: An example from a scientific collaboratory[J]. Information Processing &Management, 2004, 40(6): 989-1011.

[3] Savolainen R. Spatial factors as contextual qualifiers of information seeking[J]. Information Research, 2006, 11(4): 3-13.

兴趣的信息中，个体最主动；反之，当搜寻的信息只满足边缘兴趣时，个体则比较被动。他还发现，信息源偏好对信息源的选择产生明显影响，日常生活中人们倾向于选择最熟悉、最容易获取的信息源。

对于最重要、次重要和边际信息源的提名情况，可以进行因子分析，以提取信息源使用背后的抽象理论结构。这个结构有助于完善个人信息世界的结构，也有助于验证其效度。同时，这部分的分析不仅要与个人信息世界各维度进行关联分析，还可以与访谈资料相结合，展开更加深入的分析。

一、最重要信息源

设计这部分研究，主要是为了从个人信息世界之外的另一个理论视角，对前述三要素八维度所构建的模型的稳健性进行检验，并对个人信息世界的理论效度加以讨论。为达此目的，在实际分析中，需要将受访者对不同类型信息源的选择与其个人特征因素结合起来加以分析。例如，受访者受教育水平、职业类型与其提名重要信息源之间就很可能存在关联（周文杰团队设计问项见表1.8）。

表1.8 最重要信息源提名情况

变量名	测量项目	信息源类型	说明
horizon1_1	最重要信息源-书籍或文献	传统信息源	
horizon1_2	最重要信息源-熟人	人际信息源	
horizon1_3	最重要信息源-上网	网络信息源	
horizon1_4	最重要信息源-阅读	传统信息源	对于信息源视野的分析可从如下三个角度展开：
horizon1_5	最重要信息源-研究者	人际信息源	1. 可以对不同类型信息源进行赋分，然后汇总总分为一个变量。对这个变量与个人信息世界得分进行分析，以确定个人信息世界测量的复本信度；
horizon1_6	最重要信息源-大学	机构信息源	
horizon1_7	最重要信息源-家人	人际信息源	
horizon1_8	最重要信息源-电视	传统信息源	
horizon1_9	最重要信息源-专业杂志	传统信息源	
horizon1_10	最重要信息源-商业企业	机构信息源	2. 可以对各类型信息源与个人信息世界相关维度的测量进行关联分析，以确认相关模型的稳健性；
horizon1_11	最重要信息源-同事	人际信息源	
horizon1_12	最重要信息源-研究成果	传统信息源	
horizon1_13	最重要信息源-亲戚	人际信息源	3. 将各信息源独立作为因变量
horizon1_14	最重要信息源-图书馆	传统信息源	
horizon1_15	最重要信息源-学生	人际信息源	
horizon1_16	最重要信息源-手机	网络信息源	

续表

变量名	测量项目	信息源类型	说明
horizon1_17	最重要信息源-剧院	机构信息源	
horizon1_18	最重要信息源-学校员工	人际信息源	
horizon1_19	最重要信息源-市民活动	人际信息源	
horizon1_20	最重要信息源-专家	人际信息源	
horizon1_21	最重要信息源-妻子/丈夫	人际信息源	
horizon1_22	最重要信息源-电影	传统信息源	对于信息源视野的分析可从如下三个角度展开：1. 可以对不同类型信息源进行赋分，然后汇总总分为一个变量。对这个变量与个人信息世界得分进行分析，以确定个人信息世界测量的复本信度；2. 可以对各类型信息源与个人信息世界相关维度的测量进行关联分析，以确认相关模型的稳健性；3. 将各信息源独立作为因变量
horizon1_23	最重要信息源-路人	人际信息源	
horizon1_24	最重要信息源-电话	传统信息源	
horizon1_25	最重要信息源-父母	人际信息源	
horizon1_26	最重要信息源-老师	人际信息源	
horizon1_27	最重要信息源-期刊	传统信息源	
horizon1_28	最重要信息源-光盘资料	传统信息源	
horizon1_29	最重要信息源-报纸	传统信息源	
horizon1_30	最重要信息源-电子邮件	传统信息源	
horizon1_31	最重要信息源-朋友	人际信息源	
horizon1_32	最重要信息源-收音机	传统信息源	
horizon1_33	最重要信息源-个人经验	人际信息源	
horizon1_34	最重要信息源-字典	传统信息源	
horizon1_35	最重要信息源-培训课程	机构信息源	
horizon1_36	最重要信息源-组织机构	机构信息源	
horizon1_37	最重要信息源-其他		

二、次重要信息源

对于次重要信息源，可以结合最重要信息源进行比较分析。各类型信息源见表1.8。

三、边际信息源

对边际信息源的分析，同样需要结合受访者的个体特征来进行。在实际分析中，要突出解读为什么在特定受访者看来，这些信息源是最不重要的，据此反证其信息贫富状况。各类型信息源见表 1.8。

第三节　信息能力感知与 ICT 的使用与获取

一、信息能力感知

信息能力感知变量与个人信息世界各维度得分之间存在着相互印证的关系，在实际分析中，可以用来验证模型的稳健性。此外，这些变量可以用来支持动力维度的分析，具体见表 1.9。

表 1.9　受访者信息能力自我意识测量

测量项目	变量名	说明
工作上遇到问题时的信息获取渠道	jobsupport	这些变量可以作为控制变量，应用于后续的数据分析。另外，也可以予以赋分后作为与其他变量对应的分析变量进行分析
阅读与上网丰富了受访者的知识	enable	
上网扩大了受访者的人际圈	personnet	
自我感知每天的信息需求	infoneed	
信息对升职是否重要	promotion	
找工作时对网络的依赖度	jobsearch	
手机不能上网时是否着急	cellrely	
获取信息是否有利于孩子成长	kidedu	
获取信息是否有利于保护自己的权益	selfprotect	
做决策前先上网查询	decision	
信息获取增加收入	increaseinc	
了解国家政策	policy	
平时关注的新闻是	newsC	
	newsL	

二、ICT 使用情况

ICT(information and communications technology)一般指信息与通信技术。ICT 使用情况的变量与个人信息世界各维度得分之间存在着相互印证的关系，在实际分析中，可以用来验证模型的稳健性。此外，这些变量可以用来支持动力维度的分析。具体如表 1.10 所示。

表 1.10　ICT 使用情况调查

测量项目	变量名	标签
第一次拥有手机	cellphone	第一次拥有手机
第一次手机上网	internetcell	第一次手机上网
第一次拥有电脑	PC	第一次拥有电脑
第一次电脑上网	internetPC	第一次电脑上网
每月上网费用	internetfee	每月上网费用
身边可以上网的电脑	PCnumber	身边可以上网的电脑
过去一个月手机使用情况	celluse1	接打电话
	celluse2	收发信息
	celluse3	收发邮件
	celluse4	玩网络游戏
	celluse5	拍摄照片或视频
	celluse6	使用搜索引擎
	celluse7	使用社交媒体
	celluse8	听音乐或看视频
	celluse9	定位或导航
	celluse10	使用理财工具
	celluse11	使用电商平台购物
	celluse12	使用电商平台销售
	celluse13	看电子书或上网络公开课
	celluse14	浏览网络新闻
过去一个月电脑使用情况	PCuse1	文字编辑或数据管理
	PCuse2	收发信息
	PCuse3	收发邮件
	PCuse4	玩网络游戏
	PCuse5	使用搜索引擎
	PCuse6	使用社交媒体
	PCuse7	听音乐或看视频
	PCuse8	使用理财工具
	PCuse9	使用电商平台购物
	PCuse10	使用电商平台销售
	PCuse11	看电子书或上网络公开课
	PCuse12	浏览网络新闻

续表

测量项目	变量名	标签
早上醒来打开手机的第一件事	cellinitial1	刷朋友圈
	cellinitial2	看微信或 QQ
	cellinitial3	看今日头条
您使用快手或抖音吗	Tiktok	是否使用快手或抖音

三、信息获取渠道

信息获取渠道的变量与个人信息世界各维度得分之间存在着相互印证的关系，在实际分析中，可以用来验证模型的稳健性。此外，这些变量还可以用来支持动力维度的分析。具体如表 1.11 所示。

表 1.11　受访者新闻资讯的获取渠道调查

测量项目	变量名	标签
您平时关注的新闻是	newsC	中央新闻
	newsL	地方新闻
最近半年来，您了解新冠疫情的主要途径是	channel1	了解新冠疫情渠道-看电视
	channel2	了解新冠疫情渠道-读报纸
	channel3	了解新冠疫情渠道-百度查询
	channel4	了解新冠疫情渠道-今日头条
	channel5	了解新冠疫情渠道-听别人说
如果在生活上遇到问题，您首先会想到从什么渠道获取信息	dailyinfo	生活信息获取渠道

第四节　信息贫困的关联因素

一、人口统计学变量

人口统计学变量主要包括性别、年龄、居住地、最终的教育水平等，这些变量主要是作为控制变量或分组变量使用的，具体如表 1.12 所示。

表1.12 人口统计学变量的测量

测量项目	变量名	标签	说明
受访者的性别	gender	性别	
受访者的年龄	age	出生年份	
受访者的居住地	reside	居住地	这些变量具有外生性,适合作为控制变量来加以分析。要注意,教育水平同时已作为智识维度使用。另外,家庭人口数量与婚姻状况也可以与社会资本进行关联分析
最终的教育水平	edulevel	最终的教育水平	
受访者的家庭人口数量	familypop	家庭人口数量	
受访者的婚姻状况	marriage1	婚姻状况	
受访者的婚龄	marriage2	婚龄	
城市受访者的工作类型	urbanjob	工作类型	

二、社会资本与社会支持变量

考虑社会资本与社会支持变量的外生性,在实际分析中,以下变量可以作为控制变量加以使用。这些变量很可能存在调节效应,因此,在具体分析中,要特别留意(表1.13)。

表1.13 社会资本与社会支持变量的测量

测量项目	变量名	说明
家庭成员的最高学历	edufamily	
14岁时父亲的教育水平	Fedu	
14岁时父亲的职业	Fjob	
14岁时母亲的教育水平	Medu	
14岁时母亲的职业	Mjob	1. 这些变量作为对社会资本与社会支持的测量,可以按照相关理论计为一个总分,也可对部分维度进行汇总计算。 2. 社会资本与社会支持变量可以作为自变量或控制变量加以使用。在后续研究中,也可以进一步检验调节效应甚至中介效应
受访者的第一份工作	firstjob	
农村居民最近五年所从事的工作	ruraljob	
农村外出务工者第一次外出务工的时间	ruraljobT1	
农村外出务工者第一次外出务工的地点	ruraljobL1	
农村外出务工者第二次外出务工的时间	ruraljobT2	
农村外出务工者第二次外出务工的地点	ruraljobL2	
农村外出务工者第三次外出务工的时间	ruraljobT3	
农村外出务工者第三次外出务工的地点	ruraljobL3	
已婚受访者配偶的教育水平	mateedu	

续表

测量项目	变量名	说明
已婚受访者配偶的工作	matejob	1. 这些变量作为对社会资本与社会支持的测量，可以按照相关理论计为一个总分，也可对部分维度进行汇总计算。 2. 社会资本与社会支持变量可以作为自变量或控制变量加以使用。在后续研究中，也可以进一步检验调节效应甚至中介效应
受访者有无子女	kids	
有子女的受访者的子女数量	kidsnumber	
受访者第一个子女就读学校的层次	kidschool1_1	
受访者第一个子女就读学校的位置	kidschool1_2	
受访者第二个子女就读学校的层次	kidschool2_1	
受访者第二个子女就读学校的位置	kidschool2_2	
受访者第三个子女就读学校的层次	kidschool3_1	
受访者第三个子女就读学校的位置	kidschool3_2	
如果电脑或手机出现故障，首先寻求谁的帮助	techsupport	

三、收入变量

收入变量从理论上说是信息贫困的结果变量。在实际分析中，需要补充更多经济类的文献，才能明确其理论关系。具体调查情况如表 1.14 所示。

表 1.14　受访者收入情况调查

测量项目	变量名	说明
受访者十年前的收入	income10	收入变量是一个重要的结果变量。但在有一些研究中，收入变量也可能是基本的控制变量
受访者五年前的收入	income5	
受访者三年前的收入	income3	
受访者两年前的收入	income2	
受访者去年的收入	income1	
受访者去年的家庭总收入	familyinc	
受访者目前个人平均收入	averageinc	
受访者参加医保的时间	medcare	

四、自我感知的生活水平变量

此类变量主要作为调节变量加以分析，具体如表 1.15 所示。

表 1.15　受访者对其生活水平的自我感知测量

测量项目	变量名	说明
受访者生活水平的层次	lifelevel	此变量可以作为自变量或控制变量使用，也可以用来进一步检验调节效应和中介效应
与同龄人相比的社会经济地位	SES1	
与三年前相比的社会经济地位	SES2	
受访者对自己生活是否幸福的感知	happiness	

基于以上"个人信息世界量表"，周文杰团队于 2019 年、2020 年分别在甘肃省陇西县、和政县进行了大规模社会调查。调查全部采用访谈式问卷的形式进行数据收集。经过编码整理和赋分，这些数据被命名为"陇西数据"和"和政数据"，后文使用的数据大部分都是据此展开分析的。

第五节　数 据 分 类

数据通常可以按计量尺度和时间状况进行分类，具体操作如下。

一、按计量尺度分类

按照对事物计量的精确程度，可将数据按照所采用的计量尺度由低级到高级、由粗略到精确分为三类：定类数据、定序数据、定距定比数据。

（一）定类数据

定类数据（categorical data）也称为分类数据，是按照事物的某种属性对其进行平行分类或分组而形成的数据。例如，企业按净利润是否小于 0 可以分为亏损企业和非亏损企业，按实际控制人性质可以分为国有企业和非国有企业。定类数据的主要特点有：①分类结果的数据表现为类别，用文字来表述。但为了统计处理，可以用不同的数字或编码来表示不同类别。例如，用 1 表示国有企业，0 表示非国有企业。这些数字只是不同类别的代码，并不意味着它们可以区分大小或进行加、减、乘、除等数学运算。②在全部分类中，每一个元素或个体能够并且只能归于某一类别的非数字型数据，即满足穷尽和互斥要求。

例 1.1　"和政数据"中的定类变量。
如：性别、婚姻状况、有无子女、工作的企业（国企和非国企）、是否关注快手或者抖音等都可视为定类变量。

（二）定序数据

定序数据（ordinal data）也称顺序数据，是按照事物等级差或顺序对其进行分类或分组而形成的数据。例如，将信息披露的质量分为：优秀、良好、合格、不合格四个等级；对某一事物的态度分为：非常同意、同意、保持中立、不同意、非常不同意五个等级。定序数据不仅能对事物进行分类，还可以比较大小，较定类数据要精确一些。定序数据的特点主要有以下两点。

（1）对事物分类等级或顺序的测度，用文字来表述，但为了统计处理，可以用不同的数字编码来表示不同等级或顺序。例如，用4、3、2、1分别表示优秀、良好、合格、不合格四个等级。这些数字只是不同类别等级或顺序的代码，可以比较大小，但不能进行加、减、乘、除等数学运算。

（2）在全部分类等级或顺序中，每个元素或个体能够并且只能归于某一类别的非数字型数据，即满足穷尽和互斥要求。

定类数据和定序数据说明的是事物的品质特征，其结果表现为类别或类别等级，不能进行数学运算，因此也被称为定性数据（qualitative data）。

例1.2 "和政数据"中的定序变量。

如：最近半年，您主要通过手机了解新冠疫情。（完全符合、有点符合、不确定、有点不符合、完全不符合）

您早上醒来打开手机的第一件事是看短视频。（完全符合、有点符合、不确定、有点不符合、完全不符合）

最近半年您读过多少本书？（没读过、小于5本、5~10本、大于10本）

最近半年您是否向其他人员咨询过您需要的信息，如果咨询过，请标明半年内的大致咨询人次数。（没咨询过、1~2人次、3~5人次、大于5人次）

（三）定距定比数据

定距定比数据，又称定量数据（quantitative data），也称数值型数据（metric data），是指可以用数值来测度且能够进行数学运算的数据。例如，公司的资产、负债、所有者权益、总资产收益率、净资产收益率等。定距定比数据表现为具体的数值，是对事物的精确测度。定距定比数据可进一步区分为定距数据（interval data）和定比数据（ratio data）。定距数据表现为数值且数值间的间隔都是相等的，故可进行加、减运算，如温度，海南的温度为30℃，北京的温度为15℃，两者相差15℃（不能说海南比北京热1倍）。定比数据表现为数值时，可以计算两个数值之间的比值，可进行加、减、乘、除运算，如时间、重量和长度等数据。定距数据和定比数据的主要区别是：定距数据中的"0"是人为给定的，不具有实际意义,如温度为 0℃不是表示没有温度,而是表示温度的一种水平。定比数据中的"0"是实际意义上的真实零点,如净利润为 0,表示没有利润。

例 1.3　"和政数据"中的定量变量。
如:年龄、过去一个月手机的使用情况、家庭人口数量、年收入情况、年平均收入等。

按计量尺度区分数据的不同类型是十分重要的。首先,不同的数据需要采用不同的统计方法来处理。例如,对定类数据,通常计算频数和频率,进行列联分析和卡方检验;对定序数据,可以计算中位数和分位数,进行等级相关分析等。其次,高层次计量尺度的数据很容易转换为低层次计量尺度的数据。例如,根据总资产收益率是否小于 0,可以将上市公司划分为两组。最后,高层次计量尺度的数据包含更多的数学特性,能运用的统计方法更多。适用于低层次计量尺度的数据的方法也适用于高层次计量尺度的数据,反之则不能成立。

二、按时间状况分类

按时间状况,数据通常可以分为横截面数据、时间序列数据、混合横截面数据和面板数据四类。

（一）横截面数据

横截面数据(cross-section data)也称为截面数据,是指在给定时点对个体(包括个人、公司、城市等)采集的样本所构成的数据集。例如,2022 年由沪、深两市全部上市公司组成的样本就是一个横截面数据集。

横截面数据可以是某一数据总体,也可以通过抽样获取。如果通过抽样获取,通常假定它们是从总体样本中通过随机抽样得到的。然而,有时以随机抽样作为对横截面数据的一个假定并不合适。并且,当抽取的样本相对总体而言太大时,可能会导致另一种偏离随机抽样的情况。应当注意:①在横截面数据中,不同的变量(解释变量和被解释变量)可以对应不同的时期。②在横截面数据分析中,改变观测值的排列顺序对分析不会有任何影响。这也是为什么在横截面数据分析中报告一些仅适用时间序列数据的检验统计量如 Durbin Watson（DW）值不会有任何意义。

思考:"和政数据"是横截面数据吗?为什么?

（二）时间序列数据

时间序列数据（time series data）由一个或几个变量不同时期的观测值构成，如股票价格、国内生产总值等。同横截面数据的排序不同，时间序列数据的观测值的顺序在时间序列分析中非常重要。时间序列数据有一个关键的特征是，观测值在时间上不独立（与时间相依）。时间序列数据包括不同的数据频率，最常见的频率包括年、季、月、周、天、时、分等。

例 1.4　如何把"和政数据"转变为时间序列数据？请设计一个简单的方案。

如：可将问卷问项中"过去半年内您看过下列哪类电视节目？如果看过，请标明平均每日大致观看时间"改为收集个体过去一年、半年、一季度观看电视节目的情况。

或者，可以按照时间持续状况调查个体近 5 年的年收入情况。

（三）混合横截面数据

混合横截面数据（pooled cross-section data）指由不同期间的横截面数据混合而成的数据。混合横截面数据既具有横截面数据的特点，又具有时间序列数据的特点。混合横截面数据的分析同横截面数据的分析非常类似。然而，通常可以从混合横截面数据中获取更多的信息，即变量之间的关系如何随时间的变化而变化。这对政策效果的分析非常有用。在混合横截面数据中，样本的设计并不试图在各期间保持相同的单元，因此丧失了个体行为之间的动态相依信息。数据库中混合横截面数据的排列格式通常有长格式和宽格式两种。一般数据库中调出的数据结构多为混合横截面数据长格式，如中国经济金融研究数据库（China Stock Market & Accounting Research Database，CSMAR）、中国核证自愿减排量（China Certified Emission Reduction，CCER）数据库等。也有少量数据库中的数据结构为混合横截面数据宽格式，如万得数据库（Wind）等。通常，对长格式数据的处理要更加方便。

（四）面板数据

面板数据（panel data）也称为纵列数据，由横截面数据集中每个数据的一个时间序列组成，如 100 家上市公司连续 10 年的数据。面板数据有别于混合横截面数据的关键特征是，同一横截面数据的数据单位（个人或公司等）都被追踪了一段特定的时期。和横截面数据一样，面板数据中横截面数据的排序可以随意改变，不会产生什么影响。可以对面板数据进行横截面分析，还可以通过使用面板模型从面板数据中获取更多的信息。使用面板模型的好处是，对同一单位的多次观测使我们能控制个体等观测单位本身具有而我们又观测不到的特征。

在上述各种数据类型中，横截面数据和混合横截面数据通常不能反映变量各期之间的相依性，只能实现对静态关系的模型化；时间序列数据可以对变量之间的动态相依进行模型化；面板数据可以实现对静态关系和动态关系的模型化。比如，通过横截面数据可以对投入规模对产出的影响进行模型化，通过时间序列数据可以对技术发展对产出的影响进行模型化，而通过面板数据可以同时对投入规模和技术发展对产出的影响进行模型化。当然，面板数据也不是没有缺陷，其通常很难在较长的期间内，使每一期间都保持相同的样本点。比如，上市公司由于连续 3 年亏损而下市，会使平衡面板数据集变为非平衡面板数据集，并导致样本丢失的现象发生。由于每年不断有新的公司上市交易，以前选定的样本能否代表总体也需要进一步研究。

第六节 数据来源

数据的来源可以有多种途径、多种方法。按收集方法，数据通常可以分为观察数据（observational data）、调查数据（survey data）和实验数据（experimental data）。在微观经济计量分析中，最常用的数据结构是观察数据或调查数据，而自然科学中多使用的是实验数据，实验数据通常通过实验获得。在实验数据的收集过程中，研究者一般不能主动控制观察数据，而是被动的数据收集者。数据收集通常包括以下几种途径。

一、通过数据库获取观察数据

数据库的出现大大节约了研究者收集数据的时间，提高了研究的效率。美国实证会计研究的发展离不开证券价格研究中心（Center for Research of Security Prices，CRSP）、COMPUSTAT 和 I/B/E/S 等数据库的支持。近年来，在会计研究领域，我国用于实证研究的数据库发展非常迅速，主要有中国经济金融研究数据库、中国研究数据服务平台（Chinese Research Data Services，CNRDS）、CCER（China Center for Economic Research Database）、Wind、iFinD、东方财富金融数据库（Choice）等。这些数据库除了包括上市公司的数据外，还包括国家统计部门发布的宏观数据。如果想进行跨国研究，主要的数据库还有彭博（Bloomberg）、数据流、BvD 等。关于非上市公司的数据，目前我国主要有中国工业企业数据库。研究机构或研究者只要拥有了这些数据库的授权账号和密码，就可以登录网页或客户端获取数据。

很多政府部门、行业协会会定期出版年鉴，这些年鉴也构成了档案数据的重要来源。

数据库的发展为实证研究提供了强有力的基础，但很多数据仍然需要手工收集，如年度报告中很多非财务信息或附注信息并没有被现有的公开数据库收录。如果需要这些数据，则需要进行手工收集或委托数据库公司收集，这往往费时费力，并需要大量经费支持。在这个数据为王的时代，通过努力建立自己的特色数据库，在研究成果方面往往会获得丰厚回报。

二、通过调查问卷获取调查数据

通过调查问卷获取调查数据的优势在于可以通过设计各种问题，直接向被调查对象寻求答案。例如，Graham、Harvey 和 Rajgopal 对美国 401 位财务经理进行问卷调查，并对其中 20 位进行深度访谈，以寻找影响盈余报告和自愿性披露的关键因素[1]。

问卷调查在我国实证研究中得到了广泛的应用，尤其在管理研究领域。问卷通常包括封面信、指导语、问题及答案等。

封面信即致被调查者的短信，其内容包括自我介绍、主办单位简况、调查内容和目的、调查工作的价值，并直接或间接示意被调查者不会因此遭受利益损失等。

指导语告诉被调查者如何正确地填写问卷，解释问卷中复杂或特殊的问题，并给出填答形式的示例。

问题及答案是问卷的主体部分。测量被调查者的特征、行为和态度的依据主要依靠本部分。问卷中的问题在形式上可分为开放式和封闭式两类。开放式问题指不提供具体答案而由被调查者自由填答的问题，如"你认为你所在企业亏损的主要原因是什么？"。封闭式问题就是在提出问题的同时，给出若干答案，让被调查者选择。例如，在上述问题的后面加上几项拟定的答案，如"内部管理""管理体制""高层管理人员的素质"，这个问题就成为封闭式问题。开放式问题得到的资料比封闭式问题得到的资料更丰富和生动，但被调查者回答时需花费更多的时间和精力，甚至会"畏难而退"。对开放式问题的统计和分析也更加困难，有时甚至不可行。因此，开放式问题通常用于对问题的初步了解，或用于补充封闭式问题。封闭式问题则刚好相反，回答简便、省时，便于统计分析，因此被普遍使用。

---

[1] Graham J R, Harvey C R, Rajgopal S. The economic consequences of financial distress: Evidence from the bankruptcy filing of US public oil and gas companies[J]. Journal of Finance, 2005, 60(3): 1345-1370.

从内容来看，问题可归结为特征、行为和态度三方面的问题。特征问题即用来测量被调查者基本情况的问题，如年龄、性别、职业、文化程度等。在调查研究的统计分析中，这些特征常被视为基本变量，用作分类的基础。行为问题用来测量被调查者过去发生或现在进行的某些实际行为和事件。例如，"你今年提过几项技术革新建议？"。有的文献把行为问题和特征问题合称为事实问题，涉及有关被调查者的客观事实。态度问题指被调查者对某一事物的看法、意愿、情感、认识等涉及主观因素的问题，如前述关于企业亏损原因的看法。态度问题是问卷中极重要的一部分，但态度问题往往涉及个人内心深处的想法，任何人对此都有一种本能的自我防卫心理，因此调查中了解态度比了解事实要困难得多，然而这也正是问卷的价值所在。

问卷设计的总体原则是简明、清晰、便于回答和有吸引力。所提问题应遵循"一个问题包括一个明确界定的概念"的原则，不能有双重含义或者含糊不清。设计问卷时还有几点要注意：第一，设计问卷不能带有倾向性，避免提问方式对被调查者形成诱导；第二，不提难以真实回答的问题；第三，不能把未经确认的事情当作前提假设。问卷设计中一个关键的环节是量表设计。为了测量被调查者的看法、意见或性格等，问卷的答案中常要包含量表。量表给希望测量的变量属性赋予了数字或符号。

问卷中通常采用下述几种量表：

（1）总加量表。由一组对事物的看法的陈述构成，被调查者对这些陈述分别发表"同意"或"不同意"的看法，然后按某种标准将被调查者在全部陈述上的得分进行加总，得出被调查者对这一事物的看法的量化结果。

（2）利克特量表（Likert scale）。这是问卷设计中用得最多的一种量表。它也由一组对某种事物的看法的陈述构成。但与总加量表不同，被调查者对这些陈述的看法不再简单地被分成"同意"和"不同意"，而是被分成"非常同意""同意""不知道""不同意""非常不同意"，或者"赞成""比较赞成""无所谓""比较反对""反对"五类。

（3）语义差异量表。两端为一对意义相反的形容词，中间分为七个等级。每一等级的分级从左至右分别为7、6、5、4、3、2、1，也可以设计为+3、+2、+1、0、–1、–2、–3。

问卷调查是获取数据的一种非常有用的方法。然而，这一方法在一定程度上遭到滥用，主要表现为随意发放问卷，而不是通过科学的抽样来随机获取样本，从而导致通过样本获得的结论并不能代表总体。此外，被调查者对研究有效性的影响非常大，回收问卷变得越来越困难。经验表明，问卷的回收率如小于70%，调查结果的效度便有问题。

三、通过实验法获取实验数据

这种方法以经济学、心理学、社会学等诸多学科的理论为基础，调查参与者在实验控制的场景中如何对社会问题做出判断、决策或采取行动。它的优势在于可以控制自变量的变化，观察这种变化对因变量的影响，从而得出因果关系的推论[①]。

在实验中，通常需要将同意参加实验的对象随机划分为处理组（treatment group）和控制组（control group），以观察外生变化对行为和结果的影响。但通过观察数据进行研究时，很难区分外生因素和内生因素的影响。社会实验研究中的随机分配程序见图 1.1。

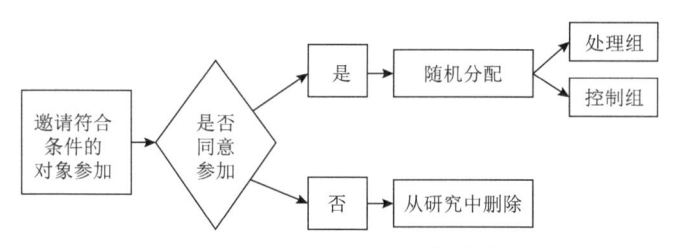

图 1.1 社会实验研究中的随机分配程序

随机实验的关键优势是可以将实验参与者可以观察到和未能观察到的特征之间的所有相关性都进行排除。Hirst 和 Hopkins 用实验法调查了综合收益的不同报告方式对金融分析师评价公司价值的影响[②]。

社会实验研究的主要局限性表现为，通常实验成本高昂，以至于除了美国，这种方法在其他国家没有被广泛使用。实验法同样可能会带来样本选择和样本丢失的问题。

【思考与练习】

一、单项选择题

1. 统计调查方案的首要问题是（　　）。
 A. 调查组织工作的确定　　　　B. 调查任务和目的的确定
 C. 调查时间和地点的确定　　　D. 调查经费的确定

---

① 罗炜. 实证会计研究和研究数据库的几点思考——点评博士论坛的两篇文章[J]. 中国会计评论，2005，3(2)：423-426.

② Hirst D E, Hopkins P E. Comprehensive income reporting and analysts' valuation judgments[J]. Journal of Accounting Research, 1998, 36: 47-75.

2. 为了解全国钢铁企业生产的基本情况，可对首钢、宝钢、武钢、鞍钢等几个大型钢铁企业进行调查，这种调查方式是（　　）。
   A. 普查　　　　　　　　　　B. 典型调查
   C. 重点调查　　　　　　　　D. 抽样调查
3. 下列属于连续变量的是（　　）。
   A. 职工人数　　　　　　　　B. 机器台数
   C. 工业总产值　　　　　　　D. 车间数
4. 在国内生产总值、人口数、平均工资、出生率、耕地面积五个指标中，属于数量指标的有（　　）个。
   A. 1　　　　　B. 2　　　　　C. 3　　　　　D. 4
5. 就业人数增减量指标属于（　　）。
   A. 相对指标　　　　　　　　B. 平均指标
   C. 总量指标　　　　　　　　D. 变异指标
6. 下列类型的数据中可进行加、减、乘、除运算的是（　　）。
   A. 定类数据　　　　　　　　B. 定序数据
   C. 定距数据　　　　　　　　D. 定比数据
7. 为了解某商业企业的期末商品库存量，调查人员亲自盘点库存，这种收集资料的方法是（　　）。
   A. 大量观察法　　　　　　　B. 采访法
   C. 直接观察法　　　　　　　D. 报告法

二、简述题

1. 个人信息世界的内容要素是什么，它们之间有什么关系？
2. 个人信息世界的边界要素是什么，如何测量？
3. 统计调查的基本原则是什么？
4. 什么是普查？什么是随机抽样？什么是非随机抽样？什么是典型抽样？什么是重点抽样？什么是定期统计报表？它们各有什么特点，各有什么作用？
5. 混合横截面数据和时间序列数据有什么异同？
6. 怎样防止和减少调查误差？

第二章　数据处理与展示

统计调查得来的大量资料都是分散的、不系统的，只能说明总体单位的特征，无法揭示被研究者的本质和规律，不能满足统计分析的需要。这就需要对调查来的资料进行加工整理。统计整理是指根据统计研究的目的，将统计调查所得的资料进行科学的分类和汇总，或对已加工过的综合资料进行再加工，得到系统化、条理化的综合资料的工作过程。这一过程在统计工作中处于中间环节。

在统计分析过程中，用图形来呈现数据，可以使读者更加直观地理解数据与统计结果。因此，对调查数据进行整理，并用图形方法来阐明其意义，正是本章研究的主题。

第一节　数 据 处 理

根据研究设计从数据库中调出数据（或通过其他途径获取数据），以 Excel、文本（txt）或其他文件形式（dta 等）存储，其中，最常用的是将数据存储为电子数据表（Excel 文件）形式。可以直接在 Excel 中对数据进行处理，但更多情况下是将数据调入相关的统计软件，如 Stata 中进行处理。也可以通过统计软件直接从数据库中获取数据。数据处理通常包括下述过程：

（1）数据导入。将收集的数据调入 Stata 软件等，或通过数据转换软件（Stat/Transfer 等）将数据转换为 Stata 可用的数据。

（2）数据检查。消除相同的观测值，处理缺失值等。

（3）数据预处理。对数据和变量贴标签，进行变量处理、数据筛选和排序、删除重复观测值、处理缺失值等。

（4）数据转换。数据结构（包括宽格式数据和长格式数据）转换和变量类型转换。

（5）数据合并。对数据进行横向和纵向合并。

一、数据导入

数据导入是将数据导入统计分析软件的过程，已有的统计分析软件基本都可以调用以各种格式存储的数据文件。在实际的数据分析中，可以将扩展名为 raw、txt、xls、xlsx、dta、sas7bdat 等格式存储的数据调入 Stata 中。Stata 调入数据的基本规则有：

（1）使用 import、odbc 命令直接调入 Excel 数据集。

（2）使用 infile、insheet 和 infix 命令调入 txt、scv 等类型的数据（或点击 fileimport）。

（3）使用 use 命令打开存储在计算机中的 Stata 数据集，使用 sysuse 命令打开 Stata 自带的 Stata 数据集。

（4）使用 use 命令或 webuse 命令从网上直接获取数据。

（5）其他方式，如通过 odbc load 调取 dBase、Access 等的数据。

例 2.1 将"和政数据"由 Excel 导入 Stata。

代码如下：

import excel " C:\Users\Lenovo\和政汇总数据 8.8.xlsx "，sheet(" Sheet1 ") firstrow

二、数据检查

大的数据集很容易出现错误数据，因此应仔细检查。对数据的检查主要从以下几个方面开始。

（1）对数据集名称、变量、观测的检查。数据集名称检查是指对数据是否命名进行检查。数据集变量检查是对数据集变量个数、每个变量的名称、变量存储类型、变量显示格式、变量标签等的检查。数据集观测检查是对观测的数量、数据质量等的初步检查。

（2）对数据质量的检查。对数据进行描述性统计可以为数据质量检查提供很多思路。比如，通过比较中位数和均值可以判断极端值（离群点）的存在。通过频数分析可以判断分类变量的准确性。有时还需要注意变量的计量单位是基于小数还是百分数形式。比如，有些数据库中净资产收益率是基于百分数形式的，其值 11.2 表示净资产收益率为 11.2%。观察最大值和最小值时，如果发现数据中有明显的错误，应当在对原始数据进行详细检查的基础上对错误进行排除或纠正。

例 2.2 对"和政数据"进行检查。

（1）使用 describe 或 d 命令来检查内存数据集、变量和观测的基本情况。Stata 结果如图 2.1（部分截图）所示。

```
. describe

Contains data from D:\工作\和政数据完整版.dta
  obs:           260
  vars:          419                          16 Aug 2022 22:31

              storage   display   value
variable name   type     format    label    variable label

A              int      %10.0g
变量名          str7     %9s                 变量名
gender         byte     %10.0g              性别
age            int      %10.0g              出生年份
health         byte     %10.0g              受访者健康状况
job_1          int      %10.0g              政府工作人员
job_2          int      %10.0g              农技员、科技特派员、教师等专业人员
job_3          int      %10.0g              在工厂有固定工作
job_4          int      %10.0g              常年本地种植
job_5          int      %10.0g              常年本地养殖
job_6          int      %10.0g              常年在本县之外打工
job_7          int      %10.0g              本地种植
```

图 2.1　数据检查运行结果（一）

（2）使用 compress 命令对内存中的数据进行压缩，从而释放更大的内存。Stata 结果如图 2.2 所示。

```
. compress
  (0 bytes saved)
```

图 2.2　数据检查运行结果（二）

（3）使用 browse 和 edit 命令浏览和修改数据，使用 list 命令在结果窗口显示数据，查看缺失值的表示情况。

Stata 结果如图 2.3 所示。

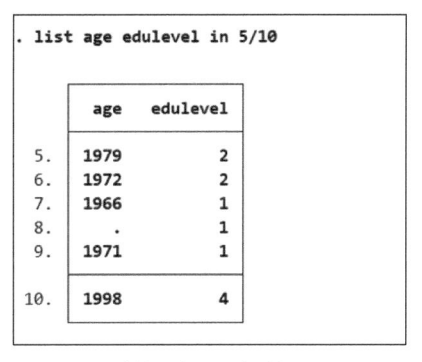

```
. list age edulevel in 5/10

        age    edulevel

  5.   1979        2
  6.   1972        2
  7.   1966        1
  8.     .         1
  9.   1971        1
 10.   1998        4
```

图 2.3　数据检查运行结果（三）

（4）其他扩充的代码：

rename 命令为变量重新命名，代码：rename job_1 workers。

sort 命令进行排序，代码：sort age。

replace 命令替代变量，代码：replace distance=1000*distance。

三、数据预处理

数据预处理主要包括：对数据集和变量贴标签、对变量的初步处理、对数据的筛选和排序、对重复观测值的处理、对缺失值的处理。

（一）对数据集和变量贴标签

为了便于处理，数据集和变量的命名应尽量简洁。变量通常用英文、英文首字母简称、中文拼音首字母进行命名。这样做不利之处是一段时间后可能无法记起数据集和变量的含义，而对数据集和变量贴标签可以解决这一问题。

例 2.3 在 Stata 中，使用 label data 命令对数据集贴标签；使用 label var 命令对变量贴标签；使用 label define 命令对变量取值贴标签；使用 notes 命令对一个数据集或单个变量加注释。

注意：在 Stata 中，可以使用非官方的 labone 命令，可将数据集中的指定行作为变量的标签。例如，下载的 CSMAR 数据调入 Stata 后，可以使用 labone 命令直接将第 2 行的"变量说明"作为变量的标签。

（二）对变量的初步处理

变量是说明现象某种特征的概念，其特点是从一次观察到下一次观察，结果会呈现差别或变化。变量由变量名和变量值组成。变量名指变量的名称，变量值是变量的具体取值。例如，对于公司产权性质这一变量，其变量值表现为国有和非国有。

对变量的初步处理主要包括变量命名及其统一标准化、变量类型的转换。

1. 变量命名及其统一标准化

尽管日常生活中对变量的命名没有强制要求，可以用中文、英文、数字、符号或者上述的组合进行命名，但在计算机语言中，变量名通常是字母（a~z, A~Z）、数字（0~9）与下划线（_）的组合，并且之间不能包含空格，数字不能放在变量名首位。变量名中一般不使用其他特定字符，如标点符号、货币符号等，因为特定字符可能意味着它是一个通配符（即可以匹配多个字符）。例如，在 Stata 中，为了便于对变量进行处理，变量名可以使用问号（?）、冒号（:）等作为通配符，从而简化程序和命令的书写。Stata 变量中的通配符见表 2.1。

表 2.1 Stata 变量中的通配符

要求	变量举例	通配符的使用
数据集中按位置排列的 var1 到 var5 的所有变量	var1 sr2 age var4 var5	var1-var5
一次性表示多个变量，无论变量处于数据集中何种位置	var1 var2 var3 var4 var5	var?
以 var 开头的所有变量	var1 var2 var10 variable varying var_1	var*
以 my 开头，以 var 结尾的一个变量	myxyzvar	my~var

此外，以下划线开头或开头并结尾的变量，通常表示统计软件自带的系统变量。在 Stata 中，系统变量及其含义见表 2.2。

表 2.2 Stata 中的系统变量及其含义

系统变量	含义
_n	当前观测值的序号
_N	共有多少观测值
_all	所有变量
_pi	π

在数据处理过程中会产生一些中间的临时变量，随着退出 Stata，这些中间的临时变量会自动消失，既不会破坏原始数据，也不妨碍我们查看结果性的变量。

有时为了方便，还可以对特定变量或所有变量的变量名按某个特定规则重命名。例如，如果想比较上市公司合并报表数据和母公司报表数据的差异，在合并前，可以给所有合并报表的变量名称统一加上后缀"-c"，给所有母公司报表的变量名称统一加上后缀"-p"，以此来区分。

2. 变量类型的转换

变量按数据计量尺度可以分为定类变量、定序变量和数字型变量。定类变量和定序变量可以用文字表示，也可以用数值表示，因此，在计算机语言中，变量的类型按其表现形式可以分为数字型变量和字符型变量。为了方便对时间序列数据的处理，通常还会加入一类单独的日期型变量。其中，数字型变量以数值形式存储，可以进行加、减、乘、除、乘方等数学运算（用数值表示的定类变量和定序变量不能进行数学运算）。字符型变量以字母、数字和其他字符构成。字符型变量不能进行数学运算，当数字以字符型变量的形式出现时也是一样。日期型变量是指能够自动识别时间先后的变量。

通常，对数字型变量的处理最容易，对字符型变量的处理则相对复杂。例如，字符型变量中两个看似相同的变量值可能会因为一个存在空格或其他字符，另一个不存在空格或其他字符而不同，因此关键变量一般不建议以字符型变量表示，而是将其转换为数字型变量。例如，从 Wind 中提取的数据，公司代码以字符型变量的形式表示（如 000001.SZ、60000.SH），为了便于与其他数据合并，一般首先将其转换为数字型变量。在统计分析中，只有将字符型变量转换为数字型变量，才能对其进行相应的分析。

将原始数据调入统计软件后，原本属于数字型变量的变量可能会变为字符型变量，原本属于字符型变量的变量可能会变为数字型变量，原本属于日期型变量的变量可能会变为字符型变量，这时需要对变量类型进行转换。

例 2.4 对"和政数据"中的变量类型进行转换。

Stata 为变量类型的存储和转换提供了丰富的处理方式。为数字型变量提供了 5 种类型的存储格式，包括 byte、int、long、float 和 double；为字符型变量和日期型变量的处理提供了丰富的函数。在 Stata 中可以通过 destring 和 tostring、real 和 substr 函数实现字符型变量与数字型变量的转换，可以通过日期函数实现字符型变量、数字型变量与日期型变量的转换。

在 Stata 中，可以通过 format 命令实现对变量的格式显示。但 format 命令或语句仅改变变量的显示格式，不能改变变量的存储格式。

Stata 代码如下：

tostring job_2, replace   //数字型变量 job_1 转字符型，并替换之前的变量
destring job_2, replace   //字符转数值
format available_1 %9.0g   //改变变量的格式

（三）对数据的筛选和排序

数据筛选是指根据需要找出符合特定条件的某类数据，主要的做法包括：将符合特定条件的数据筛选出来，剔除某些不符合要求的数据或有明显错误的数据。

数据排序是指按照一定顺序将数据进行排列，以便研究者通过浏览数据发现一些明显的特征或趋势，找到解决问题的线索。除此之外，排序还有助于对数据的检查纠错，为重新归类或分组等提供方便。在某些场合，排序本身就是分析的目的之一。例如，了解谁是中国汽车生产的三巨头。对于汽车生产厂商而言，不论其与三巨头是伙伴关系还是竞争关系，这都是很有用的信息。

（1）定类数据的排序。对字母型数据，排序有升序、降序之分，但习惯上用升序。对汉字型数据，可按汉字的首位拼音字母排序（多音字排序时可能会出现错误），也可按笔画排序。

（2）定量数据的排序。定量数据可以递增排序，也可以递减排序。

设一组数据为 $x(1)$，$x(2)$，$\cdots$，$x(n)$，递增排序后可表示为：$x(1) > x(2) > \cdots > x(n)$；递减排序后可表示为：$x(1) < x(2) < \cdots < x(n)$。

例 2.5 对"和政数据"中的变量类型进行筛选和排序。

（1）使用 if 和 in 选项筛选数据。

代码如下：

list income2011 if profits>50000 //列出符合利润大于 50000 条件的 2011 年收入数据

list income2021 in 2/20 //列出 2-20 行的 2021 年收入数据

（2）使用 inlist 命令选择离散值。

代码如下：

list income2011 if inlist(family, 3, 4) //列出家庭数为 3 和 4 的 2011 年收入数据

（3）使用 sort、gsort 命令对数据进行排序。

代码如下：

sort profits

gsort-profits //降序排列

（四）对重复观测值的处理

数据库的设计存在问题，有时从数据库中调出的数据存在相同的观测值，或者因重复录入而存在相同的观测值，因此首先应消除相同的观测值。Stata 中，使用 duplicates 命令来报告、显示和删除数据集中的重复观测值。具体代码如下：

duplicates report //报告

duplicates list //显示

duplicates drop //删除

（五）对缺失值的处理

抽样调查数据面临的一个主要问题是无回答和部分无回答，从而形成缺失值。在重复观测中，家庭搬迁、个人死亡、失踪及公司破产等原因也会导致样本的丢失，从而形成缺失值。处理缺失值最简单的方法是将其删除。需要注意的是，必须考虑缺失值形成的原因和重要性。如果缺失值的形成是随机的，那么无非就是减少样本量；如果缺失值以系统的方式出现，那么删除缺失值就会导致样本失去代表性，从而导致有偏估计。还可以使用估算法对缺失值进行处理。例如，在 Stata 中，可以使用 ipolate 或 impute 命令对缺失值进行插补。

不同的数据库对不同变量的缺失值有不同的表示,大多数情况下不是以点(.)表示,而是用一个数值代码表示,分析时应特别注意。需要指出的是,缺失值和 0 存在本质的区别。有些数据库对缺失值以 0 表示,或调入 Excel 后缺失值变为 0,这使得对缺失值的处理变得异常困难。

例 2.6 对"和政数据"中的缺失值进行处理。

(1)使用 browse、list、inspect 命令来查看缺失值。

代码如下:

browse income2011 income2021 profits if profits==9999
list income2011 income2021 if profits==9999
inspect profits if profits==9999

(2)使用 mvdecode 命令将数值型缺失值转换为".",使用 mvdecode 命令将缺失值"."转换为数值型缺失值。

代码如下:

mvdecode profits loan income2017 income2019 income2020 income2021, mv(9999=.)

四、数据转换

数据转换包括数据结构转换和数据变量转换。

数据结构转换包括宽格式数据和长格式数据转换、数据转置、数据堆叠。其中,宽格式数据和长格式数据转换相对复杂,而数据转置、数据堆叠则相对简单。

数据变量转换包括宽格式数据和长格式数据转换、产生新变量和取代原有变量中的值,以及对字符型变量的处理。

(一)宽格式数据和长格式数据转换

在 Stata 中可以利用 reshape 命令进行宽格式数据和长格式数据之间的转换。使用 reshape 命令重排数据结构,这对面板数据和混合横截面数据的操作非常适用。宽格式数据和长格式数据见表 2.3。

表 2.3 宽格式数据和长格式数据示例

宽格式数据			长格式数据		
i	stub1	stub2	i	j	stub
1	4.1	4.5	1	1	4.1

续表

宽格式数据			长格式数据		
i	stub1	stub2	i	j	stub
2	3.3	3.0	1	2	4.5
			2	1	3.3
			2	2	3.0

将宽格式数据转换为长格式数据，可使用 reshape long stub, i(i)j(j)，其中 j 是新产生的变量。

使用 reshape wide stub, i(i)j(j)，可以将长格式数据转换为宽格式数据，其中 j 是现有的变量。具体的数据输入和格式转换程序如下：

```
clear
input i stub1 stub2    //输入变量与数据
1   4.1   4.5
2   3.3   3.0
end
reshape long stub, i(i)j(j)   //将宽格式数据转换为长格式数据
reshape wide stub, i(i)j(j)   //将长格式数据转换为宽格式数据
```

（二）产生新变量和取代原有变量中的值

从数据库中调出数据，对数据预处理后，需要通过变量计算（加、减、乘、除等）将原始的变量变为可用于特定目的分析的变量。

例如，对规模变量如总资产等取对数；根据净利润和平均总资产或上年总资产计算总资产收益率；根据净利润和经营活动现金流量计算应计利润；根据字符型变量产生特定的数字型变量，如通过行业分类产生行业分类变量。

产生的新变量会自动置于数据集的最后一列。为了便于变量之间的比较，可以改变变量的顺序。在 Stata 中，可以通过 order 命令来改变变量的排列顺序，具体命令为：order varlist [, options]。有关选项见表 2.4。

表 2.4　Stata 中 order 命令的选项描述

选项	描述
first	将变量移到数据集的开头
last	将变量移到数据集的结尾
before(varname)	将变量移到 varname 之前
after(varname)	将变量移到 varname 之后
alphabetic	将变量按字母顺序排列，并移到数据集的开头
sequential	将变量按字母顺序排列，保持数学顺序，并移到数据集的开头

例 2.7 应用"和政数据"产生新变量和取代原有变量中的值。

在 Stata 中，可以使用 generate（gen, g）命令，通过加、减、乘、除、乘方、指数、对数、滞后、领先、差分和季节性差分等运算（+，−，*，/，^，exp，log，l.，f.，d.，s.）生成新的变量。产生变量时，可以使用逻辑关系符号来限定。

（1）表示数学运算的符号：+，−，*，/；^表示幂运算，如 $x\hat{\ }y$；$x[\_n\text{-}j]$ 表示之后 j 期的变量，_n 表示当前观测值的序号。也可以使用滞后算子（L.或 l.）、领先算子（F.或 f.）、差分算子（D.或 d.）来产生滞后、领先和差分变量。

（2）表示逻辑关系的符号：&表示 and；|表示 or；!=或~=表示不等；==表示相等。

使用 egen 命令能执行更复杂的变量生成任务。如产生等差数列：

egen d = seq(), f(1) t(39197) block(3920)

可以通过 help egen 命令查询其他函数的使用。使用非官方的 egen 函数可以使数据操作更为便利，安装命令为：

ssc install egenmore

使用 replace 命令取代原有变量中的值。

在经济、金融、会计的研究中，经常会基于滞后、领先和差分变量等来产生新的变量。在 Stata 中可以通过 L.、F.、D.、S.（或者 l.、f.、d.、s.）等时间序列算子来产生新的变量，通过 help tsvarlist 命令可以查看详细操作步骤。

在 Stata 中，可以使用因子变量简化操作步骤，快捷地在回归模型中加入虚拟变量、交互项、平方项或高次项。因子变量是对现有变量的延伸，是从分类变量中生成虚拟变量，设定分类变量之间的交互项、分类变量与连续变量之间的交互项或连续变量之间的交互项（或多项式）。在 Stata 中可以通过 i.、c.、o、#、##五个因子变量算子来产生因子变量，通过 help fvvarlist 命令可以查看详细操作步骤。

Stata 代码如下：

gen year=age   //产生新变量

replace year=2022-age   //取代原有变量中的值

（三）对字符型变量的处理

前文的分析指出，对字符型变量的处理要相对复杂一些。对字符型变量的处理包括：压缩字符变量值、提取字符变量值、连接字符变量值、查找字符变量值、取代字符变量值、转换字符变量值等。Stata 提供了丰富的字符函数。

压缩字符变量值是指压缩字符型变量值的占用空间。有时，字符型变量值的存储数据过长（如高管简历），这不仅会占用过多的内存空间，还不便于阅读。特别是有些软件（如 Stata）会将数据读入内存进行处理。压缩变量的存储空间对提高数据的运行效率有很大帮助。

提取字符变量值是指从已有字符或字符型变量中提取特定字符，从而形成新的变量。例如，从上市公司的行业代码中提取两位数代码（适用于制造业）和一位数行业代码（适用于制造业之外的其他行业），以验证控制不同行业的影响。使用公司名称（非上市公司）、高管姓名等作为关键变量合并不同数据集时，关键变量看似相同，但却无法合并，主要原因是公司名称、高管姓名中包括空格或其他特殊字符。这种情况下需要去除关键变量中的特殊字符。

连接字符变量值是指将不同的字符或字符型变量值进行连接。

查找字符变量值是指在字符或字符型变量值中查找特定字符，并进行标示。

取代字符变量值是指用新的字符取代字符或字符型变量值中的原字符。

转换字符变量值是指对字符或字符型变量值进行转换，如大小写转换。

例 2.8 对"和政数据"中字符型变量的处理。

Stata 中字符型变量的处理主要通过字符型函数进行。输入 help function，点击 string functions 可以查看所有字符型函数的使用。本部分重点介绍文本挖掘中常用的正则表达式（regular expression，简称 regex、regexp 或 RE）匹配、替换和截取函数。正则表达式，又称规则表达式，是计算机科学的一个概念，通常用来匹配、替换那些符合某个模式（规则）的文本。《正则表达式必知必会》（本·福塔著，门佳等译）是学习正则表达式很好的入门教材。

正则表达式匹配函数：regexm，m 代表匹配（match）。

正则表达式替换函数：regexr，r 代表替换（replace）。

正则表达式截取函数：regexs，s 代表截取（subexpression）。

Stata14 及之后的版本加强了正则表达式的功能，主要的正则表达式函数有：ustrregexm（匹配函数）、ustrregexrf（f 代表 first，表示只替代第一次出现的匹配字符）、ustrregexra（a 代表 all，表示替代全部匹配到的字符）和 ustrregexs（截取函数），ustr 代表 unicodestring。这些函数基本的用法同 regexm、regexs 等一致，但功能更强大，可以根据序列、POSIX 字符类等进行匹配。提取合并方文本的上市公司、提取公司或高管名称中的中文和英文名称、从高管个人简历中提取有关高管的个人特征，都要用到正则表达式函数。正则表达式也广泛应用于网络爬虫中。

Stata 代码如下：

tostring health, replace   //数值型变成字符型
destring worktime, replace force
destring jobincom, replace force
destring otherincome, replace force

五、数据合并

有时,一个数据库并不能满足研究的需要,还需要从同一公司或不同公司开发的不同数据库中调出数据,然后进行数据合并。多数情况下,只要确定了不同数据库中的关键变量,合并就会比较简单。但有些情况下数据合并则比较复杂,如将财务报表数据与市场数据进行合并,将持有期回报、非正常回报和累计非正常回报进行合并。

数据合并包括横向合并和纵向合并。横向合并又包括基于观测值的合并和基于关键变量的合并,在实证研究中,更多的是基于关键变量的合并。因此,在不同的数据集中,统一关键变量的命名非常重要。

例 2.9 将"和政数据"与"陇西数据"合并。

在 Stata 中,通过 merge、joinby 命令进行横向合并,以创建一个更宽的数据集;通过 append 命令进行纵向合并,以创建一个更长的数据集。

merge 命令可以基于关键变量进行一对一(1:1)、一对多(1:m)、多对一(m:1)、多对多(m:m)合并。在默认情况下,执行 merge 命令合并后,会产生一个新变量_merge,取值为 1、2、3 等。当关键变量观测值仅出现在合并数据集中(指存储在内存中的数据,即 master data),_merge 取 1;当关键变量观测值仅出现在被合并数据集中(指存储在硬盘中的数据,即 using data),_merge 取 2;当关键变量观测值既出现在合并数据集中,又出现在被合并数据集中,_merge 取 3。

例如,master 数据集中有学号(i 变量)为 1、2、3 的同学的化学成绩,using 数据集中有学号为 2、3、4 的同学的物理成绩,基于关键变量 i,使用 merge 命令一对一将两个数据集合并后,形成 new 数据集。由于关键变量的观测值 1 仅出现在 master 数据集中(1 仅有化学成绩),故_merge 取 1;由于关键变量的观测值 4 仅出现在 using 数据集中(4 仅有物理成绩),故_merge 取 2;由于关键变量的观测值 2、3 同时出现在 master 和 using 数据集中(2、3 既有化学成绩又有物理成绩),故_merge 取 3。如图 2.4 所示。

master			using			new			
i	化学成绩		i	物理成绩		i	化学成绩	物理成绩	_merge
1	80	merge	2	95	→	1	80		1
2	92		3	93		2	92	95	3
3	95		4	90		3	95	93	3
						4		90	2

图 2.4 merge 命令合并事例

基于关键变量进行横向合并时,需要注意以下事项。

（1）合并前使用 sort 命令对合并数据和被合并数据基于关键变量排序。

（2）尽量避免基于关键变量进行多对多合并。重复执行相同的多对多合并命令时，在不提示错误的情况下，可能会得到不同的合并结果。

（3）无论是 merge 命令还是 joinby 命令，都需要匹配合并有相同变量名的数据。如果没有，需要构造名义变量名。

append 命令可以将被合并数据集追加到合并数据集所有观测值的后面，以创建一个更长的数据集。如果两个数据集中相同的变量有不同的变量名和变量类型，应该首先统一为相同的变量名和变量类型，然后再追加合并。

在实证研究中，经常循环使用 append 命令进行纵向合并，这时往往需要先建立一个空数据集作为合并数据集，以便后面不断追加数据。可以利用非官方的 touch 命令建立一个空数据集，用于追加，这对避免 append 循环在第一次运行时由于文件不存在而失败是很有用的。

Stata 代码如下：

save " C:\Users \和政汇总数据 8.8.dta " ,replace   // excel 转为 dta 格式
use   " C:\Users\ \和政汇总数据 8.8.dta "
append using   " C:\Users\ \longxi.dta "   //数据合并

第二节 数 据 展 示

一、数据分组

在经验研究中，对数据进行分组处理是十分常见的。例如，对数据进行分年度处理、分行业处理或者分年度分行业处理。也可以对连续性变量，如资产回报率（return on assets，ROA）进行分组，以揭示不同业绩组之间的特定差异。

项目研究有时需要将定量数据分成观测数量相同的若干组。例如：

（1）将所有公司按 ROA 大小分为 20 组。

（2）分年度将所有公司按 ROA 大小分为 20 组。

（3）分年度按 ROA 大小将公司分组，使每组的公司数为 20 个。

（4）分年度按分位数分组。

（5）分组产生虚拟变量（dummy variable）。

在分组统计处理过程中，有时需要分组产生虚拟变量，然后再进行处理，也可以直接产生虚拟变量进行处理。

通过对数据分组标记，可以很方便地进行分组累计统计（求和与求积）。

例 2.10 对"和政数据"进行分组统计。

在 Stata 中，可以使用 egen 命令中的 cut 函数，或者 xtile 命令对某一变量进行分组。在实证研究中，通常应当按年度进行分组。

Stata 中，很多命令可以根据特定定性变量产生虚拟变量，如使用 tab、todummy 等命令，但 todummy 不能和 bys 连用，这限制了分年度的虚拟变量的产生。可以使用 gen 命令下的 sum 函数和 egen 命令下的 total 函数来分组求和，使用非官方的 rprod 函数来分组求积，也可通过简单编程来累计求和、求积。

Stata 代码如下：
sort gender   //按性别排序
by gender: tab family   //依据性别分组，分别输出家庭人口数
结果如图 2.5 所示：

```
. sort gender

. by gender: tab family

-> gender = 女

家庭人
口数      Freq.     Percent      Cum.

    2        1        1.20       1.20
    3       12       14.46      15.66
    4       22       26.51      42.17
    5       20       24.10      66.27
    6       17       20.48      86.75
    7        5        6.02      92.77
    8        5        6.02      98.80
    9        1        1.20     100.00

Total      83      100.00
```

图 2.5　家庭人口分组统计结果

二、数据可视化

（一）单变量数据展示

对数据进行预处理后，可以使用图表更直观形象地展示数据。

一张完整的图应该包括以下要素：坐标轴、曲线（点、线或面）、标题与副标题、图例、脚注和插文等。

不同数据类型的展示方式也不同。例如，对定类数据主要作分类整理；对定量数据则主要作分组整理。

1. 定类数据的整理与图示

（1）条形图（bar chart）。条形图是用宽度相同的条形高度或长短来表示数据多少的图形。条形图可以横置或纵置，纵置时也称为柱形图（column chart）。条形图有简单条形图、复式条形图等形式。

例 2.11 选择"和政数据"中的某个变量制作条形图。
Stata 代码如下:
graph bar availableT,over(edulevel)
结果如图 2.6:

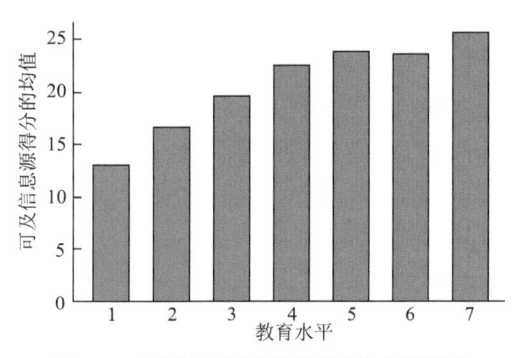

图 2.6 不同教育水平下可及信息源得分

(2)帕累托图(Pareto chart)。帕累托图是按各类别数据出现的频数排序后绘制的条形图。通过对条形图的排序,可以很容易看出哪类数据出现得多,哪类数据出现得少。

例 2.12 选择"和政数据"中的某个变量制作帕累托图。
Stata 代码如下:
ssc install pdplot   //安装帕累托图的外部命令
pdplot assetTT
结果如图 2.7:

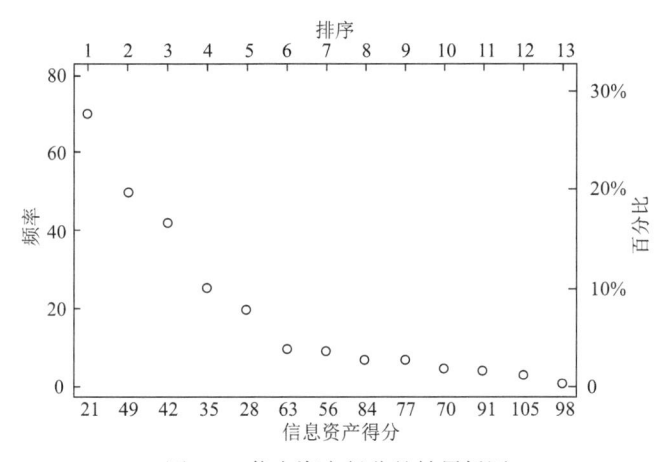

图 2.7 信息资产得分的帕累托图

(3) 对比条形图。对比条形图可以提供不同组数据的对比情况。

例 2.13 选择"和政数据"中的某个变量制作对比条形图。
Stata 代码如下：
graph bar (mean) availableT (median) availableT, over(edulevel) ///
ytitle ("不同教育水平下可及信息源得分均值与中位数") ///
blabel(bar,format(%3.2f)) bar(1,color(blue)) bar(2,color(orange)) ///
legend(ring(0) position(11) col(2) label(1 "Mean") label(2 "Midian"))
* blabel 显示每个柱形的标签；legend 显示图例；ring(0)表示显示在数据区内；position(11)表示 11 点钟位置；col(2)表示两列。

结果如图 2.8：

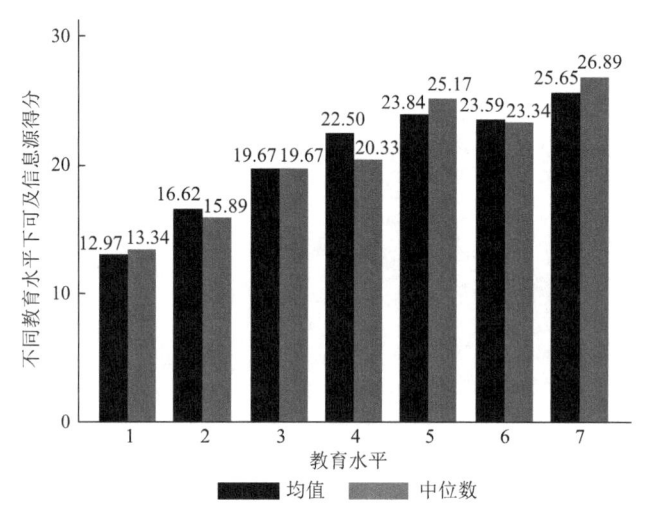

图 2.8 不同教育水平下可及信息源得分均值与中位数

(4) 饼图（pie chart）。饼图是用圆形及圆内扇形的角度来表示数值大小的图形，主要用于表示一个样本（或总体）中各组成部分的数据占全部数据的比例，对于研究结构性问题十分有帮助。

例 2.14 选择"和政数据"中的某个变量制作饼图。
Stata 代码如下：
graph pie availableT,over(edulevel) pie(2,explode) plabel(_all sum,format(%3.2f)) ///
title ("不同教育水平下可及信息源得分") legend(col(1) position(9))
结果如图 2.9：

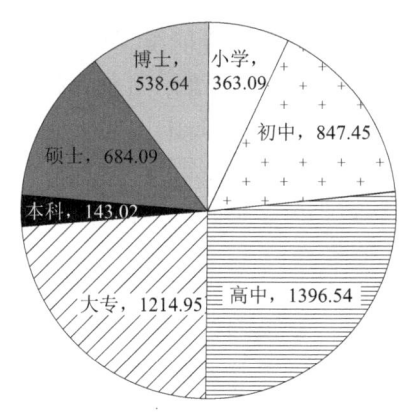

图 2.9 不同教育水平下可及信息源得分

2. 定序数据的整理与图示

累计频数指各类别频数的逐级累加。累计频率指各类别频数百分比的逐级累加。根据累计频数或累计频率，可以绘制累计频数图或累计频率图。

例 2.15 选择"和政数据"中的某个变量制作累计频数。
Stata 代码如下：
cumul celluse, gen(cum4)
line cum4 celluse, sort
结果如图 2.10：

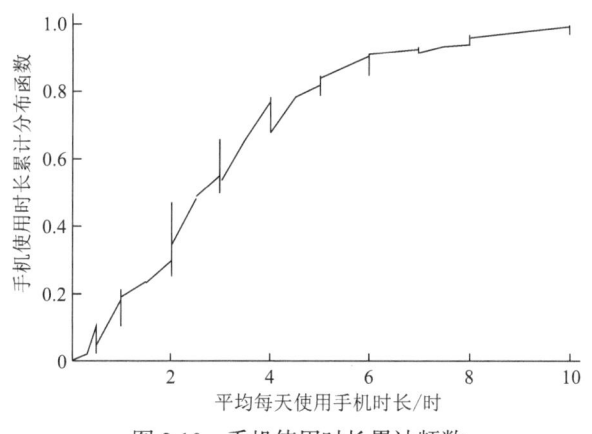

图 2.10 手机使用时长累计频数

3. 定量数据的整理与图示

根据数据统计研究的需要，将原始数据按照某种标准分成不同的组别，分组后的数据称为分组数据。数据分组的主要目的是观察数据的分布特征。数据分组后，计算出各组中数据出现的频数，就能绘制一张频数分布表。

前文介绍的条形图、饼图等也可以展示定量数据。但定量数据更多的是用直方图（histogram）、茎叶图（stem and leaf display）和箱线图（box plot）展示，这些方法并不适用于定类数据和定序数据。

直方图是用于展示分组数据分布的一种图形，它是用矩形的宽度和高度（即面积）来表示频数分布的。

需要指出的是，直方图和条形图存在明显区别，具体表现为：

（1）条形图用条形的长度（横置时）表示各类别频数的多少，其宽度（表示类别）是固定的。直方图用面积表示各组频数的多少，矩形的高度表示每一组的频数或百分比，宽度表示各组的组距，其高度与宽度均有意义。

（2）直方图的各矩形通常是连续排列，条形图则是分开排列。

（3）直方图主要用于展示定量数据，条形图主要用于展示定类数据。

茎叶图和箱线图主要用于展示未分组数据。茎叶图是反映原始数据分布的图形。茎叶图包括茎和叶两部分，其图形由数字组成。茎叶图反映数据的分布形状及离散状况。比如，分布是否对称，数据是否集中，是否有离群点，等等。

箱线图由一组数据的最大值、最小值、中位数、两个四分位数这五个特征值绘制而成，主要用于反映原始数据分布的特征，还可以进行多组数据分布特征的比较。

如果定量数据是在不同时间取得的，即为时间序列数据，可以绘制线图（line plot）。线图主要用于反映现象随时间变化的特征。

点图（dot plot）适用于展示变量的描述性统计量的分布。

例 2.16 利用"和政数据"绘制直方图、箱线图。

1）直方图

Stata 代码如下：

histogram celluse,frequency start(0) width(2) ///
xlabel(0(5)20) xtick(5(5)20) ///
ylabel(0(40)200,grid gmax) ///
title(" 手机使用时长直方图 ")
* frequency　　在轴上显示频数
* start(0)　　直方图的第一个条柱（组距）从 0 开始
* width(2)　　每一个条柱（组距）宽度为 2
* xlabel(0(5)20)　对 x 轴添加数值标签，以 5 为间距从 0 到 20
* xtick(5(5)20)　　显示 x 轴上的刻度，以 5 为间距从 5 到 20
* ylabel(0(40)200,grid gmax) 对 y 轴添加数值标签，画出水平栅格，包括最大处的一条线

结果如图 2.11：

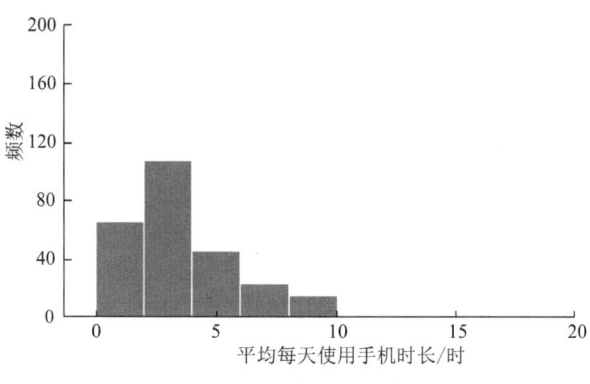

图 2.11 手机使用时长直方图

2）箱线图

Stata 代码如下：

summarize availableT   //计算均值

graph box availableT, marker(1,mlabel(Chinese)) yline(19.95) over(edulevel)   //用教育水平来比较可及信息源得分的分布

结果如图 2.12：

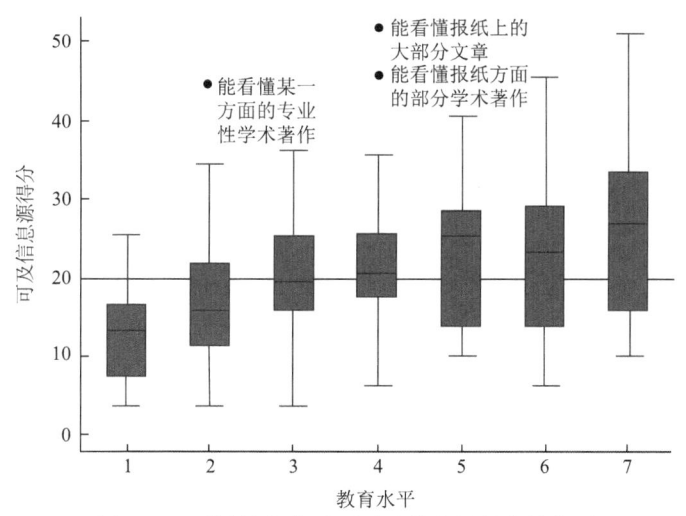

图 2.12 不同教育水平下可及信息源得分箱线图

（二）多变量数据可视化

前文介绍的图形描述的都是单变量数据。当有两个或两个以上变量时，可以用多变量的图示方法进行展示，常见的有散点图、气泡图、雷达图等。

（1）散点图（scatter diagram）。散点图是用二维坐标展示两个变量之间关系的一种图形。它用坐标横轴代表变量 x，纵轴代表变量 y，每组数据（x_i, y_i）在坐标系中用一个点表示，n 组数据在坐标系中形成的 n 个点称为散点，由坐标及其散点形成的二维数据图称为散点图。

（2）气泡图（bubble chart）。气泡图可用于展示三个变量之间的关系。它与散点图类似，绘制时将一个变量放在横轴，另一个变量放在纵轴，第三个变量则用气泡的大小来表示。

（3）雷达图（radar chart）。雷达图是展示多个变量的常用方法，也称为蜘蛛图（spider chart）。

需要指出的是，单变量图示和多变量图示的区分不是绝对的，有些单变量图示很容易转换为多变量图示。

此外，还可以使用统计表的方式来进行数据展示。统计表的设计应注意以下几点。

（1）合理安排统计表的结构。比如，合理安排行标题、列标题、数据资料的位置。

（2）总标题内容应满足 3W 要求，即需要说明统计数据的时间（when）、地点（where）及何种数据（what）。

（3）数据计量单位相同时，可在统计表的右上角标明；不同时应在每个变量后面或单列出一列进行标明。

（4）统计表中的上下两条横线一般用粗线，其他线用细线。通常使用的线条越少越好。

（5）通常情况下，统计表的左右两边不封口。

（6）统计表中的数据一般右对齐，有小数点时应以小数点对齐，小数点的位数应统一。

（7）对于没有数字的表格单元，一般用"—"表示。

（8）必要时可在统计表的下方加注释。

不同的出版社、期刊对表格的要求通常不同，在著作出版和论文发表时应从其规定。

例 2.17 利用"和政数据"绘制散点图、气泡图。

1）散点图

Stata 代码如下：

```
*散点图属于 twoway 图形的大家族
* graph twoway scatter y x   //其中 graph twoway 可省略
graph twoway scatter assetT lifevalueT,msymbol(d) mcolor(blue)   //msymbol 可
```

以设置改变散点的形状

结果如图 2.13：

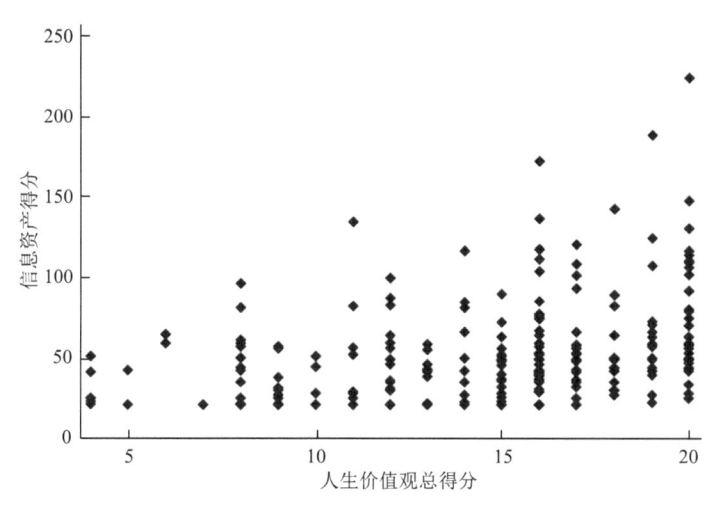

图 2.13 人生价值观总得分与信息资产得分散点图

2）气泡图

Stata 代码如下：

graph twoway scatter assetT dynamicT [fweight=edulevel],msymbol(oh)　　//
[fweight=edulevel]通过设置权数或者频数实现气泡（面积）大小

结果如图 2.14：

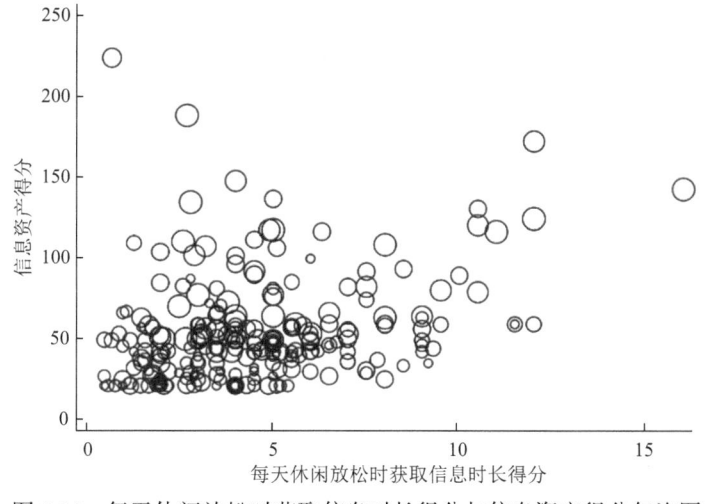

图 2.14 每天休闲放松时获取信息时长得分与信息资产得分气泡图

Stata 具有强大的作图功能。

1. 命令结构

[graph] graph-command (plot-command, plot-options)(plot-command,plot-options), graph-options

或者

[graph] graph-command plot-command, plot-options || plot-command, plot-options ||, graph-options

graph-command 定义图的类型，是多变量图形还是单变量图形（如条形图、箱线图、饼图等）；plot-command 定义多变量命令 twoway 中的曲线类型（如点、线、面等），同一张图中的多条曲线可以用括号分开，也可用"||"分开，曲线有其自身选项，整张图也有其选项。

2. 曲线类型

在 twoway 命令中，Stata 提供各种曲线类型，包括点、线、面、直方图、条形图、饼图、函数曲线、矩阵图等。对时间序列数据有以 ts 开头的一系列特殊命令，如 tsline。还有对双变量的回归拟合图（使用 lfit、qfit、lowess 等命令），可以用帮助命令（help）查看。

3. 主要选项说明

（1）标题项：title()。整个图形的标题为 title()；副标题为 subtitle()。

（2）坐标轴。

坐标轴和刻度：默认有坐标轴刻度。可以不标出纵轴，命令为 yscale(off)；也可不标出横轴，命令为 xscale(off)。

坐标轴标题。纵坐标标题：ytitle()，如 ytitle(国内生产总值)。横坐标标题：xtitle()，如 xtitle(年份)。

坐标轴刻度（标注刻度）。左纵坐标刻度：ytick()，如 ytick(600(100)1400)。下横坐标刻度：xtick()，如 xtick(1982(1)200)。

坐标轴刻度值（标注刻度值）。左纵坐标刻度及刻度值：ylable()，如 ylable(600(100)1400)。下横坐标刻度及刻度值：xlabel()，如 xlabel(1982 1990 1995 2000)。

（3）图例：legend()，如 legend(label(1 一月)label(2 二月))。

（4）脚注：note()，如 note(数据来源：CSMAR 数据库)。

在经验研究中，散点图与连线图比较常见，在 Stata 中可以使用 scatter、line 命令绘制。主要选项包括指定图形中散点的标识符号：msymbol()。可选参数如表 2.5 所示。

表 2.5 Stata 中 msymbol( )可选参数

形状	圆形	菱形	正方形	三角形	+号	×号	小点
大、实心	O	D	S	T	+	×	
大、空心	Oh	Dh	Sh	Th			
小、实心	o	d	s	t		×	p
小、空心	oh	dh	sh	th			

指定散点的颜色：mfcolor(green) mlcolor(red)，其中：
mfcolor(colorstylelist)：散点内部填充颜色（inside or "fill" color and opacity）。
mlcolor(colorstylelist)：散点外圈颜色（color and opacity of outline）。
指定散点标签：mlabel()。
指定图形中散点的连接方式：connect()。连接方式举例见表 2.6。

表 2.6 Stata 中散点的连接方式举例

字符	说明
.	不连接
l	用直线连接
L	按 x 轴在数据库中的顺序用直线连接
m	用直线连接中位值
s	用三次平滑曲线连接
J	以阶梯式直线连接
||	连接垂直方向上的两个点
II	在顶部及底部添加短横线

【思考与练习】

一、单项选择题

1. 下面哪条 Stata 命令可以将字符型变量转为数字型变量（　　）。
   A. tostring　　　　　　　　B. destring
   C. format　　　　　　　　　D. weekly
2. 变量数列中，各组频率的合计数应该（　　）。
   A. 大于 1　　　　　　　　　B. 等于 1
   C. 小于 1　　　　　　　　　D. 不等于 1
3. 计算向上累计次数或频率时，其累计数表达的意义是（　　）。
   A. 上限以下的累计次数或频率　　B. 上限以上的累计次数或频率
   C. 下限以下的累计次数或频率　　D. 下限以上的累计次数或频率

4. 类似于直方图，但与直方图比较，其构造更容易，且能显示变量的实际值，从而不会因数据分组将具体的数值信息丢失，这种图形是（　　）。
   A. 折线图　　　　　　　　　　B. 曲线图
   C. 茎叶图　　　　　　　　　　D. 帕累托图
5. 填写统计表时，若某一位置不应该有数字，应用的符号是（　　）。
   A. 0　　　　　　　　　　　　B. ×
   C. …　　　　　　　　　　　　D. —
6. 对工业企业先按经济类型分组，再按职工人数分组并进行层叠排序。这样的分组是（　　）。
   A. 简单分组　　　　　　　　　B. 复合分组
   C. 平行分组　　　　　　　　　D. 再分组
7. 组距分组 600~700、700~800，如果出现 700，应该统计在（　　）。
   A. 600~700　　　　　　　　　B. 700~800
   C. 两组都行　　　　　　　　　D. 两组都不行
8. 对职工生活水平状况进行分组研究，应当选择（　　）作为分组标志。
   A. 职工月工资总额的多少
   B. 职工人均月收入的多少
   C. 职工人均月岗位津贴及奖金的多少
   D. 职工家庭成员平均月收入的多少

二、简述题

1. 什么是统计数据整理？简述统计数据整理的基本步骤。
2. 什么是统计分组？简述统计分组的原则和作用。
3. 什么是统计表/统计图？简述直方图、折线图、曲线图、茎叶图、帕累托图、饼图、箱线图和散点图的特点。

三、练习题

利用"和政数据"，在 Stata 软件中完成以下操作：
1. 对数据集进行检查。
2. 对所有变量贴标签，变量名为数据编码中给定的中文名称。
3. 将"和政数据"和"陇西数据"合并，并保存为 hezheng-longxi-data.dta。
4. 按照"个人信息世界量表"三要素分别进行分组。
5. 选择某一变量绘制条形图和散点图，并添加图形标题名称，修改默认颜色，将条形图和散点图进行组合。

第三章 描述性统计

在经验研究中,数据收集和处理完成后,接下来的工作是进行统计分析。统计分析包括描述性统计分析和推断性统计分析。描述性统计分析是指对所收集的数据进行加工处理和显示,进而通过综合、概括与分析得出反映客观现象的规律性数量特征。描述性统计分析包括分析数据的集中趋势(中位数、分位数、均值等)、离散程度(四分位差、方差和标准差等),以及偏度和峰度。在 Stata 中,可以利用 summarize(或 sum、sun)、tabstat、tab 命令进行描述性统计分析。

第一节 统 计 表

一、统计表的意义及结构

统计表,是指集中而有序地显示统计资料的表格。它是表现和积累统计资料的基本方式。好的统计表不仅可以简明扼要地反映社会经济现象的状况,还可以深刻地揭示社会经济现象的性质及其发展规律,可以避免冗长的文字和烦琐的叙述。因此,在统计工作和社会经济问题的分析中,统计表被广泛采用。

统计表的结构,从组成因素看,是由标题、横行与纵栏、数字资料三部分组成。标题分为两种,一种是总标题,即表的名称,概括地说明表的内容,放在表的上端中央;一种是标目,即横行与纵栏的标题,说明横行与纵栏的内容,通常它们分别写在表的左方(横标题)和上方(纵标题)。数字资料就是表中各项具体指标值。

从统计表的内容上看,它由主词和宾词两部分构成。主词就是统计表所要说明的对象,也就是所要研究的总体及其各个组成部分,通常列在表的左端;宾词就是用来说明主词的各个统计指标,通常排在表的上方。当然,根据需要两者的位置有时可互换。下面是一个统计表式的例子,见表 3.1。

表 3.1　2022 年末金融机构存贷款情况 ←总标题

指标	年末金额/亿元	较上年末增长
各项存款余额	2 644 472	10.8%
各项贷款余额	2 191 029	10.4%

左侧：横标题、主词栏　　右侧：纵标题、数字资料、宾词栏

二、统计表的种类

统计表从不同的角度可作不同的分类，主要有两种分类方式。

（一）按用途不同可分为调查表、汇总表和分析表

（1）调查表，是指在统计调查阶段使用的、登记调查单位原始资料的统计表。严格地讲，调查表不应视为统计表，因为统计表是记载大量单位数量特征的综合结果。但调查表确实也是统计过程的一部分，而且有些统计表就是许多调查表的汇总，因此，也可把调查表视为一种统计表。

（2）汇总表，是标准的统计表。这种表用于统计资料的整理，记载统计整理的综合结果。它为社会提供系统的统计资料，也为进一步的统计分析提供资料。

（3）分析表，是指统计分析过程中所使用的统计表。为了揭示事物在各方面的数量特征，反映事物之间的关系和事物运动的过程，分析表除了要列出一些基本指标外，常常需要计算多种分析指标，有时还要写出各指标间的计算关系，以反映事物的水平、速度、结构和比例关系，以便人们对事物作出正确的判断。

（二）按主词的分组情况不同可分为简单表、分组表和复合表

（1）简单表，是指对表的主词不作任何分组的统计表。它的主词可以按总体单位的名称、地区排列（表 3.2），或者是按时间顺序排列。

表 3.2　2022 年主要商品出口数量、金额及其增长速度

商品名称	单位	数量	数量较上年增长	金额/亿元	金额较上年增长
钢材	万吨	6 732	0.9%	6 427	22.3%
纺织纱线、织物及制品				9 836	4.9%
服装及衣着附件				11 713	6.7%

续表

商品名称	单位	数量	数量较上年增长	金额/亿元	金额较上年增长
鞋靴	万双	929 318	6.6%	3 844	24.4%
家具及其零件				4 639	−2.5%
箱包及类似容器	万吨	297	22.2%	2 378	32.6%
玩具				3 229	9.1%
塑料制品				7 188	12.7%
集成电路	亿个	2 374	−12.0%	10 254	3.5%
自动数据处理设备及其零部件				15 701	−4.7%
手机	万台	82 224	−13.8%	9 527	0.9%
集装箱	万个	321	−33.7%	967	−36.1%
液晶平板显示模组	万个	164 560		1 807	
汽车	万辆	332	56.8%	4 054	82.2%

资料来源：国家统计局《中华人民共和国 2022 年国民经济和社会发展统计公报》

（2）分组表，是指对表的主词作了简单分组和并列分组的统计表。它可以说明现象的类型，揭示现象的内部结构和分析现象之间的依存关系。

（3）复合表，是指表的主词按两个或两个以上的标志进行复合分组的统计表。复合表可以揭示事物之间的多重关系和事物内部比较复杂的构成，如表 3.3 所示。

表 3.3　2022 年末全部金融机构本外币存贷款余额及其增长速度

指标	年末金额/亿元	较上年末增长
各项存款余额	2 644 472	10.8%
其中：境内住户存款	1 212 110	17.3%
其中：人民币	1 203 387	17.4%
境内非金融企业存款	779 398	6.8%
各项贷款余额	2 191 029	10.4%
其中：境内短期贷款	560 304	7.7%
境内中长期贷款	1 427 739	10.6%

资料来源：国家统计局《中华人民共和国 2022 年国民经济和社会发展统计公报》

第二节 统计分组

一、统计分组概述

(一)统计分组的概念

统计分组是指根据统计研究的需要,将一个统计总体按照一定的分组标志划分为若干性质不同的组的一种统计方法。这种方法称为统计分组法,简称统计分组。例如,将某班级学生按照性别可分为男生和女生。

统计分组对总体而言是"分",但对总体单位而言是"合",即把性质相同的许多单位合为一组。所以,统计分组的结果是保持了组间的差异性和组内的同质性。可见,统计分组是"分"与"合"的辩证统一。

(二)统计分组的原则

统计分组必须同时遵循两个原则,即穷尽性原则和互斥性原则。

1. 穷尽性原则

穷尽性原则,就是使总体中的每一个单位都无一例外地划归到各自所属的组中,或者说各分组的空间足以容纳总体中所有单位。换言之,当总体中各个单位按组归类时,不允许出现有少数单位无组可归的情况。

2. 互斥性原则

互斥性原则,就是将总体分成若干组后,各个组间互不相容、互相排斥,即总体中的任何一个单位在按组归类时,只能归属于其中的某一个组,而不能同时归属于两个或两个以上的组。

二、统计分组的要素

(一)分组标志

统计分组包括分组标志和各个组。如表 3.4 所示,第一栏就是统计分组,其中性别是分组标志,男性、女性是两个组。

表 3.4 2021 年底某地区人口性别构成

性别	人口/万人	频率
男性	510	51%

续表

性别	人口/万人	频率
女性	490	49%
合计	1 000	100%

（二）频数与频率

各组中的单位数称为组频数，又称为组次数，用 f_i 表示。如表 3.4 的第二栏，510 万、490 万均为组频数，1000 万是总频数。

频率反映了各组频数的大小对总体所起作用的相对强度，它是各组频数与总体单位总和之比，计算公式为：频率 $=\dfrac{f_i}{\sum f_i}$。

频率有如下两个性质。

（1）任何频率都是介于 0 和 1 之间的一个数，即 $0 \leqslant \dfrac{f_i}{\sum f_i} \leqslant 1$。

（2）各组频率之和等于 1，即 $\sum \dfrac{f_i}{\sum f_i} = 1$。

（三）累计频数与累计频率

为了统计分析的需要，有时需要计算累计频数或累计频率。累计频数或累计频率按照累计的方向不同，可分为向上累计和向下累计两种。从变量值小的一方向变量值大的一方把各组的频数（或频率）依次相加，称为向上累计频数（或频率）；从变量值大的一方向变量值小的一方把各组的频数（或频率）依次相减，称为向下累计频数（或频率）。如表 3.5 所示。

表 3.5 累计频数和累计频率计算表

按零件计数分组/件	频数/人	频率	向上累计 频数/人	向上累计 频率	向下累计 频数/人	向下累计 频率
105～110	3	6%	3	6%	50	100%
110～115	5	10%	8	16%	47	94%
115～120	7	14%	15	30%	42	84%
120～125	14	28%	29	58%	35	70%
125～130	10	20%	39	78%	21	42%
130～135	7	14%	46	92%	11	22%

续表

按零件计数分组/件	频数/人	频率	向上累计		向下累计	
			频数/人	频率	频数/人	频率
135～140	4	8%	50	100%	4	8%
合计	50	100%				

第三节 集中趋势

一、算术平均数

算术平均数，也称均值，是对全部数据进行算术平均，是集中趋势的最主要测度值，是计算平均指标最常用的方法。它的基本计算形式是：总体标志总量除以总体单位总量。算术平均数主要适用于定距数据和定比数据，不适用于定类数据和定序数据。在这里应注意算术平均数与强度相对指标的区别，强度相对指标往往带有平均性质，如按人口计算的主要产品产量用"吨（千克）/人"表示，按全国人口计算的人均国内生产总值用"元/人"表示等，但其不属于平均数。强度相对指标与算术平均数的区别主要表现在：一是含义不同，强度相对指标是由两个有联系但性质不同的总量指标对比而形成，说明的是某一现象在另一现象中发展的强度、密度或普遍程度，而算术平均数反映的是同质总体各单位标志值的一般水平，说明现象发展的一般水平，是反映数据分布集中趋势的；二是计算方法不同，强度相对指标与算术平均数虽然都是两个有联系的总量指标之比，但是强度相对指标分子与分母的联系只表现为一种社会经济关系，而算术平均数是在一个同质总体内标志总量和单位总量的比例关系，其分子的数值与分母的数值必须是同一总体，分子与分母的联系是一种内在的联系，即分子是分母（总体单位）所具有的标志，对比结果是对总体各单位某一变量值的平均。

在具体的数据分析中，根据掌握的数据资料的不同，算术平均数有两种计算形式：简单算术平均数和加权算术平均数。

（一）简单算术平均数

简单算术平均数适用于未分组的统计数据资料，如果已知各单位标志值和总体单位数，可采用简单算术平均数的方法计算，其计算公式为

$$\bar{x} = \frac{x_1 + x_2 + x_3 + \cdots + x_n}{n} = \frac{\sum_{i=1}^{n} x_i}{n} \quad (3.1)$$

式中，$\bar{x}$ 为算术平均数，x_i 为各个变量值，$\sum_{i=1}^{n} x_i$ 为变量值合计（即总体标志总量），n 为总体单位总量。

（二）加权算术平均数

如果数据资料经过统计整理环节，形成了变量数列，在已知各组变量值和变量值出现次数的情况下，可采用加权算术平均数计算，其计算公式为

$$\bar{x} = \frac{x_1 f_1 + x_2 f_2 + \cdots + x_n f_n}{f_1 + f_2 + \cdots + f_n} = \frac{\sum_{i=1}^{n} x_i f_i}{\sum_{i=1}^{n} f_i} \quad (3.2)$$

式中，$\bar{x}$ 为算术平均数，x_i 为各组变量值（或组中值），f_i 为权数（一般表现为各组次数），$\sum_{i=1}^{n} x_i f_i$ 表示各组标志总量的合计（即总体标志总量），$\sum_{i=1}^{n} f_i$ 表示各组次数合计（即总体单位总量）。

例 3.1 以"和政数据"为例，分别使用简单算术平均数和加权算术平均数对某个变量进行描述，或对多个变量进行比较。

在 Stata 中，可以使用 sum 函数进行描述统计。以 2015 年和 2021 年的年收入进行统计描述，结果如下：

```
. sum income2015 income2021
    Variable |     Obs       Mean    Std. Dev.    Min        Max
-------------+--------------------------------------------------
  income2015 |     195    3160.654   4846.136      0       50000
  income2021 |     247    5272.312   12572.09      0      120000
```

二、调和平均数

调和平均数是各个变量值倒数的算术平均数的倒数，又称为倒数平均数。调和平均数有独立的计算形式，但在实际应用中，调和平均数常常被作为算术平均数的变形来使用。在计算平均数时，如果想采用算术平均数的定义形式（总体标志总量比总体单位总量）计算，但由于缺乏总体的单位数资料，不能直接采用算术平均数计算，那么这时就可采用调和平均数计算。调和平均数也有简单调和平均数和加权调和平均数两种形式。

（一）简单调和平均数

如果各组标志总量相等，则采用简单调和平均数形式计算，计算公式为

$$\overline{x_H} = \frac{m+m+\cdots+m}{\dfrac{m}{x_1}+\dfrac{m}{x_2}+\cdots+\dfrac{m}{x_n}} = \frac{nm}{m\sum_{i=1}^{n}\dfrac{1}{x_i}} = \frac{n}{\sum_{i=1}^{n}\dfrac{1}{x_i}} \tag{3.3}$$

式中，$\overline{x_H}$ 为调和平均数，x_i 为变量值，m 表示权数。

例 3.2 假设某商品年初的价格为 1.00 元/件，年中为 0.50 元/件，年底为 0.25 元/件。计算：

（1）在年初、年中、年底各买 1 件的平均价格。
（2）在年初、年中、年底各买 1 元的平均价格。

解析：

本题中，标志为金额，单位为商品件数。针对第一问，直接以标志总量除以单位总量，即

$$\overline{x} = \frac{\sum x}{n} = \frac{1.00+0.50+0.25}{3} = 0.58 \text{（元/件）}$$

针对第二问，由于标志总量已知（金额 3 元），单位总量（共买几件）未知，因此用调和平均数进行计算，即先求单位总量：

年初 1 元可买 1 件（1/1.00），年中 1 元可买 2 件（1/0.50），年末 1 元可买 4 件（1/0.25）。3 元共买 7 件（单位总量）。平均每元的购买量为：7/3=2.33（件/元）。此时的平均价格为 1/2.33=0.43（元/件）。

综上所述，平均价格为

$$\overline{x_H} = \frac{m+m+\cdots+m}{\dfrac{m}{x_1}+\dfrac{m}{x_2}+\cdots+\dfrac{m}{x_n}} = \frac{nm}{m\sum_{i=1}^{n}\dfrac{1}{x_i}} = \frac{n}{\sum_{i=1}^{n}\dfrac{1}{x_i}}$$

$$= \frac{3}{\dfrac{1}{1.00}+\dfrac{1}{0.50}+\dfrac{1}{0.25}} = 0.43 \text{（元/件）}$$

（二）加权调和平均数

如果各组标志总量不等，则采用加权调和平均数的形式计算，计算公式为

$$\overline{x_H} = \frac{m_1 + m_2 + \cdots + m_n}{\frac{m_1}{x_1} + \frac{m_2}{x_2} + \cdots + \frac{m_n}{x_n}} = \frac{\sum_{i=1}^{n} m_i}{\sum_{i=1}^{n} \frac{m_i}{x_i}} \qquad (3.4)$$

式中，$\overline{x_H}$ 为调和平均数，x_i 为变量值，m_i 为权数。

例 3.3 假设某企业职工用于信息获取的支出如下：

按获取费用分组/元	各组支出总额/元
1 000 以下	7 500
1 000～1 500	22 500
1 500～2 000	54 250
2 000～2 500	168 750
2 500～3 000	90 750
3 000～3 500	73 750
3 500 以上	54 000
总计	471 500

求平均信息获取费用支出。

$$\overline{x_H} = \frac{m_1 + m_2 + \cdots + m_n}{\frac{m_1}{x_1} + \frac{m_2}{x_2} + \cdots + \frac{m_n}{x_n}} = \frac{\sum_{i=1}^{n} m_i}{\sum_{i=1}^{n} \frac{m_i}{x_i}}$$

$$= \frac{7500 + 22500 + 54250 + 168750 + 90750 + 73750 + 54000}{\frac{7500}{750} + \frac{22500}{1250} + \frac{54250}{1750} + \frac{168750}{2250} + \frac{90750}{2750} + \frac{73750}{3250} + \frac{54000}{4000}}$$

$$= \frac{471500}{203.19} = 2320.49 （元）$$

三、几何平均数

一般情况下，总体标志总量是各个变量值汇总的结果，但在实际社会经济现象中，有些情况下变量值与总体标志总量之间不是加的关系而是乘积关系。这时不适合采用算术平均数或调和平均数计算，应采用几何平均数计算。几何平均数是变量值的连乘积开变量值的项数次方，多用于计算平均比率和平均速度，如平均利率、平均发展速度、平均合格率等。具体计算形式有两种：简单几何平均数与加权几何平均数。

（一）简单几何平均数

简单几何平均数是 n 个变量值连乘积的 n 次方根，计算公式如下：

$$\overline{x_G} = \sqrt[n]{x_1 \cdot x_2 \cdot \cdots \cdot x_n} = \sqrt[n]{\prod_{i=1}^{n} x_i} \qquad (3.5)$$

式中，$\overline{x_G}$ 为几何平均数，x_i 为各个变量值，$\prod$ 为连乘符号。

例 3.4 搜索引擎在初中、高中、大学三种教育程度人群中的使用率为 90%、93%、98%。求搜索引擎在上述三群体中的平均使用率。

$$\overline{x_G} = \sqrt[n]{x_1 \cdot x_2 \cdot \cdots \cdot x_n} = \sqrt[n]{\prod_{i=1}^{n} x_i} = \sqrt[3]{0.90 \times 0.93 \times 0.98} = 93.61\%$$

（二）加权几何平均数

如果各个变量值出现的次数不等，则可采用加权几何平均数公式进行计算，计算公式为

$$\overline{x_G} = \sqrt[f_1+f_2+\cdots+f_n]{x_1^{f_1} \cdot x_2^{f_2} \cdot \cdots \cdot x_n^{f_n}} = \sqrt[\sum_{i=1}^{n} f_i]{\prod_{i=1}^{n} x_i^{f_i}} \qquad (3.6)$$

例 3.5 持续观测十年发现，搜索引擎被大一新生使用的增长率第 1~3 年为 4%，第 4~6 年为 6%，第 7~10 年为 8%。求年均增长率。

$$\overline{x_G} = \sqrt[f_1+f_2+\cdots+f_n]{x_1^{f_1} \cdot x_2^{f_2} \cdot \cdots \cdot x_n^{f_n}} = \sqrt[\sum_{i=1}^{n} f_i]{\prod_{i=1}^{n} x_i^{f_i}} = \sqrt[3+3+4]{1.04^3 \cdot 1.06^3 \cdot 1.08^4} = 106.19\%$$

年均增长率为 6.19%。

四、中位数

中位数是指一组数据按大小顺序排列后，处于中间位置的那个变量值，用 M_e

表示。中位数作为集中趋势的代表值,表示在全部变量值中有一半的变量值比中位数小,另一半的变量值比中位数大。由于中位数不受极端值的影响,在实际中有较广泛的应用,甚至在有些场合中比数值平均数更具代表性。比如,根据人口年龄中位数对一个国家或地区人口年龄构成类型进行分析。国际上通常用年龄中位数作为划分人口年龄构成类型的标准:年龄中位数在20岁以下为年轻型人口;年龄中位数在20~30岁为成年型人口;年龄中位数在30岁以上为老年型人口。此外还可分别计算男性、女性人口的年龄中位数,以及其他各种年龄的中位数等。又如,分析了解某地区居民收入情况,可以用收入中位数来代表居民收入的一般水平。

五、K 百分位数

K 百分位数(K-pecentile)是指有 K% 的观测值小于它,如果令 $a=K\%$,则 K 百分位数也称为 a 分位数。显然,中位数是 50 百分位数或 0.50 分位数,下四分位数是 25 百分位数或 0.25 分位数,上四分位数是 75 百分位数或 0.75 分位数。

例 3.6 利用"和政数据",求某个变量的中位数与分位数。
在"和政数据"中,手机使用时长的分位数计算结果如下:
. sum celluse, detail

平均每天使用手机的时间

Percentiles	Smallest			
1%	0.1	0		
5%	0.5	0.1		
10%	0.5	0.1	Obs	258
25%	1.5	0.2	Sum of Wgt.	258
50%	3		Mean	3.129651
		Largest	Std. Dev.	2.264534
75%	4	10		
90%	6	10	Variance	5.128115
95%	8	10	Skewness	1.160823
99%	10	10	Kurtosis	4.079822

六、众数

众数是指一组数据中出现次数最多的变量值,用 M_o 表示。有时众数在一组数中有几个。在单位数不多或一个无明显集中趋势的资料中，众数的测定没有意义。由于数值平均数是根据所有变量值计算的，易受极端值影响且采用此方法算出来的平均数可能是任一单位都不具备的，在实际应用时受到一定限制。比如，计算商场所销售鞋子尺码的平均数时，采用众数更具代表性和实用价值。

第四节　离　散　趋　势

一、全距

全距（R），也称极差，是一组数据的最大值与最小值之差。全距越大则说明变量值离散程度越大，反之则越小。全距是测度变量值离散程度最简单的方法，其计算公式可以写为

$$R = x_{max} - x_{min} \tag{3.7}$$

如有 7 名工人，某天所加工的产品数量分别为 26、25、33、42、37、30、29 件，则工人日产量的全距为：$R = x_{max} - x_{min} = 42 - 25 = 17$（件）。

对于组距数列，全距可以用最大组的上限减去最小组的下限进行近似计算，此时全距是个近似值。

全距比较直观，容易理解，在实际中有一定的应用。比如，在企业生产中，产品质量、性能等方面数量特征往往有合理的波动范围，可以通过全距的计算分析生产的稳定性。但全距在计算中只考虑极端值，只反映最大值与最小值的差距，对中间变量值的差异没有全面反映，因此在测度离散程度时比较粗略，不能全面反映变量值的离中趋势及平均数的代表性。

例 3.7　利用"和政数据"，求某个变量的中位数与分位数。
在"和政数据"中，男性每天使用手机时长的全距可用如下 Stata 代码实现：
```
. sum celluse if gender==1 & celluse!=.

    Variable |     Obs        Mean    Std. Dev.       Min        Max
-------------+--------------------------------------------------------
     celluse |     175     3.163143    2.378248         0         10
```
其中，全距为 10 − 0=10。

二、四分位差

将一组数据由小到大有序排列后,想要将其平均分为四等分,需要三个分割点,分别用 Q_1、Q_2、Q_3 表示。这三个分割点 Q_1、Q_2、Q_3 的位置可以根据 $\frac{n+1}{4}$、$\frac{n+1}{2}$、$\frac{3(n+1)}{4}$ 分别确定,其对应的数值称为四分位数。其中,第二个分位数 Q_2 为中位数。所谓四分位差就是指数列第三个分割点与第一个分割点之差,用公式可表示为

$$Q_D = Q_3 - Q_1 \qquad (3.8)$$

四分位差代表了第一个四分位数 Q_1 到第三个四分位数 Q_3 之间的距离,如果把这个距离分成两半,则一半代表了 Q_1 到 Q_2(即中位数)的距离,另一半代表了 Q_2 到 Q_3 的距离。如有 9 名工人,某天所加工的产品数量分别为 25、26、28、29、30、31、32、34、37 件,则 Q_1 的位置为 $\frac{n+1}{4} = \frac{9+1}{4} = 2.5$,对应的 Q_1 值为 $\frac{26+28}{2} = 27$;Q_3 的位置为 $\frac{3(n+1)}{4} = \frac{3(9+1)}{4} = 7.5$,对应的 Q_3 值为 $\frac{32+34}{2} = 33$;则四分位差为

$$Q_D = Q_3 - Q_1 = 33 - 27 = 6 \text{(件)}$$

实际上,四分位差就是用一组数据中舍弃数据中最高与最低各 1/4 的剩余数据的全距来说明数据的离散程度,反映的是集中在数列中间 50% 的数据的集中程度。四分位差越小说明数据的集中趋势越明显,离散程度越小,反之则相反。对于组距式数列可以参考相关公式近似计算四分位差。四分位差主要用于描述定序数据的离散程度,也可以描述数值型数据的离散程度,但不适合定类数据。

三、平均差

平均差(average deviation,AD)是各变量值与其算术平均数离差的绝对值的算术平均数,反映的是各变量值对其算术平均数的平均差异程度。由于各变量值与其算术平均数的离差的代数和为零,平均差采用对离差取绝对值的方法来消除离差的正负号,平均差越大说明各变量值与算术平均数的差异越大,变量值的离散程度越大,集中趋势越不明显,平均数的代表性越差,反之则相反。根据数据资料的不同,平均差的计算有简单和加权两种形式。

（一）简单形式

对于未分组数据计算平均差，采用简单形式计算，其计算公式为

$$AD = \frac{\sum_{i=1}^{n}|x_i - \bar{x}|}{n} \qquad (3.9)$$

（二）加权形式

对于经过分组形成的变量数列则采用加权形式计算平均差，其计算公式为

$$AD = \frac{\sum_{i=1}^{n}|x_i - \bar{x}|f_i}{\sum_{i=1}^{n}f_i} \qquad (3.10)$$

四、标准差

标准差（σ）是总体中各单位变量值与算术平均数的离差平方的算术平均数的平方根，又称为均方差、均方根差。标准差的平方即为方差，方差是各变量值与其算术平均数离差平方的平均数。标准差是测定变量值离散程度最主要的指标。标准差的实质与平均差基本相同，考虑到所有变量值的变异情况，标准差只是在数学处理方法上与平均差不同：平均差是用取绝对值的方法消除离差的正负号，然后用算术平均的方法求出平均离差；而标准差是用平方的方法消除离差的正负号，然后对离差的平方计算算术平均数，并开方求出标准差。由于标准差的量纲与算术平均数一致，因此在反映变量值离中趋势时，标准差应用比较广泛，标准差越大说明各变量值与算术平均数的差异越大，变量值的离中程度越强，集中趋势越不明显，平均数的代表性越差，反之则相反。根据掌握的资料不同，标准差的计算也有简单和加权两种形式，计算公式具体如下。

（一）简单形式

未分组数据标准差计算公式为

$$\sigma = \sqrt{\frac{\sum_{i=1}^{n}(x_i - \bar{x})^2}{n}} \qquad (3.11)$$

（二）加权形式

根据分组数据计算标准差，应采用加权形式，其计算公式为

$$\sigma = \sqrt{\frac{\sum_{i=1}^{n}(x_i - \bar{x})^2 f_i}{\sum_{i=1}^{n} f_i}} \qquad (3.12)$$

五、方差

方差是各数据值与其均值离差平方的平均数。方差的平方根称为标准差。方差和标准差能较好地反映定量数据的离散程度,是实际中应用最广的离散程度测度值。

假设样本方差为 s^2,对于未分组的资料,其计算公式为

$$s^2 = \frac{\sum(x - \bar{x})^2}{n - 1} \qquad (3.13)$$

对于分组资料,其计算公式为

$$s^2 = \frac{\sum(x - \bar{x})^2 f}{\sum f - 1} \qquad (3.14)$$

例 3.8 对"和政数据"选取某些变量或某个变量计算标准差和方差。
(1) 对信息资产得分计算简单标准差,结果如下:
. sum assetT

Variable	Obs	Mean	Std. Dev.	Min	Max
assetT	243	53.70942	31.67902	21	223

其中,$\sigma_{assetT} = 31.68$。

(2) 对信息资产得分计算加权标准差,结果如下(权重为智识维度,即汉语阅读水平):

. sum assetT [weight=Chinese]
(analytic weights assumed)

Variable	Obs	Weight	Mean	Std. Dev.	Min	Max
assetT	243	718	57.34567	33.3742	21	223

. tabulate assetT [weight=Chinese]
结果略。

(3) 方差结果如下:

$$s_{\text{assetT}}^2 = 31.68^2$$

六、离散系数

由于全距、平均差、四分位差及标准差的量纲与平均数一致，其数值的大小不仅受各变量值差异程度的影响，而且受变量值本身水平高低的影响。因此，当所对比的两个变量数列的水平高低不同或者是比较不同总体或样本数据的离散程度时，就不能采用全距、平均差、四分位差或标准差进行直接对比分析，必须消除数列水平高低的影响，这时就要计算离散系数。离散系数越小说明平均数代表性越好，反之则相反。离散系数是通过离散程度描述中的全距、平均差、四分位差、标准差与平均数对比得到的，因而有全距系数、平均差系数、四分位差系数和标准差系数。常用的是标准差系数，这是一组数据的标准差与其相应的算术平均数之比，是描述数据离散程度的相对数形式，其计算公式为

$$V_\sigma = \frac{\sigma}{\bar{x}} \times 100\% \tag{3.15}$$

七、其他离散系数

离散系数分全距系数、平均差系数、四分位差系数、标准差系数等。计算时分别用全距、平均差、四分位差、标准差除以算术平均数，即得到相应的全距系数、平均差系数、四分位差系数、标准差系数。

全距系数公式如下：

$$V_R = \frac{R}{\bar{X}} \tag{3.16}$$

平均差系数公式如下：

$$V_{AD} = \frac{AD}{\bar{X}} \tag{3.17}$$

四分位差系数公式如下：

$$V_Q = \frac{Q_3 - Q_1}{\bar{X}} \tag{3.18}$$

第五节 偏度与峰度

平均指标反映了单位标志值的集中趋势，标准差或标准差系数反映了数据的

离散程度。但对于平均指标和标准差都相同的两个总体而言,其分布的形态可能是不尽相同的。要全面了解单位标志值的分布特征,除了掌握前文介绍的集中趋势和离中趋势指标外,还需要掌握单位标志值分布的形状是否对称、偏斜的程度及分布的扁平程度等。这些分布特征的描述需运用偏度与峰度指标。

一、偏度

偏度(skewness)是度量单位标志值分布不对称程度或偏斜程度的指标。偏度是利用 k 阶中心动差(矩)对算术平均数正负离差相互抵消的原理来设计的。k 阶中心动差用 V_k 表示,其计算公式为

$$V_k = \frac{\sum(x-\bar{x})^k}{n} \quad (3.19)$$

在分组资料条件下,其计算公式为

$$V_k = \frac{\sum(x-\bar{x})^k f}{\sum f} \quad (3.20)$$

从式(3.19)和式(3.20)中可以看出,当 $k=1$ 时,$V_1=0$;当 $k=2$ 时,$V_2=\sigma^2$。也就是说,二阶中心动差就是方差。由此可见,如果单位标志值分布特征是完全对称的,当 k 为奇数时,由于正负离差相互抵消,此时中心动差为 0。如果数据分布出现偏斜,那么正负离差不能完全抵消,且偏斜程度越大,中心动差的绝对值也就越大。为了简便,取三阶中心动差 $V_3 = \frac{\sum(x-\bar{x})^3}{n}$ 作为衡量分布偏度的依据。但是 V_3 是个有名数,它的数值受计量单位大小的影响,不能用来比较不同计量单位。为此,将三阶中心动差除以标准差的三次方,进行无量纲化处理,并用之比较单位标志值分布的偏斜程度。若以 α 代表偏度,则计算公式为

$$\alpha = \frac{V_3}{\sigma^3} \quad (3.21)$$

(1)当 $\alpha=0$ 时,表示数据的分布是对称的。

(2)当 $\alpha \neq 0$ 时,表示数据分布有偏斜,而且 α 的绝对值越大,表示分布偏斜程度越大;α 的绝对值越接近 0,表示分布偏斜程度越小。

(3)当 $\alpha>0$ 时,表示大于平均数的单位标志值分布较分散,分布曲线右边拉长尾巴,称为正偏斜。

(4)当 $\alpha<0$ 时,表示小于平均数的单位标志值分布较分散,分布曲线左边拉

长尾巴,称为负偏斜。

二、峰度

峰度(kurtosis)是度量单位标志值分布曲线尖峭程度的指标。它通常是与正态分布相比较而言的。如果分布的形状比正态分布更瘦更高,则称为尖峰分布;如果分布的形状比正态分布更胖更矮,则称为平顶分布。峰度用四阶中心动差除以标准差的四次方来度量,用 β 表示,其计算公式为

$$\beta = \frac{V_4}{\sigma^4} \tag{3.22}$$

(1)当 $\beta = 3$ 时,表示数据分布的峰度是正态分布的峰度。
(2)当 $\beta > 3$ 时,表示数据分布是尖峰分布。
(3)当 $\beta < 3$ 时,表示数据分布是平顶分布。

第六节 数据标准化

一、标准分数

标准分数(standard score)也称标准化值或 Z 分数。它是变量值与其平均数的离差除以标准差后的值,是对每个数据在该组数据中相对位置的测量。常用字母 Z 表示,公式如下:

$$Z = \frac{x_i - \bar{x}}{\sigma} \tag{3.23}$$

根据标准分数,我们可以很清楚地知道各个数值在一组数据中的相对位置。例如,已知某个数值的标准分数为2,则可以知道该数据比均值大2倍的标准差。在处理多个具有不同量纲的变量时,我们也常用式(3.23)来对各个变量的数值进行标准化处理。

实际上,标准分数是将原始数据进行了线性变换,并没有改变一个数据在该组数据中的位置,也没有改变该组数据的分布形状,只是将该组数据的均值变为0,标准差变为1。

例 3.9 根据数据 auto.dta,计算 price 的标准分数。

具体计算结果如下

. sysuse auto.dta

. gen z= (price–6165.257)/2949.496*2949.496

. sum z

Variable	Obs	Mean	Std. Dev.	Min	Max
z	74	–0.0002265	2949.496	–2874.257	9740.743

其中，price 的均值与标准差如下：

. sum price

Variable	Obs	Mean	Std. Dev.	Min	Max
price	74	6165.257	2949.496	3291	15906

二、列联表

列联表（contingency table）是观测数据按两个或更多属性（定性变量）分类时所列出的频数表。它是由两个以上的变量进行交叉分类的频数分布表。例如，对随机抽取的 1 000 人按性别（男或女）及色觉（正常或色盲）两个属性分类，得到二行二列的列联表，又称 2×2 表或四格表。

一般来说，若总体中的个体可按两个属性 A 与 B 分类，A 有 r 个等级 A_1, $A_2,\cdots,A_r$，B 有 c 个等级 $B_1,B_2,\cdots,B_c$，从总体中抽取大小为 n 的样本，设其中有 n_{ij} 个属于等级 A_i 和 B_j，n_{ij} 称为频数，将 $r\times c$ 个 $n_{ij}\left(i=1,2,\cdots,r;j=1,2,\cdots,c\right)$ 排列为一个 r 行 c 列的二维列联表，简称 $r\times c$ 表。

若所考虑的属性多于两个，也可按类似的方式作出列联表，称为多维列联表。属性或定性变量的取值是离散的，因此多维列联表分析属于离散多元分析的范畴。

例 3.10 列联表示例。

sysuse auto.dta

*两变量列联表，make 为行，rep78 为列

tabulate foreign rep78

*对列联表进行卡方检验，每列给出列百分比

tabulate foreign rep78, chi2 n of column

*频数和百分比都显示，包括缺失值，计算所有可能统计量

tabulate foreign headroom, missing row all

*多表与多维列联表

*tab1 相当于多个 tabulate，用于显示多表

tab1 make foreign headroom

*tab2 用于同时创建多个二维表

tab2 make foreign headroom

*显示 foreign 中每个取值对应的 price 的均值、标准差和频数

tabulate foreign, summ(price)

*组合 foreign 和 make 时，price 的均值

tabulate foreign make, summ(price) means

*三维交互：在 rep78 的每一个取值下，创建 foreign 和 headroom 的分表，前者为行

by rep78, sort: tabulate foreign headroom

*四维交互

table rep78 trunk, by(foreign headroom)

*在 foreign 和 headroom 的列联表中，显示 weight 的均值和 length 的中位数

table foreign headroom, content(mean weight median length)

*用 by 前缀创建多维列联表

by qa4_01, sort: tabulate qa4_01 qa5_01

【思考与练习】

一、单项选择题

1. 权数对算术平均数的影响作用，实质上取决于（　　）。
    A. 作为权数的各组单位数占总体单位数比重的大小
    B. 各组标志值占总体标志总量比重的大小
    C. 标志值本身的大小
    D. 标志值数量的多少
2. 由组距式数列确定众数时，如果众数组相邻两组的次数相等，则（　　）。
    A. 众数为零　　　　　　　　B. 众数组的组中值就是众数
    C. 众数不能确定　　　　　　D. 众数组的组限就是众数
3. 已知甲数列的均值为 1 000，标准差为 112；乙数列的均值为 135，标准差为 36。由此可以断言（　　）。

A. 乙数列均值的代表性好于甲数列　　B. 甲数列均值的代表性好于乙数列
C. 两数列均值的代表性相同　　　　　D. 两数列均值的代表性无法比较

4. 已知 3 个水果店香蕉的单价和销售额，则计算 3 个水果店香蕉的平均价格应采用（　　）。
A. 简单算术平均数　　　　　　　　B. 加权算术平均数
C. 加权调和平均数　　　　　　　　D. 几何平均数

5. 假设各个标志值都增加 10 个单位，其余条件不变，那么平均值（　　）。
A. 增加到原来的 10 倍　　　　　　 B. 增加 10 个单位
C. 不变　　　　　　　　　　　　　D. 不能预测平均值的变化

二、多项选择题

1. 加权算术平均数的大小受哪些因素的影响（　　）。
A. 受各组频数和频率的影响
B. 受各组标志值大小的影响
C. 受各组标志值和权数的共同影响
D. 只受各组标志值大小的影响
E. 只受权数大小的影响

2. 在什么条件下，加权算术平均数等于简单算术平均数（　　）。
A. 各组次数相等
B. 各组变量值不等
C. 变量数列为组距数列
D. 各组次数都为 1
E. 各组次数占总次数的比重相等

3. 在数据集中趋势的描述值中，不受极端值影响的是（　　）。
A. 算术平均数　　　　B. 调和平均数　　　　C. 中位数
D. 几何平均数　　　　E. 众数

4. 下列现象应采用调和平均数计算的有（　　）。
A. 已知各组工人月工资和相应的工资总额，求平均工资
B. 已知某企业各车间废品率和废品量，求平均废品率
C. 已知各车间计划完成百分比和计划产量，求平均计划完成百分比
D. 已知各车间工人劳动生产率和产品质量，求工人平均劳动生产率
E. 已知某企业各产品的产量和单位成本，求平均单位成本

5. 下列离散程度描述值中，用无名数表示的有（　　）。
A. 全距　　　　　　　B. 平均差　　　　　　C. 标准差
D. 平均差系数　　　　E. 标准差系数

三、简述题

1. 什么是集中趋势，如何描述集中趋势？
2. 算术平均数、众数和中位数有何关系？
3. 如何描述离散程度？

4. 为什么要计算离散系数？

四、计算题（以下计算要求注明 Stata 代码）

1. 某车间工人日生产零件分组资料如下：

按日加工零件数分组/个	工人数/人
40～50	10
50～60	26
60～70	45
70～80	32
80～90	7
合计	120

要求：（1）计算日加工零件的众数、中位数和均值；
（2）说明该数列的分布特征。

2. 某种农作物的两个优良品种，分别在 5 个田块上试种，其播种面积（1 亩 ≈ 666.67 平方米）及产量资料如下表所示：

A 品种		B 品种	
田块面积/亩	产量/斤	田块面积/亩	产量/斤
13	18 000	16	23 000
12	15 900	14	19 760
10	12 500	11	14 920
8	10 800	10	11 640
7	8 400	9	9 640

要求：（1）分别计算两个品种的平均亩产量；
（2）计算两个品种亩产量的标准差和标准差系数；
（3）假定生产条件相同，确定哪一品种具有较大稳定性与推广价值。

3. 利用所学，对"和政数据"进行描述统计，并进行解释。

第四章 统计推断基础

统计推断（statistical inference）是通过样本推断总体的统计方法。总体是通过总体分布的数量特征即参数（如期望值和方差）来反映的。因此，统计推断包括：对总体的未知参数进行估计；对关于参数的假设进行检查；对总体进行预测预报等。科学的统计推断所使用的样本，通常通过随机抽样方法得到。本章重点学习抽样推断、必要样本容量、参数估计及假设检验。

第一节 抽样推断概述

一、抽样推断的概念

抽样推断是在抽样调查的基础上，利用样本的实际资料计算样本指标，并据以推算总体数量特征的一种统计分析方法。统计分析的主要任务就是要反映现象总体的数量特征。但在实际工作中，不可能也没有必要每次都对总体的所有单位进行全面调查，在很多情况下只需抽取总体的一部分单位作为样本，通过分析样本的实际资料，计算样本指标来估计和推断总体的数量特征，以达到对现象总体的认识。在抽样推断中，涉及以下几组需掌握的基本概念。

（一）总体和样本

（1）总体。总体是指所要认识的研究对象全体，它是由研究范围内具有某种共同属性的全部总体单位所组成的集合体。总体所包含的单位数量通常用 N 表示。

（2）样本。样本是从总体中随机抽取出来的，代表总体的一部分单位组成的集合体。样本中所包含的单位数量称为样本容量，通常用 n 表示。相对于 N 来说，n 是很小的数（样本容量小于 30 的称为小样本；反之，则称为大样本）。

总体是整体，样本是部分。总体是我们的研究对象，所以它是唯一的、确定的；而样本则是随机抽取的，每抽取一次，都会选出一组不同的样本结果，所以它是变动的、不确定的。

（二）总体参数和统计量

（1）总体参数。总体参数是根据总体各单位的标志值或标志属性计算出来的总体指标。对于总体中的数量标志，常用的总体参数有总体标准差 σ（或总体方差 σ^2）和总体平均数 μ。对于总体中的质量标志，常用的总体参数有总体成数和总体成数标准差（或方差）。总体成数表示某种性质的单位数在总体全部单位数中所占的比重，即 $p = \dfrac{n_1}{n}$，则总体中不具有某种性质的单位数在总体中所占的比重为 $q = 1 - p$。

（2）统计量。统计量是用来对样本数据进行分析、检验的变量。统计量依赖且只依赖于样本 $(x_1, x_2, \cdots, x_n)$，它不含总体分布的任何未知参数。从样本推断总体通常是通过统计量进行的。

二、抽样推断的要求

抽样推断是按照随机原则从调查对象中抽取一部分单位进行调查，用调查所得的指标数值对调查对象相应指标数值作出具有一定可靠性估计和推断的一种统计调查方法。

抽样推断的要求如下：

（1）按随机原则抽取样本。遵守随机原则，即从全部总体中抽取一部分单位作为样本，这是抽样推断的基本要求，也是抽样推断的基础。随机原则又称等机会原则或等可能性原则，是指在抽样调查中，调查单位的抽取不受主观因素的影响，保证调查对象的每个单位都有同等的被抽中的可能性。按照这一原则选取样本，完全排除了主观意识的作用，所以抽样调查是科学的非全面调查。由于随机原则保证每个调查单位有同等的机会被抽取，这样就有更大的可能性使抽取的样本结构类似于总体结构，即样本分布近似于总体分布，从而使样本对总体具有更大的代表性。

（2）以部分单位的指标值去推断总体的指标值。抽样推断科学地论证了样本指标与相应的总体参数之间存在的内在联系，两者的误差分布也是有规律可循的。抽样推断提供了一套利用部分信息来推断总体数量特征的方法，这大大提高了调查分析的认识能力，为信息的收集创造了条件。

（3）抽样误差可以事先计算，并且可以控制。在抽样推断过程中会产生一定的由随机因素引起的代表性误差，即抽样误差。抽样误差是不能避免的，但事先可以通过一定的统计方法估计和计算，并且能通过各种有效的办法把抽样误差控制在一定的范围内。抽样推断的科学性，也体现在抽样估计和推断的结论能够提供客观的可以控制的精确度和可靠度。

第二节 抽样方案设计

一、抽样方案设计的原则

抽样方案设计就是依据调查目的,在给定的人力、物力、财力等条件下,在从一定总体中抽取样本资料前,预先确定抽样程序和方案,在保证所抽取的样本有充分代表性的前提下,力求取得最经济、最有效的结果。

抽样方案设计要遵循四项原则,分别是目的性、可测性、可行性和经济性原则。

(1)目的性原则。目的性原则是指抽样方案设计时应明确抽样目标,使整个方案的设计紧紧围绕达成抽样目标而展开。

(2)可测性原则。可测性原则是指作为具体的细分目标,其可用操作化的语言加以定义,它所规定的内容可以通过实际观察加以直接测量而获得明确结论。

(3)可行性原则。可行性原则是用来衡量抽样方案是否可行的,即从人力、物力、财力、技术等方面来说,抽样方案的设计都要是可行的。抽样方案的设计目的是抽取样本来推断总体,如果方案不能实施,那么就是没有价值的非科学决策,这类决策就没有任何实际意义。

(4)经济性原则。经济性原则体现为最大收益和最小成本原则,是从经济效益的角度来考察抽样方案的设计。经济性原则通过分析比较各抽样方案的成本和抽样误差,选择"性价比"较高的抽样方案。

二、抽样方法

抽样方法有很多种,基本的抽样方法有以下几种:简单随机抽样、分层抽样、等距抽样、整群抽样和多阶段抽样等。

(一)简单随机抽样

简单随机抽样又称为纯随机抽样。它是完全遵循随机原则(样本同分布、抽样相互独立),直接从总体中抽取样本个体,并保证每个个体都有同等概率被抽中的抽样组织方法。

简单随机抽样有两种抽取元素的具体方法,即重复抽样与不重复抽样。对有限总体进行简单随机抽样时,重复抽样和不重复抽样这两种方法产生的抽样误差可能是不同的。重复抽样的误差要大于不重复抽样的误差。因此,在实际工作中采用不重复抽样不仅方便,还可以获得较好的精确度。

简单随机抽样是其他抽样方法的基础，因为它在理论上最容易处理，而且若全部单位（N）不太大，实施起来并不困难。但在实际问题中，若 N 相当大，简单随机抽样就不是很容易实现。因为首先它要求有一个包含 N 的抽样框，其次用这种抽样方法得到的样本单位较为分散，调查不易实施。所以，在实际中直接采用简单随机抽样的并不多。

（二）分层抽样

分层抽样又称为分类抽样或类型抽样，它是将总体按一定的标志分成若干互不交叉的层（组），然后按照一定的比例在每一层内用简单随机抽样或等距抽样法抽取出所需的样本单位，再将所抽取的样本单位组合成一个样本的抽样方法。

分层抽样实际上是分组法和抽样原理的结合。通过分组，把性质比较接近的各个单位归入同一组内，使各组内调查变量的标志值差异缩小，从而减小抽样误差，提高抽样结果的代表性。另外，在各组内，都有一定的单位被选入样本，这样可以取得较好的抽样效果，能用较少的抽样单位获得较精确的推断结果。

分层抽样是一种常用的抽样方法。它具有以下优点：第一，分层抽样不仅可以对总体进行估计，还可以对各层的子总体进行估计；第二，分层抽样可以按自然区域或行政区域进行分层，使抽样的组织和实施都比较方便；第三，分层抽样的样本分布在各个层内，从而使样本在总体中的分布比较均匀；第四，分层抽样可以提高估计的精度。

分层抽样中一个重要的问题是如何分层？分层抽样中分多少层，要视具体情况而定。分层的总原则是保证层内样本的差异要小，而层与层之间的差异尽可能地大，否则将失去分层的意义。分层随机抽样的大小依赖于层内的同质性。如果层内是同质的（相似的），该层有较低的方差，那么用较小的样本容量就可以获得该层特征的一个估计；反之，则需要较大的样本容量。

（三）等距抽样

等距抽样又称为系统抽样或机械抽样。它是将总体各单位按某一标志顺序排列，然后按照一定的间隔抽取样本单位的一种抽样方法。

假设对于一个容量为 N 的总体，现在需要抽取容量为 n 的样本。等距抽样的实施即是：将总体 N 个单位除以样本单位数 n，求得 $K=N/n$ 作为等距抽样的间隔距离，然后用简单随机抽样或其他方法先在总体中随机地抽取一个单位（这个单位叫系统抽样的随机起点），再按某一方向每隔 K 个单位抽一个，直到抽满 n 个单位作为样本为止。这种相邻样本单位的间隔距离相等的抽样方法称为等距抽样。

等距抽样的优点：抽样方法简单，容易实施。在实际中，这种方法常被采用。由于等距抽样能使抽出的样本较均匀地分布在总体中，因此，调查的精度高于简单随机抽样。但是，应当注意，等距抽样的随机起点一旦确定，整个样本也就决定了，即只需抽取一个随机数（即等距抽样的随机起点）就可以得到本次等距抽样的样本。因此，要避免因抽样间隔和现象本身的周期性节奏重合而引起的系统性影响。例如，产品销售量的调查。销售量的抽样间隔不能和销售量变化的周期相一致，以防发生系统性的偏差。

（四）整群抽样

整群抽样是将总体各单位按一定的标志或要求分成若干群，然后以群为单位，随机抽取几个群，对被抽中的群进行全部调查的一种非全面调查方法。

整群抽样的优点是抽选的单位比较集中，调查较为方便，可以节省人力、物力和财力，尤其是当总体中的单位数很多且缺乏可靠的登记资料时（直接对这些单位进行抽样调查将有很大的困难）。例如，对人口普查资料的复查。直接对每个调查单位进行调查，不能满足调查的需要，这时可以用整群抽样，调查某一乡或村、某一街道或居民组，根据调查结果对普查资料进行复核和提供修正系数，以修正普查获得的相关资料。

整群抽样所抽取的单位比较集中，影响了抽样单位在总体中的均匀分布，与其他抽样方法比较，抽样误差较大，代表性较差。所以在实际中采用整群抽样时，一般都要比其他抽样方法抽取更多的单位，以便减小抽样误差，提高抽样结果的精确度。

（五）多阶段抽样

前文介绍的几种抽样方法是从总体中进行一次抽样就可产生一个完整样本的抽样方法，通常将之称为单阶段抽样。但是在实践中，总体所包括的单位数很多，分布很广，要通过一次抽样就选出有代表性的样本是很困难的。此时我们可将整个抽样过程分为几个阶段，然后分阶段进行多次抽样，最终得到所需的有代表性的样本，这种抽样方法称为多阶段抽样。比如，在某省100多万农户中抽取1 000户以调查农户的生产性投资情况。第一阶段是从省中抽取5个县，第二阶段是从抽取的5个县中各抽4个乡，第三阶段是从抽中的20个乡中各抽5个村，第四阶段是从抽中的100个村中各抽10户，最终获得1 000户农户组成的调查样本。

多阶段抽样时阶段数不宜过多，一般采用两三个阶段，至多四个阶段。多阶段抽样时，前几个阶段的抽样都是通过整群抽样的方式进行的。为保证抽样结果的代表性，抽取的群数和抽样的方法都要注意样本单位分布的均匀性。为此，在第一阶段抽样时通常多抽一些群数。而且，对于群间差异大的阶段，应当多抽一些；反之，则少抽一些。在每一阶段抽取群数时，可以采用简单随机抽样法或等距抽样法。不同的阶段既可以用同一种抽样方法，也可以用不同的抽样方法。

第三节 抽样平均误差

一、抽样平均误差的概念与影响因素

（一）抽样平均误差的概念

抽样误差是指样本指标和总体指标之间数量上的差别，以数学符号 $|\bar{x}-\mu|$ 或 $|p-P|$ 来表示。抽样调查是用样本指标推断总体指标的一种调查方法，而推断的依据就是抽样误差。因此，怎样计算、使用和控制抽样误差是抽样调查的重要问题。理解抽样误差可以从以下两方面着手。

（1）抽样误差是指由于抽样的随机性而产生的一部分代表性误差，不包括登记误差，也不包括可能发生的偏差（系统性误差）。

代表性误差是指由于样本结构与总体结构不同（就被研究的标志而言，指样本单位的构成与总体单位的构成不一致），样本不能完全代表总体而产生的样本指标与总体指标之间的误差。代表性误差有两种：一种是偏差，也称系统性误差，是指破坏了抽样的随机原则而产生的误差，如抽选到一个单位后，调查者认为它偏低或偏高，把它剔除掉而产生的偏差。偏差在进行抽样调查时应该设法避免，它不包括在抽样误差的范围之内。另一种是指遵守了随机原则但可能因抽到各种不同的样本而产生的误差。这种误差是必然会产生的，但可以对它进行计算，并设法加以控制，抽样误差就是指这种随机误差。

登记误差是指在调查过程中由于主客观原因引起的登记、汇总或计算等方面的差错而造成的误差。

（2）抽样误差有两种：抽样实际误差和抽样平均误差。抽样实际误差是指一个样本指标与总体指标之间的差别，这是无法测算的误差。抽样平均误差是指所有可能出现的样本指标的标准差。在讨论抽样误差时，指的就是抽样平均误差。

（二）抽样平均误差的影响因素

抽样平均误差是指所有可能出现的样本指标与总体指标的平均离差。抽样实际误差是无法知道的，但抽样平均误差是可以计算的。抽样平均误差的大小主要

受以下三个因素的影响。

（1）全及总体标志的变动程度。全及总体标志变动程度越大，抽样平均误差就越大；反之，全及总体标志变动程度越小，则抽样平均误差越小，两者呈正向关系。例如，总体各单位标志值都相等，即标准差为零时，那么抽样指标就等于全及指标，抽样平均误差也就不存在了。

（2）抽样单位数的多少。在其他条件不变的情况下，抽取的样本单位数越多，抽样平均误差就越小；抽取的样本单位数越少，抽样平均误差就越大。抽样平均误差的大小和样本单位数呈反向关系。这是因为抽样单位数越多，样本单位数在全及总体中的比例就越高，抽样总体会越接近全及总体的基本特征，总体特征就越能在抽样总体中得到真实的反映。假定抽样单位数扩大到与总体单位数相等时，抽样调查就变成全面调查，抽样指标等于全及指标，实际上就不存在抽样误差了。

（3）抽样组织的方式。抽样平均误差除了受上述两个因素影响，还受不同的抽样组织方式的影响。抽样组织方式包括前文讲到的简单随机抽样、等距抽样、分层抽样、整群抽样和多阶段抽样等。

二、抽样平均误差的计算

（一）抽样平均数的抽样平均误差

抽样平均误差是一系列抽样指标的标准差，通常用符号 $\sigma_{\bar{x}}$ 表示。按照抽样平均误差的概念，它的计算公式如下：

$$\sigma_{\bar{x}} = \sqrt{\frac{\sum(\bar{x}-\mu)}{K}} \qquad (4.1)$$

式中，$\bar{x}$ 为抽样平均指标；μ 为全及平均指标；K 为全部可能的样本个数。

式（4.1）只是为了说明抽样平均误差的实质，实际计算时一般不用这个公式。这是由于以下两方面原因导致：首先，在实际工作中，从全及总体中一般只抽取一个抽样总体，不可能抽取所有可能的抽样总体并计算它们的抽样平均数；其次，在进行抽样调查的过程中，全及平均指标 $\bar{X}$ 是未知的，因而上述抽样平均误差的公式是无法用于实际计算的。

在重复抽样和不重复抽样的条件下，抽样平均数的抽样平均误差的计算也不同。

（1）重复抽样条件下抽样平均数的抽样平均误差。在重复抽样的条件下，抽样平均误差与全及总体的标准差成正比，与抽样总体单位数平方根成反比，即在

重复抽样的情况下,抽样平均数的抽样平均误差计算公式如下:

$$\sigma_{\bar{x}} = \sqrt{\frac{\sigma^2}{n}} = \frac{\sigma}{\sqrt{n}} \qquad (4.2)$$

式中,σ代表全及总体的标准差,n代表抽样总体单位数,也就是样本容量。式(4.2)表明抽样平均数的平均误差仅为全及总体标准差的$1/\sqrt{n}$。例如,当样本单位数为100时,则抽样平均误差为总体标准差的1/10。这说明,一个总体的某一标志的变动度可能很大,但抽取若干单位加以平均之后,抽样平均数的标准差与总体的标准差相比大大地缩小了,所以抽样平均数作为估计量是有效的。

从前文可以看出,抽样平均误差与总体标志变动度的大小成正比,而和样本单位的平方根成反比。例如,在总体标志变动度不变的情况下,抽样平均误差若减少1/2,则样本单位数必须增大到原来的4倍;同理,抽样平均误差若减少到原来的1/3,则样本单位数要扩大到原来的9倍。

例4.1 假设总共有4个人,他们的年龄分别为20岁、30岁、40岁、50岁,分别用x_1、x_2、x_3、x_4表示。现从这4个人中随机抽取2个人来推断总体的平均年龄,若采用重复抽样的方法,共有16种可能的结果,具体见表4.1。

表 4.1 样本均值和样本离差平方和计算过程

序号	样本1	样本2	样本均值 $\bar{x}$	抽样离差 $\Delta = \bar{x} - \mu$	离差平方和 Δ^2
1	$x_1 = 20$	$x_1 = 20$	20	−15	225
2	$x_1 = 20$	$x_2 = 30$	25	−10	100
3	$x_1 = 20$	$x_3 = 40$	30	−5	25
4	$x_1 = 20$	$x_4 = 50$	35	0	0
5	$x_2 = 30$	$x_1 = 20$	25	−10	100
6	$x_2 = 30$	$x_2 = 30$	30	−5	25
7	$x_2 = 30$	$x_3 = 40$	35	0	0
8	$x_2 = 30$	$x_4 = 50$	40	5	25
9	$x_3 = 40$	$x_1 = 20$	30	−5	25
10	$x_3 = 40$	$x_2 = 30$	35	0	0
11	$x_3 = 40$	$x_3 = 40$	40	5	25
12	$x_3 = 40$	$x_4 = 50$	45	10	100

续表

序号	样本1	样本2	样本均值 $\bar{x}$	抽样离差 $\Delta = \bar{x} - \mu$	离差平方和 Δ^2
13	$x_4 = 50$	$x_1 = 20$	35	0	0
14	$x_4 = 50$	$x_2 = 30$	40	5	25
15	$x_4 = 50$	$x_3 = 40$	45	10	100
16	$x_4 = 50$	$x_4 = 50$	50	15	225
合计			560		1 000

根据例4.1的数据资料,可计算得知:

(1) 总体参数。

总体均值:$\mu = \dfrac{x_1 + x_2 + x_3 + x_4}{4} = \dfrac{20 + 30 + 40 + 50}{4} = 35$

总体方差:$\sigma^2 = \dfrac{\sum(x_i - \mu)^2}{N}$

$= \dfrac{(20-35)^2 + (30-35)^2 + (40-35)^2 + (50-35)^2}{4} = 125$

总体标准差:$\sigma = 11.18$

(2) 样本统计量。

样本容量:$n = 2$

样本均值的平均数:$E(\bar{x}) = \dfrac{20 + 25 + \cdots + 50}{16} = \dfrac{560}{16} = 35 = \mu$

样本均值的方差:$\sigma_{\bar{x}}^2 = \dfrac{\sum(\bar{x} - \mu)^2}{N^n} = \dfrac{\sum \Delta^2}{N^n} = \dfrac{1000}{16} = 62.50 = \dfrac{\sigma^2}{n}$

样本均值的标准差:$\sigma_{\bar{x}} = \sqrt{62.50} = 7.91 = \dfrac{\sigma}{\sqrt{n}}$

由此可见,样本均值的标准差(抽样平均误差)是总体标准差的$1/\sqrt{n}$倍。

(2) 不重复抽样条件下抽样平均数的抽样平均误差。在不重复抽样的条件下,抽样平均数的抽样平均误差的计算公式如下:

$$\sigma_{\bar{x}} = \sqrt{\dfrac{\sigma^2}{n}\left(\dfrac{N-n}{N-1}\right)} \qquad (4.3)$$

式中，$\left(\dfrac{N-n}{N-1}\right)$ 表示修正系数。当总体单位数 N 很大时，可以近似地表示为 $\left(1-\dfrac{n}{N}\right)$。

故不重复抽样的平均误差可表示为

$$\sigma_{\bar{x}} = \sqrt{\dfrac{\sigma^2}{n}\left(1-\dfrac{n}{N}\right)} \qquad (4.4)$$

从式（4.4）中可以看出，不重复抽样平均误差等于重复抽样平均误差乘以校正因子 $\left(1-\dfrac{n}{N}\right)$。$\left(1-\dfrac{n}{N}\right)$ 一定是大于 0 小于 1 的正数，$\sqrt{\dfrac{\sigma^2}{n}}$ 乘上这个小于 1 的正数，必然小于原来的数，所以不重复抽样的平均误差的数值一定小于重复抽样的平均误差。

一般情况下，总体单位数很大，抽样比例 n/N 很小，则 $\left(1-\dfrac{n}{N}\right)$ 接近于 1，因此 $\sqrt{\dfrac{\sigma^2}{n}\left(1-\dfrac{n}{N}\right)}$ 与 $\sqrt{\dfrac{\sigma^2}{n}}$ 的数值是接近的。实际工作中，在没有掌握总体单位数的情况下或者单位数 N 很大时，一般采用重复抽样的平均误差公式来近似计算不重复抽样的平均误差。

（二）抽样成数的抽样平均误差

由于成数的平均数是成数本身 p，成数的方差是 $p(1-p)$。根据抽样平均误差与总体标准差平方之间的关系，重复抽样之抽样成数的抽样平均误差计算公式如下：

$$\sigma_p = \sqrt{\dfrac{p(1-p)}{n}} \qquad (4.5)$$

不重复抽样之抽样成数的抽样平均误差计算公式如下：

$$\sigma_p = \sqrt{\dfrac{p(1-p)}{n}\left(1-\dfrac{n}{N}\right)} \qquad (4.6)$$

在上面计算抽样平均误差的转化公式里，无论是平均数的标准差 σ，还是总体比例的方差 $p(1-p)$，都是针对全及总体而言的。但在实际情况中，这两个指标一般都是未知的。因此，通常可以采用以下四种方法解决。

（1）用过去调查所得的资料。可以用全面调查的资料，也可以用抽样调查的资料。如果有几个具有不同总体方差的资料，则应该用数值较大的。

（2）用样本方差代替总体方差。概率论的研究从理论上证明了样本方差可以非常接近总体方差。所以，可以使用样本方差代替总体方差，这是实际工作中经常用的一种方法，但其只能在调查后获得样本方差才能使用。

（3）用小规模调查资料。如果既没有过去的资料，又需要在调查之前就估计出抽样平均误差，那么可以在大规模调查之前，组织一次小规模的试验性调查。

（4）用估计的资料。例如，在农产量抽样调查中可以使用预估资料，根据预估产量的资料计算出总体方差。

例 4.2 为了确定某种文具的使用寿命，在 10 000 件文具中随机抽取 100 件进行调查，数据如表 4.2 所示。按照标准，使用寿命在 670 小时以上的为合格品。

表 4.2　某文具使用寿命抽样分组表

使用寿命/小时	文件件数 f	组中值 x	xf	$(x-\bar{x})^2$	$(x-\bar{x})^2 f$
670 以下	7	660	4 620	1 616.04	11 312.28
670～690	20	680	13 600	408.04	8 160.80
690～710	44	700	30 800	0.04	1.76
710～730	23	720	16 560	392.04	9 016.92
730 以上	6	740	4 440	1 584.04	9 504.24
合计	100		70 020		37 996.00

平均使用时间：$\bar{x} = \dfrac{\sum xf}{\sum f} = \dfrac{70020}{100} = 700.20$（小时）

合格率：$p = 1 - q = 1 - \dfrac{7}{100} = 93\%$

样本标准差：$s_x = \sqrt{\dfrac{\sum(x-\bar{x})^2 f}{\sum f}} = \sqrt{\dfrac{37996}{100}} = 19.49$（小时）

使用寿命的平均误差：

重复抽样 $\mu_x = \sqrt{\dfrac{s_x^2}{n}} = \sqrt{\dfrac{19.49^2}{100}} = 1.95$（小时）

不重复抽样 $\mu_x = \sqrt{\dfrac{s_x^2}{n}\left(1-\dfrac{n}{N}\right)} = \sqrt{\dfrac{19.49^2}{100}\left(1-\dfrac{n}{N}\right)} = 1.94$（小时）

产品合格率的抽样平均误差：

重复抽样 $\mu_p = \sqrt{\dfrac{p(1-p)}{n}} = \sqrt{\dfrac{93\% \times 7\%}{100}} = 0.0255 = 2.55\%$

不重复抽样 $\mu_p = \sqrt{\dfrac{p(1-p)}{n}\left(1-\dfrac{n}{N}\right)} = \sqrt{\dfrac{93\% \times 7\%}{100}\left(1-\dfrac{n}{N}\right)} = 0.0254 = 2.54\%$

第四节 必要样本容量

一、影响必要样本容量的因素

样本容量即样本单位数，它的确定是抽样调查和抽样推断的前提，在整个抽样方案设计中占有重要地位。样本容量直接关系抽样推断的精度、可靠度与所需投入的调查经费。在简单随机抽样条件下，样本容量的确定需考虑以下因素。

（一）总体标志变异程度

样本容量（n）与总体方差呈同方向变化。在其他条件不变的情况下，若总体标志变异程度大，即总体方差大，为保证样本对总体的代表性，就应多抽些样本单位；反之，若总体标志变异程度小则可少抽取一些样本单位。

（二）抽样精度和可靠度的要求

若总体标志变异情况相同，但抽样精度和可靠度的要求不一样，则对 n 的要求也不同。Δ 的大小代表抽样精度的高低，Δ 越小，说明抽样的精度越高。在其他条件不变的前提下，抽样精度要求越高，则要求样本容量（n）越大；抽样精度要求越低，则要求 n 越小。t 值的大小代表抽样推断的可靠度的高低，t 值越大说明抽样推断的可靠度越高。在其他条件不变的情况下，抽样推断可靠度的要求越高，则要求 n 越大。由于抽样精度取决于抽样平均误差（u）和概率度（t）两个因素，在其他条件一定的情况下，估计的精度高，则估计的可靠度就低。但统计中既希望估计的可靠度高，又希望估计的精度高。因此，确定样本容量时，要充分考虑抽样推断精度和抽样推断可靠度这对矛盾。

（三）调查经费

调查经费多，n 可以大一些；调查经费少，n 则要小一些。只要存在经费限制，n 的大小就要受到约束。因此，抽样单位数的确定，还要结合调查的人力、物力、财力的情况。

（四）抽样方法

相同条件下，重复抽样比不重复抽样的抽样误差要大，因此采用重复抽样应比采用不重复抽样多抽些样本单位。当总体单位数 N 很大时，两者的差异则很小。

（五）抽样组织形式

抽样单位数的多少，与抽样组织形式相关，不同的抽样组织形式其抽样误差不同，抽样效果也不同。因此，在相同条件下，不同的抽样组织形式对样本容量的要求也不同。

以上因素从不同角度影响样本容量的大小。当然，不同的估计方法对 n 的要求也存在差别。一般来讲，采用比率估计和回归估计要比简单估计所要求的 n 要小一些。

二、必要样本容量的确定

在不考虑调查经费的情况下，简单随机抽样必要样本容量的确定方法有以下几种。

（一）简单随机重复抽样条件下必要样本容量

根据 $\Delta_{\bar{x}} = t\mu_{\bar{x}} = t\sqrt{\dfrac{\sigma_x^2}{n}}$，得到抽样平均数的必要样本容量为

$$n = \frac{t^2 \sigma_x^2}{\sigma_{\bar{x}}^2} \tag{4.7}$$

根据 $\Delta_p = t\mu_p = t\sqrt{\dfrac{p(1-p)}{n}}$，得到抽样成数的必要样本容量为

$$n = \frac{t^2 p(1-p)}{\Delta_p^2} \tag{4.8}$$

（二）简单随机不重复抽样条件下必要样本容量

根据 $\Delta_{\bar{x}} = t\mu_{\bar{x}} = t\sqrt{\dfrac{\sigma_x^2}{n}\left(1-\dfrac{n}{N}\right)}$，得到抽样平均数的必要样本容量为

$$n = \frac{Nt^2\sigma_x^2}{N\sigma_{\bar{x}}^2 + t^2\sigma_x^2} \tag{4.9}$$

根据 $\Delta_p = t\mu_p = t\sqrt{\dfrac{p(1-p)}{n}\left(1-\dfrac{n}{N}\right)}$，得到抽样成数的必要样本容量为

$$n = \frac{Nt^2 p(1-p)}{N\Delta_p^2 + t^2 p(1-p)} \tag{4.10}$$

从以上计算公式中可以看出，在确定必要样本容量时都要用到总体方差，但总体方差往往是未知的，当总体方差未知时，常用以下几种办法解决。

（1）用相关总体方差代替。

（2）正式抽样前可组织试抽样，以试抽样的样本方差代替。

（3）如果成数方差完全未知，取成数方差的最大值，即 $\sigma_p^2 = 0.25$。

例 4.3 对某厂产品进行质量抽检，要求概率保证程度为 95%，抽样误差范围不超过 0.015，并已知过去进行了几次调查，产品的不合格率分别为 1.21%、1.92%、2.50%。

要求：

（1）计算必要的样本容量；

（2）假定其他条件不变，现在要求抽样误差范围不超过 0.03，即比原来范围扩大 1 倍，则必要的样本容量应该是多少？

已知 $F(t) = 95\%$，则 $t = 1.96$，$\Delta_p = 0.015$，由于 N 未知，因此采用重复抽样的公式。过去的产品不合格率有三个，取其中最大的成数方差。

$$n = \frac{t^2 p(1-p)}{\Delta_p^2} = \frac{1.96^2 \times 0.025(1-0.025)}{0.015^2} = 416.17 \approx 417 \text{（个）}$$

已知 $\Delta_p = 0.03$，则：

$$n = \frac{t^2 p(1-p)}{\Delta_p^2} = \frac{1.96^2 \times 0.025(1-0.025)}{0.03^2} = 104.04 \approx 105 \text{（个）}$$

第五节 参 数 估 计

统计学的基本问题就是根据样本对总体进行统计推断。统计推断包括两个部分：一是参数估计，二是假设检验。参数估计问题就是根据样本数值特征来估计总体参数。参数估计有两种形式：点估计和区间估计。

一、点估计

（一）点估计的概念

点估计是用样本统计量 $\hat{\theta}$ 直接估计总体参数 θ，以之代表总体参数。比如，用样本均值 $\bar{x}$ 直接作为总体均值 μ 的点估计；用样本比率 p 直接作为总体比例 P 的点估计；用样本方差 s^2 直接作为总体方差 σ^2 的点估计；等等。假设要估计高校英语四级考试的平均成绩，根据一个抽出的随机样本计算的平均成绩是 435 分，那么就用 435 分作为高校英语四级考试平均成绩的一个估计量。又如，要估计某校学生某门课程逃课率的高低，根据抽样结果逃课率为 8%，则将 8% 直接作为该门课程逃课率的估计量，这就是点估计。可见，点估计就是将统计量的具体值作为总体参数的估计量。显然，点估计必然会产生误差，这种误差称为抽样误差。

点估计有矩估计法、极大似然估计法、顺序估计法、最小二乘法等，在此不做详细介绍，读者可以参考概率论有关书籍了解相关内容。

点估计比较直观，易于理解，但是估计结果只给出一个点值，其可靠度难以得到保证。因为估计量来自一个随机的样本，不同的样本很可能得到不同的估计量，而且一般情况下估计量不等于待估计的总体参数的真值，因此二者之间是存在差距的。点估计没有给出它们之间差距的大小，也就不可能知道估计的可靠度到底如何。所以，点估计只适用于对估计的准确度与可靠度要求不太高的情形。

（二）点估计的优良性标准

样本统计量是一个随机变量，不同的样本会得到不同的估计量。在这些估计量中，并非所有的估计量都是优良的。因此，为了保证用于估计总体指标的估计量准确可靠，需要通过一些标准来衡量所求的估计量是否为优良估计量。在评价一个估计量是否是总体参数的合适估计量的时候，通常需要以无偏性、有效性和一致性三方面为标准来考察。

（1）无偏性。无偏性是判断优良估计量的一个重要标准。无偏性是指个别样本由于随机原因可能偏大或偏小，然而一个好的估计量平均来看应该等于所估计的那个指标或参数，其直观意义就是估计量的值应在参数的真值周围浮动而无系统误差，即如果估计量的数学期望等于被估计的总体指标，就称该估计量为无偏估计量。

一般情况下，无偏性的定义为：设 θ 为被估计参数，若有估计量 $\hat{\theta}(x_1,x_2,\cdots,x_n)$，对一切 n，有 $E(\hat{\theta})=\theta$，则称 $\hat{\theta}$ 为 θ 的无偏估计量。同时，若 $E(\hat{\theta})-\theta=b$，则称 b 为估计量 $\hat{\theta}$ 的偏差。若 $b\neq 0$，则称 $\hat{\theta}$ 为 θ 的有偏估计量；若 $b=0$，则称 $\hat{\theta}$ 为 θ 的无偏估计量。如果 $\lim\limits_{n\to\infty} b=0$，则称 $\hat{\theta}$ 为 θ 的渐近无偏估计量。

（2）有效性。即使是符合无偏性要求估计的统计量，在抽取个别样本时也会产生误差。为了使误差尽可能地小，要求估计量围绕其真值的变动越小越好，也就是说要求统计量的离散程度要小，或者说其方差要小。因此，估计量的有效性是指对总体指标 θ 进行估计时，若存在两个无偏估计量 $\hat{\theta}_1$ 和 $\hat{\theta}_2$，其中估计量 $\hat{\theta}_1$ 的估计误差平均来说小于估计量 $\hat{\theta}_2$ 的估计误差，则称估计量 $\hat{\theta}_1$ 比 $\hat{\theta}_2$ 有效。

一般来说，有效性的定义为：设 $\hat{\theta}_1$ 和 $\hat{\theta}_2$ 是未知参数 θ 的两个估计量，若对任意的正常数 c 存在：

$$P(|\hat{\theta}_1-\theta|<c)\geq(|\hat{\theta}_2-\theta|<c)$$

则称 $\hat{\theta}_1$ 比 $\hat{\theta}_2$ 更有效。有效性反映了估计量分布的集中程度，估计量的分布越是集中在参数真值附近，则其估计效率就越高。

（3）一致性。一致性是指用样本指标估计总体指标时，随着样本容量的增大，估计量越来越接近总体指标的真值，所以就称这个估计量为相合估计量或一致估计量。实际上，一致性就是要求估计量随样本容量 n 的不断增加，稳定地趋近于总体参数指标。在 $n\to\infty$（有限总体 $n\to N$）时，估计量应与总体参数完全一致。

因此，对点估计的一致性定义如下：设 $\hat{\theta}(x_1,x_2,\cdots,x_n)$ 为未知参数 θ 的估计量，若 $\hat{\theta}$ 依概率收敛于 θ，则 $\hat{\theta}$ 为 θ 的一致估计量。

一致性是从极限意义上来说明统计量与总体参数的关系的。这种性质只有当样本容量很大时才起作用。另外，符合一致性的统计量也不止一个，所以仅考虑一致性是不够的。事实上，我们也可以证明，当总体为正态分布时，中位数这一统计量也符合一致性的要求。在样本容量很小的情况下，一致性并不适合作为评价估计量好坏的标准。

在选择总体参数的估计量时,必须同时考虑上述三个标准。只有同时满足无偏性、有效性和一致性三个标准要求的估计量才是优良的估计量。

二、区间估计

（一）区间估计的概念和步骤

点估计用一个固定的估计量作为未知参数的估计,具有较大的风险。因为估计量来自一个随机抽取的样本,结果也就带有随机性。样本估计量刚好等于所估计的总体参数的可能性极小。但是如果说所估计的总体参数就落在估计量附近,即所估计的总体参数落在以点估计所得到的以点估计量为中心的某一个小区间内,那就比较有把握了。这种方法就是区间估计。区间估计是用一个区间及其出现的概率来估计总体参数。

设 θ 为总体的一个未知参数,θ_1、θ_2 为一组样本所确定的对 θ 的两个估计量,对于给定的 $0<\alpha<1$,若有 $P\{\theta_1<\theta<\theta_2\}=1-\alpha$,则称随机区间 $[\theta_1,\theta_2]$ 是置信度为 $(1-\alpha)$ 的置信区间。置信区间的直观意义是在多次抽样形成的多个置信区间中,有 $(1-\alpha)$ 个包含总体参数的真值。其中,θ_1、θ_2 分别为置信区间的下限和上限,$(1-\alpha)$ 为区间的置信度或置信水平（概率）,α 为显著性水平或置信度水平。

置信度 $(1-\alpha)$ 表示了区间估计的可靠性,$(1-\alpha)$ 越大,可靠性越高。置信区间长度的平均值 $E(\theta_1-\theta_2)$ 表达了区间估计的精确度。$E(\theta_1-\theta_2)$ 越小,精确度就越高。我们当然希望可靠度尽可能大,精确度尽可能高,但是当样本容量 n 一定时,要使二者同时提高是矛盾的。实际中的处理办法是先确定置信度 $(1-\alpha)$,然后通过增加样本容量 n 来提高精确度。

常用的置信度有 0.80、0.90、0.95、0.99 等。一般来说,对于估计要求比较高的,置信度也要求高一些。在社会经济现象中,通常采用 95% 的置信度就可以了。置信度反过来也表示可能犯错误的概率。如置信度为 95%,则犯错的概率就为 $1-95\%=5\%$。这一概率就是置信度水平 α,也可理解为风险率或风险水平。

此外,对于等式 $P\{\theta_1<\theta<\theta_2\}=1-\alpha$,不应理解为 θ 落在某一固定区间的概率。因为这里 θ 是一个参数,而不是随机变量,而 θ_1、θ_2 是根据抽样的结果计算出来的。因此,$[\theta_1,\theta_2]$ 是一个随机区间。上述概率 $(1-\alpha)$ 就可理解为随机区间 $[\theta_1,\theta_2]$ 中包括参数 θ 的概率。具体可参照图 4.1。

图 4.1　区间估计示例图

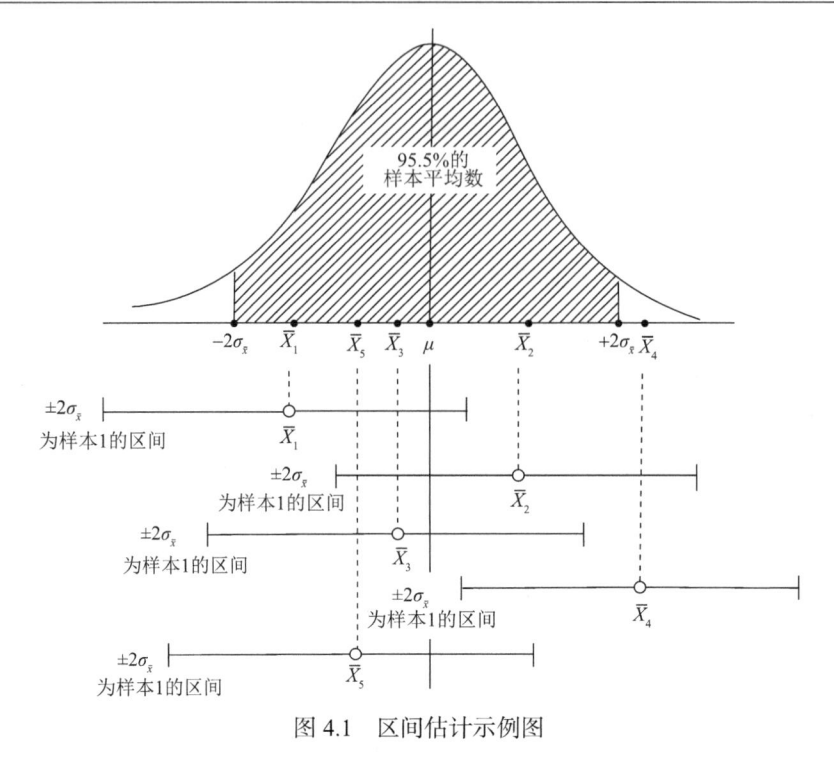

图 4.1 显示了根据不同样本所得到的置信度为 95.5%的置信区间与总体均值的位置关系。从所有样本得到的置信区间中有 95.5%的区间将包括总体均值，所以可以说所得到的估计区间包括总体均值具有 95.5%的置信度。

（二）单个总体参数的区间估计

（1）当正态总体方差已知时总体均值的区间估计。由于对任意一个服从正态分布的随机变量 X，总有

$$\frac{\overline{X}-\mu}{\frac{\sigma}{\sqrt{n}}} \sim N(0,1)$$

在估计置信度为 $(1-\alpha)$ 时，可得

$$P\left(\left|\overline{X}-\mu\right|<Z_{\alpha/2}\cdot\frac{\sigma}{\sqrt{n}}\right)=1-\alpha$$

我们可以根据这一原理，用样本均值来推断总体均值的区间估计量。若样本的均值为 $\overline{X}$，同时，若规定置信度为 $(1-\alpha)$，则总体均值的区间估计公式如下：

$$P\left(\bar{X} - Z_{\alpha/2} \cdot \frac{\sigma}{\sqrt{n}} < \mu < \bar{X} + Z_{\alpha/2} \cdot \frac{\sigma}{\sqrt{n}}\right) = 1 - \alpha \qquad (4.11)$$

由此得到，对于总体均值估计的置信区间如下：

$$\left[\bar{X} - Z_{\alpha/2} \cdot \frac{\sigma}{\sqrt{n}},\ \bar{X} + Z_{\alpha/2} \cdot \frac{\sigma}{\sqrt{n}}\right]$$

置信度为 $(1-\alpha)$ 的置信区间如图 4.2 所示。

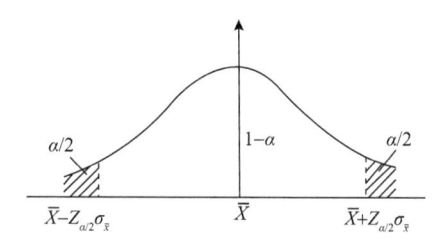

图 4.2　置信度为 $(1-\alpha)$ 的置信区间估计

上述估计公式仅适用于无限总体的情形。对于有限总体的不放回抽样来说，如果总体数量为 N，样本大小为 n，则区间估计的公式中还需要乘上一个修正系数 $\sqrt{\frac{N-n}{N-1}}$。因此，总体均值的区间估计的公式就变为

$$P\left(\bar{X} - Z_{\alpha/2} \cdot \frac{\sigma}{\sqrt{n}}\sqrt{\frac{N-n}{N-1}} < \mu < \bar{X} + Z_{\alpha/2} \cdot \frac{\sigma}{\sqrt{n}}\sqrt{\frac{N-n}{N-1}}\right) = 1 - \alpha \qquad (4.12)$$

从上述说明中可以总结出对于正态总体方差已知的情形，总体均值的区间估计的步骤如下：

第一步，计算出样本的统计量并确定该统计量的抽样分布。例如，若总体是正态的，那么样本均值也必然服从正态分布。

第二步，根据研究目的确定置信度 $(1-\alpha)$ 或置信水平 α 的大小，按照要求的置信水平 α 查出相应的系数 $Z_{\alpha/2}$。

第三步，计算样本均方差，即抽样的标准误差 $\sigma_{\bar{x}} = \frac{\sigma}{\sqrt{n}}$。

第四步，最后把上述数据代入公式，得到区间估计的结果。

例 4.4　已知某市大学生每月生活费的开支服从正态分布，而且知道标准差 $\sigma = 600$ 元。现从各大学生中随机抽取 81 名学生，发现这些学生的人均月生活开

支 $\bar{X}$ 为1 280元。求该市大学生总体人均月生活开支的置信度为90%的区间估计。

根据题意 $n=81$，$\sigma=600$，$1-\alpha=90\%$，且 $Z_{\alpha/2}=1.645$，同时，$\bar{X}=1280$，由此可以直接利用公式，即

$$\bar{X} \pm Z_{\alpha/2} \cdot \frac{\sigma}{\sqrt{n}} = 1280 \pm 1.645 \cdot \frac{600}{\sqrt{81}} = 1280 \pm 109.67 \text{（元）}$$

该市大学生总体人均月生活开支的置信度为90%的置信区间是[1170.33, 1389.67]。结果表明，在90%的置信度条件下该市大学生月均生活开支不低于1 170.33元，不高于1 389.67元。

（2）当非正态总体方差未知且是大样本时总体均值的区间估计。实际中遇到的总体往往不一定服从正态分布，而且总体的方差也是未知的。在这种情况下要推断总体均值，就要借助中心极限定理，这需要抽取足够大的样本，这时样本均值仍服从正态分布。此时尽管总体方差未知，但当样本足够大时，一般 $n>30$ 时，用样本标准差 S 来代替总体标准差 σ，直接把 S 代入式（4.11）中的 σ 就可以了。

（3）当正态总体方差未知且是小样本时总体均值的区间估计。在总体方差未知的情况下，如果抽取的样本 $n \leq 30$ 就必须采用其他的估计办法。我们已知 $(\bar{X}-\mu)/S$ 服从 t 分布，其自由度为 $n-1$，所以我们可以利用 t 分布来进行估计。此时，根据 t 分布的特点，可得

$$P\left(|\bar{X}-\mu|<t_{\alpha/2} \cdot \frac{S}{\sqrt{n}}\right)=1-\alpha$$

根据这一公式，就可以用样本均值来推断总体均值的区间估计结果：

$$P\left(\bar{X}-t_{\alpha/2} \cdot \frac{S}{\sqrt{n}}<\mu<\bar{X}+t_{\alpha/2} \cdot \frac{S}{\sqrt{n}}\right)=1-\alpha \qquad (4.13)$$

由此可知，对于总体均值估计的置信区间为

$$\left[\bar{X}-t_{\alpha/2} \cdot \frac{S}{\sqrt{n}}, \ \bar{X}+t_{\alpha/2} \cdot \frac{S}{\sqrt{n}}\right]$$

与前文相同，上述估计公式仅适用于无限总体的情形。对于有限总体来说，如果总体数量为 N，样本大小为 n，采取不放回抽样，则区间估计的公式中还需要乘上一个修正系数 $\sqrt{\dfrac{N-n}{N-1}}$。

例 4.5 某包糖机包了一批糖果。假设糖果的重量服从正态分布，随机抽取 25 袋糖果，称重后发现样本平均重量为 300 克，样本标准差为 50 克。试问在 95% 的概率保证程度下，该批糖果的平均重量是多少？

虽然总体方差未知，但确认总体服从正态分布，由于 $n=25$ 是小样本，总体方差未知，所以采用 t 分布来进行估计。

根据 $1-\alpha=95\%$，$t_{0.025}(24)=2.0639$，由此可以直接利用总体均值的估计公式，得到置信区间的两个端点：

$$\bar{X} \pm t_{\alpha/2} \cdot \frac{S}{\sqrt{n}} = 300 \pm 2.0639 \frac{50}{\sqrt{25}} = 300 \pm 20.64 \text{（克）}$$

因此，在 95% 的概率保证程度下，该批糖果平均重量的置信区间是 [279.36,320.64]，即有 95% 的把握认为该批糖果的平均重量不少于 279.36 克，又不多于 320.64 克。

可见，对总体均值进行区间估计时，既要考虑样本容量的大小，也要根据是否知道总体方差 σ^2 来选择所使用的估计公式。

（4）总体比例的区间估计。根据样本比例 p 分布的结果，则有

$$p \sim N\left(P, \frac{P(1-P)}{n}\right)$$

若样本比例为 p，同时规定估计的置信度为 $(1-\alpha)$，则总体比例区间估计的公式如下：

$$P\left(p - Z_{\alpha/2}\sqrt{\frac{P(1-P)}{n}} < P < p + Z_{\alpha/2}\sqrt{\frac{P(1-P)}{n}}\right) = 1-\alpha \quad (4.14)$$

这里就产生了一个循环推理的问题，就是在确定总体比例的置信区间时要用到 P 本身，而 P 又恰恰是待估值。但由点估计理论知道，样本比例 p 是总体比例 P 的无偏估计，于是在估计样本比例的方差为 $\frac{P(1-P)}{n}$ 时，就可以考虑直接用样本比例 p 代替总体比例 P。在实际应用中，只要样本容量 n 足够大，并且满足 np 和 $n(1-p)$ 都大于 5，就可以保证估计结果是可靠的。于是，我们可得：

$$P\left(p - Z_{\alpha/2}\sqrt{\frac{p(1-p)}{n}} < P < p + Z_{\alpha/2}\sqrt{\frac{p(1-p)}{n}}\right) = 1 - \alpha$$

最后，当样本大小为 n，样本比例是 p，在置信度为 $(1-\alpha)$ 的情况下，对于总体比例 P 的估计的置信区间如下：

$$\left[p - Z_{\alpha/2}\sqrt{\frac{p(1-p)}{n}},\ p + Z_{\alpha/2}\sqrt{\frac{p(1-p)}{n}}\right]$$

当然，对于有限总体且不放回抽样的情形，也同样需要乘上一个修正系数 $\sqrt{\frac{N-n}{N-1}}$。

（5）正态总体方差的区间估计。关于 χ^2 的分布中，已知来自正态总体的一组样本方差和总体方差之比服从 χ^2 分布，即

$$\frac{(n-1)S^2}{\sigma^2} \sim \chi^2(n-1)$$

于是，对于给定的置信度 $(1-\alpha)$，我们可以利用 χ^2 分布的特性，查询常量表得到 $\chi^2_{\frac{\alpha}{2}}(n-1)$ 和 $\chi^2_{1-\frac{\alpha}{2}}(n-1)$，则有

$$\begin{aligned}&P\left[\chi^2_{1-\frac{\alpha}{2}}(n-1) < \frac{(n-1)S^2}{\sigma^2} < \chi^2_{\frac{\alpha}{2}}(n-1)\right] = 1-\alpha \\ &P\left[\frac{(n-1)S^2}{\chi^2_{\frac{\alpha}{2}}(n-1)} < \sigma^2 < \frac{(n-1)S^2}{\chi^2_{1-\frac{\alpha}{2}}(n-1)}\right] = 1-\alpha\end{aligned} \quad (4.15)$$

因此，对于总体方差 σ^2 的区间估计如下：

$$\left[\frac{(n-1)S^2}{\chi^2_{\frac{\alpha}{2}}(n-1)},\ \frac{(n-1)S^2}{\chi^2_{1-\frac{\alpha}{2}}(n-1)}\right]$$

Stata 练习：先分别计算例 4.4 和例 4.5 在 95% 和 99% 的概率保证程度下的置信区间，然后利用"和政数据"进行区间估计。

Stata 中关于单个样本的区间估计的方法比较多，比较简单的代码有：

ci var,level(#)　　//样本数据（原始数据）已知的情况
cii n mean s,level(#)　　//样本数据（原始数据）未知的情况，其中n、mean、s分别代表样本容量、样本均值和样本标准差
cii n m,level(#)　　//样本比例的区间估计，其中n、m分别代表样本容量和占某比例的样本个数
help ci

（1）分别计算celluse和incomeY的置信区间（分别计算默认置信度和90%的置信度下各自的置信区间）。

（2）假如已知incomeY中共有200个数据（家庭），均值为4 500元，标准差为860元，试求incomeY在默认置信度下的置信区间。

（三）两个总体参数的区间估计

1. 两个总体均值之差的区间估计

（1）当两个正态总体方差已知且是大样本时，则两个样本均值之差服从正态分布。此时，

$$E(\bar{\chi}_1 - \bar{\chi}_2) = \mu_1 - \mu_2$$

$$\sigma^2_{\bar{\chi}_1 - \bar{\chi}_2} = \frac{\sigma_1^2}{n_1} + \frac{\sigma_2^2}{n_2}$$

因此，$(\bar{\chi}_1 - \bar{\chi}_2) \sim N\left(\mu_1 - \mu_2, \frac{\sigma_1^2}{n_1} + \frac{\sigma_2^2}{n_2}\right)$。由此，在置信度为$(1-\alpha)$的情况下，$(\mu_1 - \mu_2)$的置信区间如下：

$$\left[(\bar{\chi}_1 - \bar{\chi}_2) - Z_{\alpha/2}\sqrt{\frac{\sigma_1^2}{n_1} + \frac{\sigma_2^2}{n_2}},\ (\bar{\chi}_1 - \bar{\chi}_2) + Z_{\alpha/2}\sqrt{\frac{\sigma_1^2}{n_1} + \frac{\sigma_2^2}{n_2}}\right]$$

（2）当两个正态总体方差未知但相等，且是大样本时，两样本均值之差也服从正态分布。由于假设两个总体方差未知但相等，需要根据样本方差来估计总体方差。但样本方差具有随机性，一般$S_1^2 \neq S_2^2$，因此，需要合并推算总体方差：

$$\sigma^2_{合} = \frac{n_1 S_1^2 + n_2 S_2^2}{n_1 + n_2}$$

所以，两个样本均值之差的抽样分布的方差如下：

$$\frac{\sigma_{合}^2}{n_1}+\frac{\sigma_{合}^2}{n_2}=\left(\frac{1}{n_1}+\frac{1}{n_2}\right)\frac{n_1S_1^2+n_2S_2^2}{n_1+n_2}=\frac{S_1^2}{n_1}+\frac{S_2^2}{n_2}$$

于是，对两个总体均值之差估计的置信区间如下：

$$\left[(\bar{\chi}_1-\bar{\chi}_2)-Z_{\alpha/2}\sqrt{\frac{S_1^2}{n_1}+\frac{S_2^2}{n_2}},\ (\bar{\chi}_1-\bar{\chi}_2)+Z_{\alpha/2}\sqrt{\frac{S_1^2}{n_1}+\frac{S_2^2}{n_2}}\right]$$

（3）当两个正态总体方差未知但相等，且是小样本时，根据前文分析，我们用样本方差代替总体方差，由于是小样本，相应的统计量不再服从正态分布而服从 t 分布。由于 $\sigma_1^2=\sigma_2^2$，则如大样本一样，应该将两个样本合并起来代替总体方差，即

$$S_{合}^2=\frac{(n_1-1)S_1^2+(n_2-1)S_2^2}{n_1+n_2-2}$$

其自由度为 (n_1+n_2-2)，则两个总体均值差的区间估计结果如下：

$$\left[(\bar{\chi}_1-\bar{\chi}_2)-t_{\alpha/2}\sqrt{\frac{S_{合}^2}{n_1}+\frac{S_{合}^2}{n_2}},\ (\bar{\chi}_1-\bar{\chi}_2)+t_{\alpha/2}\sqrt{\frac{S_{合}^2}{n_1}+\frac{S_{合}^2}{n_2}}\right]$$

也就是

$$\left[(\bar{\chi}_1-\bar{\chi}_2)-t_{\alpha/2}S_{合}^2\sqrt{\frac{1}{n_1}+\frac{1}{n_2}},\ (\bar{\chi}_1-\bar{\chi}_2)+t_{\alpha/2}S_{合}^2\sqrt{\frac{1}{n_1}+\frac{1}{n_2}}\right]$$

2. 两个总体比例之差的区间估计

根据两个样本比例之差的抽样分布，两个样本比例之差的均值为两个总体比例之差，两个样本比例之差的方差如下：

$$\sigma_{p_1-p_2}^2=\frac{p_1q_1}{n_1}+\frac{p_2q_2}{n_2}$$

当样本容量 n_1 和 n_2 为大样本时，两个总体比例之差也服从正态分布，所以当估计的置信度为 $(1-\alpha)$ 时，两个总体比例之差 (p_1-p_2) 的置信区间如下：

$$\left[(p_1-p_2)-Z_{\alpha/2}\sqrt{\frac{p_1q_1}{n_1}+\frac{p_2q_2}{n_2}},\ (p_1-p_2)+Z_{\alpha/2}\sqrt{\frac{p_1q_1}{n_1}+\frac{p_2q_2}{n_2}}\right]$$

第六节 假设检验

一、假设检验的基本原理

假设检验也称显著性检验,是事先作出一个关于总体参数的假设,然后利用样本判断原假设是否合理,即判断样本信息与原假设是否有显著差异,进而决定接受或拒绝原假设的统计推断方法。

假设检验采用的逻辑推理方法是反证法,即为了检验某假设是否正确,先假设它是正确的,然后根据样本信息,观察由此假设而导致的结果是否合理,从而判断是否接受原假设。判断结果合理与否,是基于概率论中"在一次试验中小概率事件不易发生"这一原理,即在一次抽样中,小概率事件不可能发生。但如果在原假设下发生了小概率事件,则认为原假设是不合理的;反之,小概率事件没有发生,则认为原假设是合理的。

假设检验是基于样本资料来推断总体特征的,且这种推断是在一定概率置信度下进行的,而非严格的逻辑证明。在多数情况下,总体参数的假设值与样本统计量之间的差异既不能大到显而易见,可以直接拒绝假设,也不至于小到完全可以肯定,直接接受假设的程度。于是,就不能简单地决定是接受或拒绝原假设,而需要判断所作的假设在多大程度上是正确的。这就需要判断假设正确的程度。

(一)假设检验的假设

假设检验中通常把所要检验的假设称作原假设或零假设,记作 H_0。例如,要检验总体均值 $\mu = 500$ 这个假设是否正确,原假设就表示为 $H_0: \mu = 500$。如果样本所提供的信息无法证明原假设成立,则可拒绝原假设。此时,我们只能接受另外备选的假设,备选的假设称为备择假设,用 H_1 来表示。

对于原假设 $H_0: \mu = 500$,备择假设可以有如下三种形式。

(1) $H_1: \mu \neq 500$,这表示备择假设是总体的均值不等于 500,该检验属于双侧检验。如果样本均值高于或低于假设的总体均值很显著时,我们就称该检验为双侧检验。在双侧检验时有左右两个拒绝域。

(2) $H_1: \mu > 500$,这表示备择假设是总体的均值大于 500。

(3) $H_1: \mu < 500$,这表示备择假设是总体的均值小于 500。

上述的(2)和(3)表明只有当样本的均值高于(或低于)假设的总体均值很显著时,我们才拒绝原假设,这类检验被称作单侧检验。单侧检验只有一个拒绝域。其中，（2）式表明假设检验只在样本均值显著高于假设的总体均值时才拒绝原假设，这种假设检验又称为右侧检验。此时，原假设实际上变为 $H_0: \mu \leqslant 500$，备择假设为 $H_1: \mu > 500$。（3）式表明在样本均值显著低于假设的总体均值时才拒绝原假设，这种假设检验又称为左侧检验。此时，原假设实际上变为 $H_0: \mu \geqslant 500$，备择假设为 $H_1: \mu < 500$。由此可见，原假设和备择假设都是排他性的。假设检验的基本形式如表 4.3 所示。

表 4.3 假设检验的基本形式

假设	总体均值检验		
	双侧检验	右侧检验	左侧检验
原假设 H_0	$\mu = \mu_0$	$\mu \geqslant \mu_0$	$\mu \leqslant \mu_0$
备择假设 H_1	$\mu \neq \mu_0$	$\mu < \mu_0$	$\mu > \mu_0$

（二）检验的显著性水平

假设检验需要确定一个是接受还是拒绝原假设的标准，这个标准就是显著性水平。所谓检验的显著性水平 α，表示在假设正确的条件下落在某个界限以外的样本均值所占的百分比。具体地说，如果要求"在 $\alpha = 5\%$ 的显著性水平下检验假设"，就意味着假定对总体参数所作的假设正确，那么样本均值同假设的总体均值差异过大的，在每 100 个样本中不应超过 5 个。如果样本均值与总体均值差异过大的数目超过 5 个，就认为这个样本不可能来自所假设的总体，应该拒绝原假设。

通过图 4.3 可以直观地解释假设检验的基本原理。假设检验的显著性水平 $\alpha = 5\%$，表示我们已知在概率密度曲线下包括在假设的均值 $u_x \pm 1.96\sigma_{\bar{x}}$ 两侧直线间的面积是 95%，两边每一个尾端的面积各为 2.5%。于是，若样本的均值落在 95% 的区域内，我们就认为样本统计量与假设的总体参数的差异是不显著的，接受原假设；若样本统计量落在左右尾端各 2.5% 的区域内，则认为差异显著，应该拒绝原假设，接受备择假设。

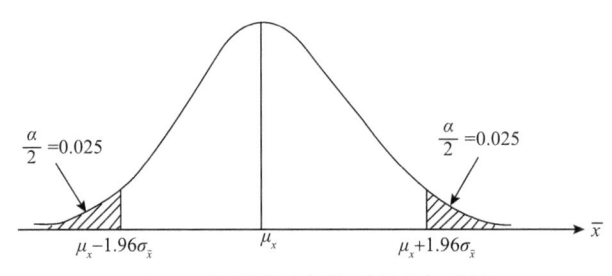

图 4.3 假设检验的接受域和拒绝域

应该强调的是，在假设检验中"接受原假设"的意思仅仅表示没有充分的统计证据拒绝原假设。实际上，即使样本统计量落在95%的面积内，也并不能保证原假设H_0就一定正确。因为只有在知道了总体参数的真实值与假设值完全相同时，才能证明假设正确，但我们无法知道总体参数的真实值。

在给定了检验的显著性水平α后，我们可以根据假设来确定接受还是拒绝原假设的域或范围。如果样本均值$\bar{X}$落在某一区域内就接受原假设，则称这个区域为接受域；如果样本均值$\bar{X}$落在某一区域内就拒绝原假设，则称这个区域为拒绝域（如图4.3中所示的阴影区域）。

二、假设检验的步骤

（一）提出原假设H_0和备择假设H_1

统计学在进行假设检验前，一般先提出两个相互对立的假设，即原假设和备择假设。通常将研究者想收集数据予以拒绝的假设作为原假设，用H_0表示；与原假设对立的假设为备择假设，或者通常将研究者想收集数据予以支持的假设确定为备择假设，用H_1表示。

在确定原假设和备择假设时，需要把握如下原则。

（1）假设检验是概率意义上的反证法。一般情况下，把"不能轻易否定的命题"作为原假设，而把希望得到的结果或想收集数据予以支持的假设作为备择假设。

（2）在建立假设时，通常是先确定备择假设，然后再确定原假设。这样做的原因是备择假设是我们所关心的，是想予以支持或证实的，因而比较清楚，容易确定。由于原假设和备择假设是对立的，只要确定了备择假设，原假设就很容易确定出来。

（3）在假设检验中，等号总是放在原假设中。

面临实际问题时，由于不同的研究者有不同的研究目的，即使对同一问题也可能提出截然相反的原假设和备择假设，这是十分正常的，也不违背我们关于确定原假设和备择假设的上述原则。无论怎样确定假设的形式，只要它们符合研究者的最终目的，就是合理的。

（二）确定恰当的检验统计量

在假设检验中，需要借助样本统计量进行统计推断。用于假设检验的统计量称为检验统计量。不同的假设检验需要选择不同的检验统计量。在具体选择统计量时，需要考虑的因素有：第一，总体方差已知还是未知；第二，用于检验的样本是大样本还是小样本等。

（三）选取显著性水平 α，确定原假设 H_0 的拒绝域和接受域

假设检验是围绕对原假设的内容审定而展开的，当原假设正确检验结果为接受它，或者原假设错误检验结果为拒绝它，表明检验进行了正确的选择。但是由于样本具有随机性，根据样本信息进行推断的假设检验仍有可能犯错误。显著性水平 α 表示原假设 H_0 为真时拒绝原假设的概率，即拒绝原假设所冒的风险。这个概率是人为确定的，通常取 $\alpha = 0.05$ 或 $\alpha = 0.01$，表明根据样本信息作出拒绝原假设的决定时，犯错误的概率为 5%或者 1%。

在实际应用中，一般是先给出显著性水平 α，这样就可以由相关的概率分布表查到临界值 Z_α（或 $Z_{\alpha/2}$），从而确定 H_0 的拒绝域和接受域。对于不同形式的假设，H_0 的拒绝域和接受域也会有所不同。双侧检验的拒绝域位于统计量分布曲线的两侧，左侧检验的拒绝域位于统计量分布曲线的左侧，右侧检验的拒绝域位于统计量分布曲线的右侧。

（四）计算检验统计量的值

在提出了原假设 H_0 和备择假设 H_1，确定了检验统计量，给定了显著性水平 α 以后，可根据样本数据计算检验统计量的值。

（五）作出统计决策

根据样本信息计算出统计量的具体值，再判断统计量的值落在什么区间，以帮助进行统计决策。

三、几种常用的假设检验

（一）关于总体均值的假设检验

1. 双侧检验

如果样本均值高于或低于假设的总体均值且很显著时，则称之为双侧检验，双侧检验有左右两个拒绝域，如图 4.4 所示。

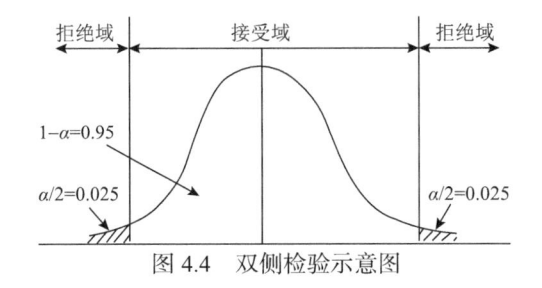

图 4.4　双侧检验示意图

例 4.6　某食品厂规定某种罐头每罐的标准重量是 400 克，多年的经验表明这个厂每罐重量的标准差是 125 克。先随机抽取 100 个罐头，发现这些罐头的平均重量是 420 克。试问在 $\alpha=0.05$ 的显著水平下，能否认为这批罐头的重量符合标准要求？

要检验这批罐头的重量是否符合标准要求，就要检验这批样本的平均重量与标准重量之间是否具有明显的差别。由于不强调方向，故属于双侧检验。检验过程如下：

（1）提出假设：假设这批罐头的重量符合标准质量要求。

$$H_0: \mu = 400$$

$$H_1: \mu \neq 400$$

（2）由于是大样本，且总体方差已知，故选用 Z 统计量。

（3）当显著性水平 $\alpha=0.05$，双侧检验时，查询常量表可知 $Z_{\alpha/2}=1.96$，所以拒绝域为 $[-\infty,-1.96]\cup[1.96,+\infty]$，即当统计量 $Z>1.96$ 或 $Z<-1.96$ 时，拒绝 H_0，否则接受 H_0。

（4）计算检验统计量的值：$Z = \dfrac{\overline{X}-\mu_0}{\dfrac{\sigma}{\sqrt{n}}} = \dfrac{420-400}{\dfrac{125}{\sqrt{100}}} = 1.6$。

（5）作出统计决策：$Z=1.6<1.96$，落在接受域，故接受原假设 H_0。

因此，可以认为在显著性水平 $\alpha=0.05$ 的条件下，这批罐头的重量是符合标准要求的。

2. 左侧检验

左侧检验表明在样本均值低于假设的总体均值且很显著时，才拒绝原假设。此时，原假设为 $H_0: \mu \geq \mu_0$，备择假设为 $H_1: \mu < \mu_0$，如图 4.5 所示。

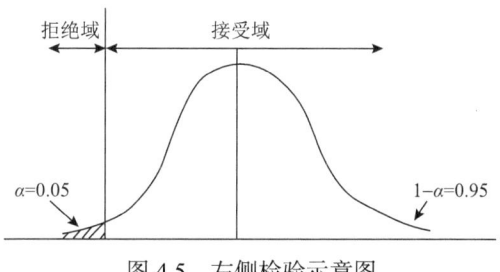

图 4.5　左侧检验示意图

例 4.7 甲厂称其某产品的使用寿命超过标准寿命 1 500 小时。今随机抽取甲厂 100 件产品，测得产品的平均寿命为 1 450 小时，标准差为 350 小时，请问在 $\alpha = 0.05$ 的显著性水平下能否认为甲厂某产品的质量符合要求。

要检验甲厂某产品的使用寿命是否超过标准寿命 1 500 小时，存在方向，故属于单侧检验的左侧检验。检验过程如下：

（1）提出假设：假设甲厂某产品的使用寿命超过标准寿命 1 500 小时。

$$H_0: \mu \geqslant 1500$$

$$H_1: \mu < 1500$$

（2）由于是大样本，且总体方差已知，故选用 Z 统计量。

（3）当显著性水平 $\alpha = 0.05$ 时，由于是单侧检验，查表可知 $Z_\alpha = Z_{0.05} = 1.645$，所以拒绝域为 $[-\infty, -1.645]$，即当统计量 $Z < -1.645$ 时，拒绝 H_0，否则接受 H_0。

（4）计算检验统计量的值：$Z = \dfrac{\bar{X} - \mu_0}{\dfrac{\sigma}{\sqrt{n}}} = \dfrac{1450 - 1500}{\dfrac{350}{\sqrt{100}}} = -1.429$。

（5）作出统计决策：$Z = -1.429 > -1.645$，落在接受域，故接受原假设 H_0。

因此，可以认为在显著性水平 $\alpha = 0.05$ 的条件下，甲厂某产品的使用寿命超过标准寿命 1 500 小时。

3. 右侧检验

右侧检验表明在样本均值高于假设的总体均值且很显著时，才拒绝原假设。此时，原假设为 $H_0: \mu \leqslant \mu_0$，备择假设为 $H_1: \mu > \mu_0$，如图 4.6 所示。

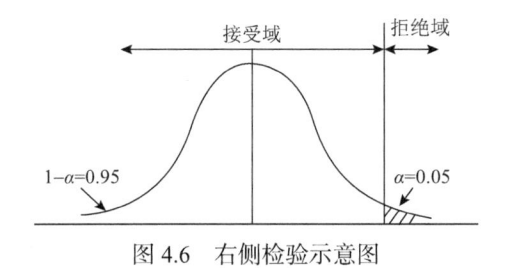

图 4.6 右侧检验示意图

（二）关于总体比例的假设检验

总体比例的假设检验与总体均值的假设检验思路相同。

例 4.8 一项报告显示，西安市大学生每月零花钱达到 1 500 元的占大学生总体的35%。某研究机构为了检验这项报告的可靠性,随机抽取了100名西安市大学生,发现有40人每月零花钱达到了1 500元。试问在显著性水平$\alpha=0.05$的条件下,某研究机构的调查结果是否与之前的报告相符合?

要检验某研究机构的调查结果比例是否与之前的报告相符合,不存在方向,属于总体比例的双侧检验问题。检验过程如下:

(1)提出假设:假设某研究机构的调查结果与之前的报告相符合。

$$H_0:P=35\%$$

$$H_1:P\neq 35\%$$

(2)由于是大样本,故选用Z统计量。

(3)当显著性水平$\alpha=0.05$时,由于是双侧检验,查表可知$Z_{\alpha/2}=1.96$,所以拒绝域为$[-\infty,-1.96]\cup[1.96,+\infty]$,即当统计量$Z>1.96$或$Z<-1.96$时,拒绝$H_0$,否则接受$H_0$。

(4)计算检验统计量的值:$Z=\dfrac{p-P}{\sqrt{\dfrac{P(1-P)}{n}}}=\dfrac{40\%-35\%}{\sqrt{\dfrac{35\%(1-35\%)}{100}}}=1.0483$

(5)作出统计决策:$Z=1.0483<1.96$,落在接受域,故接受原假设H_0。

因此,可认为在显著性水平$\alpha=0.05$的条件下,某研究机构调查的结果与之前的报告相符合,西安市大学生每月零花钱达到1 500元的占大学生总体的35%。

此外,参照两个总体区间估计的情形,我们可以对两个总体均值和比例差进行假设检验,所用的方法几乎是完全相同的。

四、假设检验的两类错误

在假设检验的过程中,由于样本信息的局限性,我们可能依据样本信息进行了错误判断,即犯了错误。所犯错误主要有两种类型,一般称为Ⅰ类错误和Ⅱ类错误。Ⅰ类错误是原假设H_0为真但被我们拒绝了,犯这种错误的概率用α来表示,也称α错误或弃真错误;Ⅱ类错误是原假设实际上不是正确的却被我们接受了,犯这种错误的概率用β来表示,也称β错误或取伪错误,如表4.4所示。

表4.4 假设检验中的两类错误

类型	接受H_0	接受H_1
H_0为真	正确	弃真,Ⅰ类错误,概率是α
H_0为假	取伪,Ⅱ类错误,概率是β	正确

当然，人们希望犯这两类错误的概率越小越好，但是对于一定的样本容量 n，不能同时做到犯这两类错误的概率都很小。如果减少 α 错误，就会增大犯 β 错误的机会；如果减小 β 错误，就会增大犯 α 错误的机会。

当然，使 α 错误和 β 错误同时变小的办法也有，那就是增大样本容量。但样本容量的增大不可能没有限制，否则就会使抽样失去意义。因此，在假设检验中，存在对这两类错误进行控制的问题。

一般而言，哪一类错误带来的后果严重、危害大，在检验中就应该把这类错误作为首要的控制目标。但在假设检验中，一般都是遵循首次控制犯 α 错误的风险的原则。这样做的主要原因是：一是大家都遵循一个统一的原则，讨论问题比较方便；二是从实用的观点看，原假设的内容往往是明确的，而备择假设的内容往往是不清楚的。

五、假设检验中的 P 值

P 值是指在原假设 H_0 为真时，样本统计量落在其观测值以外的概率，即表示在原假设为真的情况下，拒绝原假设犯错误的概率，也称为观测到的显著性水平或相关概率值。

P 值是反映实际观测到的数据与原假设 H_0 之间不一致程度的一个概率值。P 值越小，说明实际观测到的数据与 H_0 之间不一致的程度越大，检验的结果也就越显著。

P 值也是用于确定是否拒绝原假设的另一个重要工具，它有效地补充了 α 提供的关于检验结果可靠性的有限信息。为便于理解，我们统一使用符号 Z 表示检验统计量，Z_c 表示根据样本数据计算得到的检验统计量值。对于假设检验的三种基本形式，P 值的一般表达式如下：

（1）双侧检验，$H_0: \mu = \mu_0$；$H_1: \mu \neq \mu_0$。

P 值是当 $\mu = \mu_0$ 时，检验统计量的绝对值大于或等于根据实际观测样本数据计算得到的统计量观测值的绝对值的概率，即 P 值 $= P(|Z| \geq |Z_c| | \mu = \mu_0)$。

（2）左侧检验，$H_0: \mu \geq \mu_0$；$H_1: \mu < \mu_0$。

P 值是当 $\mu = \mu_0$ 时，检验统计量小于或等于根据实际观测样本数据计算得到的统计量观测值的概率，即 P 值 $= P(Z \leq Z_c | \mu = \mu_0)$。

（3）右侧检验，$H_0: \mu \leq \mu_0$；$H_1: \mu > \mu_0$。

P 值是当 $\mu = \mu_0$ 时，检验统计量大于或等于根据实际观测样本数据计算得到的统计量观测值的概率，即 P 值 $= P(Z \geq Z_c | \mu = \mu_0)$。

对于不同检验的 P 值，可以用图 4.7 来表示。从图中可以看出：单侧检验中，P 值由抽样分布的一侧得到，而双侧检验中 P 值则由分布的两侧得到，每一侧为 $P/2$。

(a) 双侧检验

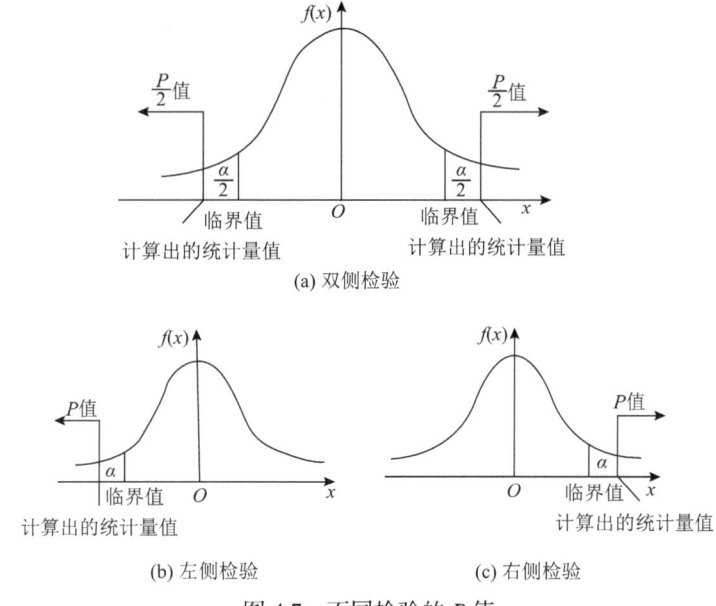

(b) 左侧检验 (c) 右侧检验

图 4.7 不同检验的 P 值

利用 P 值进行决策的规则十分简单。在已知 P 值的条件下，将其与给定的显著性水平 α 进行比较，就可以确定是否应该拒绝原假设。不论是单侧检验还是双侧检验，用 P 值进行决策的准则为：如果 $P \leqslant \alpha$，则拒绝 H_0；如果 $P > \alpha$，则不拒绝 H_0。

P 值计算可以通过查表来求得，但很麻烦，多数统计软件都能够输出有关假设检验的主要计算结果，其中就包括 P 值。可以说，应用 P 值的检验方法几乎取代了传统的临界值检验方法，它不仅能得到与传统检验方法相同的结论，而且给出了传统检验方法所不能给出的信息。利用统计量和显著性水平作出决策时，如果我们拒绝原假设，也仅仅是知道我们犯错误的可能性是 α 那么大，但究竟是多少我们不知道，而 P 值则是我们犯错误的实际概率。

【思考与练习】

一、单项选择题

1. 样本平均数和总体平均数（　　）。
   A. 前者是一个确定值，后者是一个随机值
   B. 前者是一个随机值，后者是一个确定值
   C. 两者都是随机值
   D. 两者都是确定值
2. 某厂要对某批产品进行抽样调查，已知以往的产品合格率分别为 90%、93%、95%，要求误

差范围小于 5%，可靠性为 95.45%，则必要样本容量应为（　　）。

   A. 144 　　　　　　　　　　　　　　B. 105
   C. 76 　　　　　　　　　　　　　　 D. 109

3. 在总体方差不变的条件下，样本单位数增加 3 倍，则抽样误差（　　）。

   A. 缩小 1/2 　　　　　　　　　　　B. 为原来的 $1/\sqrt{3}$
   C. 为原来的 1/3 　　　　　　　　　D. 为原来的 2/3

4. 抽样平均误差是（　　）。

   A. 总体的标准差 　　　　　　　　　B. 样本的标准差
   C. 样本统计量的标准差 　　　　　　D. 抽样误差的平均差

5. 先将总体各单位按照主要标志分组，再从各组中随机抽取一定的单位组成样本，这种抽样形式被称为（　　）。

   A. 简单随机抽样 　　　　　　　　　B. 机械抽样
   C. 分层抽样 　　　　　　　　　　　D. 整群抽样

6. 无偏性是指（　　）。

   A. 抽样指标的平均数等于被估计的总体指标
   B. 当样本容量 n 足够大时，样本指标充分接近总体指标
   C. 随着 n 的无限增大，样本指标与未知的总体指标之间的离差任意小的可能性趋于实际必然性
   D. 作为估计量的方差比其他估计量的方差小

7. 若总体的标准差为 σ，按照重复抽样的方法从总体中抽出容量为 n 的样本，则样本均值的抽样平均误差是（　　）。

   A. $\dfrac{\sigma}{\sqrt{n}}$ 　　　　　　　　　　　　B. $\dfrac{\sigma}{n}$

   C. $\dfrac{\sigma^2}{n}$ 　　　　　　　　　　　　D. $\sqrt{\dfrac{\sigma^2(N-n)}{n(N-n)}}$

8. 为使抽样误差尽可能小，整群抽样时应尽可能（　　）。

   A. 扩大群内、缩小群间差异程度 　　B. 缩小群内、扩大群间差异程度
   C. 扩大总体方差 　　　　　　　　　D. 缩小总体方差

9. 在重复抽样条件下，不影响抽样平均误差的因素有（　　）。

   A. 总体标准差 　　　　　　　　　　B. 样本容量
   C. 抽样组织形式 　　　　　　　　　D. 总体单位数

10. 在某种程度下，等距抽样与简单随机抽样相比，不仅抽样方便，而且可以使样本更均匀地分布在总体中，这有利于缩小（　　）。

    A. 样本必要容量 　　　　　　　　　B. 总体标准差
    C. 估计的可靠性 　　　　　　　　　D. 抽样平均误差

二、简述题

1. 假设你是信息贫困研究团队的一员，现由你负责设计调查方案，请简述你的设计思路和方案。
2. 假设检验依据的基本原理是什么？什么是假设检验中的显著性水平？

3. 如何理解假设检验的两类错误、P 值的含义，以及它与假设检验显著性水平的区别？

三、应用题

1. 甲厂规定某种滚动轴承的直径不得大于 1 厘米。今随机抽取了 16 个这种规格的滚动轴承，测得其平均直径为 1.053 厘米，样本标准差为 0.146 厘米。请问在 $\alpha=0.1$ 的显著性水平下，能否认为这批滚动轴承的直径符合质量要求？
2. 某高校在研究生入学体检后对所有结果进行统计分析，得出其中某一项指标的均值是 7.0，标准差为 2.2。从这个总体中随机选取一个容量为 31 的样本。
   （1）计算样本均值大于 7.5 的概率。
   （2）计算样本均值小于 7.2 的概率。
3. 一项研究计划估计在一片森林中一棵树平均每年长高多少。研究人员准备用 90% 的置信度，并希望估计出的均值在 ±0.5 厘米的误差范围内。以前的研究显示样本标准差为 2.0 厘米。这项研究的样本容量需要多大才能满足需要？
4. 某购物中心想了解有多大比例的顾客在付款时使用会员卡，为此调查了 100 位顾客，发现有 32 位在付款时使用会员卡。
   （1）估计总体比例的值。
   （2）计算所估计比例的标准差。
   （3）求出总体比例 95% 的置信区间。
   （4）解释以上所求结果。
5. 为了解吸烟与患肺癌是否有关，一份调查报告的数据如下表所示。

项目	不吸烟/人	吸烟/人
无肺癌	3 397	2 585
有肺癌	3	15

试在 $\alpha = 0.05$ 的显著性水平下，检验吸烟与患肺癌是否有关。

6. 利用"和政数据"，试在 $\alpha = 0.05$ 的显著性水平下检验受教育程度和收入（或可获信息源得分与可及信息源得分）是否有关。

第五章 总体均值的检验与方差分析

研究一个总体时，要检验的参数主要是总体均值 u、总体比例 P 和总体方差 σ^2。但要通过样本对总体均值进行统计推断，则需要方差分析，它是通过实验观察某一种或多种因素的变化对实验结果是否带来显著影响，进而鉴别各种因素的效应，从而帮助选择一种最优方案的方法。本章将重点介绍大样本情况下总体均值的检验和方差分析。

第一节 总体均值的检验

一、单个样本的均值检验

确定适当的检验统计量是假设检验的重要步骤。根据抽样分布的理论，在大样本条件下，样本均值 $\bar{X}$ 的抽样分布近似服从正态分布，其抽样标准差为 $\sigma/\sqrt{n}$。样本均值 $\bar{X}$ 经过标准化后，即可得到检验统计量。样本均值经标准化后服从标准正态分布，因而采用正态分布的检验统计量。假设总体均值为 u_0，当总体方差 σ^2 已知时，总体均值检验统计量为

$$Z = \frac{\bar{X} - u_0}{\sigma/\sqrt{n}} \quad (5.1)$$

当总体方差 σ^2 未知时，可以用样本方差 S^2 来代替总体方差，此时总体均值检验统计量为

$$t = \frac{\bar{X} - u_0}{S/\sqrt{n}} \quad (5.2)$$

其中，$t \sim t(n-1)$。

Stata 应用：在 Stata 中，ttest、median 命令可实现单个变量之间的均值差异检验，基本语法如下：

ttest varname [if] [in], by(groupvar) unequal welch level(#) // "unequal" 为进行配对样本不同方差的 t 检验。"level(#)" 为设置置信水平，默认为 95%。

median 命令基本语法如下：

median varname [if] [in] [weight],by(groupvar) [median_options]

注意：ttest、median 命令每次只能对一个变量进行检验，无法批量对多个变量进行检验；同时该命令汇报的检验结果过于详细。如果需要对两个样本或多个样本进行均值检验，可使用 ttable2、ttable3 和 balancetable 等命令。

利用"和政数据"检验 income2021 是否显著异于 1 839（此数值为甘肃省 2021 年人均月可支配收入）。

结果如下：

. ttest income2021=1839

One-sample t test

Variable	Obs	Mean	Std. Err.	Std. Dev.	[95% Conf. Interval]
inc～2021	247	5272.312	799.943	12572.09	3696.701　6847.923

---

mean = mean(income2021)　　　　　　　　　　t = 4.2919
Ho: mean = 1839　　　　　　　　　　　degrees of freedom = 246
Ha: mean < 1839　　　Ha: mean != 1839　　　Ha: mean > 1839
Pr(T < t) = 1.0000　　Pr(|T| > |t|) = 0.0000　　Pr(T > t) = 0.0000

二、两个独立样本的均值检验

在实际应用中，有时需要对两个总体均值的差异进行检验。例如，比较在两种工艺技术下产品的质量有无差异。这就需要利用两个样本的观测值，对两个总体均值之差作出检验和判断。

当总体方差 σ_1^2、σ_2^2 已知时，样本均值检验的统计量为

$$z=\frac{(\bar{X}_1-\bar{X}_2)-(u_1-u_2)}{\sqrt{\dfrac{\sigma_1^2}{n_1}+\dfrac{\sigma_2^2}{n_2}}} \tag{5.3}$$

式中，u_1 为总体 1 的均值；u_2 为总体 2 的均值。

当总体方差 σ_1^2、σ_2^2 未知时，样本均值检验的统计量为

$$t = \frac{(\bar{X}_1 - \bar{X}_2) - (u_1 - u_2)}{\sqrt{\dfrac{S_1^2}{n_1} + \dfrac{S_2^2}{n_2}}} \qquad (5.4)$$

式中，t 的自由度为 V。

$$V = \frac{\left(\dfrac{S_1^2}{n_1} + \dfrac{S_2^2}{n_2}\right)^2}{\dfrac{\left(\dfrac{S_1^2}{n_1}\right)^2}{n_1 - 1} + \dfrac{\left(\dfrac{S_2^2}{n_2}\right)^2}{n_2 - 1}}$$

Stata 应用：

在 Stata 中，独立两样本参数检验如下。

使用分组变量进行两样本 t 检验：

ttest var [if] [in], by(groupvar) [options]

使用变量名进行两样本 t 检验：

ttest var1 = var2 [if] [in], unpaired [unequal welch level(#)]

利用"和政数据"检验男性和女性手机使用时长（celluse）是否存在显著差异。

结果如下：

. ttest celluse, by(gender)

Two-sample t test with equal variances

Group	Obs	Mean	Std. Err.	Std. Dev.	[95% Conf. Interval]
女	83	3.059036	0.2212488	2.015673	2.618902 3.49917
男	175	3.163143	0.1797786	2.378248	2.808315 3.51797
combined	258	3.129651	0.1409837	2.264534	2.852021 3.407282
diff		–0.1041067	0.3023268	–0.6994711	0.4912576

diff = mean(女) − mean(男)　　　　　　　　　t = −0.3444

Ho: diff = 0　　　　　　　　　　　degrees of freedom = 256

Ha: diff < 0   Ha: diff != 0   Ha: diff > 0
Pr(T < t) = 0.3654   Pr(|T| > |t|) = 0.7309   Pr(T > t) = 0.6346

三、配对样本的均值检验

在比较两个总体均值的差异时，有时需要对比两种不同处理效果有无显著差异。在前文对两个总体均值之差进行显著性检验的讨论中，我们假设样本是独立的，但是在一些情况下需要采用存在相依关系的配对样本分析。例如，对比工人技术培训前后的工作效率、患者服用某种药物前后的疗效等。这就需要在相同条件下，调查取得一组成对的观测值，进行对比，作出检验和判断，即根据配对样本对两个总体均值的差异进行检验。

检验的方法是：首先求出每组观测值的差异 d_i，以及差值的均值 $\bar{d}$ 和标准差 s_d，其中 $\bar{d} = \dfrac{\sum d_i}{n}$，$s_d = \sqrt{\dfrac{\sum (d_i - \bar{d})^2}{n-1}}$。

检验统计量为

$$t = \frac{\bar{d} - u_d}{s_d / \sqrt{n}} \tag{5.5}$$

Stata 应用：

在 Stata 中，成对双样本参数检验（paired t test）如下：

ttest var1==var2 [if] [in], [, level(#)]

利用"和政数据"检验当教育水平都为 4 时，income2021 与 income2020 是否存在显著差异。

结果如下：

. ttest income2021==income2020 if edulevel==4

Paired t test

```
------------------------------------------------------------------------------
    Variable |   Obs       Mean     Std. Err.   Std. Dev.   [95% Conf. Interval]
------------------------------------------------------------------------------
   inc～2021 |    51    4138.431    664.8580    4748.036    2803.025   5473.838
   inc～2020 |    51    3822.216    550.9591    3934.635    2715.582   4928.850
------------------------------------------------------------------------------
        diff |    51    316.2157   238.9354    1706.340   -163.7003   796.1317
------------------------------------------------------------------------------
```

mean(diff) = mean(income2021–income2020)　　　　t = 1.3234
Ho: mean(diff) = 0　　　　degrees of freedom = 50
Ha: mean(diff) < 0　　　Ha: mean(diff) != 0　　　Ha: mean(diff) > 0
Pr(T < t) = 0.9041　　　Pr(|T| > |t|) = 0.1917　　Pr(T > t) = 0.0959

第二节　方　差　分　析

一、方差分析的基本概念

（一）方差分析的提出

方差分析（analysis of variance，ANOVA）是由著名的统计学家罗纳德·费希尔（Ronald Fisher）提出的。它是检验观察到的差异是否显著的一种统计方法，能够解决多个均值是否存在显著差异的检验问题，是假设检验的延伸和继续，可以用来对三个及三个以上总体均值是否相等进行假设检验。方差分析方法有两个明显的优点，一是节省时间，二是由于进行分析时是将所有的样本资料结合在一起的，因而增加了稳定性。例如，有 30 个样本，每一个样本包括 10 个观察单位，如果用 t 检验法，一次只能研究 2 个样本，20 个观察单位，而使用方差分析则可以把 300 个观察单位结合在一起进行研究。所以说方差分析是一种实用、高效的分析方法。

我们在不同条件下所获得的数据受诸多因素的影响，其中某些因素是由于随机的原因引起的，数据的这种随机性是不以人的意志为转移的，是不可避免的。另一些因素是由于采样或实验条件的不同，这是完全可以避免的。如果实验因素对实验结果有显著影响，必然会造成实验结果的明显变动，且实验因素在某些情况下会和随机因素混杂在一起。相反，如果实验因素对实验结果无显著影响，则实验结果的变动基本上是由随机因素引起的。通过方差分析的方法，利用构造的 F 统计量进行检验，以分析实验数据中不同来源的变异程度对总体变异贡献的大小，可以确定实验因素是否对实验结果存在显著影响。

例如，为了检验某三个水稻新品种之间是否存在显著差异，将这三个新品种在相似的地块进行试种，所获得的数据如表 5.1 所示。利用这些数据检验三个水稻新品种的平均亩产量是否存在显著差异（$\alpha = 0.05$）。

表 5.1　三个水稻新品种平均亩产量数据　　　　　单位：千克

观测值	新品种 1	新品种 2	新品种 3
1	400	560	400
2	52	530	380
3	480	620	450
4	450	540	440
5	450	550	430
$\bar{x}_j$	460	560	420
s_j^2	1 950	1 250	850
s_j	44.159	35.355	29.155

考虑第四章提到的两个总体均值的分析方法，我们能否通过两两对比来解决上述假设检验问题呢？实际上，这样思考是欠妥的，因为这样做会导致犯第 I 类错误的概率大大增加。对于上例，我们在三个均值间进行两两假设检验，共需 $C_3^2 = 3$ 次，如果各次检验相互独立且每一次检验接受原假设 $H_0: \mu_i = \mu_j$ 的概率为 $1 - \alpha = 0.95$，则接受 H_0 的概率为 $(0.95)^3 = 0.857\,4$。可见，犯第 I 类错误的概率大大提高了。

因此，有必要用新的方法来对两个以上总体均值进行检验，这种方法就是本节介绍的方差分析。在方差分析中，总是假定各母体（各水平的总体）独立地服从同方差的正态分布，即 $A_i \sim N(\mu_i, \sigma^2)$，其中 $i = 1, 2, 3, \cdots, k$。因此，方差分析就是检验同方差的若干正态总体均值是否相同的一种统计分析方法。

根据问题所涉及的影响因素不同，方差分析分为单因素方差分析、双因素方差分析和多因素方差分析。显然，上例是单因素方差分析。如果水稻产量受选种、施肥和灌溉三个因素的影响，为了研究这三个因素对产量的影响是否有差异，选择不同的种子、施肥量和灌溉量进行实验，则此时的方差分析就是多因素方差分析。基于以上研究思路，方差估计的基本思想是：用方差分析可以分析并检验 k 个总体均值是否相等。

（二）方差分析的常用术语

方差分析的常用术语主要有因素、水平和交互作用等。

（1）因素：指需要研究的变量，它可能对因变量产生影响。若只针对一个因素进行分析，就是单因素方差分析；若针对多个因素进行分析，则称为多因素方差分析。本书中，主要介绍单因素方差分析和双因素方差分析。

（2）水平：指因素的具体表现形式，因素因不同的背景而体现出不同的状态，如质量的优、中、劣；表现得好、中、差；成绩评定过程中的 A、B、C、D 等。

（3）交互作用：若一个因素的效应在另一个因素不同水平下明显不同，则两个因素之间存在交互作用。当存在交互作用时，单纯研究某个因素的作用是没有意义的，必须在另一个因素的不同水平下研究该因素的作用大小。

二、方差分析的基本思想

（一）方差分析的基本原理

方差分析是通过对误差进行分析来研究多个正态总体均值是否相等的一种方法。从方差分析的目的看，是要检验各个水平的总体均值是否相等，而实现这个目的的手段是进行方差的比较。观测值之间存在差异，而差异的产生来自两个方面：一是由于因素中不同水平造成的系统性差异。例如，合成纤维中不同棉花含量引起的不同抗拉强度。二是由于抽选样本的随机性而产生的差异。例如，相同棉花含量的合成纤维，几组不同抽样样本之间抗拉强度的不同。这两个方面产生的差异可以用两个方差来计量：一个称为水平之间的方差，另一个称为水平内部的方差。前者既包括系统性因素，也包括随机性因素，而后者仅包括随机性因素。

如果不同的水平对结果没有影响，那么在水平之间的方差中，就仅仅有随机性因素的差异，而没有系统性因素的差异，它与水平内部方差就应该近似，两个方差的比值就会接近1。反之，如果不同的水平对结果产生影响，在水平之间的方差中就不仅包括了随机性差异，还包括了系统性差异。这时，该方差就会大于水平内方差，两个方差的比值就会显著地大于1。当这个比值达到某个程度，或者说达到某临界点时，就可以作出判断，认为不同的水平之间存在显著性差异。因此，方差分析就是通过不同方差的比较，作出接受原假设或拒绝原假设的判断。

利用方差分析解决问题时，作为检验统计量的 F 分布（F distribution）是必不可少的。利用 F 分布对方差分析的结果作出判断，以确定所作的原假设是否正确。

水平间方差（也称组间方差）和水平内方差（也称组内方差）之比是一个统计量，经证明该统计量服从 F 分布，即检验统计量 F 的表达式如下：

$$\text{检验统计量} F(\text{单因素方差分析}) = \frac{\text{组间方差}}{\text{组内方差}} \tag{5.6}$$

F 分布具有以下特征：

（1）F 分布是一个"家族"。分子和分母具有各自的自由度，每一对自由度对应一个 F 分布。

（2）F 分布是一个右偏分布。当分子和分母的自由度逐渐增加时，F 分布就逐渐接近正态分布。

（3）F分布是连续的，并且自变量取值非负。如图5.1所示，F分布是连续的，其一般取值范围在区间$[0, +\infty]$上。

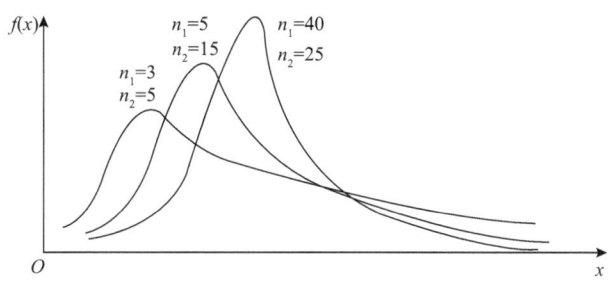

图5.1　F分布曲线家族

（4）F分布的右侧曲线以x轴为渐近线。当x的值越来越大时，F分布曲线就越接近x轴。

（二）问题的一般提法

设因素有k个水平，每个水平的均值分别用$\mu_1, \mu_2, \cdots, \mu_k$表示，要检验$k$个水平（总体）的均值是否相等，需要提出如下假设：

$H_0: \mu_1 = \mu_2 = \cdots = \mu_k$，自变量对因变量没有显著影响。

$H_1: \mu_1, \mu_2, \cdots, \mu_k$不全相等，自变量对因变量有显著影响。

三、单因素方差分析

（一）多个总体均值是否相等的检验

根据前一节的内容，我们可以得到方差分析的方法和一般步骤。

1. 提出假设

$H_0: \mu_1 = \mu_2 = \cdots = \mu_k$，即因素的不同水平对实验结果没有显著影响。

$H_1: \mu_1, \mu_2, \cdots, \mu_k$不全相等，即因素的不同水平对实验结果有显著影响。

2. 方差分解

我们先定义总离差平方和（sum of squares for total，SST），即各样本观测值与总体均值的离差平方和，记作：

$$\text{SST} = \sum_{i=1}^{k}\sum_{j=1}^{n}\left(X_{ij} - \bar{X}\right)^2 \tag{5.7}$$

式中，$\bar{X}$ 是样本总体均值，即

$$\bar{X} = \frac{\left(\sum_{i=1}^{k}\sum_{j=1}^{n}X_{ij}\right)}{N} \tag{5.8}$$

$N = nk$，为样本观测值总数。

将总离差平方和分解为两部分：

$$\begin{aligned} \text{SST} &= \sum_{i=1}^{k}\sum_{j=1}^{n}\left(X_{ij}-\bar{X}\right)^2 \\ &= \sum_{i=1}^{k}\sum_{j=1}^{n}\left[\left(X_{ij}-\bar{X}_i\right)+\left(\bar{X}_i-\bar{X}\right)\right]^2 \\ &= \sum_{i=1}^{k}\sum_{j=1}^{n}\left(X_{ij}-\bar{X}_i\right)^2 + \sum_{i=1}^{k}n\left(\bar{X}_i-\bar{X}\right)^2 \end{aligned}$$

式中，$\bar{X}_i$ 是第 i 组样本的平均值，即

$$\bar{X}_i = \frac{\sum_{i=1}^{n}X_{ij}}{n}$$

记：

$$\text{SSE} = \sum_{i=1}^{k}\sum_{j=1}^{n}\left(X_{ij}-\bar{X}_i\right)^2 \tag{5.9}$$

式（5.9）表示同一样本组内由于随机因素影响所产生的离差平方和，简称为组内平方和（sum of squares for error，SSE）。

记：

$$\text{SSA} = \sum_{i=1}^{k}n\left(\bar{X}_i-\bar{X}\right)^2 \tag{5.10}$$

式（5.10）表示不同样本组之间由于因素水平不同所产生的离差平方和，简称为组间平方和（sum of squares for factor A，SSA）。

由此可得

$$\text{SST} = \text{SSE} + \text{SSA} \tag{5.11}$$

SST、SSA、SSE 的自由度分别为 $(N-1)$、$(k-1)$ 和 $(N-k)$，相应的自由度之间的关系也有

$$N-1=(k-1)+(N-k)$$

3. F 检验

将 SSA 和 SSE 分别除以其自由度，即得到各自的均方差。

组间均方差：$\text{MSA} = \dfrac{\text{SSA}}{k-1}$

组内均方差：$\text{MSE} = \dfrac{\text{SSE}}{N-k}$

统计上可以证明：$E(\text{MSA}) = \sigma^2 + \dfrac{1}{k-1}\sum_{i=1}^{k}n(\mu_i-\mu)^2$

由此可见，如果原假设 H_0 成立，则 $E(\text{MSE}) = E(\text{MSA}) = \sigma^2$，否则就有 $E(\text{MSA}) > \sigma^2$。

根据 F 分布，如果原假设 H_0 成立，那么 MSA 和 MSE 均是 σ^2 的无偏估计，因而，检验统计量为

$$F = \frac{\text{MSA}}{\text{MSE}} \tag{5.12}$$

服从自由度为 $(k-1)$ 和 $(N-k)$ 的 F 分布。

由上所述，当原假设 H_0 成立时，$E(\text{MSE}) = E(\text{MSA}) = \sigma^2$。此时 MSA 较小，$F$ 值也较小。当原假设不成立时，MSA 较大，F 值也较大。

对于给定的显著水平 α，查 F 分布表得到 $F_\alpha(K-1, N-K)$。如果 $F \geqslant F_\alpha(K-1, N-K)$，则原假设不成立，即 K 个组的总体均值之间有显著的差异，就拒绝原假设。若 $F < F_\alpha(K-1, N-K)$，则原假设成立，即 K 个组的总体均值之间没有显著的差异，就接受原假设。

4. 方差分析表

上述方差分析的方法可以用一个标准形式的表格来实现，这种表格称为方差分析表。它将方差分析的计算方法以简洁的形式总结出来。

表格分为五列，第一列为方差来源，第二列为离差平方和，第三列为自由度，第四列为均方差，第五列为检验统计量 F。表格又分为三行。第一行是组间的离差平方和 SSA 和均方差 MSA，表示因素不同水平的影响所产生的方差，其值作为计算检验统计量 F 时的分子；第二行是组内离差平方和 SSE 和均方差 MSE，表示随机误差所引起的方差，其值作为计算检验统计量 F 时的分母；第三行是检验行，表示总方差 SST。表 5.2 就是一个单因素方差分析表。

表 5.2 单因素方差分析表

方差来源	离差平方和	自由度	均方差	检验统计量 F
组间	SSA	$k-1$	MSA	
组内	SSE	$N-k$	MSE	$F = \dfrac{\text{MSA}}{\text{MSE}}$
总方差	SST	$N-1$		

由于方差分析表概括了方差分析中统计量之间的关系，我们在进行方差分析时就可以直接按照方差分析表来逐行、逐列地计算出有关统计量，最后得到检验统计量 F 的值，并把 F 值与查表所得一定显著水平下的 F 检验的临界值进行比较，以得出接受或拒绝原假设的结论。

需要注意的是，方差分析可以同时对若干水平总体均值是否相等进行检验，这是此方法的特点和优势。但如果检验结果拒绝原假设，接受备择假设，那么这仅仅表明进行检验的几个水平总体均值不全相等。至于到底是哪一个或哪几个与其均值不等，方差分析并没有给出答案，尚需要做两两比较。

例如，对于本节一开始提到的例子，可以计算并绘制出方差分析表，如表 5.3 所示。

表 5.3 水稻新品种对平均亩产量的方差分析表

方差来源	离差平方和	自由度	均方差	检验统计量 F
组间	52 000	2	26 000	
组内	16 200	12	1 350	$F = 19.2593$
总方差	68 200	14		

由于规定显著性水平 $\alpha = 0.05$，查 F 分布临界值表得到 $F_{0.05}(2,12) = 3.89$。因为 $F = 19.2593 > F_{0.05}(2,12) = 3.89$，所以，拒绝原假设 H_0，接受备择假设，认为三个水稻新品种的平均亩产量存在显著差异，也就是说三个水稻新品种的平均亩产量不相等。

此时，决策中犯第 I 类错误的概率是 $\alpha = 0.05$。或者说，实际上三个水稻新品种的平均亩产量是相等的，但由于抽样过程中出现随机原因，导致检验统计量 F 的值过大，超过了显著性水平为 0.05 的 F 临界值 [$F_{0.05}(2,12) = 3.89$]，从而导致了错误的产生。

（二）多个总体均值的多重比较检验

单因素方差分析的基本分析只能判断自变量是否对因变量产生显著影响。如果自变量确实对因变量产生了显著影响,还应进一步确定自变量的不同水平对因变量的影响程度如何,其中哪个水平的作用明显区别于其他水平,哪个水平的作用是不显著的,等等。

例如,如果确定了不同施肥量对农作物的产量有显著影响,那么还需要了解10千克、20千克、30千克肥料对农作物产量的影响幅度是否有差异,其中哪种施肥量水平对提高农作物产量的作用不明显,哪种施肥量水平最有利于提高产量等。为了研究这一类问题,我们需要介绍方差分析中的多重比较检验方法。多重比较检验是利用全部观测变量值,实现对各个水平下观测变量总体均值的两两比较。因为实质是多组两两比较假设检验问题,所以遵循假设检验基本步骤。

多重比较方法比较多,这里介绍由费希尔提出的最小显著差异方法(least significant difference,LSD)。使用该方法进行检验的具体步骤如下。

第一步,提出假设。

$$\begin{cases} H_0 : \mu_i = \mu_j \\ H_1 : \mu_i \neq \mu_j \end{cases}$$

第二步,计算检验统计量。

$$\bar{X}_i - \bar{X}_j$$

第三步,计算 LSD。

$$\mathrm{LSD} = {}^{t_{\alpha/2}}\sqrt{\mathrm{MSE}\left(\frac{1}{n_i} + \frac{1}{n_j}\right)}$$

式中,$t_{\alpha/2}$ 为 t 分布的临界值,可通过 t 分布表得到,其自由度为 $(n-k)$,k 是因素中水平的个数;MSE 为组内均方差;n_i 和 n_j 分别是第 i 组样本和第 j 组样本的统计数量。

第四步,根据显著性水平 α 进行决策。如果 $|\bar{X}_i - \bar{X}_j| > \mathrm{LSD}$,则拒绝原假设,否则接受原假设。

例 5.1 根据统计实践,一般认为产品各种型号的生产时间服从正态分布。现对 6 种型号的产品,每种取 4 个样本,完成单因素方差显著性检验后,使用 LSD 方法判断 6 个水平的均值是否存在显著差异(其中,组内均方差 $\mathrm{MSE} = 3.15$,$t_{0.025}(18) = 2.10$)。先取 A 型和 D 型配对比较,可得

$$\text{LSD} = \sqrt{\text{MSE}\left[\frac{1}{n_1} + \frac{1}{n_2}\right]}^{t_{\alpha/2}} = 2.10 \times \sqrt{3.15 \times \left[\frac{1}{4} + \frac{1}{4}\right]} = 2.6355 < 4$$

由此可以判断 A 型和 D 型存在显著差异,按照同样的方法,还可以得出其他均值的比较结果,如表 5.4 所示(*代表差异显著)。

表 5.4　LSD 方法配对比较结果

型号 两两差异	$\bar{X}_i - \bar{X}_6$	$\bar{X}_i - \bar{X}_5$	$\bar{X}_i - \bar{X}_4$	$\bar{X}_i - \bar{X}_3$	$\bar{X}_i - \bar{X}_2$
A 型 $\bar{Y}_1 = 9.4$	4.0*	3.9*	1.9	1.5	0.6
F 型 $\bar{Y}_2 = 8.8$	3.4*	3.4*	1.3	0.9	
C 型 $\bar{Y}_3 = 7.9$	2.5	2.5	0.4		
E 型 $\bar{Y}_4 = 7.5$	2.1	2.1			
B 型 $\bar{Y}_5 = 5.5$	0.1				
D 型 $\bar{Y}_6 = 5.4$					

Stata 应用:

在 Stata 中,进行单因素方差分析的命令如下:

oneway 观察变量 分组变量 [if] [in] [weight] [, options]

其中,weight 为权重,options 选项常见的有:tab、bonferroni。tab 选项以列联表表示;bonferroni 为多重比较,是为了将犯第 I 类错误的概率控制在规定显著性水平以下,而倒推出每两两检验中显著性水平的方法。具体选项如表 5.5 所示。

表 5.5　单因素方差分析 Stata 选项

主要选项	描述	主要选项	描述
bonferroni	多重比较检验	[no]standard	[不]显示标准差
scheffe	多重比较检验	[no]freq	[不]显示频数
sidak	多重比较检验	[no]obs	[不]显示观测个数
tabulate	产生列表	noanova	不显示方差分析表
[no]means	[不]显示均值	nolabel	以数值形式显示,不以标签形式显示
wrap	列表不隔开	missing	将缺失值作为一类

例如：oneway sales color, tabulate //sales 表示将要分析的变量；color 是分类变量，也就是水平变量；tabulate 的作用是产生有关数据的汇总表。

（1）利用"和政数据"，分析不同性别是否在可获信息源得分、信息资产得分中存在显著性差异。

结果如下：

. oneway accessibleT gender,tabulate

Summary of 可获信息源得分

性别	Mean	Std. Dev.	Freq.
女	14.973855	7.9295959	83
男	15.374886	9.0705272	176
Total	15.24637	8.7078193	259

Analysis of Variance

Source	SS	df	MS	F	Prob > F
Between groups	9.07082528	1	9.07082528	0.12	0.7302
Within groups	19554.0674	257	76.0858654		
Total	19563.1382	258	75.8261172		

Bartlett's test for equal variances: chi2(1) =1.9402   Prob>chi2 = 0.164

由以上分析结果可知，P 值大于 0.05，说明不同性别在可获信息源得分中不存在显著性差异。

. oneway assetT gender,tab

Summary of 信息资产得分

性别	Mean	Std. Dev.	Freq.
女	54.223846	32.282999	78
男	53.466242	31.485808	165
Total	53.709424	31.679020	243

```
                        Analysis of Variance
   Source         SS           df          MS              F      Prob > F
-------------------------------------------------------------------------
Between groups  30.3988183      1      30.3988183        0.03     0.8623
Within groups   42831.189      241     1007.59829
-------------------------------------------------------------------------
   Total        242861.587     242     1003.56028
```
Bartlett's test for equal variances: chi2(1) =0.0656 Prob>chi2 = 0.798

由以上分析结果可知，P 值大于 0.05，说明不同性别在信息资产得分中不存在显著性差异。

（2）利用"和政数据"，分析婚姻状况是否在可获信息源得分和信息资产得分中存在显著性差异。

. oneway accessibleT marriage

```
                        Analysis of Variance
   Source         SS           df          MS              F      Prob > F
-------------------------------------------------------------------------
Between groups  211.789572      2      105.894786        1.40     0.2483
Within groups   19351.3487     256     75.5912057
-------------------------------------------------------------------------
   Total        19563.1382     258     75.8261172
```
Bartlett's test for equal variances: chi2(2) =3.6440 Prob>chi2 = 0.162

. oneway assetT marriage

```
                        Analysis of Variance
   Source         SS           df          MS              F      Prob > F
-------------------------------------------------------------------------
Between groups  10053.9998      2      5026.99988        5.18     0.0063
Within groups   232807.588     240     970.031615
-------------------------------------------------------------------------
   Total        242861.587     242     1003.56028
```
Bartlett's test for equal variances: chi2(2) =4.8794 Prob>chi2 = 0.087

四、双因素方差分析

实际问题中，影响某一事物结果的因素往往不止一个，而是多个。例如，影响农作物产量的因素就有选种、施肥和灌溉三个因素。又如，人们对某项产品的购买意愿除自身的原因外，还与产品的功能、质量、外观等紧密相关。这种对事物结果一个以上的影响因素进行分析的方法称为多因素方差分析法，其中最简单的是两个因素的双因素方差分析法。多因素方差分析，与双因素方差分析基本类似，实际上更多因素的方差分析因计算工作量较大，可以采用计算机软件来进行处理，这里不再赘述。

根据两个因素间是否存在交互作用，双因素方差分析可分为无交互作用和有交互作用两种。

（一）无交互作用的双因素方差分析

假设在某个实验中，有两个影响因素，因素 A 取 k 个不同水平 $A_i(i=1,2,\cdots,k)$，因素 B 取 r 个不同水平 $B_i(i=1,2,\cdots,r)$。在 (A_i,B_i) 水平的组合下，实验的结果独立地服从 $N(\mu_{ij},\delta^2)$ 分布。

可以分别提出以下原假设和备择假设：

$$\begin{cases} H_{1,0}: \alpha_1 = \alpha_2 = \cdots = \alpha_k = 0 \\ H_{1,1}: \alpha_1, \alpha_2, \cdots, \alpha_k \text{不全为} 0 \end{cases}$$

$$\begin{cases} H_{2,0}: \beta_1 = \beta_2 = \cdots = \beta_k = 0 \\ H_{2,1}: \beta_1, \beta_2, \cdots, \beta_k \text{不全为} 0 \end{cases}$$

如果 $H_{1,1}$ 或 $H_{2,1}$ 备择假设成立，则说明因素 A 或因素 B 的不同水平对结果有显著影响；如果 $H_{1,0}$ 或 $H_{2,0}$ 原假设同时成立，则说明因素 A 或因素 B 的不同水平对结果无显著影响。

可令：$\bar{x}_{i\cdot} = \dfrac{1}{r}\sum\limits_{j=1}^{r}x_{ij}$，$\bar{x}_{\cdot j} = \dfrac{1}{k}\sum\limits_{i=1}^{k}x_{ij}$，$\bar{\bar{x}} = \dfrac{1}{kr}\sum\limits_{i=1}^{k}\sum\limits_{j=1}^{r}x_{ij}$

$$\begin{aligned} \text{SST} &= \sum_{i=1}^{k}\sum_{j=1}^{r}\left(x_{ij} - \bar{\bar{x}}\right) \\ &= \sum_{i=1}^{k}\sum_{j=1}^{r}\left[\left(\bar{x}_{i\cdot} - \bar{\bar{x}}\right) + \left(\bar{x}_{\cdot j} - \bar{\bar{x}}\right) + \left(x_{ij} - \bar{x}_{i\cdot} - \bar{x}_{\cdot j} + \bar{\bar{x}}\right)\right]^2 \\ &= \sum_{i=1}^{k}\sum_{j=1}^{r}\left(\bar{x}_{i\cdot} - \bar{\bar{x}}\right)^2 + \sum_{i=1}^{k}\sum_{j=1}^{r}\left(\bar{x}_{\cdot j} - \bar{\bar{x}}\right)^2 + \sum_{i=1}^{k}\sum_{j=1}^{r}\left(x_{ij} - \bar{x}_{i\cdot} - \bar{x}_{\cdot j} + \bar{\bar{x}}\right)^2 \\ &= \text{SSA} + \text{SSB} + \text{SSE} \end{aligned}$$

式中，SST 为总离差平方和；SSA 为因素 A 各水平的差异，称为因素 A 的离差平方和；SSB 为因素 B 的离差平方和；SSE 为误差波动。

按单因素方差分析的方法，当 $H_{1,0}$ 成立时，对于因素 A 可构造检验统计量。

$$F_A = \frac{\text{SSA}/(k-1)}{\text{SSE}/(k-1)(r-1)} \sim F_\alpha\left[(k-1),(k-1)(r-1)\right]$$

给定显著性水平 α，当 $F_A > F_\alpha\left[(k-1),(k-1)(r-1)\right]$ 时，拒绝原假设 $H_{1,0}$。

同理，当原假设 $H_{2,0}$ 成立时，对于因素 B 可构造检验统计量。

$$F_B = \frac{\text{SSB}/(r-1)}{\text{SSE}/(k-1)(r-1)} \sim F_\alpha\left[(r-1),(k-1)(r-1)\right]$$

给定显著性水平 α，当 $F_B > F_\alpha\left[(r-1),(k-1)(r-1)\right]$ 时，拒绝原假设 $H_{2,0}$。

记 $T_{i\cdot} = \sum_{j=1}^{r} x_{ij}$，$T_{\cdot j} = \sum_{i=1}^{k} x_{ij}$，$T_{ij} = \sum_{i=1}^{k}\sum_{j=1}^{r} x_{ij}$，则上述过程可列成方差分析计算表，如表 5.6 所示。

表 5.6 无交互作用的方差分析计算

方差来源	离差平方和	自由度	均方和	F 值
A 因素	$\text{SSA} = \frac{1}{r}\sum_{i=1}^{k} T_{i\cdot}^2 - \frac{1}{kr} T^2$	$k-1$	$\dfrac{\text{SSA}}{k-1}$	$F_A = \dfrac{(r-1)\text{SSA}}{\text{SSE}}$
B 因素	$\text{SSB} = \frac{1}{k}\sum_{j=1}^{r} T_{\cdot j}^2 - \frac{1}{kr} T^2$	$r-1$	$\dfrac{\text{SSB}}{r-1}$	$F_B = \dfrac{(k-1)\text{SSB}}{\text{SSE}}$
误差	$\text{SSE} = \text{SST} - \text{SSA} - \text{SSB}$	$(k-1)(r-1)$	$\dfrac{\text{SSE}}{(k-1)(r-1)}$	
总和	$\text{SST} = \sum_{i=1}^{k}\sum_{j=1}^{r} x_{ij}^2 - \frac{1}{kr} T^2$	$kr-1$		

双因素实验的数据结构可表示为表 5.7 的形式。

表 5.7 双因素实验的数据结构

因素		因素水平 B						行总和
		B_1	B_2	$\cdots$	B_j	$\cdots$	B_r	$T_{i\cdot}$
因素水平 A	A_1	x_{11}	x_{12}	$\cdots$	x_{1j}	$\cdots$	x_{1r}	$T_{1\cdot}$
	A_2	x_{21}	x_{22}	$\cdots$	x_{2j}	$\cdots$	x_{2r}	$T_{2\cdot}$
	$\vdots$	$\vdots$	$\vdots$		$\vdots$		$\vdots$	$\vdots$
	A_i	x_{i1}	x_{i2}	$\cdots$	x_{ij}	$\cdots$	x_{ir}	$T_{i\cdot}$
	$\vdots$	$\vdots$	$\vdots$		$\vdots$		$\vdots$	$\vdots$
	A_k	x_{k1}	x_{k2}	$\cdots$	x_{kj}	$\cdots$	x_{kr}	$T_{k\cdot}$
列总和	$T_{\cdot j}$	$T_{\cdot 1}$	$T_{\cdot 2}$	$\cdots$	$T_{\cdot j}$	$\cdots$	$T_{\cdot r}$	T_{ij}

（二）有交互作用的双因素方差分析

两个因素除单独产生影响外，它们还联合影响总体均值的总平均值，即

$$\mu_{ij} = \mu + \alpha_i + \beta_j + \gamma_{ij}$$

式中，γ_{ij} 是因素 A 的第 i 个水平与因素 B 的第 j 个水平的交互效应，并满足：

$$\sum_{i=1}^{k}\gamma_{ij}=0, j=1,2,\cdots,r; \sum_{j=1}^{r}\gamma_{ij}=0, i=1,2,\cdots,k$$

为了研究交互效应是否对 μ 有显著影响，就要在 (A_i, B_j) 水平组合下至少做 $t(\geqslant 2)$ 次实验，记实验结果为 $y_{ijs}(s=1,2,\cdots,t)$，则有交互作用的双因素实验数据结构如表 5.8 所示。

表 5.8 有交互作用的双因素实验数据结构

因素	B_1	B_2	$\cdots$	B_j	$\cdots$	B_r
A_1	$x_{111},x_{112},\cdots,x_{11t}$	$x_{121},x_{122},\cdots,x_{12t}$	$\cdots$	$x_{1j1},x_{1j2},\cdots,x_{1jt}$	$\cdots$	$x_{1r1},x_{1r2},\cdots,x_{1rt}$
A_2	$x_{211},x_{212},\cdots,x_{21t}$	$x_{221},x_{222},\cdots,x_{22t}$	$\cdots$	$x_{2j1},x_{2j2},\cdots,x_{2jt}$	$\cdots$	$x_{2r1},x_{2r2},\cdots,x_{2rt}$
$\vdots$	$\vdots$	$\vdots$	$\vdots$	$\vdots$	$\vdots$	$\vdots$
A_i	$x_{i11},x_{i12},\cdots,x_{i1t}$	$x_{i21},x_{i22},\cdots,x_{i2t}$	$\cdots$	$x_{ij1},x_{ij2},\cdots,x_{ijt}$	$\cdots$	$x_{ir1},x_{ir2},\cdots,x_{irt}$
$\vdots$	$\vdots$	$\vdots$	$\vdots$	$\vdots$	$\vdots$	$\vdots$
A_k	$x_{k11},x_{k12},\cdots,x_{k1t}$	$x_{k21},x_{k22},\cdots,x_{k2t}$	$\cdots$	$x_{kj1},x_{kj2},\cdots,x_{kjt}$	$\cdots$	$x_{kr1},x_{kr2},\cdots,x_{krt}$

数学模型如下：

$$\begin{cases} X_{ijk} = \mu + \alpha_i + \beta_j + \gamma_{ij} + \varepsilon_{ijk} \\ \sum_{i=1}^{r}\alpha_i = 0, \sum_{j=1}^{s}\beta_j = 0 \\ \sum_{i=1}^{r}\gamma_{ij} = 0, \sum_{j=1}^{s}\gamma_{ij} = 0 \end{cases}$$

式中，$\varepsilon_{ijk} \sim N(0,\delta^2)$ 且相互独立，以上分析称为有交互作用的方差分析。对以上数学模型，可以建立如下检验假设：

$$\begin{cases} H_{1,0}: \alpha_1 = \alpha_2 = \cdots = \alpha_k = 0 \\ H_{1,1}: \alpha_1, \alpha_2, \cdots, \alpha_k \text{不全为} 0 \end{cases}$$

$$\begin{cases} H_{2,0}: \beta_1 = \beta_2 = \cdots = \beta_r = 0 \\ H_{2,1}: \beta_1, \beta_2, \cdots, \beta_r \text{不全为} 0 \end{cases}$$

$$\begin{cases} H_{3,0}: \gamma_{ij} = 0 \\ H_{3,1}: \gamma_{ij} \text{不全为} 0 \end{cases}, i=1,2,\cdots,k; j=1,2,\cdots,r$$

记总离差平方和为

$$\text{SST} = \text{SSA} + \text{SSB} + \text{SSE} + \text{SSR}$$

式中，SSE 反映了误差波动；SSA 和 SSB 除了反映误差波动外，还分别反映了因素 A 和因素 B 的效应差异；SSR 除了反映误差波动外，还反映了交互作用引起的差异。我们称 SSR 为交互作用离差平方和。

将 SSA、SSB、SSR 分别与 SSE 比较，在原假设成立时，可以构建以下检验统计量：

当 $H_{1,0}$ 成立时，$F_A = \dfrac{\text{SSA}/(k-1)}{\text{SSE}/kr(t-1)} \sim F_\alpha\left[(k-1), kr(t-1)\right]$。

当 $H_{2,0}$ 成立时，$F_B = \dfrac{\text{SSB}/(r-1)}{\text{SSE}/kr(t-1)} \sim F_\alpha\left[(r-1), kr(t-1)\right]$。

当 $H_{3,0}$ 成立时，$F_R = \dfrac{\text{SSR}/(k-1)(r-1)}{\text{SSE}/kr(t-1)} \sim F_\alpha\left[(k-1)(r-1), kr(t-1)\right]$。

给定显著性水平 α，如果 $F_A > F_\alpha\left[(k-1), kr(t-1)\right]$，则拒绝 $H_{1,0}$；如果 $F_B > F_\alpha\left[(r-1), kr(t-1)\right]$，则拒绝 $H_{2,0}$；如果 $F_R > F_\alpha\left[(k-1)(r-1), kr(t-1)\right]$，则拒绝 $H_{3,0}$。类似地，以上分析过程可以整理成有交互作用的方差分析计算表，如表 5.9 所示。

表 5.9 有交互作用的方差分析计算表

方差来源	离差平方和	自由度	F 值	临界值
因素 A	SSA	$k-1$	$F_A = \dfrac{\text{SSA}/(k-1)}{\text{SSE}/kr(t-1)}$	$F_\alpha\left[(k-1), kr(t-1)\right]$
因素 B	SSB	$r-1$	$F_B = \dfrac{\text{SSB}/(r-1)}{\text{SSE}/kr(t-1)}$	$F_\alpha\left[(r-1), kr(t-1)\right]$

续表

方差来源	离差平方和	自由度	F 值	临界值
交互作用 R	SSR	$(k-1)(r-1)$	$F_R = \dfrac{\text{SSR}/(k-1)(r-1)}{\text{SSE}/kr(t-1)}$	$F_\alpha\left[(k-1)(r-1), kr(t-1)\right]$
误差	SSE	$kr(t-1)$		
总和	SST	$krt-1$		

在实际计算中，可以利用简便公式，记作：

$$T_{ij\cdot} = \sum_{s=1}^{t} x_{ijs}$$

$$T_{i\cdot\cdot} = \sum_{j=1}^{r}\sum_{s=1}^{t} x_{ijs}$$

$$T_{\cdot j\cdot} = \sum_{i=1}^{k}\sum_{s=1}^{t} x_{ijs}$$

由于 $T^2 = \left[\sum\limits_{i=1}^{k}\sum\limits_{j=1}^{r}\sum\limits_{s=1}^{t} x_{ijs}\right]^2$，则有

$$\text{SST} = \sum_{i=1}^{k}\sum_{j=1}^{r}\sum_{s=1}^{t} x_{ijs}^2 - \frac{1}{krt}T^2$$

$$\text{SSA} = \frac{1}{rt}\sum_{i=1}^{k} T_{i\cdot\cdot}^2 - \frac{1}{krt}T^2$$

$$\text{SSB} = \frac{1}{kt}\sum_{j=1}^{r} T_{\cdot j\cdot}^2 - \frac{1}{krt}T^2$$

$$\text{SSE} = \sum_{i=1}^{k}\sum_{j=1}^{r}\sum_{s=1}^{t} x_{ijs}^2 - \frac{1}{t}\sum_{i=1}^{k}\sum_{j=1}^{r} T_{ij\cdot}^2$$

$$\text{SSR} = \text{SST} - \text{SSA} - \text{SSB} - \text{SSE}$$

Stata 应用：

在 Stata 中，进行多因素方差分析的命令如下：

anova 观察变量 [if] [in] [weight] [, options]

其中，weight 为权重，options 选项如表 5.10 所示。

表 5.10 多因素方差分析选项

主要选项	描述
category(varlist)	分类变量
class(varlist)	分类变量，Stata 默认所有变量为分类变量
repeated(varlist)	重复观测因子
partial	使用边际平方和，默认选项
sequential	使用序列平方和
noconstant	没有常数项
regress	显示回归结果
[no]anova	[不]显示 ANOVA 表

注：要在 anova 中纳入任何交互项，只需要指定有关变量的名称，并用#链接即可。例如：anova wage children married children#married //wage 是因变量；children married children#married 是影响因素

（1）利用"和政数据"，分析收入 incomeY 是否因婚姻 marriage、教育水平 edulevel 而存在显著性差异。

结果如下：

. anova incomeY marriage edulevel

```
     Number of obs =        251      R-squared      =   0.0585
     Root MSE      =    71735.1      Adj R-squared  =   0.0273

         Source |  Partial SS        df        MS           F       Prob>F
       ---------+----------------------------------------------------------
          Model |   7.732e+10         8     9.665e+09       1.88     0.0641
       marriage |   5.500e+09         2     2.750e+09       0.53     0.5867
       edulevel |   7.672e+10         6     1.279e+10       2.48     0.0237
       Residual |   1.245e+12       242     5.146e+09
       ---------+----------------------------------------------------------
          Total |   1.323e+12       250     5.291e+09
```

根据 P 值大小，incomeY 在不同婚姻状况下 P 值>0.05，故没有显著差异，而在不同教育水平下 P 值<0.05，故有显著差异。

（2）利用"和政数据"，分析信息资产得分是否因婚姻 marriage、教育水平

edulevel，以及二者的交互作用而存在显著性差异。

```
anova assetT incomeY marriage incomeY#marriage
  Number of obs =        234      R-squared       =   0.4358
  Root MSE      =    29.4341      Adj R-squared   =   0.1519

              Source |  Partial SS       df       MS         F      Prob>F
        -------------+----------------------------------------------------
               Model |  103717.56       78    1329.7123    1.53    0.0124
             incomeY |  80235.228       64    1253.6754    1.45    0.0340
            marriage |  3007.0650        2    1503.5325    1.74    0.1797
    incomeY#marriage |  14875.985       12    1239.6654    1.43    0.1572
            Residual |  134286.78      155     866.36632
        -------------+----------------------------------------------------
               Total |  238004.34      233    1021.4779
```

第三节　协方差分析

协方差分析是将回归分析同方差分析结合起来，以消除混杂因素的影响，是对样本数据进行分析的一种方法。不论是单因素方差分析还是多因素方差分析，控制因素都是可控的，其各个水平可以通过人为得到控制和确定。回归分析是从数量因子的角度出发，通过建立回归方程来研究实验指标与一个（或几个）控制因素之间的数量关系。在许多实际问题中，这些控制因素很难人为控制，它们的不同水平对观测变量产生了较为显著的影响。如果忽略不可控因素的存在而单纯分析其他可控因素对观测变量的影响，则往往会扩大或缩小可控因素的影响作用，使分析结论不准确。协方差分析将那些难以人为控制的因素作为协变量，并在排除变量对观测变量影响的条件下，分析可控变量对观测变量的作用，从而更加准确地对控制因素进行评价。

协方差的分析思路就是尽量排除不可控因素对分析结论的影响。协方差分析的原假设为协变量对观测变量的线性影响是不显著的，同时在去除协变量影响的条件下，控制各个水平下观测变量的总体均值无显著差异。可以通过建立 F 统计量考察各个方差与随机因素之间的关系。如果 F 值较大，说明协方差是引起观测变量变动的主要因素之一，观测变量的变动可以部分地由协变量进行线性解释；如果 F 值较小，说明协变量没有给观测变量带来显著的线性影响。在排除了协变量的线性影响后,控制变量对观测变量的影响分析等同于方差分析。

协方差分析是对多因素方差分析的推进和拓展,不仅可以涵盖分类变量,还可以将连续变量的情形包括在内。一般情况下,协方差分析将那些难以控制的因素作为协变量,从而在排除协变量影响的情况下,分析自变量与因变量的作用。当模型中只存在一个协变量时,叫作一元协方差分析;当有两个及以上的协变量时,叫作多元协方差分析。

Stata 应用:

在 Stata 中,协方差分析的基本命令与多因素方差分析的命令基本相似,具体如下:

anova 观察变量 [if] [in] [weight] ,continuous(varlist)[, options]

这个命令语句与多因素方差分析的唯一区别是"continuous(varlist)",即必须指明连续变量。若不指明,Stata 默认除因变量外的所有变量均为分类变量。注意,要在 anova 中纳入任何交互项,只需指定有关变量的名称,并用#链接即可。

例如:anova wage children married children#married education, continuous (education) //wage 是因变量;children married children#married education 是影响因素,并指明了 education 为连续变量。

利用"和政数据",分析收入(incomeY)是否因婚姻(marriage)、家庭人口数(family)和手机使用时长(celluse)而存在显著性差异。

anova incomeY marriage c.family c.celluse

| Number of obs | = | 249 | R-squared | = | 0.0049 |
| Root MSE | = | 73411.7 | Adj R-squared | = | –0.0114 |

Source	Partial SS	df	MS	F	Prob>F
Model	6.430e+09	4	1.607e+09	0.30	0.8789
marriage	9.897e+08	2	4.948e+08	0.09	0.9123
family	7.360e+08	1	7.360e+08	0.14	0.7120
celluse	5.185e+09	1	5.185e+09	0.96	0.3276
Residual	1.315e+12	244	5.389e+09		
Total	1.321e+12	248	5.328e+09		

注意,Stata 版本不同,交互项、定义连续变量的方式略有不同,本操作代码为 Stata17.0 版本。

【思考与练习】

一、练习题

1. 一般认为,具有工作流动倾向的人都是一些优秀员工。一名研究人员考察了一家公司的人事记录。样本由 100 名留下的员工和 300 名离去的员工组成,记录了近几年这些员工的年度考核成绩,经计算得到:留下的员工和离去的员工成绩样本均值分别为 3.5 和 3.2,样本标准差分别为 0.42 和 0.45。在 $\alpha = 0.01$ 的显著性水平下,检验留下者与离去者平均工作成绩是否存在显著性差异。
2. 利用"和政数据"进行单因素方差分析,分析内容为手机使用时长(celluse)或信息资产得分是否受性别(gender)影响。
3. 利用"和政数据"进行多因素方差分析,分析内容为家庭收入(incomeY)是否受婚姻(marriage)和周边是否有图书馆/图书室的书报刊等可获信息源(accessible_1)影响,以及两者交互的影响,并进行结果解读。
4. 利用"和政数据"进行协方差分析,分析内容为家庭收入(incomeY)是否受婚姻(marriage)、手机使用时长(celluse)和从事种植业的种植面积(area)影响,并进行结果解读。

二、简述题

1. 方差分析的基本思想和原理是什么?
2. 为什么不能用简单的两两 t 检验来替代方差分析?
3. 下表为根据随机抽样样本计算出的部分方差分析表,请根据方差分析原理完成该表,并请用 $\alpha = 0.05$ 的显著性水平说明这些数据能否说明各总体均值之间是否存在明显差异。

方差来源	离差平方和	自由度	均方差	检验统计量 F
组间	22.8			
组内		18		$F =$
总方差	61.7	21		

三、思考题

当总体方差未知,且是小样本的情况下,单一总体均值和两个独立样本的均值差的假设检验如何操作?

第六章 聚类分析

聚类分析（cluster analysis）也称群分析、点群分析，是基于观测样本在许多变量上的相异性，将样本划分成不同的组或类的方法。聚类分析的原则是同一类中的个体有较大的相似性，不同类中的个体差异很大。它是根据研究对象的特征对研究问题进行分类的多元分析方法。

第一节 聚类分析概述

中国有句古话："物以类聚，人以群分。"在日常的社会生活中，我们也经常会遇见以下一些关于分类、分群的问题。例如，把一些样品、指标根据实际需要进行分类；在经济领域的研究中，也经常需要把性质相近的经济现象归为一类，以便在把大量复杂的经济特征归类后，找出它们之间存在的"隐秘"规律性，再基于规律性进行研究。对于这些问题，过去多采用单因素定性分类法，但是仅凭经验难于做出科学、精确的分类，特别是对于多指标多因素的问题，故而要采用多变量的数值处理方法，聚类分析则正是统计学中研究以上问题的一种多元统计分析方法。

聚类分析实质上就是对研究对象或者变量进行分类。在进行具体分类之前，需要了解聚类分析的原理。聚类分析的基本思想是当面临的研究对象比较复杂的时候，把相似的样本（或指标）归成类，这样处理起来比较方便。将样本观测值分组，使组内个体具有较强的相似性，而不同组的个体之间则具有较强的差异性，从而揭示数据中的异质性。聚类分析不仅可以对样本进行分类，也可以对变量进行分类。假设有 n 个个体，需要将其聚为 m 类。如果给定每类的个体数，如 $n_1, n_2, \cdots, n_p$，则根据排列组合的方法，可能的聚类结果数额将非常大。例如，设 $n=12$，$m=4$，$n_1=n_2=n_3=3$，则可能的分类方法达 15 400 种之多。如果每类的个体数未知，那么可能的聚类结果将多到无法想象。聚类分析就是要从如此众多的分类中选择最好的分类结果。

一、聚类分析方法

聚类分析提供了很多种分类方法，具体包括：

（1）系统聚类法。将 n 个样本看成 n 类，然后将性质最接近的两类合并成一个新类，就得到 $n-1$ 类，再从中找出最接近的两类加以合并，变成 $n-2$ 类……如此下去，最后所有的样本均聚为一类，将上述并类画成一张图（称为聚类图），便可决定分多少类，每类各有什么样本。

（2）动态聚类法（K 均值法）。将 n 个样本初步分类，然后根据分类函数尽可能小的原则，对初步分类进行调整优化，直到分类合理为止，这种分类方法一般称为动态聚类法，也称为调优法。

（3）模糊聚类法。该方法利用模糊数学中的模糊集理论来处理分类问题，对经济领域中具有模糊特征的两态数据或多态数据具有明显的分类效果。该方法多用于定性变量的分类。

（4）图论聚类法。该方法是利用图论中最小支撑树的概念来处理分类问题，是一种独具风格的方法。

（5）聚类预报法。该方法利用聚类方法处理预报问题，主要用于一些异常数据的处理。例如，气象中灾害性天气的预报。通常这些异常数据采用回归分析或判别分析处理的效果不好，而聚类预报可以弥补回归分析及判别分析方法的不足。

按照分析对象不同，聚类分析可以分为 R 型和 Q 型两大类。R 型聚类分析法是对变量进行的分类处理，Q 型聚类分析法是对样品进行的分类处理。R 型聚类分析的目的在于可以了解变量之间及变量组合之间的亲疏程度。Q 型聚类分析法的主要目的是对样本进行分类处理，以揭示样本之间的亲疏程度。该方法分类的结果是直观的，且比传统定性分类更细致、更全面、更合理。当然，对任何观测数据都不会存在唯一"正确"的分类方法，不同的分类方法会得到不同的结果。实际应用中，常常采用不同的分类方法对数据进行分析，并根据实际研究问题，判断分类数及分类情况。

二、聚类分析中距离的度量

聚类分析就是要从众多复杂的数据中产生一个相对简单的类结构，使得类内个体尽可能相似，类间个体的差异性尽可能大，这就必须进行"相关性"或者"相似性"度量。在相似性度量的选择中，常常包含许多主观上的考虑，但最重要的考虑是指标性质或观测的尺度。

对于已知的观测数据矩阵，每个样本 $x_i(i=1,2,\cdots,n)$ 都可以看成是 p 维空间上的一个点，n 个样本就是 p 维空间上的 n 个点。聚类分析对样本进行分类时，通常采用距离来表示样本之间的相似性或差异性。因此，必须定义样本之间的距离，

即第 i 个样本 x_i 与第 j 个样本 x_j 之间的距离，记为 d_{ij}。所定义的距离必须满足以下三个条件。

（1）正定性：$d_{ij} \geq 0$，对于一切 i、j 都成立；当且仅当 $x_i = x_j$ 时，$d_{ij} = 0$。

（2）对称性：$d_{ij} = d_{ji}$，对于一切 i、j 都成立。

（3）三角不等式：$d_{ij} \leq d_{ik} + d_{kj}$，对于一切 i、j、k 都成立。

聚类分析中样本之间的距离分为两类：一是个体与个体（即点和点）之间的距离，又称点间距离；二是类与类之间的距离，又称类间距离（详见本章第二节）。

（一）点间距离

对于定量变量数据，测量点间距离的方法有多种，而且对于不同测量尺度的变量，方法也不相同。几种主要的测量方法均源于明可夫斯基距离（Minkowski distance，简称明氏距离）的计算公式。

第 i 个样本与第 j 个样本之间的明氏距离公式为

$$d_{ij}(q) = \left(\sum_{k=1}^{p} |x_{ik} - x_{kj}|^q \right)^{\frac{1}{q}} \quad (i,j = 1,2,\cdots,n) \tag{6.1}$$

式中，q 为某一自然数。

当 $q=1$ 时，称为绝对值距离（Block distance）或马氏距离或曼哈顿距离，如下式：

$$d_{ij}(1) = \sum_{k=1}^{p} |x_{ik} - x_{kj}| \quad (i,j = 1,2,\cdots,n) \tag{6.2}$$

当 $q=2$ 时，称为欧氏距离（Euclidean distance），如下式：

$$d_{ij}(2) = \left(\sum_{k=1}^{p} |x_{ik} - x_{kj}|^2 \right)^{\frac{1}{2}} \quad (i,j = 1,2,\cdots,n) \tag{6.3}$$

当 $q=\infty$ 时，称为切比雪夫距离（Chebyshev distance），如下式：

$$d_{ij}(\infty) = \max_{1 \leq k \leq p} |x_{ik} - x_{kj}| \quad (i,j = 1,2,\cdots,n) \tag{6.4}$$

其中，欧氏距离是聚类分析中使用最广泛的，但该距离与各变量的量纲有关，没有考虑指标间的相关性，也没有考虑各变量间方差的不同。如使用明氏距离，应该先对各变量的数据进行标准化处理，然后再用标准化后的数据计算距离。

当全部数据大于零，即 $x_{ij} \geq 0$ 时，可以定义第 i 个样本与第 j 个样本之间的兰氏距离（Lance and Williams distance）为

$$d_{ij} = \sum_{k=1}^{p} \frac{|x_{ik} - x_{kj}|}{x_{ik} + x_{jk}} \quad (i, j = 1, 2, \cdots, n) \quad (6.5)$$

兰氏距离是一个无量纲的量，克服了明氏距离与各指标的量纲有关的不足，它受极端值的影响较小，因此适合应用于具有高度偏倚的数据。然而，兰氏距离没有考量变量间的相关性，假定变量之间相互独立。这是它和明氏距离共同的特点。

除此之外，对于定性变量，通常采用匹配比例的方法来测量点间距离。其中，最常用的匹配比例方法的定义为

$$\text{匹配比例} = \frac{\text{两个体拥有的共同属性的个数}}{\text{全部属性个数}}$$

对于虚拟变量，Stata 提供的算法有简单配对相似性系数（matching）、Sneath & Sokal 相似系数（sneath）、Rogers & Tanimoto 相似系数（rogers）、Russell & Rao 相似系数（russell）等，具体可利用 help 命令了解。

（二）相似系数

聚类分析方法不仅用来对样本进行分类，而且有时用来对变量进行分类。在对变量进行聚类分析时，通常采用相似系数来表示变量间的相关性程度。设 C_{ij} 表示变量 x_i 与变量 x_j 之间的相似系数，则 C_{ij} 应满足下列条件：

（1） $C_{ij} = \pm 1 \leftrightarrow x_i = \alpha x_j$（ α 为非零常数）。
（2） $|C_{ij}| \leq 1$，对一切 i、j 成立。
（3） $C_{ij} = C_{ji}$，对一切 i、j 成立。

其中，$|C_{ij}|$ 越接近 1，就表示变量 x_i 与变量 x_j 之间关系越密切；$|C_{ij}|$ 越接近 0，表示变量 x_i 与变量 x_j 之间关系越疏远。聚类时，关系密切的变量应归于同一类，关系疏远的应归于不同类。常用的相似系数有夹角余弦和相关系数等。

1. 夹角余弦

在 p 维空间中，变量 x_i 与变量 x_j 观测值形成的向量 $\boldsymbol{x}_i$ 与向量 $\boldsymbol{x}_j$ 夹角为 α_{ij}，则夹角余弦为

$$\cos \alpha_{ij} = \frac{\sum_{k=1}^{n} x_{ki} k_{kj}}{\sqrt{\sum_{k=1}^{n} x_{ki}^2} \sqrt{\sum_{k=1}^{n} x_{kj}^2}} \quad (6.6)$$

它是向量 $\boldsymbol{x}_i$ 与向量 $\boldsymbol{x}_j$ 在原点处的夹角 α_{ij} 的余弦。当向量 $\boldsymbol{x}_i$ 与向量 $\boldsymbol{x}_j$ 平行或重合时，夹角为 0，故夹角余弦为 1，说明两个变量极相似；当向量 $\boldsymbol{x}_i$ 与向量 $\boldsymbol{x}_j$ 正交（垂直）时，夹角为 90°，故夹角余弦值为 0，说明两者不相似。

2. 相关系数

相关系数是数据做中心化或标准化处理后的夹角余弦，设 r_{ij} 表示变量 x_i 与变量 x_j 之间的相关系数，则：

$$r_{ij} = \frac{\sum_{k=1}^{n}(x_{ki} - \bar{x}_i)(x_{kj} - \bar{x}_j)}{\sqrt{\sum_{k=1}^{n}(x_{ki} - \bar{x}_i)^2}\sqrt{\sum_{k=1}^{n}(x_{kj} - \bar{x}_j)^2}} \quad (6.7)$$

相关系数 r_{ij} 的取值为 -1 到 1。相关系数的绝对值越接近 1，表示两变量之间的相关程度越大。由于剔除了量纲的影响，相关系数能更准确地揭示变量间的关系，因此在实际应用中更为广泛。

（三）距离和相似系数的选择原则

一般说来，同一批数据采用不同的相似性尺度，就会得到不同的分类结果。产生不同分类结果的原因，主要是不同指标代表了不同意义上的相似性。因此，在进行数值分类时，应注意相似性尺度的选择，应根据研究对象的不同做具体的分析，在进行多次聚类分析的过程中，逐步总结经验以选择合适的距离或相似系数。在初次进行聚类分析处理时，不妨多试探性地选择几个距离进行聚类，从而做出对比、分析，以确定合适的距离或相似系数。表 6.1 为 dissimilarity 命令相似性测度方法。

表 6.1 dissimilarity 命令相似性测度方法

测度方法	内容
L2	欧氏距离，默认
L1	绝对值距离
Canberra	兰氏距离
Jaccard	定量（二项）相似系数
Correlation	相似性测度的相关系数
Angular	相似性测度的角度（余弦）

Stata 应用：similarity 或 dissimilarity 的应用

Stata 命令如下：

matrix dissimilarity DB = x1-x8   //表示创建矩阵 **DB**，并在 **DB** 中保存变量 (x1,x2,…, x8)所有观测值的欧氏距离，即使用该命令，默认的距离是欧氏距离

mat list DB   //表示列出矩阵 **DB** 中的内容

matrix dis DB1 = x1-x8,Canberra   //表示创建矩阵 **DB1**，并在 **DB1** 中保存变量 (x1,x2,…, x8)所有观测值的 Canberra 距离

mat list DB1   //表示列出矩阵 **DB1** 中的内容

mat dis DB1var = ,Canberra variables   //表示创建矩阵 **DB1var**，并在 **DB1var** 中保存所有变量间的 Canberra 距离（注意该命令的结果是变量间的兰氏距离，而非观测值间的距离）

第二节　系统聚类分析

一、系统聚类分析方法

系统聚类分析是一种比较直观的方法，也称层次聚类分析（hierarchical cluster analysis），是实际应用中使用最多的一类方法。常用的系统聚类分析方法有最短距离法、最长距离法、重心法、类平均法、离差平方和法。每种方法的归类步骤基本一样，所不同的主要是对类与类之间距离的定义不同。设 d_{ij} 表示样本 x_i 与 x_j 之间的距离，D_{ij} 表示类 G_i 与 G_j 之间的距离，按照不同的分析方法，进行系统聚类分析。

（一）最短距离法

最短距离法是把两个类之间的距离定义为一个类中的所有样本与另一个类中所有样本之间距离最近者，即类 G_p 与 G_q 之间的距离 D_{pq} 被定义为

$$D_{pq} = \min_{x_i \in G_p, x_j \in G_q} d_{ij} \tag{6.8}$$

（二）最长距离法

最长距离法与最短距离法在定义类与类之间的距离时是相反的，前者将类与类之间的距离定义为两类之间所有样本距离最远者，即类 G_p 与 G_q 之间的距离 D_{pq} 被定义为

$$D_{pq} = \max_{x_i \in G_p, x_j \in G_q} d_{ij} \tag{6.9}$$

（三）重心法

重心法是在定义类与类之间的距离时，把每一类中所包括的样本数目考虑进去，并把两个类重心之间的距离定义为类与类之间的距离。所谓每一类的重心就是该类样本的均值，其中单个样本的重心就是它本身，两个样本的类的重心就是两点连线的中点。

$$D_{pq} = d(\bar{x}_p, \bar{x}_q) \tag{6.10}$$

式中，$\bar{x}_p$、$\bar{x}_q$ 为类 G_p 与 G_q 的重心，即各类内所含个体的均值。

（四）类平均法

类平均法定义类与类的距离时，不仅考虑了每一类中所包括的样本数目，而且考虑了各样本的信息。把两个类之间的距离平方定义为两类元素两两之间距离平方的平均。

$$D_{pq} = \frac{1}{n_1 n_2} \sum_{x_i \in G_p} \sum_{x_j \in G_q} d(x_i, x_j) \tag{6.11}$$

式中，n_1、n_2 为类 G_p 与 G_q 所含个体的数目。

类平均法是一种使用比较广泛、聚类效果较好的方法。

（五）离差平方和法

离差平方和法的基本思想是基于方差分析的思想。如果类分得合理，则同类样本之间的离差平方和应当较小，类与类之间的离差平方和应当较大。

$$\begin{aligned} D_{pq} = & \sum_{x_k \in G_p \cup G_q} (x_k - \bar{x})^\mathrm{T} (x_k - \bar{x}) - \sum_{x_i \in G_p} (x_i - \bar{x}_p)^\mathrm{T} (x_i - \bar{x}_p) \\ & - \sum_{x_j \in G_q} (x_j - \bar{x}_q)^\mathrm{T} (x_j - \bar{x}_q) \end{aligned} \tag{6.12}$$

式中，$\bar{x}$ 为类 G_p 与 G_q 合并之后形成的大类的重心。

实际应用中，离差平方和法应用比较广泛，分类效果比较好。但离差平方和法要求样本之间的距离必须是欧氏距离。距离的测量方法见表 6.2。

表 6.2　距离的测量方法

测量方法	内容
singlelinkage	最短距离法
averagelinkage	未加权的类间平均法
completelinkage	最长距离法
waveragelinkage	加权的类间距离法
medianlinkage	加权的类间重心法
centroidlinkage	未加权的类间重心法
wardslinkage	离差平方和法

二、系统聚类分析步骤

（1）选择研究问题所需的分析变量。

（2）查看样本（或变量）数据之间是否存在数量级的差异。如有则需将数据标准化，目的是消除各变量间由于量纲不同或数量级单位不同而导致的距离或相似系数计算结果的较大偏差。

（3）根据样本的特征，选择度量样本（或变量）数据亲疏程度的计算公式，计算所有样本（或变量）两两之间的亲疏程度。规定样本（或变量）之间的距离为 d_{ij}，共有 C_n^2 个，再令 $d_{ii}=0$，得到距离矩阵 $\boldsymbol{D}=\{d_{ij}\}$。

（4）选择聚类方法，将最亲密的两个类聚成一类。

（5）如果类的个数大于 1，则继续步骤（3）和步骤（4），直至所有的样本（或变量）聚为一类为止。

（6）输出聚类结果和指定输出的聚类图，包括树形图和冰柱图。

（7）决定类的个数和含义。

（8）根据所研究问题的背景及相关知识，按某种分类标准或分类原则，分析得出最科学的聚类结果。

系统聚类的优点是无须事先知道或猜测类别数，研究者可以根据谱系图的输出结果来确定将个体划分为几类。但是，系统聚类的结果依赖于类间距离的测量方式。如果在系统聚类过程中，以某种距离测量方法计算的类间距离总是大于另一种距离测量方法计算的类间距离，则称前者比后者扩张或称后者比前者浓缩。一般来说，太浓缩的方法对数据变化不够灵敏，而太扩张的方法则过于灵敏。相对而言，类平均法是一种扩张性适中的方法。

Stata 应用：系统聚类分析

Stata 命令如下：

cluster singlelinkage x1-x8 ,name(L2slnk)　//表示采用最短距离法进行分类，并将所得分类结果保存在 L2slnk。

cluster dendrogram L2slnk,xlabel(,angle(90) labsize(*.75))　//表示对分类结果做树状图。

同时，可以根据给定数据，将上述命令中"singlelinkage"替换成其他的距离测量方法。为了消除量纲的影响，可以先对数据进行标准化处理。

距离测度命令比较：

egen zx1 = std(x1)　//表示对变量 x1 进行标准化处理

sum zx1　//表示对变量 zx1 进行描述性统计分析

cluster singlelinkage zx1,name(s1)　//表示采用最短距离法进行分类，并将所得结果保存在 s1 中

cluster completelinkage zx1,name(c1)　//表示采用最长距离法进行分类，并将所得结果保存在 c1 中

cluster averagelinkage zx1,name(a1)　//表示采用未加权的类间平均法进行分类，并将所得结果保存在 a1 中

cluster medianlinkage zx1,name(m1)　//表示采用加权的类间重心法进行分类，并将所得结果保存在 m1 中

cluster wardslinkage zx1,name(w1)　//表示采用离差平方和法进行分类，并将所得结果保存在 w1 中

cluster dendrogram c1　//绘制聚类分析树状图

注意，加权的类间重心法聚类分析无法绘制树状图。

cluster generate type = group(4)　//表示产生聚类变量 type 把样本分为 4 类。这一命令可以在上述任一种聚类法命令之后执行

例 6.1　使用数据集 clustermetric1.xlsx，先导入 Stata，然后按不同的距离测量方法进行聚类分析。

import excel " 文件存储路径\clustermetric1.xlsx ", sheet(" Sheet1 ") firstrow　//导入数据

drop A B　//删除两个字符串变量

*最短距离法

cluster singlelinkage　//进行距离计算

cluster dendrogram　//输出聚类图（图 6.1）

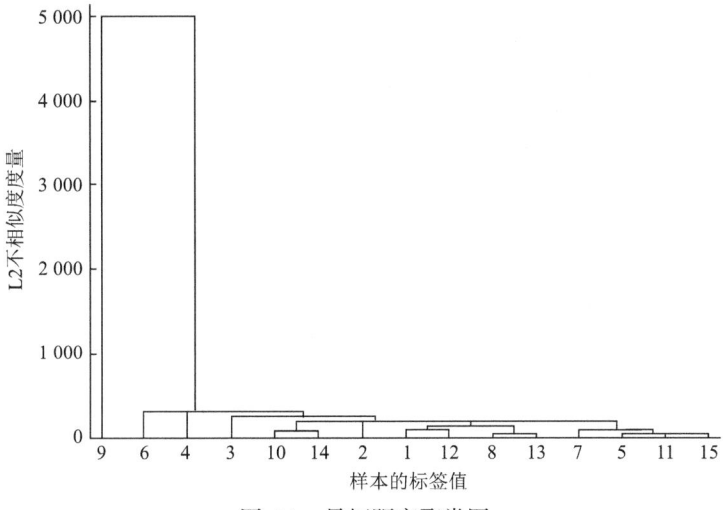

图 6.1　最短距离聚类图

*平均联结法
cluster averagelinkage
cluster dendrogram, saving(1)
*最长联结法
cluster completelinkage
cluster dendrogram, saving(2)
*加权平均联结法
cluster waveragelinkage
cluster dendrogram, saving(3)
*Ward 联结法
cluster wardslinkage
cluster dendrogram, saving(4)
graph combine 1.gph 2.gph 3.gph 4.gph, imargin(vsmall) row(3)（如图 6.2）

以下两种聚类方法，无法输出聚类图。使用时，可查询相关资料，并结合聚类所获取的数据进行分析。

（1）中位数联结法。
cluster medianlinkage
（2）重心联结法
cluster centroidlinkage

图 6.2　不同联结法聚类图

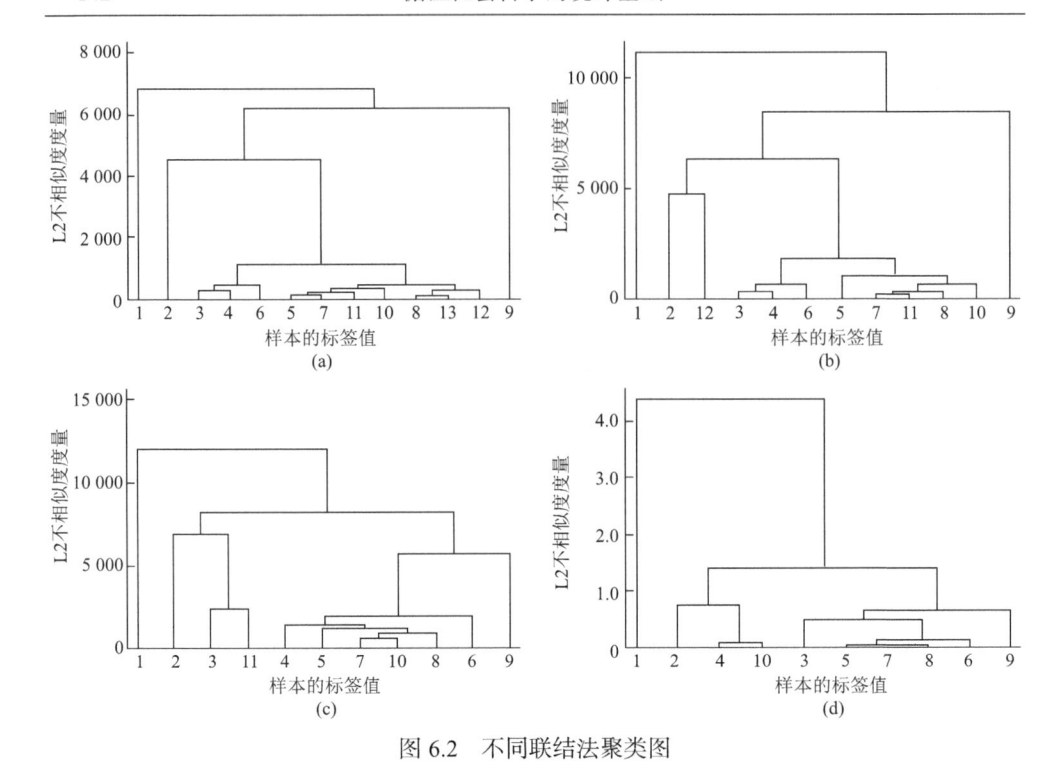

第三节　动态聚类分析

一、动态聚类分析迭代的步骤

系统聚类分析要求分类方法准确，一个个体一旦划入某一类就不能改变了，并且它在聚类过程中需要存储距离矩阵。当聚类变量太多时，占内存太大，运行速度较慢。动态聚类分析则是先给出一个粗糙的初始分类，然后根据某种原则修改，直至找到合理的分类为止。由于类数事先被确定，因此这种聚类方法又称 K-均值聚类法或快速聚类分析。

动态聚类分析的迭代步骤如下，其中 k 为事先规定的类数。

（1）将数据初步分为 k 类。通过确定 k 个凝聚点（"种子"），将各个点分到距离最近的凝聚点所规定的类中。

（2）计算每类的重心，即均值。

（3）进行修改，逐个分派样本到其最近均值的类中去（通常用标准化数据或非标准化数据计算欧氏距离），并重新计算接受新样本的类和失去样本的类的均值。

（4）修改直到各类成员没有变化，则聚类程序收敛。在动态聚类分析中，初始凝聚点的选择会影响聚类分析的结果。初始凝聚点的选择可以是随机的，也可以是人为规定的，还可以参考系统聚类的分析结果。

二、动态聚类分析中应注意的问题

要想获得好的聚类分析结果，需要注意以下几个问题。

（一）聚类变量的选择

聚类结果主要受所选择的变量影响，如果去掉一些变量或者增加一些变量，结果就会不同。因此，聚类分析的前提是使人理解所分析问题的内涵，选择恰当的聚类变量。相比之下，聚类方法的选择则不那么重要。

（二）类别数的确定

从系统聚类的分析结果中可以得到任意可能数量的类，而快速聚类需要事先指定分类数。聚类的目的是使各类之间的距离尽可能远，而类中点的距离尽可能近，分类结果还要有令人信服的解释。这就需要研究者具有对不同聚类结果的判断和甄别能力。

（三）距离测量方法的选择

在聚类时，各类点间距离和类间距离的选择一般借助软件实现。距离的测量方法不同，分析结果也会不同，但一般不会差太多。研究者可以多方尝试，根据分析聚类结果的实际含义，从中选择最优的距离测量方法。

Stata 应用： 动态聚类分析

Stata 命令如下：

1. 原始数据的聚类分析

cluster kmeans x1 x2 x3,k(n) name(clus1)   //表示采用动态聚类分析法对变量 x1、x2、x3 进行聚类分析，并创建 n 个组，默认为欧氏距离，同时将结果保存在 clus1 中

list 类 if clus1 == 1   //表示列出"clus1"中的第一类"类"值

cluster kmeans x1 x2 x3,k(n) measure(L1) name(clus1)   //表示采用动态聚类分析法对变量 x1、x2、x3 进行聚类分析，并创建 n 个组，命名为 clus1，采用最大

绝对值距离

cluster kmedians x1 x2 x3,k(n) measure(Canberra)　//表示采用 k 中位数分类法对变量 x1、x2、x3 进行聚类分析，并创建 n 个组，采用兰氏距离测度

cluster kmedians x1 x2 x3,k(n) start(firstk)　//表示采用 k 中位数分类法对变量 x1、x2、x3 进行聚类分析，并创建 n 个组，采用前 4 个观测值作为初始中心点，对前 4 个观测值进行分类

cluster kmedians x1 x2 x3,k(n) start(firstk，exclude)　//表示采用 k 中位数分类法对变量 x1、x2、x3 进行聚类分析，并创建 n 个组，采用前 4 个观测值作为初始中心点，前 4 个观测值不进行分类

2. 标准化数据的聚类分析

只需对原始数据进行标准化处理即可，命令如下：
egen zx1 = std(x1)　//表示对变量 x1 进行标准化处理

例 6.2　快速聚类方法应用。
使用数据集 clustermetric1.xlsx，并删除字符串变量：
cluster kmeans,k(8)　/*使用均值快速聚为 8 类*/
sort _clus_1　//对聚类结果进行排序
cluster kmedians, k(8)　/*使用中位数快速聚为 8 类*/
查看数据，可以看到如图 6.3 所示结果：

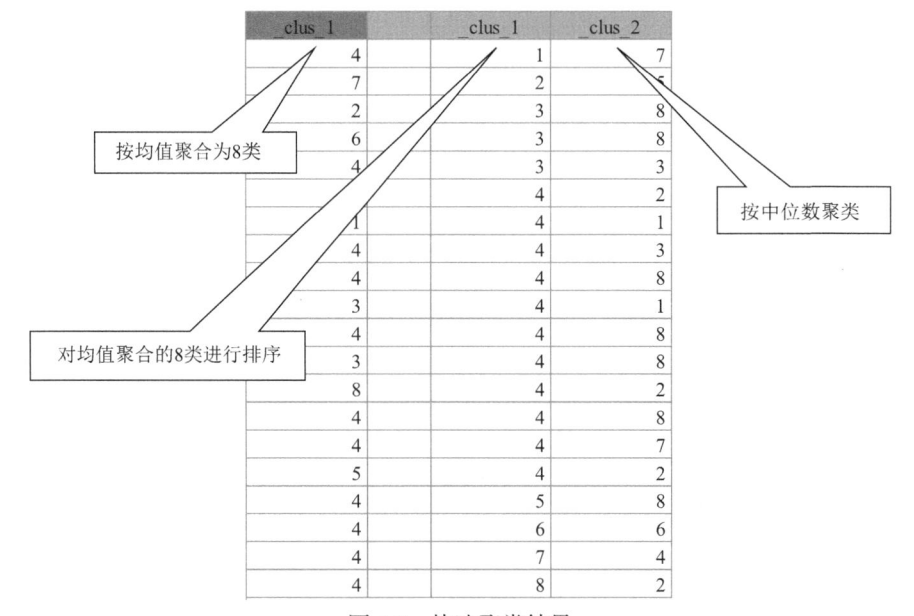

_clus_1	_clus_1	_clus_2
4	1	7
7	2	5
2	3	8
6	3	8
4	3	3
	4	2
1	4	1
4	4	3
4	4	8
3	4	1
	4	8
3	4	8
8	4	2
4	4	8
4	4	7
5	4	2
4	5	8
4	6	6
4	7	4
4	8	2

图 6.3　快速聚类结果

第六章 聚类分析

对于变量间量纲不同因而方差差异很大的数据，须先进行标准化。

首先，导入并观察数据集"标准化-聚类.xlsx"。

之后进行层次聚类和快速聚类，输出结果，以备对比分析：

cluster singlelinkage

cluster dendrogram,cutnumber(10) saving(1)

cluster kmeans, k(10)

再对数据进行标准化：

egen zdynamic=std(dynamic)

egen zavailable=std(available)

egen zaccessible=std(accessible)

egen zhabitual=std(habitual)

egen zasset=std(asset)

egen zspace=std(space)

egen zintelligence=std(intelligence)

egen zselfefficiency=std(selfefficiency)

查看标准化后的变量，发现均值接近 0，方差为 1：

. summ zdynamic-zselfefficiency

Variable	Obs	Mean	Std. Dev.	Min	Max
zdynamic	3368	-2.72×10^{-9}	1	-2.372590	1.809311
zavailable	3368	1.84×10^{-9}	1	-1.654690	2.438349
zaccessible	3368	3.20×10^{-9}	1	-1.605196	3.449546
zhabitual	3368	-3.14×10^{-10}	1	-2.606535	1.378030
zasset	3362	-3.31×10^{-10}	1	-2.085709	3.701404
zspace	3361	1.62×10^{-9}	1	-1.267606	3.293619
zintellige~e	3361	-3.34×10^{-9}	1	-2.030934	2.300393
zselfeffic~y	3360	4.74×10^{-9}	1	-2.846720	1.967423

我们重新进行系统聚类并输出图 6.4，发现标准化前后，聚类存在明显差别：

cluster singlelinkage

cluster dendrogram,cutnumber(10) saving(2)

graph combine 1.gph 2.gph, row(2)

(a) 未标准化处理的聚类图

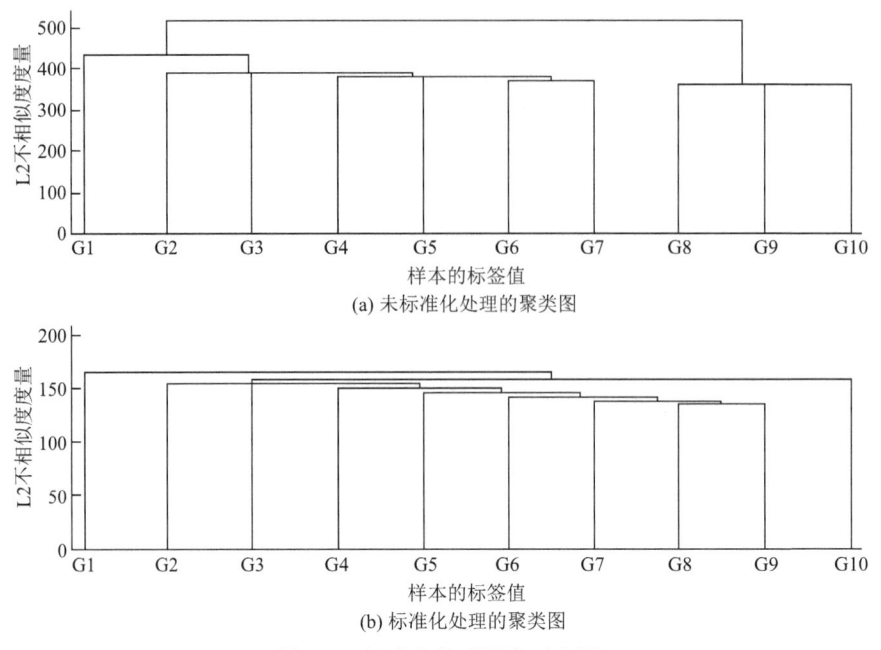

(b) 标准化处理的聚类图

图 6.4　标准化前后聚类对比图

在实际的信息贫困研究中，上述基于 Z 分数的标准化是一种方法，全距标准化（每个变量除以自己的全距）则是另一种方法。我们先对动力（dynamic）变量进行全距标准化：

```
. sum dynamic

Variable |    Obs        Mean      Std. Dev.       Min        Max
-------------------------------------------------------------------
dynamic |   3368     61.84086     26.0647           0         109

gen rdynamic=dynamic/(r(max) – r(min))
```

其他变量均可进行全距标准化，代码如下：

```
sum available
gen ravailable=available/(r(max)–r(min))
sum accessible
gen raccessible=accessible/(r(max)–r(min))
sum habitual
gen rhabitual=habitual/(r(max)–r(min))
sum asset
gen rasset=asset/(r(max)–r(min))
sum space
```

```
gen rspace=space/(r(max)–r(min))
sum intelligence
gen rintelligence=intelligence/(r(max)–r(min))
sum selfefficiency
gen rselfefficiency=selfefficiency/(r(max)–r(min))
```

标准化完成后，我们查看标准化后变量的全距，发现其标准化后的全距均为1：

```
. tabstat rdynamic-rselfefficiency, statistics(range)
```

stats	rdynamic	ravail~e	racces~e	rhabit~l	rasset	rspace	rintel~e	rselfe~y
range	1	1	1	1	1	1	1	1

而未标准化的变量全距如下：

```
. tabstat dynamic-selfefficiency, statistics(range)
```

stats	dynamic	availa~e	access~e	habitual	asset	space	intell~e	selfef~y
range	109	19	20	93	301	19	43	40

【思考与练习】

一、简述题

1. 什么是聚类分析，它的作用是什么？
2. 简述如何利用单因素方差分析检验聚类效果。
3. 简述系统聚类分析和动态聚类分析的优缺点。

二、练习题

1. 从"和政数据"中选取某些变量，试利用系统聚类分析法和动态聚类分析法分别进行分析，并尝试对结果进行解释。
2. 利用国家统计局公开数据，对2023年全国主要城市的平均气温进行聚类分析。

第七章 因子分析

在各个领域的科学研究中，往往需要对反映研究对象的多个变量进行大量观测，收集大量数据，以便分析寻找规律。多变量大样本无疑会为科学研究提供丰富的信息，使人们对研究对象有比较全面、完整的把握和认识，但也在一定程度上增加了数据收集的工作量，更重要的是在大多数情况下，由于许多变量之间可能存在相关性而增加了问题分析的复杂性。因子分析方法正是解决上述问题的一种有效方法。它利用各变量间存在一定的相关关系，用较少的综合指标分别综合存在于各变量中的相关关系，而综合指标之间彼此不相关，即各指标代表的信息不重叠。代表各类信息的综合指标就被称为因子变量或公共因子。

第一节 因子分析概述

一、因子分析的起源

因子分析最初是由教育学、心理学研究发展起来的。1904 年斯皮尔曼首次提出这种方法，用于解决智力测试的多元统计问题。由于因子分析能浓缩信息，使变量降维，简化变量的结构，使问题分析变得简单、直观、有效，故目前其在社会学、经济学、人口学、管理学、地质学、物理学等学科领域，有着广泛的应用。其实，因子分析用简单的话来阐述就是用少数集成后的互不相关的因子变量去解释大量的统计变量的一种统计方法。这种方法能以较少的因子变量和最小的信息损失来解释变量之间的结构。因子分析将具有错综复杂关系的原始变量综合为数量较少的几个因子，以再现原始变量与因子之间的相互关系。也可以认为因子分析将变量按原始数据的内在结构分类，相关程度较高的变量归为一类，不同类的变量相关程度较低，每一类变量就代表一个因子变量（公共因子）。

因子分析在经济分析中主要应用于两个方面：①寻求数据基本结构，如在经济统计中，描述一种经济现象的指标有很多时，就可以使用因子分析找出公共因子，公共因子代表经济变量间相互依赖的经济作用，要抓住这些主要因子进行分析和解释。②数据简化分类处理。因子分析可以根据因子分析的得分值，在因子轴所构成的空间中把变量或样本点画出来，形象直观地达到分类的目的。

二、因子分析的基本思想

因子分析的基本思想是找出存在于所有变量中具有共性的因素，并综合为少数几个新变量，把原始变量表示成少数几个综合变量的线性组合，根据相关性的大小将变量分组，使同组内变量间的相关性较高、不同组变量间的相关性较低，再现原始变量与综合变量之间相关关系的统计分析方法。其中，这里的少数几个综合变量一般是不可观测指标，通常被称为公共因子，而未被公共因子概括的部分，是与公共因子无关的特殊因子。通常因子分析的目的在于从一些有错综复杂关系的问题中找出少数几个主要因子。每个主要因子代表原始变量间相互依赖的一种作用。

第二节　因子分析的基本模型和统计量分析

一、基本模型

因子分析的数据结构与主成分分析的数据结构相同，有 n 个样本，每个样本有 p 个观测变量。这 p 个变量之间有较强的相关性（只有这 p 个指标相关性较强才能从原始变量中提取出公共因子），由 p 个变量的 n 个观测数据所组成的数据矩阵 $\boldsymbol{X}$ 为

$$\boldsymbol{X} = \begin{bmatrix} x_{11} & \cdots & x_{1p} \\ \vdots & \ddots & \vdots \\ x_{n1} & \cdots & x_{np} \end{bmatrix} = (X_1, X_2, \cdots, X_p) \tag{7.1}$$

因子分析的数学模型为

$$\begin{cases} X_1 = \alpha_{11}F_1 + \alpha_{12}F_2 + \cdots + \alpha_{1m}F_m + \varepsilon_1 \\ X_2 = \alpha_{21}F_1 + \alpha_{22}F_2 + \cdots + \alpha_{2m}F_m + \varepsilon_2 \\ \quad\quad\quad\quad\quad\quad \cdots\cdots \\ X_p = \alpha_{p1}F_1 + \alpha_{p2}F_2 + \cdots + \alpha_{pm}F_m + \varepsilon_p \end{cases} \tag{7.2}$$

其矩阵形式可以表示为

$$\boldsymbol{X} = \boldsymbol{AF} + \varepsilon \tag{7.3}$$

式中，$A = (\alpha_{ij})_{pm}$，α_{ij} 称为因子载荷，矩阵 A 称为因子载荷矩阵，α_{ij} 的绝对值越大，表明 A_i 和 F_j 的相依程度越大，或称公共因子 F_j 对于 A_i 的载荷量越大；$F^T = (F_1, F_2, \cdots, F_m)$ 为公共因子，它们互相独立且不可观测，是对各个原始观测变量都起作用的因子，公共因子的含义必须结合实际问题的实际意义确定；$\varepsilon^T = (\varepsilon_1, \varepsilon_2, \cdots, \varepsilon_p)$ 为特殊因子，是各个向量分量 $X_i (i = 1, 2, \cdots, p)$ 所特有的因子，它们分别只对某一个原始观测变量起作用。

由此可知，因子分析必须满足以下几个假定。

（1）公共因子相互无关，且方差均为1，即

$$\text{Cov}(F) = \frac{1}{n-1} F F^T = 1 \tag{7.4}$$

（2）特殊因子相互无关，即

$$\text{Cov}(\varepsilon) = \begin{bmatrix} \sigma_1^2 & \cdots & 0 \\ \vdots & \ddots & \vdots \\ 0 & \cdots & \sigma_p^2 \end{bmatrix} \tag{7.5}$$

（3）公共因子与特殊因子之间无关，即

$$\text{Cov}(F, \varepsilon) = F \varepsilon^T = 0 \tag{7.6}$$

二、统计量分析

在做因子分析时，必须了解载荷矩阵 A 的统计意义，以及公共因子与原始变量之间的关系。

（1）因子载荷 α_{ij}。由

$$\begin{aligned} \text{Cov}(X_i, F_j) &= \text{Cov}\left(\sum_{j=1}^{m}(\alpha_{ij} F_j + \varepsilon_i), F_j\right) \\ &= \text{Cov}\left(\sum_{j=1}^{m} \alpha_{ij} F_j, F_j\right) + \text{Cov}(\varepsilon_i, F_j) \\ &= \alpha_{ij} \end{aligned}$$

即知 α_{ij} 是 X_i 与 F_j 的协方差，同时又是 X_i 与 F_j 的相关系数，反映了第 i 个变量在第 j 个公共因子上的相对重要性。

（2）变量共同度与剩余方差。变量 X_i 的共同度是指因子载荷矩阵 A 中第 i 行元素的平方和，即

$$h_i^2 = \sum_{j=1}^{m} \alpha_{ij}^2 \quad (i=1,2,\cdots,p)$$

由因子模型假设可知：

$$\begin{aligned}
\mathrm{Var}(X_i) &= \mathrm{Var}(\alpha_{i1}F_1 + \alpha_{i2}F_2 + \cdots + \alpha_{im}F_m + \varepsilon_i) \\
&= \alpha_{i1}^2 + \alpha_{i2}^2 + \alpha_{im}^2 + \cdots + \mathrm{Var}(\varepsilon_i) \\
&= \alpha_{i1}^2 + \alpha_{i2}^2 + \alpha_{im}^2 + \cdots + \delta_i^2 \\
&= h_i^2 + \delta_i^2 \\
&= 1
\end{aligned}$$

可以看出变量 X_i 的方差由共同度 h_i^2 和特殊因子方差 δ_i^2 组成，共同度反映了变量 X_i 的方差（总变异）中可由各个公共因子所共同解释的部分。h_i^2 接近 1，说明该变量的几乎全部原始信息都可由所选取的公共因子说明；如果 $h_i^2 = 0.95$，则说明 X_i 95% 的信息被 m 个公共因子说明了，从而表明原始变量空间向因子空间转化的效果更好。

（3）公共因子 F_j 的方差贡献。

$$g_j^2 = \sum_{i=1}^{p} \alpha_{ij}^2 \quad (i=1,2,\cdots,m)$$

因子载荷矩阵各列元素的平方和被称为公共因子 F_j 的方差贡献，它反映了公共因子 F_j 对所有原始变量的变异的解释程度。公共因子的方差贡献可用来衡量公共因子的相对重要性。g_j^2 越大，表明公共因子 F_j 对原始变量的影响和作用就越大，或贡献率越大。若将因子载荷矩阵 A 中所有的 g_j^2 都计算出来，并按大小排序，就可以依次获得最有影响的公共因子。

第三节 因子分析的计算

一、因子载荷求解

因子分析的关键在于求解因子载荷。因子载荷的求解方法有很多，如主成分

法、主轴因子法和极大似然法等。这些方法求解因子载荷的出发点不同，所得结果也不完全相同。这里只介绍应用较为普遍的主成分法。主成分法确定因子载荷是在进行因子分析前先对数据进行一次主成分分析，这比其他方法简单。这里假定原始数据已经经过了标准化，即因子分析是基于原始变量的相关系数矩阵进行的。

（1）假定从相关系数矩阵出发求解主成分，设有 p 个变量，找出 p 个主成分。将这 p 个主成分按由大到小的顺序排列为 $Y_1, Y_2, \cdots, Y_p$，则主成分与原始变量之间存在以下关系。

$$\begin{cases} Y_1 = \gamma_{11} X_1 + \gamma_{12} X_2 + \cdots + \gamma_{1p} X_p \\ Y_2 = \gamma_{21} X_1 + \gamma_{22} X_2 + \cdots + \gamma_{2p} X_p \\ \quad \cdots \cdots \\ Y_p = \gamma_{p1} X_1 + \gamma_{p2} X_2 + \cdots + \gamma_{pp} X_p \end{cases} \quad (7.7)$$

（2）γ_{ij} 为随机向量 $\boldsymbol{X}$ 的相关系数矩阵的特征值所对应的特征向量的分量。由于特征向量间彼此正交，$\boldsymbol{X}$ 到 Y 之间的转换关系是可逆的，可以解出 Y 至 $\boldsymbol{X}$ 的转换关系为

$$\begin{cases} X_1 = \gamma_{11} Y_1 + \gamma_{21} Y_2 + \cdots + \gamma_{p1} Y_p \\ X_2 = \gamma_{12} Y_1 + \gamma_{22} Y_2 + \cdots + \gamma_{p2} Y_p \\ \quad \cdots \cdots \\ X_p = \gamma_{1p} Y_1 + \gamma_{2p} Y_2 + \cdots + \gamma_{pp} Y_p \end{cases} \quad (7.8)$$

保留前 m 个主成分而把后面的部分用 ε_i 代替，则上式变为

$$\begin{cases} X_1 = \gamma_{11} Y_1 + \gamma_{21} Y_2 + \cdots + \gamma_{m1} Y_p + \varepsilon_1 \\ X_2 = \gamma_{12} Y_1 + \gamma_{22} Y_2 + \cdots + \gamma_{m2} Y_p + \varepsilon_2 \\ \quad \cdots \cdots \\ X_p = \gamma_{1p} Y_1 + \gamma_{2p} Y_2 + \cdots + \gamma_{mp} Y_p + \varepsilon_p \end{cases} \quad (7.9)$$

这就是因子模型的形式。

（3）根据主成分的性质可知式（7.7）中 $Y_i(i=1,2,\cdots,p)$ 之间相互独立，现在只需将 Y_i 转换为方差为 1 的变量，即把 Y_i 除以其标准差即可。根据主成分的性质，可知 Y_i 的方差为相应的特征根 $\sqrt{\lambda_i}$，令 $F_i = Y_i / \sqrt{\lambda_i}$，$\alpha_{ij} = \sqrt{\lambda_i} \gamma_{ij}$ 是因子载荷的估计。从而得到的因子模型估计为

$$\begin{cases} X_1 = \alpha_{11}F_1 + \alpha_{21}F_2 + \cdots + \alpha_{m1}F_p + \varepsilon_1 \\ X_2 = \alpha_{12}F_1 + \alpha_{22}F_2 + \cdots + \alpha_{m2}F_p + \varepsilon_2 \\ \quad\quad\quad\cdots\cdots \\ X_p = \alpha_{1p}F_1 + \alpha_{2p}F_2 + \cdots + \alpha_{mp}F_p + \varepsilon_p \end{cases} \quad (7.10)$$

这样就得到了因子载荷矩阵 A 和一组初始的公共因子（未旋转）。$\varepsilon_1,\varepsilon_2,\cdots,\varepsilon_p$ 之间并不独立，因此它并不完全符合因子模型的假设前提，也就是说所得的因子载荷矩阵并不完全正确。但是当共同度较大时，特殊因子所起的作用很小，因而特殊因子间的相关性所带来的影响几乎可以忽略。同时，进行因子分析时，公共因子数目 m 一般由研究者根据所研究的问题事先确定。当用主成分法进行因子分析时，也可以借鉴主成分个数的确定准则来确定 m 的数值。

二、因子旋转

建立因子分析数学模型的目的是通过找出公共因子及对变量进行分组，然后对公共因子进行解释，以便对实际问题做出科学的分析。如果因子载荷（即各个公共因子与原始变量之间的相关系数）的绝对值向 0 和 1 这两极靠拢，则公共因子的含义相对比较清晰，便于进行实际背景的解释。但是事实未必如此，此时根据因子载荷矩阵的旋转未定性，即因子载荷矩阵经过某种旋转变换后，仍然是符合因子分析假定的因子载荷矩阵，对初始公共因子进行线性组合，以此找到实际意义更明显的公共因子。经过旋转的公共因子对 X_i 的贡献 h_i^2 并不改变，但旋转后的因子载荷向 0 或 ±1 靠拢，即每个原始变量只与一个或少数几个公共因子高度相关，同时每个公共因子只与一个或少数几个原始变量高度相关，而且不同的公共因子有不同的载荷模式。这样，原始变量可分为不同的组，每组变量与某个公共因子高度相关，便于分析公共因子的实际含义。

因子旋转通常分为正交旋转和斜交旋转，正交旋转通常采用方差最大化旋转法，而斜交旋转常用的方法是 Promax 法。两者的区别在于正交旋转后的因子是不相关的，而斜交旋转后的因子是相关的。不同的旋转方法可能导出不同的因子载荷，但在统计意义上，并不能说一些旋转比另一些旋转更好。因此，在旋转方法的选择上，通常根据具体问题来决定。在多数应用中，通常选择最容易解释的旋转结果。

三、因子得分

因子模型估计出来后，就可以考察每一个样本的性质和样本之间的相互关系。求出各个样本在各个公共因子上的取值，即为因子得分。根据因子得分可以将样品分类，研究各个样品间的差异等。

在因子模型中，估计因子得分常用的方法是回归分析，设公共因子 F 由变量 X 表示的线性组合如下：

$$F_j = \beta_{j1}X_1 + \beta_{j2}X_2 + \cdots + \beta_{jp}X_p \quad (j=1,2,\cdots,m) \quad (7.11)$$

式中，β_{jp} 为因子得分系数，求解因子得分就是要估计因子得分系数。F 和 X 均为标准化向量，因此回归模型中不存在常数项，可记为 $F = BX$。

根据因子载荷的含义，可得

$$\begin{aligned}\alpha_{ij} &= \mathrm{Cov}(X_i, F_j) \\ &= E\left(X_i\left(\beta_{j1}X_1 + \beta_{j2}X_2 + \cdots + \beta_{jp}X_p\right)\right) \\ &= \beta_{j1}r_{i1} + \beta_{j2}r_{i2} + \cdots + \beta_{jp}r_{ip}\end{aligned}$$

式中，r_{ip} 是原始变量 X_i 与 X_j 的相关系数，从而 $A = RB^\mathrm{T}$，由此得到 B 的估计值为 $B = A^\mathrm{T}R^{-1}$。

第四节　因子分析的步骤

一、因子分析的标准步骤

因子分析的标准步骤如下。

（1）根据具体问题，判断待分析的若干原始变量是否适合作因子分析，并采用某些检验方法来判断数据是否符合分析要求。

（2）选择提取公共因子的方法，并按一定标准确定提取的公共因子数目。

（3）考察公共因子的可解释性，并在必要时进行因子旋转，以寻求最佳的解释方式。

（4）计算出因子得分等中间指标以备进一步分析使用。

二、判断原始变量是否适合作因子分析

因子分析是要从原始众多关系复杂的变量中综合出少量具有代表意义的因子变量，因此，其有一个默认的前提条件，就是原始各变量间必须有较强的相关性，否则根本无法从中综合出能反映原始变量结构的因子变量。这就是因子分析最为严格的前提要求，所以一般在进行具体的因子分析前，需先对原始变量进行相关

分析。

最简单的方法是计算变量之间的相关系数矩阵，并进行统计检验。如果相关系数矩阵中的大部分相关系数都小于 0.3 且未通过统计检验，那么这些变量就不适合作因子分析。除此之外，Stata 还提供了几种帮助判断变量是否适合作因子分析的统计检验方法。

（一）巴特利特球度检验

巴特利特球度检验（Bartlett's test of sphericity）原假设 H_0 为：相关阵是单位阵，即各变量各自独立。巴特利特球度检验的统计量根据相关系数矩阵的行列式计算得到。如果该统计量值比较大，且其对应的 P 值小于用户心中的显著性水平，则应拒绝 H_0，认为相关系数矩阵不太可能是单位阵，适合作因子分析；相反，如果该统计量值比较小，且其对应的 P 值大于用户心中的显著性水平，则不能拒绝 H_0，可以认为相关系数矩阵可能是单位阵，不适合作因子分析。

（二）反映象相关矩阵检验

反映象相关矩阵检验（Anti-image correlation matrix）是将偏相关系数矩阵的每个元素取反，得到反映象相关矩阵。如果变量之间确实存在较强的相互重叠以及传递影响，由于计算偏相关系数时是在控制其他变量对两变量影响的条件下计算出来的净相关系数，因此如果变量中确实能够提取出公共因子，那么偏相关系数必然很小，则反映象相关矩阵中有些元素的绝对值会比较大，说明这些变量可能不适合作因子分析。

（三）KMO 检验

KMO（Kaiser-Meyer-Olkin）统计量是用来比较各变量间简单相关系数和偏相关系数的大小的。KMO 统计量的取值为 0～1。KMO 统计量越接近 1，则越适合作因子分析； KMO 越小，则越不适合作因子分析。一般认为，KMO 值大于 0.9 时非常适合；0.7～0.9 时效果一般；0.6～0.7 时则不太适合。

Stata 应用：因子分析

1. 基本命令

factor x1-x8　//表示以(x1,x2,…, x8)为初始变量进行因子分析

例如，对"和政数据"人生价值观、劳动价值观、家庭价值观和关键开放性的指标进行因子分析，得到结果如图 7.1。

```
. factor lifevalue_1_1 lifevalue_2_1 lifevalue_3_1 lifevalue_4_1 laborvalue_1_1 laborvalue_2_1 laborvalue_3_1 laborvalue_4_1 familyvalue_1_1 fami
> lyvalue_2_1 familyvalue_3_1 familyvalue_4_1 open_1_1 open_2_1 open_3_1 open_4_1
(obs=244)

Factor analysis/correlation              Number of obs    =      244
    Method: principal factors            Retained factors =        9
    Rotation: (unrotated)                Number of params =      108
```

Factor	Eigenvalue	Difference	Proportion	Cumulative
Factor1	2.17547	1.51174	0.7358	0.7358
Factor2	0.66373	0.11446	0.2245	0.9603
Factor3	0.54927	0.21449	0.1858	1.1461
Factor4	0.33478	0.08191	0.1132	1.2593
Factor5	0.25287	0.05443	0.0855	1.3449
Factor6	0.19845	0.08630	0.0671	1.4120
Factor7	0.11215	0.06530	0.0379	1.4499
Factor8	0.04685	0.04280	0.0158	1.4658
Factor9	0.00405	0.07827	0.0014	1.4671
Factor10	-0.07422	0.03167	-0.0251	1.4420
Factor11	-0.10589	0.03826	-0.0358	1.4062
Factor12	-0.14415	0.04887	-0.0488	1.3575
Factor13	-0.19302	0.06328	-0.0653	1.2922
Factor14	-0.25630	0.03181	-0.0867	1.2055
Factor15	-0.28811	0.03129	-0.0974	1.1080
Factor16	-0.31940	.	-0.1080	1.0000

```
LR test: independent vs. saturated: chi2(120) =   450.97 Prob>chi2 = 0.0000
```

(a)

Factor loadings (pattern matrix) and unique variances

Variable	Factor1	Factor2	Factor3	Factor4	Factor5	Factor6	Factor7	Factor8	Factor9	Uniqueness
lifevalu~1_1	0.4239	0.2670	0.0776	-0.1611	-0.1379	0.1385	-0.0834	0.0474	0.0062	0.6696
lifevalu~2_1	0.3542	-0.2770	-0.1668	-0.0496	0.1126	0.1001	-0.1494	-0.0389	0.0067	0.7210
lifevalu~3_1	0.5671	-0.2850	-0.0271	-0.0160	-0.1855	-0.0480	-0.0724	0.0531	-0.0062	0.5476
lifevalu~4_1	0.4330	-0.2337	-0.0321	-0.0030	-0.1668	-0.1217	0.0423	0.0181	0.0300	0.7112
laborval~1_1	0.3292	-0.2648	-0.0388	0.2961	-0.0412	0.0406	0.0493	-0.0286	-0.0301	0.7248
laborval~2_1	0.3525	0.0072	0.0096	0.0573	0.0675	0.0804	0.0505	-0.1432	0.0234	0.8377
laborval~3_1	0.3466	-0.1031	0.3863	-0.1591	0.0751	-0.0997	0.0864	-0.0022	-0.0090	0.6716
laborval~4_1	0.3209	-0.0627	0.3932	0.0229	0.1542	-0.0674	-0.1116	-0.0234	-0.0016	0.6966
familyva~1_1	0.1410	0.0524	0.1142	0.0853	-0.1636	0.2406	0.0728	-0.0170	-0.0100	0.8667
familyva~2_1	0.4478	0.2518	0.0574	-0.0810	-0.0737	-0.0769	0.1014	-0.0226	-0.0069	0.7040
familyva~3_1	0.2922	0.1525	-0.0186	0.3043	0.0653	-0.0935	0.0676	0.0588	0.0180	0.7770
familyva~4_1	0.1394	0.1084	0.2632	0.1906	0.0770	0.1490	-0.0618	0.0732	0.0064	0.8258
open_1_1	0.3923	0.3286	-0.2081	0.0874	0.0510	-0.0438	-0.0555	-0.0132	0.0075	0.6794
open_2_1	0.3095	-0.0970	-0.0834	-0.1815	0.1073	0.1656	0.1311	0.0291	0.0089	0.7979
open_3_1	0.4576	0.2732	-0.1293	-0.0480	-0.0143	-0.0718	-0.0531	-0.0447	-0.0259	0.6861
open_4_1	0.3482	-0.0444	-0.2271	-0.0605	0.2580	0.0175	0.0621	0.0738	-0.0134	0.7452

(b)

图 7.1 "和政数据"因子分析结果

图 7.1（a）是特征根和方差贡献率。Factor 是因子名称；Eigenvalue 表明提取因子的特征值；Difference 为因子特征值的差异；Proportion 表示提取因子的方差贡献率；Cumulative 表示提取因子的累计方差贡献率。可以看出 16 个因子参与分析，提取、保留 9 个因子，P 值为 0，前 2 个因子的累计方差贡献率为 96.03%。

图 7.1（b）是因子载荷。其中，Factor1～Factor9 分别说明提取的 9 个因子对各变量的解释程度；Uniqueness 表示未被提取的因子对变量的解释程度。

estat kmo   //表示因子的 KMO 检验，结果如图 7.2 所示

第七章 因子分析

```
. estat kmo

Kaiser-Meyer-Olkin measure of sampling adequacy

    Variable |   kmo
-------------+--------
  lifevalu~1_1 | 0.6915
  lifevalu~2_1 | 0.6931
  lifevalu~3_1 | 0.7190
  lifevalu~4_1 | 0.7493
  laborval~1_1 | 0.6343
  laborval~2_1 | 0.8125
  laborval~3_1 | 0.6228
  laborval~4_1 | 0.6181
  familyva~1_1 | 0.5539
  familyva~2_1 | 0.7980
  familyva~3_1 | 0.6783
  familyva~4_1 | 0.5446
       open_1_1 | 0.7155
       open_2_1 | 0.7468
       open_3_1 | 0.7652
       open_4_1 | 0.6974
-------------+--------
       Overall | 0.7024
```

图 7.2　KMO 检验结果

如图 7.2 所示，总体（Overall）KMO 取值为 0.7024，表明可以进行因子分析。

screeplot　//表示绘制因子分析的碎石图，结果如图 7.3

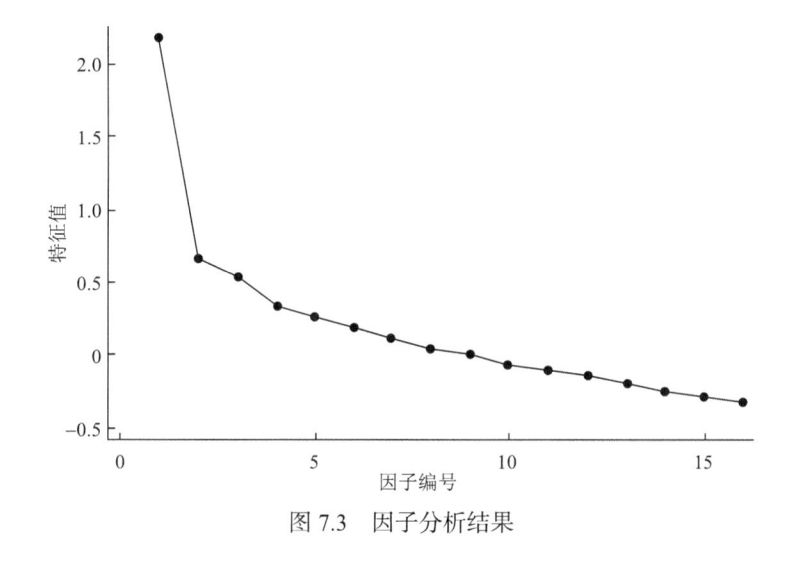

图 7.3　因子分析结果

如图 7.3 所示，横轴为系统提取的因子数，且按照特征值大小降序排列，纵轴表示因子特征值的大小。

2. 主成分因子法

factor x1-x8,factors(n) pcf   //以(x1,x2,…,x8)为初始变量进行因子分析，以主成分因子法进行因子分析，对其中 n 个因子进行保留

rotate   //对因子结构进行旋转。

例如，对上例在保留 3 个主成分因子的情况下，因子结构旋转结果如图 7.4 所示。

```
Factor analysis/correlation              Number of obs     =    244
    Method: principal-component factors  Retained factors  =      3
    Rotation: orthogonal varimax (Kaiser off)  Number of params =    45

        Factor    Variance   Difference    Proportion   Cumulative

        Factor1    2.08312     0.01448        0.1302       0.1302
        Factor2    2.06864     0.44716        0.1293       0.2595
        Factor3    1.62148        .           0.1013       0.3608

    LR test: independent vs. saturated: chi2(120) =  450.97 Prob>chi2 = 0.0000

Rotated factor loadings (pattern matrix) and unique variances

       Variable |  Factor1   Factor2   Factor3  | Uniqueness

     lifevalu~1_1   0.0240    0.5654    0.2720      0.6058
     lifevalu~2_1   0.6523    0.0151   -0.0442      0.5724
     lifevalu~3_1   0.6813    0.1572    0.1963      0.4725
     lifevalu~4_1   0.5737    0.0889    0.1767      0.6317
     laborval~1_1   0.5157   -0.0288    0.1762      0.7022
     laborval~2_1   0.2775    0.2720    0.1921      0.8121
     laborval~3_1   0.2116    0.0043    0.6540      0.5276
     laborval~4_1   0.1293    0.0208    0.6962      0.4982
     familyva~1_1  -0.0362    0.1225    0.3036      0.8915
     familyva~2_1   0.0724    0.5893    0.2416      0.5891
     familyva~3_1   0.0477    0.4216    0.1289      0.8033
     familyva~4_1  -0.1801    0.1248    0.5270      0.6743
       open_1_1    0.0662    0.7208   -0.1254      0.4604
       open_2_1    0.4280    0.1495    0.0073      0.7944
       open_3_1    0.1469    0.6733   -0.0013      0.5251
       open_4_1    0.4570    0.3000   -0.1867      0.6663

Factor rotation matrix

              |  Factor1   Factor2   Factor3

     Factor1  |   0.6502    0.6453    0.4010
     Factor2  |  -0.7243    0.6858    0.0707
     Factor3  |  -0.2294   -0.3364    0.9133
```

图 7.4　主成分因子分析结果

其中，上半部分说明的是因子旋转模型的一般情况；中间部分说明的是模型的因子载荷矩阵和变量未被解释的部分；下半部分说明的是因子旋转矩阵的一般情况，提取的两个因子存在一定的相关性，如果相关系数越小，则说明因子的相关程度越低。

loadingplot, yline(0) xline(0)   //绘制因子旋转后的因子载荷图，且分别在 x=0 和 y=0 处添加一条直线

predict f1 f2   //显示因子得分系数矩阵，其中 f1、f2 分别表示主成分因子

list var f1 f2   //估计因子得分后各个样本的因子得分情况

如：list lifevalue_1_1 lifevalue_2_1 f1 f2 f3。

correlate f1 f2   //分析两个因子的相关系数

利用上例，三个因子相关系数结果如图 7.5 所示。

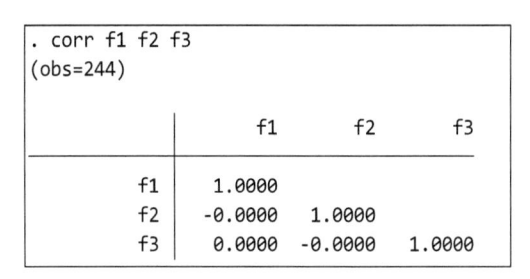

```
. corr f1 f2 f3
(obs=244)

             |      f1        f2        f3
   ----------+------------------------------
          f1 |  1.0000
          f2 | -0.0000    1.0000
          f3 |  0.0000   -0.0000    1.0000
```

图 7.5　因子相关系数

说明提取的因子之间几乎没有任何相关系数，也说明了对因子进行旋转时采用最大方差正交旋转方式是比较合适的。

scoreplot, mlabel(var) yline(0) xline(0)   //展示每个样本的因子得分示意图

3. 迭代因子法

factor x1-x8, ipf   //表示以(x1,x2,…,x8)为初始变量进行因子分析

roate   //表示对因子结构进行旋转

loadingplot   //表示绘制因子旋转后的因子载荷图

例 7.1　因子分析示例。

使用数据集"stata 因子分析数据.dta"，展开因子分析。

首先，计算相关系数：

pwcorr x1-x13, sig star(.05)

然后，取得主成分，pcf 命令自动删除特征值小于 1 的因子：

factor x1-x13, pcf

factor x1-x13

findit factortest
factortest x1-x13   //KMO 和巴特利特球度检验，结果如图 7.6 所示

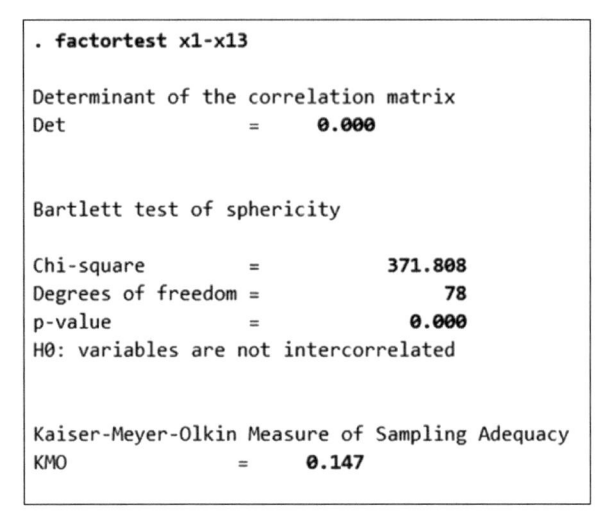

```
. factortest x1-x13

Determinant of the correlation matrix
Det              =      0.000


Bartlett test of sphericity

Chi-square            =          371.808
Degrees of freedom =               78
p-value              =            0.000
H0: variables are not intercorrelated


Kaiser-Meyer-Olkin Measure of Sampling Adequacy
KMO              =      0.147
```

图 7.6　KMO 和巴特利特球度检验结果

可限定因子数和特征值数：
factor x1-x13, pcf factors(3)   //限定因子数为 3
factor x1-x13, pcf mineigen(2)   //设定被保留的因子的最小特征值为 2
应用碎石图识别因子数：
screeplot
screeplot, yline(1)   //结果如图 7.7

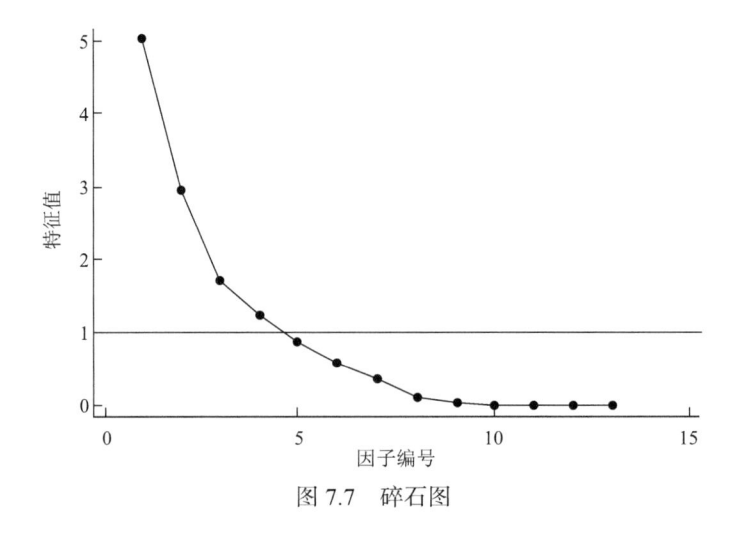

图 7.7　碎石图

由图 7.7 可以看出，只有 4 个特征值高于 1。因此，4 个因子比较合适。将其进行旋转，以简化因子结构。

两种主要的旋转法：最大方差正交旋转（varimax）；允许因子之间相关的斜交旋转（promax）。

rotate, varimax factors(2)

rotate, promax(5)

制图，以辅助判断：

loadingplot, factors(2)　　//结果如图 7.8

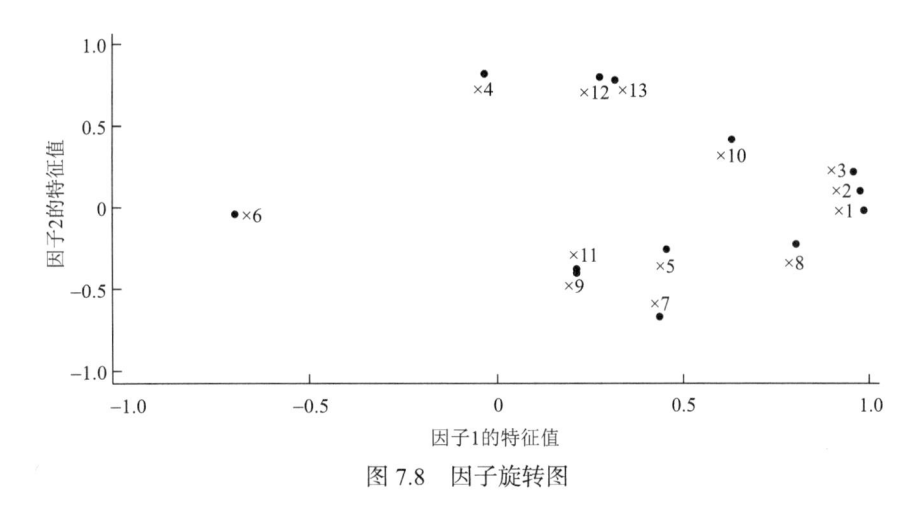

图 7.8　因子旋转图

获得因子得分：

predict f1 f2 f3

进行因子命名：

label variable f1 " 规模因子 "

label variable f2 " 效益因子 "

label variable f3 " 成长因子 "

list 企业名称 f1 f2 f3

sum f1 f2 f3　　/*均值为 0，方差为 1*/

制图：

scoreplot, mlabel(企业名称) yline(0) xline(0)　　//结果如图 7.9

通过帮助文件，获得更多关于主成分分析的操作方法：

help pca

图 7.9 因子得分图

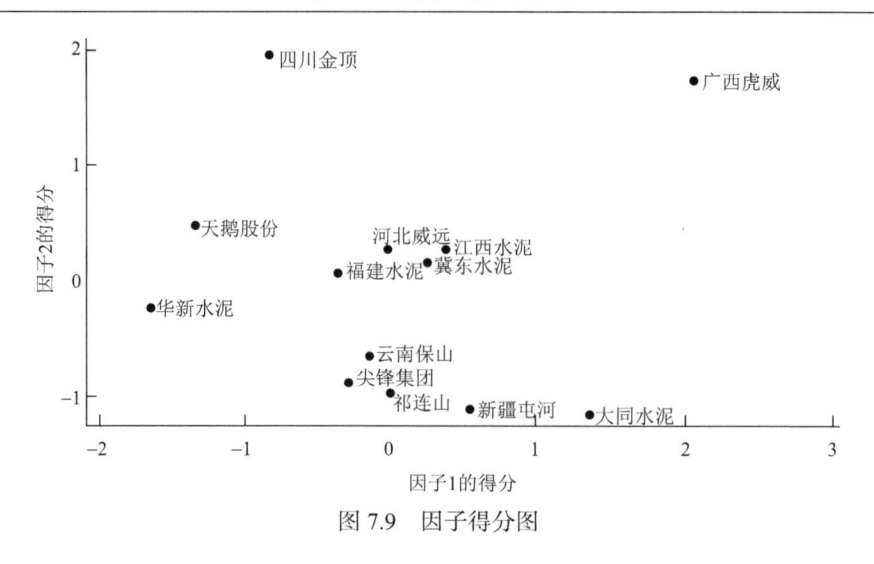

【思考与练习】

一、简述题

1. 为什么需要进行因子分析，因子变量有什么特点？
2. 简述因子分析在什么情况下需要做因子旋转，以及因子旋转的方法。
3. 试比较因子分析、聚类分析的异同。

二、练习题

选取"和政数据"某些变量，按照不同方法进行因子分析，并对结果进行比较说明。

第八章　相　关　分　析

我们常常在生活中谈论事物之间的相关性，如身高和体重的关系、成绩和年龄的关系等。那么在社会科学中，我们如何用量化的方式来衡量和理解这些关系呢？这就涉及相关分析的内容。

第一节　相关关系概述

一、函数关系与相关关系的概念

经济活动中，我们常常发现许多现象之间存在一定数量上的相互依存关系。例如，成本、产量、价格、利润中的一个或几个变量发生变化，就会引起其他变量的变化。现象之间的联系与制约，构成了错综复杂的社会经济关系。我们可以把这些复杂关系区分为两大类，即函数关系和相关关系。

（一）函数关系

函数关系指客观现象之间确实存在的，且在数量上表现为确定性的，可以用数学表达式来描述的相互依存关系。在函数关系中，一个变量完全依赖于另一个变量。若 x 表示自变量，y 表示因变量，它们之间呈函数关系，则可用式（8.1）表示。

$$y = f(x) \tag{8.1}$$

例如，正方形的周长（y）和边长（x）存在 $y=4x$ 的关系。当 x 变化时，y 的值可通过关系式精确地得到，二者是一对一的关系。

（二）相关关系

相关关系指客观现象之间确实存在的，但在数量上表现为不确定的相互依存关系。在相关关系中，一个变量不是完全依赖于另一个变量，它同时受其他变量影响，即当一个变量或几个变量确定为某一定值时，另一变量值表现为在一定范围内随机波动，具有不确定性。若变量 x 与变量 y 之间呈相关关系，则可用式（8.2）表示。

$$y = f(x) + \varepsilon \qquad (8.2)$$

式中，ε表示误差项，或者干扰项。

比如，商品价格和销量之间的关系。一般来说，价格上升，销量会随之下降。但价格上升幅度与销量减少数量之间并不存在确定的数量关系。有时价格上升了，销量反而有所增加。这是因为影响销量的因素，除了价格外，还有收入、个人爱好、季节等。也就是说，价格和销量之间存在相互依存关系，但这种关系在数量上是不确定的。

在相关关系中，现象之间存在一定的因果关系。其中，起着影响作用的现象被称为自变量，受自变量影响而发生变动的现象被称为因变量。例如，对商品价格和销量而言，价格是自变量，销量是因变量。通常，用 x 表示自变量，用 y 表示因变量。

在相关关系中，有时现象之间只存在相互关系而并不一定存在因果关系。如人的身高和体重、砖头的抗压强度与抗折强度，我们很难分清楚哪个是原因（自变量）、哪个是结果（因变量）。在这种情况下，要根据研究的目的来确定自变量和因变量。两个变量性质的确定可以根据不同的研究目的而发生转变。

二、函数关系与相关关系的区别与联系

（一）函数关系与相关关系的区别

函数关系是变量之间一种严格的、完全确定性的关系，即一个变量的数值完全由另一个（或一组）变量的数值所决定、控制。相关关系一般不是完全确定的，它既存在确切的关系，但又不能由一个或几个变量的数值精确地求出另一个变量的值（这个变量实际上就是随机变量）。因此，相关关系难以像函数关系那样，可以用数学公式准确地表达出来，即具有相关关系的变量之间的数量关系是不确定的，而具有函数关系的变量之间的数量关系是确定的。

造成这种情况的原因是：影响一个变量的因素有很多。其中，有些因素属于人们暂时还没有认识和掌握的；也有一些因素是已经认识，但暂时还无法控制和测量的。另外，有些因素虽然可以控制和测量，但在测量这些因素的数值时，或多或少都会有误差。所有这些偶然因素综合作用造成了变量之间的不确定性关系。所以，相关关系和函数关系是有区别的。

（二）函数关系与相关关系的联系

函数关系往往通过相关关系表现出来，相关关系也常常借助函数关系的方式进行研究。由于认识局限和测量误差等原因，函数关系在实际中往往表现为相关

关系；反之，当人们对事物的内部规律了解得更深刻的时候，相关关系又可能转化为函数关系。为此，在研究相关关系时，我们常常将函数关系作为工具，用一定的函数关系表现相关关系的数量联系。

三、相关关系的种类

（一）按现象相关的因素多少划分为单相关与复相关

单相关就是两个现象的相关，即一个变量与另一个变量的相关关系。例如，投资额与国内生产总值之间的关系。

一个变量与两个或两个以上变量的相关关系，则称为复相关。例如，某种商品的销售额与其价格水平和人们收入水平之间的关系。

（二）按现象之间的相关方向划分为正相关与负相关

正相关（positive correlation）就是两个现象的变化方向一致。当一个现象的数量由小变大，另一个现象的数量也相应地由小变大，这种相关称为正相关。例如，职工的工资水平随劳动生产率的提高而提高。

负相关（negative correlation）就是两个现象的变化方向相反。当一个现象的数量由小变大，而另一个现象的数量却由大变小，这种相关称为负相关。例如，随着销售额的增加，流通费用率下降。

（三）按现象之间相关的形式划分为直线相关与曲线相关

直线相关（linear correlation）指一个变量随另一个变量发生比例大致相等的变动。例如，居民家庭的支出与收入之间的关系。

曲线相关（curve correlation）指一个变量随另一个变量发生比例不均等的变动。例如，施肥量和亩产量的关系。在一定的数量界限内，施肥量增加，亩产量相应增加，此时两者体现为直线相关；但当施肥量增加到一定程度，亩产量反而下降，这时两者体现为曲线相关。

（四）按现象之间相关的程度划分为不相关、不完全相关和完全相关

当变量之间完全不存在任何关系时，即一个变量发生数量上的变化，另一个变量完全不发生数量变化，这种关系就是不相关。不相关就是两变量互不影响，也叫零相关。比如，气温与股票价格指数之间的关系。

一个变量完全随另一个变量的变化而变化，这种关系就是完全相关。完全相关就是两变量的数量变化关系是确定性的关系，实际是函数关系。例如，圆的半

径与面积之间的关系。

当变量之间的关系介于不相关和完全相关之间时,这种关系就是不完全相关。例如,居民的收入水平与恩格尔系数之间的关系。一般的相关关系都指不完全相关。

以上特征可通过散点图进行直观展示,图 8.1 是几种不同类型的散点图。

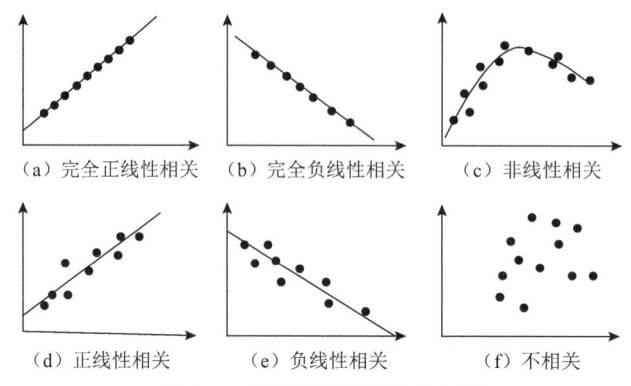

(a)完全正线性相关　(b)完全负线性相关　(c)非线性相关

(d)正线性相关　(e)负线性相关　(f)不相关

图 8.1　几种不同类型的散点图

散点图可以初步反映两个变量之间是否存在相关关系,以及相关的形式、方向和程度等,但并不能精确反映两个变量之间的相关强度。计算相关系数可以精确地反映变量之间是否存在相关关系,以及相关方向、密切程度。

第二节　相 关 系 数

一、相关系数的概念

相关系数是在两个变量直线相关的情况下,测定变量之间相关方向和密切程度的统计指标,其全称是直线积差相关系数。它是英国著名统计学家卡尔·皮尔逊(Karl Pearson)提出的方法。此法根据两个变量与各自平均值的离差乘积的平均数来求得相关系数。

若相关系数是根据总体全部数据计算的,则称为总体相关系数,记为 ρ。若相关系数是根据样本数据计算的,则称为样本相关系数,记为 r,又称皮尔逊相关系数或 Pearson 相关系数(Pearson's correlation coefficient)。

除了 Pearson 相关系数外,度量变量间相关性的系数还有 Spearman 秩相关系数(Spearman rank correlation coefficient;Spearman's ρ)和 Kendall 相关系数(Kendall's tau)。

Spearman 秩相关系数和 Pearson 相关系数的定义有些类似，只不过前者在定义中把点的坐标换成各自样本的秩（即样本点大小的"座次"）。Spearman 秩相关系数取值也在–1 和 1 之间，而且通过它可以进行不依赖于总体分布的非参数检验。在描述定序数据的相关性上，Spearman 秩相关系数更恰当。

Kendall 相关系数的度量原理是把所有的样本点进行配对[如果每个点由 x 和 y 组成的坐标 (x,y) 代表，那么一对点就是诸如 (x_1,y_1) 和 (x_2,y_2) 的点对]，然后看每一对中 x 和 y 的观测值是否同时增加（或减少）。比如，有点对 (x_1,y_1) 和 (x_2,y_2)，计算乘积 $(x_2-x_1)(y_2-y_1)$ 是否大于 0。如果大于 0，则说明 x 和 y 同时增长或同时下降，称这两点协同；否则就是不协同。如果样本中协同的点数目多，两个变量就比较相关；如果样本中不协同的点数目多，两个变量就不是很相关。

二、相关系数 r 的计算

（一）定义式

$$r=\frac{\operatorname{cov}(x,y)}{\sigma_x \sigma_y}=\frac{\sum(x-\bar{x})(y-\bar{y})}{\sqrt{\sum(x-\bar{x})^2}\sqrt{\sum(y-\bar{y})^2}} \quad (8.3)$$

式中，$\operatorname{cov}(x,y)$ 表示 x、y 两个变量的协方差；σ_x 表示 x 变量的标准差；σ_y 表示 y 变量的标准差。

从式（8.3）中可以看出，相关系数的值为正还是负完全取决于两个变量离差乘积之和 $\sum(x-\bar{x})(y-\bar{y})$。当其为 0 时，$r$ 为 0；当其为正时，r 为正；当其为负时，r 为负。

（二）常用计算公式

为了根据原始数据计算 r，可由原始公式推导出下面的简化公式：

$$r=\frac{n\sum xy-\sum x\sum y}{\sqrt{n\sum x^2-(\sum x)^2}\sqrt{n\sum y^2-(\sum y)^2}} \quad (8.4)$$

（三）判断标准

（1）相关系数的值在–1 和 1 之间，其绝对值越接近 1，表示相关程度越高。
（2）相关系数大于 0，表示正相关；相关系数小于 0，表示负相关。

(3)相关系数等于 0，表示两变量之间不存在直线相关，但并不表明两变量之间没有其他形式的相关关系。

(4)$|r|=1$，表示存在完全线性相关；$0<|r|\leqslant 0.3$，表示存在微弱线性相关；$0.3<|r|\leqslant 0.5$，表示存在低度线性相关；$0.5<|r|\leqslant 0.8$，表示存在显著线性相关；$0.8<|r|<1$，表示存在高度线性相关。

三、相关系数 r 的检验

在对客观现象的分析研究中，一般都是利用样本数据计算相关系数，因而带有一定的随机性，样本容量越少，可信度就越差，所以需要进行检验。

检验分两种类型：一种是对总体相关系数是否等于 0 进行检验；一种是对总体相关系数是否等于某一个给定的不为 0 的数值进行检验。本节只介绍第一种。

对总体相关系数是否等于 0 进行检验的步骤具体如下。

第一步，提出假设 $H_0:\rho=0$；$H_1:\rho\neq 0$。

第二步，求检验统计量。

$$t=\frac{r\sqrt{n-2}}{\sqrt{1-r^2}}\sim t(n-2)$$

第三步，确定显著性水平 α，通过 t 分布表查临界值 $t_{\alpha/2}(n-2)$。

第四步，进行判断：当 $|t|>t_{\alpha/2}(n-2)$ 时，拒绝 H_0，即认为 r 在统计上显著，表明两个变量之间存在显著的线性相关关系。

Stata 应用：相关性分析

在 Stata 中，用 corr 命令和 pwcorr 命令执行 Pearson 相关系数的分析，用 spearman 命令执行 Spearman 秩相关系数的分析，用 ktau 命令执行 Kendall 相关系数的分析。

使用非官方的 corr2docx、corsp 或 corrtbl 命令，可以直接将 Pearson 和 Spearman 等相关性分析结果在一个表内输出。

Pearson 相关系数命令格式：correlate（简写为 cor 或 corr）[varlist] [if] [in] [weight] [,options]。

Spearman 秩相关系数命令格式：spearman[varlist], stats(rho p)。

在 Stata 中，corr 命令用于计算一组变量间的协方差或相关系数矩阵；pwcorr 命令可用于计算一组变量中两两变量的相关系数，还可以对相关系数的显著性进行检验；options 选项中加上 sig 可显示显著性水平：pwcorr[varlist] ,sig。pcorr 命令用于计算一组变量中两两变量的偏相关系数并进行显著性检验。Spearman 和 Pearson 检验同在一个表的命令：corrtbl[varlist] ,corrvars([varlist])。输出结果中，上三角为 Spearman 秩相关系数和显著水平，下三角为 Pearson 相关系数和显著水平。

例 8.1 相关系数计量示例。

使用数据"Pearson 相关系数（商店规模与销售额）.dta"计算 Pearson 相关系数。

. corr x y

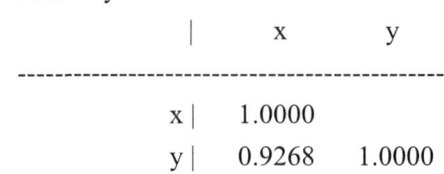

	x	y
x	1.0000	
y	0.9268	1.0000

使用数据"等级相关（成绩排名）.dta"计算 Kendall 相关系数和 Spearman 秩相关系数。

. ktau chinese english

Number of obs	=	10
Kendall's tau-a	=	0.7778
Kendall's tau-b	=	0.7778
Kendall's score	=	35
SE of score	=	11.180

Test of Ho: chinese and english are independent
    Prob > |z|　　=　　0.0024　(continuity corrected)

. spearman chinese english

Number of obs	=	10
Spearman's rho	=	0.8545

Test of Ho: chinese and english are independent
    Prob > |t|　　=　　0.0016

使用数据"偏相关分析例（肺活量）.dta"计算偏相关系数：
. use "C:\Users\pc\Desktop\偏相关分析例（肺活量）.dta"
先计算 Pearson 相关系数，以备后续分析：

```
. corr height v

              |   height          v
--------------+------------------------
       height |   1.0000
            v |   0.6001      1.0000
```

然后控制体重,进行偏相关分析:

. pcorr height v weight

(obs=29)

Partial and semipartial correlations of height with

```
            Partial    Semipartial   Partial    Semipartial   Significance
Variable |  Corr.      Corr.         Corr.^2    Corr.^2       Value
---------+----------------------------------------------------------------
       v |  0.0983     0.0660        0.0097     0.0044        0.6188
  weight |  0.5505     0.4404        0.3031     0.1939        0.0024
```

以下是我们基于 auto 数据的完整相关系数演示:

clear

sysuse auto.dta

Pearson 相关系数的计算:

correlate price weight length turn trunk

pwcorr price weight length turn trunk, sig star(.05)   //成对相关,相关系数与 Pearson 相关完全一致

注意:如果我们从所有变量之间确实零相关的总体中抽取许多随机样本,约有 5% 的相关样本仍会在 0.05 水平上"统计显著",如果分析人员通过查看 pwcorr 矩阵中的许多单个假设检验来确认有一小部分系数在 0.05 水平上显著的话,那么他们犯第 I 类错误的风险要远高于 0.05,这就是多重比较谬误。

使用 sidak 法消除多重比较谬误,显著性根据比较数目进行调整:

pwcorr price weight length turn trunk, sidak sig star(.05)   //相关系数虽然没有变化,但显著性变了

协方差矩阵的计算:

cor price weight length turn trunk, covariance   //混合了连续变量和分类变量

散点图矩阵的输出:

```
graph matrix price weight length turn trunk
```
创建一个没有缺失值的新数据集：
```
keep if !missing(price,weight,length,turn,trunk)
save nmauto
```
Spearman 秩相关系数的计算：
```
spearman rep78 foreign turn,star(.05)
```
等级相关 Kendall 相关系数的计算：
```
ktau rep78 foreign turn,star(.01)
```
偏相关分析：
```
pcorr mpg weight price   //控制 price，输出 mpg 和 weight 的相关系数
```

【思考与练习】

一、单项选择题

1. 用于测定两个变量之间相关密切程度的方法是（　　）。
   A. 定性判断　　　　　B. 相关表　　　　　C. 相关图　　　　　D. 相关系数
2. 产品产量与单位成本的相关系数是 -0.95，单位成本与利润率的相关系数是 0.90，产量与利润的相关系数是 0.80，因此（　　）。
   A. 产量与利润的相关程度最高　　　　　B. 单位成本与利润率的相关程度最高
   C. 产量与单位成本的相关程度最高　　　D. 无法判断哪对变量的相关程度最高
3. 相关系数的取值范围是（　　）。
   A. $0 \leqslant r \leqslant 1$　　　B. $-1 \leqslant r \leqslant 0$　　　C. $r > 0$　　　D. $-1 \leqslant r \leqslant 1$
4. 变量 x 与 y 之间的负相关是指（　　）。
   A. x 值增大时 y 值也随之增大
   B. x 值减小时 y 值也随之减小
   C. x 值增大时 y 值随之减小，或 x 值减小时 y 值随之增大
   D. y 的取值几乎不受 x 取值的影响
5. 两个变量之间的相关关系称为（　　）。
   A. 复相关　　　　　B. 单相关　　　　　C. 曲线相关　　　　　D. 直线相关
6. 正方形的边长与周长的相关系数为（　　）。
   A. 1　　　　　B. -1　　　　　C. 0　　　　　D. 无法计算

二、多项选择题

1. 直线积差相关系数可以表明两个变量之间的（　　）。
   A. 现象相关程度　　　B. 因果关系　　　C. 变异程度
   D. 相关方向　　　　　E. 曲线相关密切程度

2. 可用来判断变量之间相关方向的指标有（　　）。
　　A. 相关系数　　　　　B. 回归系数　　　　C. 回归方程参数
　　D. 估计标准误差　　　E. x、y 的平均数
3. 如果相关系数为 0，则二变量（　　）。
　　A. 无直线相关　　　　B. 呈负线性相关　　C. 呈正线性相关
　　D. 可能存在曲线相关　E. 无线性相关，也无非线性相关

三、练习题

1. 利用"和政数据"，选取某些变量，分别用 corr、pwcorr、pcorr 计算相关系数，并进行显著性检验，同时将 Spearman 和 Pearson 检验在同一个表中显示，并对以上结果进行分析说明。
2. 下面是一个企业的广告费与销售额资料（单位：万元）：

广告费	600	400	800	200	500
销售额	5 000	4 000	7 000	3 000	6 000

计算广告费与销售额之间的相关系数。

第九章 回归分析

"回归"一词最早是由英国著名生物学家、统计学家弗朗西斯·高尔顿（Francis Galton，1822—1911）在研究人类遗传问题时提出的。为了研究父代与子代身高的关系，高尔顿搜集了 1 078 对父亲及其儿子的身高数据，他以每对夫妇的平均身高为自变量，取他们一个成年儿子的身高作为因变量，分析儿子身高与父母身高之间的关系。他发现这些数据的散点图大致呈直线形态。他将儿子与父母身高的这种现象拟合出一种线性关系，总的趋势是当父亲的身高增加时，儿子的身高也倾向于增加。儿子的身高 y 与父母的平均身高 x 大致可归结为以下关系：

$$y = 33.73 + 0.516x \tag{9.1}$$

这种趋势及回归方程表明父母身高每增加一个单位（1 英寸[①]），其成年儿子的身高将平均增加 0.516 个单位。但通过对试验数据的深入分析，高尔顿还发现了一个很有趣的现象——回归效应，即身材较矮父母所生的儿子的身高比其父亲要高，而身材较高的父母所生子女的身高却会回降到多数人的平均身高。换句话说，当父母身高走向极端时，子女的身高不会像父母身高那样极端化，其身高要比父母的身高更接近平均身高，即一种"回归"到平均数中去的趋势，这就是统计学上"回归"一词最初出现时的含义。

回归分析的目的在于量化变量之间的关系。例如，我们可能感觉到销售收入与广告费用之间存在着某种关系，或者沿湖度假用的房屋的市场价格取决于临湖地界的长度等。回归分析首先就要建立一个用来清楚表达这些关系的公式。这个公式就叫作回归方程。因此，回归分析的主要内容就是找出变量 y 与 x 的回归方程，在对回归方程进行检验的基础上进行预测。相关分析和回归分析都是对客观事物数量依存关系的分析，只有存在相关关系的变量才能进行回归分析，但相关分析主要是分析变量间关系的紧密程度，而回归分析是在确定事物相关关系紧密程度的基础上，进一步用数学模型模拟它们之间的变动规律并进行预测的统计分析方法。相关分析的两个变量是对等关系，而回归分析的两个变量不是对等关系，必须根据研究目的，先确定其中一个是自变量，另一个是因变量。相关分析是回

[①] 1 英寸等于 2.54 厘米。

归分析的基础和前提,如果缺少相关关系,没有从定性上说明现象间是否具有相关关系,没有对相关关系的密切程度做出判断,就不能进行回归分析,即便勉强进行了回归分析,也没有实际意义。

为了研究数据中蕴含的规律性,一般会将数据绘制成散点图,但是这些点并不都在一条线上,这表明因变量与自变量的关系并没有确切到给出自变量就可以确定因变量,事实上,还有许多其他的因素对因变量产生影响。但是如果散点的分布具有明显的直线趋势,就可以配置一条最能代表散点图上分布趋势的直线,这条最优拟合线即称为回归线。

例 9.1 玩具制造商想了解一个家庭每年在玩具上的费用支出是如何随着孩子数量的变化而变化的。通过对 5 个家庭的调查,制造商获得了以下数据。

孩子数量/人	玩具费用支出/美元
1	500
2	900
3	900
4	1 100
5	1 100

现在,我们关心的问题是,每个家庭拥有孩子的数量与其在玩具购买上的费用支出是否有关系?

我们观察这两个变量之间的散点图如图 9.1 所示。

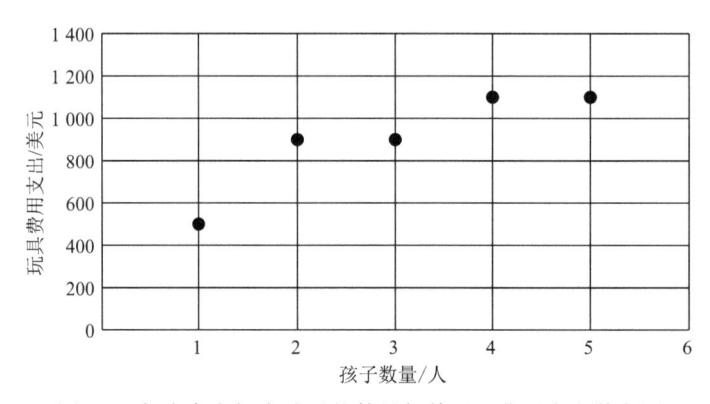

图 9.1 每个家庭拥有孩子的数量与其玩具费用支出散点图

从图中大致可以看出玩具费用支出随着孩子数量的增加而增加,两者关系虽然有所波动,但并不明显,为此需要做进一步检验。

简单线性回归就是为了确定因变量 Y 和自变量 X 两个变量之间是否存在直线关系。其中，因变量 Y 是需要我们预测或解释的变量，属于响应变量；自变量 X 是用于解释因变量的变量，可称之为解释变量。因变量与自变量之间的线性关系如图 9.2 所示。

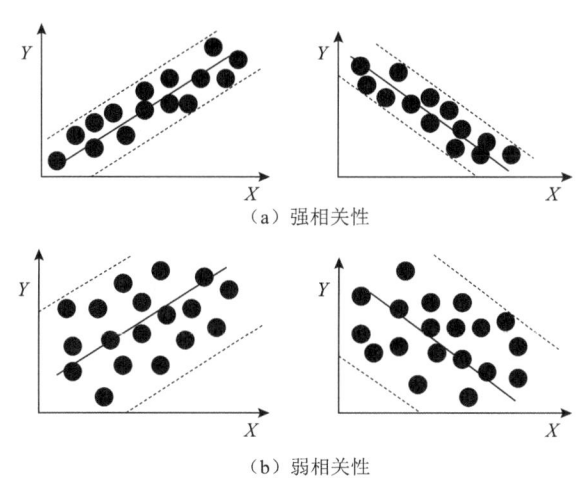

（a）强相关性

（b）弱相关性

图 9.2　因变量与自变量之间的线性关系图

在一个简单线性回归中，通过假设因变量与自变量之间存在因果关系，即因变量 Y 的变化被假设是由于 X 的变化引起的。

如果因变量与自变量之间出现如图 9.3（a）所示的关系，则称之为曲线关系；而如图 9.3（b）所示，则表明因变量 Y 与自变量 X 之间无关系。

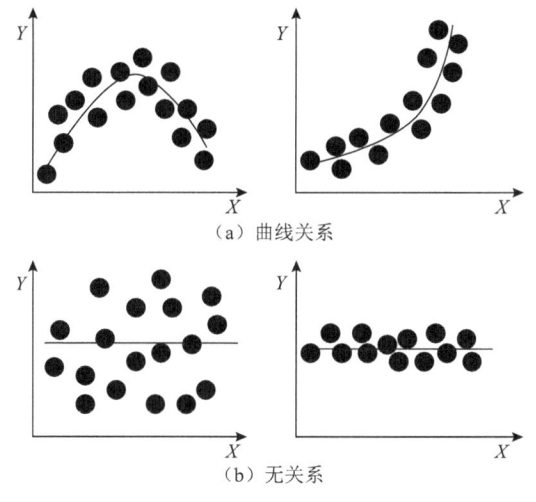

（a）曲线关系

（b）无关系

图 9.3　因变量与自变量之间的关系图

本章中，我们主要针对一元线性回归和多元线性回归展开分析。

第一节 一元线性回归分析

一、一元线性回归模型

一元线性回归（linear regression）模型是用于分析一个自变量 x 和一个因变量 y 之间线性关系的模型。这种关系的数学表达式是

$$y = mx + c \tag{9.2}$$

式中，c 被称为截距项，是当 x 为 0 时 y 的取值，其替代的符号是 b_0。m 被称为斜率，衡量了当 x 变化一个单位时 y 的变化，其替代的符号是 b_1。式（9.2）具体如图 9.4 所示。

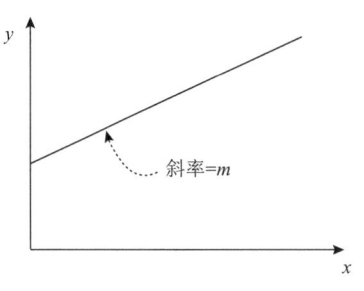

图 9.4 一元线性回归图

在考虑误差项的情况下，对于只涉及一个自变量的简单线性回归模型可表示为

$$y = \beta_0 + \beta_1 x + \varepsilon \tag{9.3}$$

式中，β_0、β_1 为回归模型的参数；ε 为随机扰动项。模型中，y 是由 x 的线性部分加上误差项得到的。线性部分 $(\beta_0 + \beta_1 x)$ 反映了由于 x 的变化而引起的 y 的变化。

误差项 ε 是随机变量，是不能由 x 和 y 之间的线性关系所解释的变异性，反映了除 x 和 y 之间线性关系外的随机因素对 y 的影响。为了回归分析，通常需要对 ε 的概率分布做出一些假定。这些假定包括：

假定 1：误差项的期望值为 0，即对所有 ε 总有 $E(\varepsilon)=0$，ε 满足"无偏性"的假定。

假定 2：误差项的方差有限，即对所有 ε 总有 $\text{Var}(\varepsilon) = E(\varepsilon)^2 = \sigma^2 < +\infty$，即

要求 ε 满足"共方差性"的假设。

假定 3：误差项之间不存在序列相关关系，其协方差为 0，即当 $s \neq t$ 有 $\text{Cov}(\varepsilon_s, \varepsilon_t) = 0$，即要求 ε 满足"独立性"假设。

假定 4：随机误差项服从正态分布，即要求 ε 满足"正态性"假设。

假定 5：自变量是给定变量，与随机误差项无关。

以上这些基本假定是德国数学家高斯最早提出来的，称为高斯假定或标准假定。满足以上假定的一元线性回归模型，被称为标准的一元线性回归模型。

总体回归函数事实上是未知的，需要利用样本信息对其进行估计。根据样本数据拟合的直线被称为样本回归直线。如果拟合的是一条曲线则被称为样本回归曲线。显然，样本回归线的函数形式应与总体回归线的函数形式一致。一元线性回归模型的样本回归线可以表示为

$$\hat{y} = \hat{\beta}_0 + \hat{\beta}_1 x \tag{9.4}$$

式中，$\hat{y}$ 是样本回归线上与 x 相对应的 y 值，可视为 $E(y)$ 的估计值；$\hat{\beta}_0$ 是样本回归函数的截距系数；$\hat{\beta}_1$ 是样本回归函数的斜率系数。

实际观测到的因变量 y 值并不完全等于 $\hat{y}$，如果用 e 表示二者之差 $(e = y - \hat{y})$，则有

$$y = \hat{\beta}_0 + \hat{\beta}_1 x + e \tag{9.5}$$

例 9.2 继续对例 9.1 的数据做进一步分析。图 9.5 中，A、B 两条线都试图刻画出家庭拥有孩子数量与玩具费用开支之间的关系，那么 A、B 两条线谁更具有代表性呢？

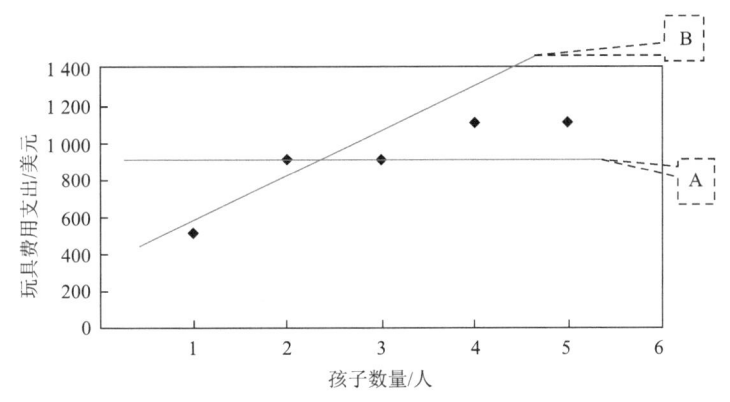

图 9.5 家庭拥有孩子数量与玩具费用支出之间的关系图

此时，我们发展了一个衡量谁最具有代表性的判断标准，即普通最小二乘法（ordinary least squares，OLS）。最具有代表性的直线，被称为最佳拟合线。

二、一元回归模型参数估计

如前所述，回归分析的主要任务就是要建立能够近似反映真实的总体回归函数的样本回归函数。回归模型中的参数 $\hat{\beta}_0$ 和 $\hat{\beta}_1$ 在一般情况下都是未知数，必须根据样本数据 (x_i, y_i) 来估计。确定参数 $\hat{\beta}_0$ 和 $\hat{\beta}_1$ 值的原则是要使从样本中得到的回归直线同观测值的拟合状态达到最好，即要使偏差最小。为此，可以采用 OLS 来确定。

对于每一个 x_i，根据线性回归方程都可以求出一个 $\hat{y}_i$，它就是 y_i 的一个估计值。估计值和观测值之间的残差是 $e_i = (y_i - \hat{y}_i)$。在根据样本资料确定样本回归方程时，一般总是希望 y 的估计值尽可能地接近其实际观测值。这就是说残差 e_i 的总量越小越好。可是由于 e_i 有正有负，简单的代数和会相互抵消。因此，为了数学上便于处理，通常采用残差平方和 $\sum e_i^2$ 作为衡量总偏差的尺度。所谓 OLS 就是根据这一思路，通过使残差平方和最小来估计回归系数的一种方法，设

$$\min Q(\hat{\beta}_0, \hat{\beta}_1) = \min \sum_{i=1}^{n}(y_i - \hat{y}_i)^2 = \min \sum_{i=1}^{n} e_i^2 \tag{9.6}$$

用 OLS 拟合的直线来代表 x 与 y 之间的关系，其实际数据的误差比用其他任何直线都小。

例 9.3 寻找最佳拟合线。

在例 9.2 中，A、B 两条线都是对家庭拥有孩子的数量与玩具费用支出之间关系的描述。我们的目标是，找到一条最具代表性的线，以便最为准确地描述出 x 与 y 之间的关系。于是，我们分别计算 A 和 B 的随机误差的平方和。具体如图 9.6、图 9.7 所示。

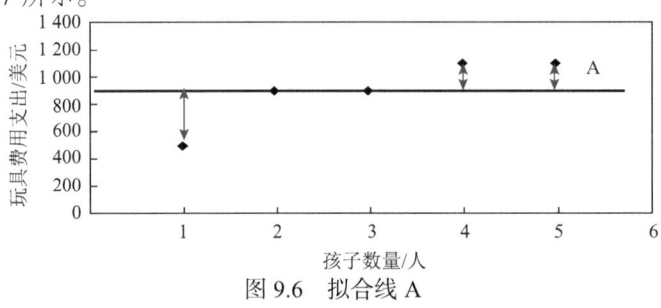

图 9.6 拟合线 A

A：sum of $e^2 = (-400)^2 + 200^2 + 200^2 = 240000$

图 9.7 拟合线 B

B：sum of $e^2 = (-200)^2 + 200^2 = 80000$

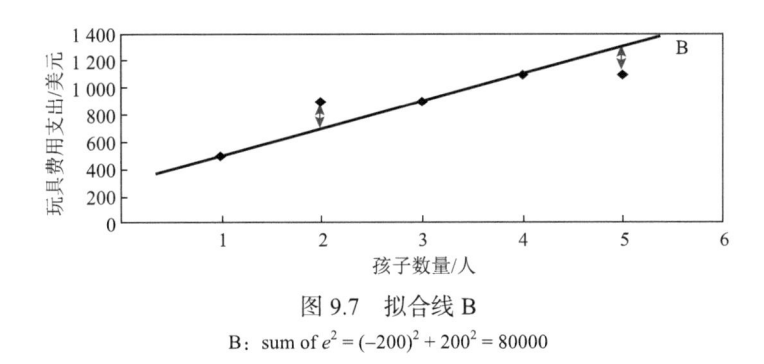

显然，B 线拟合得比 A 线好，但是 B 线是不是最佳拟合线，我们还需要一个判断的标准。OLS 正是这个判断标准。

根据 OLS 的要求，可得求解 $\hat{\beta}_0$ 和 $\hat{\beta}_1$ 的标准方程如下：

$$\begin{cases} \hat{\beta}_0 = \overline{y} - \hat{\beta}_1 \overline{x} \\ \hat{\beta}_1 = \dfrac{n\sum_{i=1}^{n} x_i y_i - \left(\sum_{i=1}^{n} x_i\right)\left(\sum_{i=1}^{n} y_i\right)}{n\sum_{i=1}^{n} x_i^2 - \left(\sum_{i=1}^{n} x_i\right)^2} \end{cases} \quad (9.7)$$

求出参数 $\hat{\beta}_0$ 和 $\hat{\beta}_1$ 以后，就可以得到回归模型：

$$\hat{y} = \hat{\beta}_0 + \hat{\beta}_1 x \quad (9.8)$$

此时，只要给定一个 x_i 值，就可以根据回归模型求得一个 $\hat{y}_i$ 值，作为实际值 y_i 的预测值。

例 9.4 OLS 估计。

根据上述原理，并继续使用例 9.1 中的数据，我们可以计算出最佳拟合线的判断标准在于：使随机误差项 $\sum e^2$ 的平方和最小（图 9.8）。例如，对于例 9.2 中的 B 线，其随机误差的平方和为

$$\sum e^2 = 0^2 + 200^2 + 0^2 + 0^2 + (-200)^2 = 80000$$

图 9.8　OLS 估计

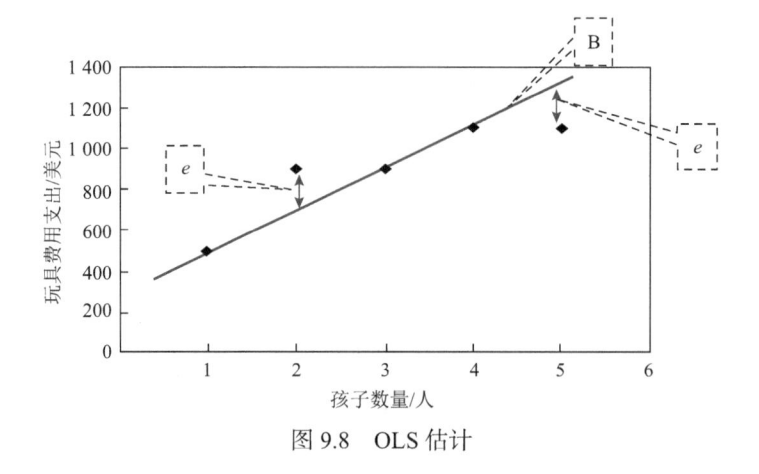

三、一元回归模型检验

建立回归方程后还必须对其进行显著性检验，因为即使是一些杂乱无章的散点也可以配出一条直线，但这是毫无意义的。回归分析中的显著性检验包含两个方面：一是对整个方程线性关系的显著性检验；二是对回归系数的显著性检验。前者通常采用 F 检验法，后者采用 t 检验法。对于一元线性回归来讲，因为自变量只有一个，所以上述两种检验是等价的。

（一）离差平方和的分解

变量 y 的取值是不同的，取值的这种波动被称为变差。变差来源于两个方面：一是由于自变量 x 的取值不同造成的；二是除 x 以外的其他因素（如 x 对 y 的非线性影响、测量误差等）的影响。

对一个具体的观测值来说，变差的大小可以用实际观测值与其均值之差 $(y-\bar{y})$ 来表示。

对 $y-\bar{y}=(y-\hat{y})+(\hat{y}-\bar{y})$ 两端平方后求和，通过整理可得

$$\sum_{i=1}^{n}(y_i-\bar{y})^2 = \sum_{i=1}^{n}(\hat{y}_i-\bar{y})^2 + \sum_{i=1}^{n}(y_i-\hat{y})^2 \quad (9.9)$$

式中，$\sum_{i=1}^{n}(y_i-\bar{y})^2$ 称为总离差平方和，记为 SST；$\sum_{i=1}^{n}(\hat{y}_i-\bar{y})^2$ 称为回归平方和，记为 SSR；$\sum_{i=1}^{n}(y_i-\hat{y})^2$ 称为残差平方和，记为 SSE。

（1）总离差平方和（SST），反映因变量的 n 个观测值与其均值的总离差。
（2）回归平方和（SSR），反映自变量 x 的变化对因变量 y 取值变化的影响，

或者说，是由于 x 与 y 之间的线性关系引起的 y 的取值变化，也称为可解释的平方和。

（3）残差平方和（SSE），反映除 x 以外的其他因素对 y 取值的影响，也称为不可解释的平方和或剩余平方和。

故上式可表示为

$$\text{SST} = \text{SSR} + \text{SSE} \tag{9.10}$$

上述关系可用图 9.9 表示。

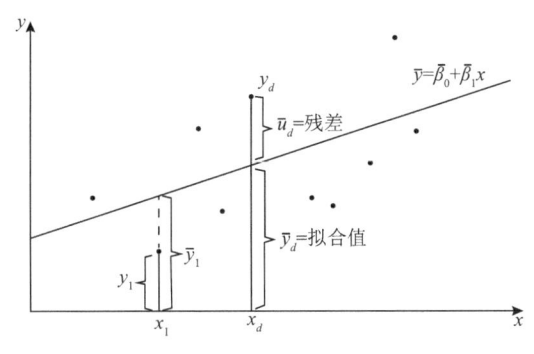

图 9.9　拟合值和残差

（二）拟合优度检验

拟合优度检验是用回归平方和占总离差平方和的比例来计算的，其计算公式为

$$R^2 = \frac{\text{SSR}}{\text{SST}} = \frac{\sum_{i=1}^{n}(\hat{y}_i - \overline{y})^2}{\sum_{i=1}^{n}(y_i - \overline{y})^2} = 1 - \frac{\sum_{i=1}^{n}(y_i - \hat{y})^2}{\sum_{i=1}^{n}(y_i - \overline{y})^2} \tag{9.11}$$

R^2 反映回归直线的拟合程度，所以又被称为可决系数、判定系数。R^2 取值范围为[0,1]。R^2 越趋近于 1，说明回归方程拟合得越好；R^2 越趋近于 0，说明回归方程拟合得越差。总之，R^2 告诉我们变量 y（从均值的角度）能够被回归模型解释的比例。

例 9.5　R^2 的原理与功能。

我们可把上文所述的 R^2 与原理总结如图 9.10。

图 9.10 中，从 y 到回归线的变异 $(y-\overline{y})$ 可以认为由以下两个部分组成：$(y-\hat{y}) + (\hat{y}-\overline{y})$，则：

$$y - \overline{y} = (y - \hat{y}) + (\hat{y} - \overline{y}) = e_i + (\hat{y} - \overline{y})$$

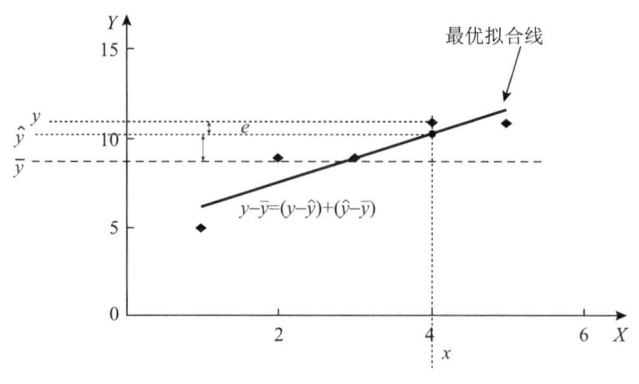

图 9.10 R^2 的原理图

根据上式可知，随机误差的平方和如下：

$$\sum(\hat{y}-\overline{y})^2 = \sum e_i^2 + \sum(\hat{y}-\overline{y})^2$$

也就是文中所指出的，SST = SSE + SSR。其中：

SST = sum of squares total（总变异）

SSE = sum of squares errors（未被解释的变异）

SSR = sum of squares regression（被解释的变异）

如果回归线完美地拟合数据，则 R^2 是多少？

完美拟合→ SSE = 0

由于 SST=SSE + SSR，因此 SST=0 + SSR，所以 R^2=SSR / SST = 1。

可见，0 < R^2 < 1。如果 R^2 接近 1，则表明自变量与因变量之间存在着非常紧密的关系；反之，如果 R^2 接近 0，则表示关系微弱。为了更进一步理解 R^2 的功能，我们比较图 9.11（a）和图 9.11（b）。

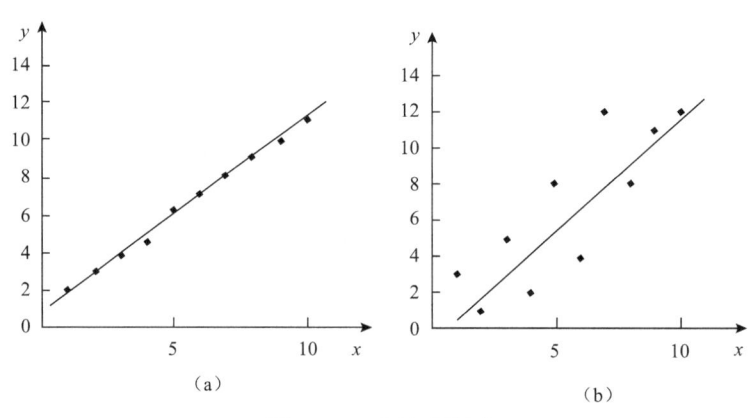

图 9.11 R^2 的功能图

两张图中,我们都获得了最优拟合线。然而,两条直线在描述 x 和 y 的关系方面,精确程度存在着明显不同。显然,(a)图中 R^2 值非常接近1,即 x 和 y 之间关系紧密。(b)图中 R^2 则更接近0,因此,x 对 y 的解释能力有限。

(三)估计标准误差

由前文分析可知,总离差由残差和回归离差构成。SSE 的平均数以 S_e^2 表示,由于 SSE 的自由度为 $n-2$,因此:

$$S_e^2 = \frac{\text{SSE}}{n-2} = \frac{\sum_{i=1}^{n}(y_i - \hat{y})^2}{n-2} \qquad (9.12)$$

此式被称为剩余方差公式,而:

$$S_e = \sqrt{\frac{\sum_{i=1}^{n}(y_i - \hat{y})^2}{n-2}} = \sqrt{\frac{L_{yy} - bL_{xy}}{n-2}} \qquad (9.13)$$

此式被称为剩余标准差或回归标准差公式,其中 L_{yy} 衡量的是 y 的总变异;L_{xy} 衡量的是 x 和 y 之间的协变异。

(四)方程显著性检验

方程显著性检验主要用于检验自变量和因变量之间的线性关系是否显著。具体方法是将回归离差平方和(SSR)同剩余离差平方和(SSE)加以比较,应用 F 检验来分析二者之间的差别是否显著。

如果方程是显著的,说明两个变量之间存在线性关系;如果方程不显著,说明两个变量之间不存在线性关系。F 检验的主要步骤如下。

(1)提出假设。

H_0:线性关系不显著,即 $\beta_1 = 0$。

H_1:线性关系显著,即 $\beta_1 \neq 0$。

(2)计算检验统计量 F。

$$F = \frac{\text{SSR}/1}{\text{SSE}/(n-2)} = \frac{\sum_{i=1}^{n}(\hat{y}_i - \bar{y})^2 / 1}{\sum_{i=1}^{n}(y_i - \hat{y})^2 / (n-2)} \sim F(1, n-2) \qquad (9.14)$$

(3)确定显著性水平 α,并根据分子自由度 1 和分母自由度 $(n-2)$ 找出临界值 F_α。

（4）作出决策：若 $F \geqslant F_\alpha$，拒绝 H_0；若 $F < F_\alpha$，接受 H_0。

（五）回归系数的显著性检验

回归系数的显著性检验主要检验 x 与 y 之间是否具有线性关系，或者说检验自变量 x 对因变量 y 的影响是否显著。应用 t 检验来分析，理论基础是回归系数 $\hat{\beta}_1$ 的抽样分布。在一元线性回归中，回归系数的显著性检验（t 检验）等价于回归方程的显著性检验（F 检验）。

$\hat{\beta}_1$ 是根据 OLS 求出的样本统计量，它有自己的分布。$\hat{\beta}_1$ 的分布具有如下性质。

（1）分布形式：正态分布。
（2）数学期望：$E(\hat{\beta}_1) = \beta_1$。
（3）标准差：$\delta_{\hat{\beta}_1} = \dfrac{\delta}{\sqrt{\sum(x_i - \bar{x})^2}}$。

由于 δ 未知，需用其估计量 S_y 来代替，得到 $\hat{\beta}_1$ 的估计的标准差，其 t 检验的步骤如下：

（1）提出假设。

H_0：线性关系不显著，即 $\beta_1 = 0$。

H_1：线性关系显著，即 $\beta_1 \neq 0$。

（2）计算检验的 t 统计量。

$$t = \frac{\hat{\beta}_1}{S_{\hat{\beta}}} \sim t(n-1)$$

（3）确定显著性水平 α，找出临界值 $t_{\alpha/2}(n-1)$。

（4）进行决策：若 $|t| > t_{\alpha/2}$，则拒绝 H_0；若 $|t| \leqslant t_{\alpha/2}$，则接受 H_0。

例 9.6 回归模型的建立与解释。

在 Stata 中，回归分析十分方便和简单，主要通过 regress 或 reg 命令进行分析，具体语法为：

reg depvar [indepvar] [if] [in] [weight] [,options]

其中，depvar 是因变量或被解释变量，indepvar 是自变量或解释变量，options 是模型的选项，[ ] 内均为可选项。

在例 9.4 的基础上，为了寻找一条最佳拟合线，我们应用 OLS 原理进行估计（图 9.12）。

第九章 回归分析

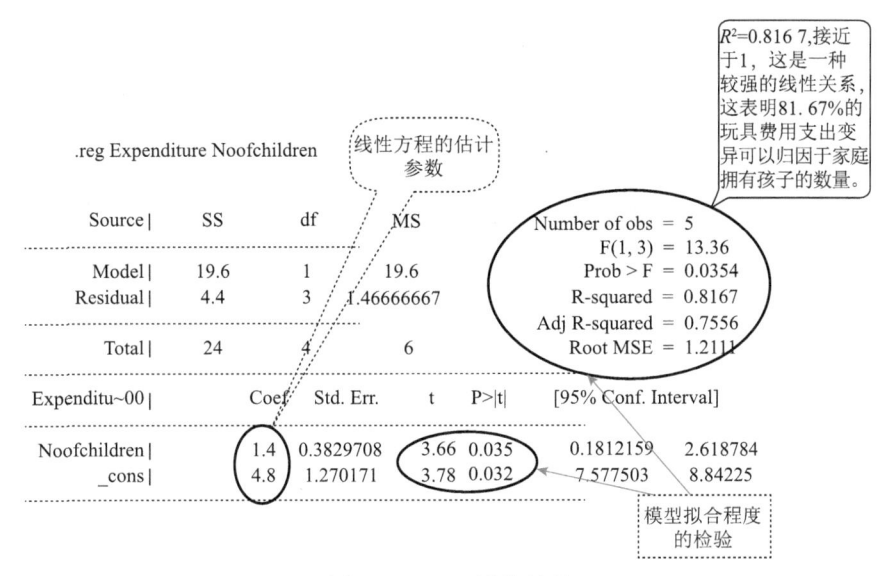

```
.reg Expenditure Noofchildren

Source |    SS      df     MS              Number of obs = 5
-------+------------------------            F(1, 3) = 13.36
 Model |   19.6      1    19.6              Prob > F = 0.0354
Residual|   4.4      3   1.46666667         R-squared = 0.8167
-------+------------------------            Adj R-squared = 0.7556
 Total |   24        4     6                Root MSE = 1.2111

Expenditu~00 |  Coef.   Std. Err.    t    P>|t|   [95% Conf. Interval]
-------------+----------------------------------------------------------
Noofchildren |  1.4    0.3829708   3.66  0.035   0.1812159   2.618784
       _cons |  4.8    1.270171    3.78  0.032   7.577503    8.84225
```

标注：
- 线性方程的估计参数
- $R^2=0.8167$，接近于1，这是一种较强的线性关系，这表明81.67%的玩具费用支出变异可以归因于家庭拥有孩子的数量。
- 模型拟合程度的检验

图 9.12　OLS 计算结果

于是，我们求得了一条最佳拟合线：

$$\hat{y} = 480 + 140x$$

这条最佳拟合线如图 9.13 所示：

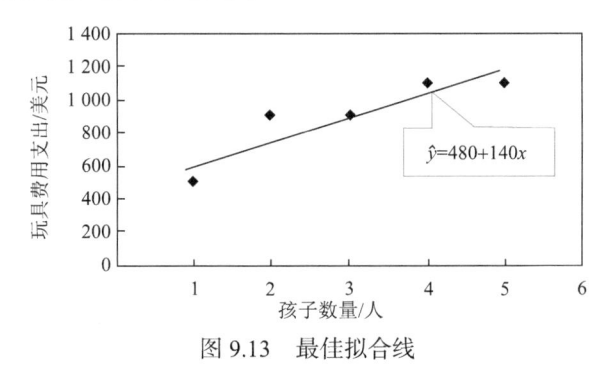

图 9.13　最佳拟合线

这样，我们就完成了一次简单线性回归分析。我们对上述模型中的系数做出如下解释：首先，斜率为 140 表明，家庭中每多一个孩子，则在玩具上的支出增加 140 美元。其次，截距为 480 表明，对于没有孩子的家庭，平均在玩具上的支出为 480 美元。

进而，我们可以使用上述模型进行预测。例如，对于一个有 4 个孩子的家庭来说，预计其玩具支出为 1 040 美元。

第二节　多元线性回归分析

一、多元线性回归模型

一元线性回归模型主要讨论一个自变量与一个因变量之间的线性关系。在实际问题中，由于社会经济现象的复杂性，一个变量往往受多个变量的影响。例如，消费者对某种商品的需求量不仅受收入水平的影响，还受商品价格的影响；又如，家庭消费支出不仅与家庭的收入有关，而且与家庭的资产有关。在许多实际问题中，某个因变量随着多个自变量的变动而进行相应的数量变化，因此，有必要将一元线性回归模型中的一个自变量情形推广到拥有多个自变量的模型中，利用多元线性回归方法进行分析。

在线性回归模型中，如果自变量有两个或两个以上，这样的模型就被称为多元线性回归（multiple linear regression analysis）。多元线性回归模型能够容纳许多可能相关的解释，所以在简单回归分析可能产生误导的情况下，我们可以寄希望于多元线性回归模型来推断因果关系。很自然，如果我们在模型中增加一些有助于解释 y 的因素，那么 y 的变化就能得到更多的解释。因此，多元线性回归分析用于建立更好的因变量预测模型。

Stata 应用：回归命令初步与简单回归

在 Stata 中，回归分析十分方便和简单，主要通过 regress 或 reg 命令进行分析，具体语法如下：

reg depvar [indepvar] [if] [in] [weight] [,options]

depvar 是因变量或被解释变量，indepvar 是自变量或解释变量，options 是模型的选项，[ ]内均为可选项。

Stata 代码如下：

reg assetT availableT

Source	SS	df	MS
Model	41207.9649	1	41207.9649
Residual	201653.623	241	836.737023
Total	242861.587	242	1003.56028

Number of obs = 243
F(1, 241) = 49.25
Prob > F = 0.0000
R-squared = 0.1697
Adj R-squared = 0.1662
Root MSE = 28.926

assetT	Coef.	Std. Err.	t	P>|t|	[95% Conf. Interval]
availableT	1.448176	0.2063599	7.02	0.000	1.041677 1.854676
_cons	24.60650	4.5432900	5.42	0.000	15.65688 33.55613

多元线性回归模型参数估计的原理与一元线性回归模型相同，只是计算更为复杂。

设 y 为因变量，$x_1, x_2, \cdots, x_k$ 为自变量，则多元线性回归模型的一般形式为

$$\hat{y} = \hat{\beta}_0 + \hat{\beta}_1 x_1 + \hat{\beta}_2 x_2 + \cdots + \hat{\beta}_k x_k \tag{9.15}$$

式中，k 为解释变量个数；β_0 为常数项；β_i 为回归系数，也称为偏回归系数，$i=1,2,\cdots,k$，表示在其他解释变量保持不变的情况下，x_k 每变化 1 个单位时，y 的平均变化量。多元线性回归模型分析就是要求出常数项和偏回归系数，其分析的步骤、方法与一元线性回归模型基本相同，只是计算上比较复杂。

利用 OLS 基本原理，多元线性回归模型的"残差平方和"为

$$Q = \sum_{i=1}^{n}(y_i - \hat{y})^2 = \left(y_i - \hat{\beta}_0 + \hat{\beta}_1 x_1 + \hat{\beta}_2 x_2 + \cdots + \hat{\beta}_k x_k\right)^2 \tag{9.16}$$

要使"残差平方和"最小，可利用多元微积分求解，得到估计的参数 $\left(\hat{\beta}_0, \hat{\beta}_1, \hat{\beta}_2, \cdots, \hat{\beta}_k\right)$。

其实，比计算 $\hat{\beta}_j$ 更重要的是对所估计的方程进行解释。我们从含有两个自变量的情况开始：

$$\hat{y} = \hat{\beta}_0 + \hat{\beta}_1 x_1 + \hat{\beta}_2 x_2 \tag{9.17}$$

式中，截距项 $\hat{\beta}_0$ 是 y 在 $x_1 = 0$ 和 $x_2 = 0$ 的情况下的预测值。尽管在多数情况下，令 x_1 和 x_2 都等于 0 没有什么实际意义。不过，为了从 OLS 回归中得到 y 的预测值总是需要截距项的。

估计值 $\hat{\beta}_1$ 和 $\hat{\beta}_2$ 具有偏效应(partial effect)或其他条件不变的解释。从式(9.17)中可得

$$\Delta \hat{y} = \hat{\beta}_1 \Delta x_1 + \hat{\beta}_2 \Delta x_2$$

因此，我们能在给定 x_1 和 x_2 变化的情况下，预测 y 的变化（注意，截距项与 y 的变化没有关系）。特别是，当 x_2 固定，即 $\Delta x_2 = 0$ 时，可得

$$\Delta \hat{y} = \hat{\beta}_1 \Delta x_1$$

由此我们可以得出一个关键的结论：通过把 x_2 包含在模型中，我们得到的 x_1 的系数可解释为在其他条件不变下 x_1 对 y 的影响。这正是多元线性回归分析如此有用的原因所在。类似地，在保持 x_1 不变时，有

$$\Delta \hat{y} = \hat{\beta}_2 \Delta x_2$$

同理，可根据一元线性回归的 OLS 拟合优度检验多元线性回归模型，但是在实证研究中，R^2 至少应为多少并没有具体的标准。在社会科学研究中，R^2 数值低是很正常的，对横截面数据来说更是如此。所以，一个看似很低的 R^2 并不意味着 OLS 回归方程没有用，但很低的 R^2 确实意味着误差方差相对 y 的方差太大，这又意味着很难精确地估计 β_j。

此外，在应用过程中发现，如果模型中增加一个解释变量，则 R^2 往往会增大。这就给人一个错觉：要使模型拟合得好，只要增加解释变量即可。但是实际情况往往不是，由于增加解释变量个数引起的 R^2 的增大与拟合好坏无关，这时 R^2 需要调整。调整的 R^2 也被称为调整可决系数（adjust coefficient of determination）。调整的思路是：在样本量一定的情况下，增加解释变量必定使自由度减少，故将残差平方和与总离差平方和分别除以各自的自由度，以剔除变量个数对拟合优度的影响。

$$\overline{R^2} = 1 - \frac{\text{SSR}/(n-k-1)}{\text{SST}/(n-1)} \tag{9.18}$$

式中，$(n-k-1)$ 为残差平方和的自由度；$(n-1)$ 为总体平方和的自由度。

一般认为 $\overline{R^2}$ 比 R^2 多少好一些，但遗憾的是，实际中通常不会认为 $\overline{R^2}$ 是一个更好的估计量。$\overline{R^2}$ 的根本吸引力在于，它为一个模型中另外增加自变量施加了惩罚。如果在回归方程中增加一个新的自变量，那么当且仅当新变量的 t 统计量绝对值大于 1 时，$\overline{R^2}$ 才会提高。不过 $\overline{R^2}$ 也有缺陷，因为其取值可能为负，这时利用 $\overline{R^2}$ 来判断模型的拟合优度就没有意义了。$\overline{R^2}$ 有时和 R^2 一起报告，但更多情况是只报告 $\overline{R^2}$。

为了比较所含解释变量个数不同的多元线性回归模型的拟合优度，常用的标准还有以下两个。

赤池信息准则（Akaike Information Criterion，AIC）：

$$\mathrm{AIC} = \ln\frac{e'e}{n} + \frac{2(k+1)}{n} \tag{9.19}$$

施瓦茨准则（Schwarz Criterion），也称为贝叶斯信息准则（Bayesian Information Criterion，BIC）：

$$\mathrm{BIC} = \ln\frac{e'e}{n} + \frac{k}{n}\ln n \tag{9.20}$$

式中，k 表示估计参数个数；n 表示观测参数个数；e 表示残差。

这两个准则均要求仅当所增加的解释变量能够减少 AIC 值或 BIC 值时才在原模型中增加该解释变量。

Stata 应用：回归模型的拟合优度分析

在 Stata 中，回归分析结果会自动报告 $\overline{R^2}$ 和 R^2，在 reg 命令后输入 estat ic 命令，可报告模型的 AIC 值和 BIC 值。

Stata 代码如下：

. estat ic

Akaike's information criterion and Bayesian information criterion

```
-------------------------------------------------------------------
  Model |    N     ll(null)    ll(model)   df     AIC         BIC
-------------------------------------------------------------------
      . |   243   −1184.025   −1161.433    2    2326.867    2333.853
-------------------------------------------------------------------
```

Note: BIC uses N = number of observations. See [R] BIC note.

二、OLS 应用的基本假定（MLR.1～MLR.6）

利用样本来估计总体参数时，小样本下理想的样本估计量应当满足无偏性和有效性。大样本下还应当满足一致性和渐进有效性。任何一个估计量的性质都取决于对数据生成过程所做的假定。根据高斯—马尔可夫（Gauss-Markov）定理，当满足假定 MLR.1～MLR.6 时，小样本下 $\hat{\beta}\left(\hat{\beta}_0, \hat{\beta}_1, \cdots, \hat{\beta}_k\right)$ 是 $\beta(\beta_0, \beta_1, \cdots, \beta_k)$ 的最优线性无偏估计；大样本下 $\hat{\beta}$ 满足一致性和渐进有效性。

假定 MLR.1～MLR.6 如下所示。

1. 假定 MLR.1：参数线性

总体模型可写成：

$$y = \beta_0 + \beta_1 x_1 + \beta_2 x_2 + \cdots + \beta_k x_k + \mu \tag{9.21}$$

式中，β_k 是我们所关心的未知参数（常数），μ 则是无法观测的随机误差或随机干扰。

在假定 MLR.1 下，模型是参数 $\beta_0, \beta_1, \beta_2, \cdots, \beta_k$ 的线性函数，而 y 和 x 可以是所关注变量的任意函数，对 y、x 取对数或者对解释变量 x 取平方等不会改变参数的估计框架。

2. 假定 MLR.2：随机抽样

有一个包含 n 个观测值的随机样本 $\{(y_i, x_{1i}, \cdots, x_{ik}), i = 1, 2, \cdots, n\}$，它来自满足假定 MLR.1 的总体模型。

随机抽样假定意味着，利用样本来估计总体参数时，必须保证抽取的样本是随机的，否则估计将是有偏的。

3. 假定 MLR.3：不存在完全共线性

在样本（总体）中，没有一个自变量是常数，自变量之间也不存在严格的线性关系。

当样本中一个自变量刚好是其他自变量的一个线性组合时，模型存在完全共线性，即定义的 $1 \times (k+1)$ 向量 $\boldsymbol{x}_i = (1, x_{i1}, x_{i2}, \cdots, x_{ik})$ 不满秩，这时不能采用 LS（最小二乘）估计参数。

例如，研究地方生产总值和地方教育支出对地方高考分数线的影响。如果所有地方教育支出严格按照地方生产总值的某个比例（如 4%）安排，那么自变量之间就会出现完全共线性。此外，当样本中存在一个自变量是常数，或者研究者不小心将在不同计量单位下的同一个变量放入同一个回归方程时，也会导致自变量之间存在严格的线性关系。

假定 MLR.3 允许自变量之间存在相关关系，只是不能完全相关。自变量之间存在相关关系，意味着模型存在多重共线性，多重共线性不会影响参数估计，但对模型推断有影响。

4. 假定 MLR.4：条件均值为零

给定自变量的任何值，误差 μ 的期望值为零，即 $E(\mu | x_1, x_2, \cdots, x_k) = 0$。

当假定 MLR.4 成立时，称 x 为外生解释变量（exogenous explanatory variable）。如果出于某种原因 x 仍与 μ 相关，那么称 x 为内生解释变量（endogenous explanatory variable）。虽然"外生"和"内生"的术语源自联立方程模型分析，但内生解释变量一词涵盖了一个解释变量可能与误差项相关的一切情况。

当模型函数关系设定错误（没有对变量取对数、遗漏自变量的高次项），或者遗漏了一个与自变量$(x_1, x_2, \cdots, x_k)$相关的重要因素，解释变量存在计量误差、解释变量与被解释变量相互影响，就会导致假定 MLR.4 不满足，从而出现内生性。内生性的出现将导致模型估计失去无偏性和一致性。遗憾的是，我们永远无法确切地知道，无法观测因素的平均值是否与解释变量无关，但这是一个关键假定。

5. 假定 MLR.5：同方差性

给定任意解释变量值，误差 μ 都具有相同的方差，即 $\mathrm{Var}(\mu | x_1, x_2, \cdots, x_k) = \sigma^2$。

假定 MLR.5 意味着：以解释变量为条件，不管解释变量出现怎样的组合，误差项 μ 的方差都是一样的，即不可观测的误差方差不依赖于任何一个解释变量。如果这个假定不成立，那么模型就会出现异方差性。

在假定 MLR.1～MLR.5 下，我们获得了 OLS 估计量的期望和方差，小样本下这些估计量是总体参数的最佳线性无偏估计量，在大样本下还是一致的和渐进有效的。但为了进行统计推断，不仅需要知道 $\hat{\beta}_j$ 的期望值和方差这两个量，还需要知道 $\hat{\beta}_j$ 的全部抽样分布。为了使 $\hat{\beta}_j$ 的抽样分布易于处理，我们先假定（在大样本下，这一假定可以进一步放宽）总体中不可观测的误差是正态分布的，称之为正态性假定（normality assumption）。

6. 假定 MLR.6：正态性

总体误差 μ 独立于解释变量 $x_1, x_2, \cdots, x_k$，而且服从均值为零和方差为 σ^2 的正态分布：$\mu \sim N(0, \sigma^2)$。

就横截面回归分析而言，假定 MLR.1～MLR.6 被称为经典线性模型假定（classical linear model assumptions）。于是我们将这六个假定下的模型称为经典线性模型（classical linear model，CLM）。CLM 假定包括所有的高斯—马尔可夫假定，再加上误差正态分布的假定。

在任何一个应用中，是否可以假定 μ 的正态性实际上是一个经验问题。有时判断比较简单。例如，如果 y 只取少数几个值，它就不可能接近正态分布。

在 CLM 假定下，OLS 估计量 $\hat{\beta}_j (j = 1, 2, \cdots, k)$ 比在高斯—马尔可夫假定下具有更强的效率性质。可以证明，OLS 估计量是最小方差无偏估计，即在所有的无偏估计中，OLS 具有最小的方差。

例 9.7 一个多元回归的实例。

19 世纪末，在英国，关于伦敦有多少穷人及如何解决贫困问题的争论十分激烈。查尔斯·布什（Charles Booth）深入研究了这些问题，并声称救济类型（外部救济或内部扶持）与贫困之间没有关系。1899年，乔治·乌德尼·尤尔（George Udny Yule）对查尔斯·布什的研究结果提出怀疑。尤尔声称，救济（在贫民窟以外提供资金扶持）导致贫困增加。他使用线性回归来显示这种因果关系，这是回归分析在社会科学中的首次应用。经过百余年的发展，统计回归仍然是迄今为止使用最广泛的统计程序。

尤尔在研究中提出了如下回归模型，以解释政策选择如何影响乞讨者的数量。

$$\Delta Paup = a + b \times \Delta Out + c \times \Delta Old + d \times \Delta Pop + error$$

式中，Δ 表示一种历时的变化，Paup 指乞讨者在全部人口中所占的比重，Out 是扶贫政策选择比例 N/D（N=外部救济；D=内部扶持），Old 表示总人口中 65 岁以上人口的数量，Pop 指总人口数，error 指误差项。

数据来源于1871年、1881年和1891年英国的人口普查。此例中，我们使用了1871～1881年的数据（Yule's data.dta）。我们先构建如下回归模型：

. regress paup out old pop

```
  Source |       SS         df       MS              Number of obs =   32
---------+------------------------------              F(3, 28)      = 21.49
   Model |  5875.32014      3    1958.44005           Prob > F      = 0.0000
Residual |  2551.89861     28    91.1392359           R-squared     = 0.6972
---------+------------------------------              Adj R-squared = 647
   Total |  8427.21875     31    271.845766           Root MSE      = 9.5467

-----------------------------------------------------------------------------
    paup |    Coef.     Std. Err.      t      P>|t|     [95% Conf. Interval]
---------+-------------------------------------------------------------------
     out |  0.7520945   0.1349873    5.57    0.000     0.4755856    1.028603
     old |  0.055602    0.2233568    0.25    0.805    -0.4019236   0.5131276
     pop | -0.3107383   0.0668514   -4.65    0.000    -0.4476771  -0.1737995
    _cons| 12.88356    10.36722     1.24    0.224    -8.352724    34.11984
-----------------------------------------------------------------------------
```

模型如下：

$$\Delta Paup = 12.884 + 0.752*\Delta Out + 0.056*\Delta Old - 0.311*\Delta Pop + error$$

由于 Δ Out 的系数为正，尤尔得出结论，我们的外部救济导致了贫困。在保持其他条件（老年人口数和总人口数）不变的前提下，如果 Δ Out 增加 1 个百分点，那么 Δ Paup 将增加 0.752 个百分点。请注意，外部救济是贫困家庭获得的外部救济数与贫困家庭获得的内生发展支持数之比。

尤尔的模型受到了广泛质疑。首先，尤尔在模型中引入了 Δ Old 和 Δ Pop 两个控制变量。那么，尤尔模型右侧是否应该包含更多变量？另外，尤尔假设模型是线性的，但是为什么模型必须是线性的？一个更大的问题是：Δ Out、Δ Old 和 Δ Pop 的系数在不同的时间和地理位置上可能不一致，也就是说，此模型可能不满足独立性的假定。这些因素对基于上述模型而做出的因果推论都存在着影响。尤尔构建上述模型的初衷是希望，向乞讨者提供 x 英镑的救济将使贫困增加（或减少）y%。但如果不满足独立性假定，就无法做出上述推论。

尤尔意识到了这些局限。他将原来的因果关系调整为一种"关联"关系。虽然尤尔的模型可以有效地描述他手头拥有的数据，但这种描述性统计仅仅告诉我们所拥有的数据中的变量相互关联。然而，因果模型会告诉你，如果你干预并改变某些变量，另外一些变量会相应发生什么改变。

既然尤尔的模型不能满足预测的基本标准，那么肯定是不能作为因果模型的。也就是说，尤尔的回归分析仅仅能表明 Δ Paup 和 Δ Out 之间存在关联，但对于更多问题的解答，尤尔模型是无能为力的。例如，Δ Out 是否是造成 Δ Paup 的原因？这种关系指向哪个方向？是否还需要控制更多因素？等等。在初始的研究中，尤尔假定答案是先验的，这成为我们今天提出研究假设的肇始。

第三节　不同函数形式和变量类型的影响

在回归分析中，容易被质疑的一个问题是：为什么变量之间的关系总是线性关系？无论处于何种水平，在其他条件不变的情况下，x_j 改变一个单位，y 总是平均改变 β_j。在这个问题上，存在一个很大的误区。我们所说的线性是针对参数而言的，而不是针对解释变量的。通过对变量取对数，或者在回归模型中加入解释变量的平方项（或更高次项）、交互项或者在模型中引入虚拟变量，可以将变量之间的线性关系转化为非线性关系，但上述情况仍可以在参数线性的框架下进行分析。

一、含二次项的回归模型

在实证研究中，为了描述递减或者递增的边际效应，常常会用到二次函数。在最简单的情形中，y 只取决于一个单独可观测因素 x，但又取决于其二次形式 x^2。

$$y = \beta_0 + \beta_1 x + \beta_2 x^2 + \mu \qquad (9.22)$$

此时，β_1 并没有度量 y 相对于 x 的变化，因为保持 x^2 不变而改变 x 是不可能的。

如果将估计方程写成：

$$\hat{y} = \hat{\beta}_0 + \hat{\beta}_1 x + \hat{\beta}_2 x^2 \qquad (9.23)$$

有如下近似：

$$\Delta \hat{y} \approx \left(\hat{\beta}_1 + 2\hat{\beta}_2 x \right) \Delta x$$

那么，所有 $\Delta \hat{y} / \Delta x \approx \hat{\beta}_1 + 2\hat{\beta}_2 x$，这说明 x 和 y 之间的斜率 $\left(\hat{\beta}_1 + 2\hat{\beta}_2 x \right)$ 取决于 x 的值。如果代入 $x=0$，$\hat{\beta}_1$ 可被解释为从 $x=0$ 到 $x=1$ 的近似斜率。如果代入 $x=5$，$\hat{\beta}_1 + 10\hat{\beta}_2$ 可被解释为 $x=5$ 到 $x=6$ 的近似斜率。通常，代入 x 的均值，然后计算在均值的基础上变化 1 单位的近似斜率，有较大的实际意义。

在多数研究中，$\hat{\beta}_1$ 为正，$\hat{\beta}_2$ 为负，说明 x 对 y 具有递减影响，两者的关系为抛物线形态（倒 U 形）。总存在一个正的 x 值，此时 x 对 y 的影响为零；在此点之前，x 对 y 的影响为正；而在此点之后，x 对 y 的影响为负。实践中，重要的是求出这个转折点的值。根据方程一阶导数为零的条件，可知转折点（或函数的最大值点）x^* 为

$$x^* = \left| \hat{\beta}_1 / 2\hat{\beta}_2 \right|$$

当一个模型的因变量是对数形式而解释变量是二次项形式时，为了做出一个有用的解释，需要特别小心。

当 $\hat{\beta}_1$ 为负，$\hat{\beta}_2$ 为正，说明 x 对 y 具有递增的影响，两者的关系不是抛物线形态，而是 U 形。

如果水平项和二次项的系数具有相同的符号（都为正或都为负），而解释变量为非负，则在每种情形中，都没有 $x>0$ 的转折点。比如，若 β_1 和 β_2 都为正，则 y 的最小期望值在 $x=0$ 处取得，x 的增加对 y 有负的影响，而且影响的幅度随着 x 的变大递增。

例 9.8 含二次项的多元回归模型。

我们调查获得了电力公司过去 36 个月的供电量（Units）与成本（Cost）之间的数值（POWER.XLS），想找到二者之间的确切关系。通过散点图（图 9.14）观察这两个变量之间的关系：

.scatter Cost　Units

第九章 回归分析

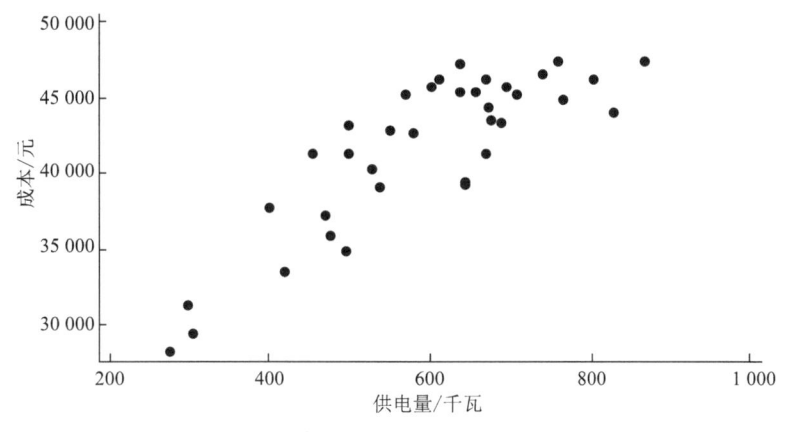

图 9.14 供电量与成本之间的散点图

从图 9.14 可以看出，供电量与成本之间存在明显的正相关，但这是否一定是一种直线关系呢？我们先进行一元线性回归，得到模型：Cost = 23651 + 30.53 Units。此模型中，R^2 为 73.60%，均方根误差（Root MSE）为 2 733.7。我们进一步用散点图（图 9.15）来分析残差与拟合值之间的关系。

. predict e, residual

. predict phat

. scatter e phat

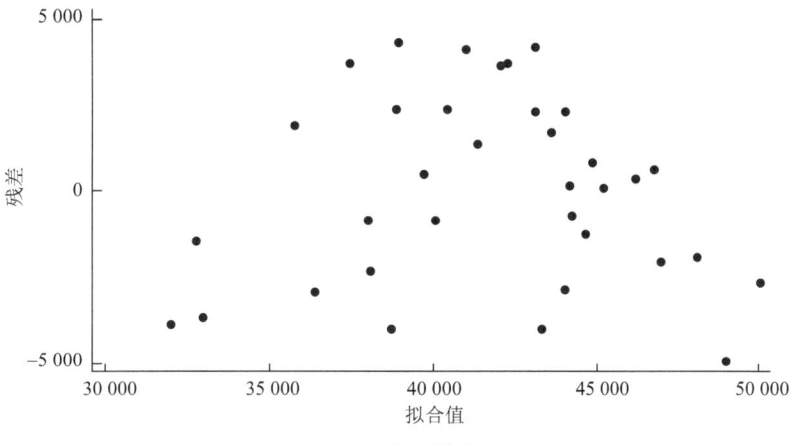

图 9.15 残差散点图

由图 9.15 可以看出，最左侧和最右侧的残差均为负，而中间的大多数残差为正，这是一种典型的抛物线关系的特征。为此，我们考虑在模型中加入二次项。

. gen Sqr_Units= Units* Units

```
. reg Cost Units Sqr_Units
```

Source	SS	df	MS	
Model	790511518	2	395255759	Number of obs = 36
Residual	171667571	33	5202047.6	F(2, 33) = 75.98
				Prob > F = 0.0000
				R-squared = 0.8216
				Adj R-squared = 0.8108
Total	962179089	35	27490831.1	Root MSE = 2280.8

Cost	Coef.	Std. Err.	t	P>|t|	[95% Conf. Interval]
Units	98.35039	17.2369	5.71	0.000	63.28165 133.4191
Sqr_Units	−0.0599729	0.0150664	−3.98	0.000	−0.0906258 −0.0293201
_cons	5792.798	4763.058	1.22	0.233	−3897.717 15483.31

现在我们看到，R^2 增加到了 81.08% 而均方根误差减少到了 2 280.8。

二、变量使用对数的函数形式

在阅读社会科学的应用文献时，经常会遇到一些回归方程，其中因变量以对数形式出现，或者自变量以对数形式出现，或者因变量和自变量均以对数形式出现。此时，在解释方程中 β_j 的含义时应当特别注意，因为它与变量未取对数时的含义不同。

考虑如下方程 β_1 的含义

$$\widehat{\text{wage}} = 0.090 + 0.54\text{educ}$$

方程中 $\beta_1 = 0.54$ 的含义是，受教育年限每增长 1 年，小时工资回报平均增加 54 美分。在这里，54 美分的增加，可能来自第 1 年的教育，也可能来自第 20 年的教育。为了更好地刻画工资如何随着受教育年限的变化而变化，可以这样假定：多接受 1 年教育，小时工资增长的百分数不变。一个给出百分比影响（近似）为常数的模型是

$$\log(\text{wage}) = \beta_0 + \beta_1 \text{educ} + \mu \quad (9.24)$$

log 表示自然对数。特别是，若 $\Delta\mu = 0$，则 β_1 的含义是：多接受 1 年教育，小时工资变化的百分比。因为小时工资变化的百分比与所增加的每一单位受教育

年限都相等，当受教育年限提高时，工资变化量也随之增加，这意味着教育回报是递增的。当 $\beta_1 > 0$，工资和受教育年限的关系如图 9.16 所示。

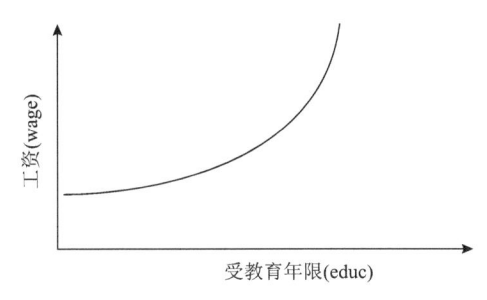

图 9.16　工资和受教育年限的关系图

根据因变量和自变量是否使用对数形式，可得到四个函数形式组合，不同函数形式下对 β 的解释是不同的，具体见表 9.1。

表 9.1　回归模型中变量使用对数的函数形式及其中 β 的解释

模型	因变量	自变量	对 β 的解释
水平值-水平值	y	x	x 每变化 1 个单位，y 平均变化 β 单位
水平值-对数	y	$\log(x)$	x 每变化 1%个单位，y 平均变化 $\beta/100$ 单位
对数-水平值	$\log(y)$	x	x 每变化 1 个单位，y 平均变化 $(100\times\beta)$% 单位
对数-对数	$\log(y)$	$\log(x)$	x 每变化 1%个单位，y 平均变化 β% 单位

在实证研究中，对变量取对数的优势主要表现为以下几点。

（1）斜率系数不随测度单位的变化而变化，因此可以忽略以对数形式出现的变量的度量单位。

（2）当 $y>0$ 时，使用 $\log(y)$ 作为因变量的模型，通常比使用水平值作为因变量的模型更接近 CLM 假定。严格为正的变量，其条件分布常常具有异方差或偏态性，取对数后可以消除或缓解这两个问题。

（3）取对数通常会缩小变量的取值范围，在某些情况下这种范围的缩小相当可观，这就使得估计值对因变量或自变量的异常值不是那么敏感。

至于何时取对数，没有一个统一的标准，但有一些经验法则，具体如下：

（1）对以货币（如人民币、美元）数量为单位的变量，通常可以取对数。

（2）对人口、雇员总数和学校人数的变量，通常可以取对数。

（3）以年度测度的变量（如受教育年限、工作经历、任职年限和年龄），通常以原有年数出现。

（4）对于比例或百分比变量（如失业率等），如存在使用水平值的趋势，既可以使用原有的形式，也可以使用对数形式。

对变量取对数的限制和缺陷主要表现为以下几点：

（1）变量不能为0或负值，但当y非负又可等于0时，有时用$\log(1+y)$替代$\log(y)$。除了$y=0$开始变化外，通常的百分比变化几乎完全保留了其解释，当y取值中包含相对较少的0时，使用$\log(1+y)$不会导致结果的变化。

（2）使用对数形式因变量，更难预测原变量的值。原模型使我们能预测$\log(y)$，而不是y。

例9.9 含对数项的模型。

我们继续上例，在模型中加入对数项，Stata结果如图9.17。

. gen Unit_log=log(Units)

. twoway (scatter Cost Unit_log) (lfit Cost Unit_log)

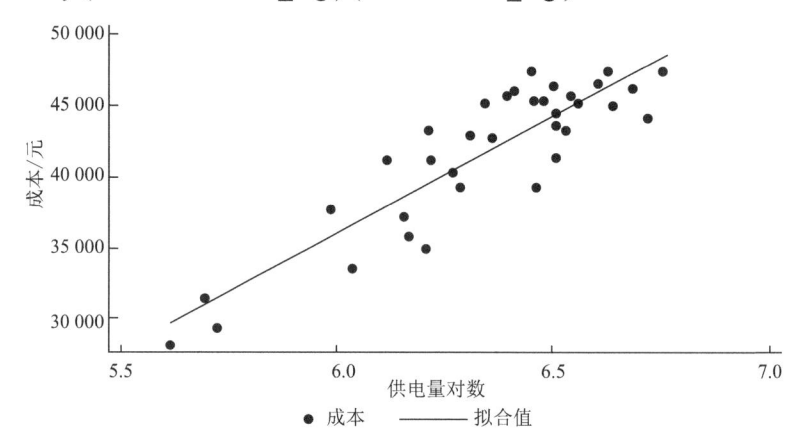

图9.17 成本（Cost）与供电量对数（Unit_log）的散点图

将对数项加入模型后，我们得到模型：Predicted Cost = –63993+16654 Unit_log。此模型的R^2为79.8%，而s_e为2 393。可见，加入对数项相对于直线模型拟合优度有所改善，而相对于抛物线模型，则此模型拟合不佳。因此，变量之间真正的关系应该是二次型的。

需要注意的是，当对数项加入后，模型的解释方式有所变化。对于上述模型而言，假设供电单位增加1%，如从600增加到606。那么预期成本将增加约166.54元。换言之，供电量每增加1%，预计成本将增加166.54元。注意，供电量的值越大，每增加1%表示绝对增加越大。但每增加1%，成本也会随之增加。这是描述边际成本属性递减的另一种方式。

三、含交互项的回归模型

因变量对解释变量的偏效应、弹性或半弹性,有时很自然地取决于另一个解释变量的大小。比如,对模型 $y = \beta_0 + \beta_1 x_1 + \beta_2 x_2 + \beta_3 x_1 x_2 + \mu$,我们称自变量 x_1 和 x_2 之间存在交互效应。在这一模型中,β_1 并没有度量 y 相对于 x_1 的变化,因为保持 $x_1 x_2$ 不变而改变 x_1 是不可能的。如果将估计方程写成:

$$\hat{y} = \hat{\beta}_0 + \hat{\beta}_1 x_1 + \hat{\beta}_2 x_2 + \hat{\beta}_3 x_1 x_2 \qquad (9.25)$$

那么,y 对 x_1 的偏效应为:$\Delta \hat{y} / \Delta x_1 = \hat{\beta}_1 + \hat{\beta}_3 x_2$。这说明 x_1 和 y 之间的斜率 $\left(\hat{\beta}_1 + \hat{\beta}_3 x_2\right)$ 取决于 x_2 的值。如果代入 $x_2 = 0$,$\hat{\beta}_1$ 可被解释为 $x_2 = 0$ 到 $x_2 = 1$ 的近似斜率。如果代入 $x_2 = 5$,$\hat{\beta}_1 + 5\hat{\beta}_3$ 可被解释为 $x_2 = 5$ 到 $x_2 = 6$ 的近似斜率。同样,考察在解释变量均值处的偏效应有较大的实际意义。

可将模型重新参数化为

$$y = \alpha_0 + \delta_1 x_1 + \delta_2 x_2 + \beta_3 (x_1 - \mu_1)(x_2 - \mu_2) + \mu \qquad (9.26)$$

式中,μ_1 和 μ_2 分别是 x_1 和 x_2 的总体均值。现在,x_1 的系数 δ_1 是在 x_2 的均值处 x_1 对 y 的偏效应。因此,如果在构造交互项之前,先从变量中减去其均值(实践中通常是样本均值),原始变量的系数的解释便有了意义。此外,为了可以立即得到在均值处偏效应的标准误,我们还可以将 μ_1 和 μ_2 换成解释变量的其他某个有意义的值。

四、含虚拟变量的回归模型

在实证研究中,很多变量都是定性变量,如性别、地区、行业。如果定性变量以二值信息的形式出现,则称为二值变量,又称虚拟变量、哑变量。通常用 0 或 1 来刻画二值变量,因此二值变量也被称为 0-1 变量。尽管使用其他数值来刻画也是一样,但使用 0 和 1 会使回归模型中的参数有十分自然的解释。

例如,在小时工资数据(wage1)的局部数据列表中,female、married 都是虚拟变量。female=1 表示工人为女性,female=0 表示工人为男性。married=1 表示工人为已婚,married=0 表示工人为未婚。虚拟变量中定义为 0 的组被称为基组(base group)或基准组(benchmark group)。

(一)含有虚拟变量的回归

首先,考虑只有一个虚拟变量的最简单情形。我们只在方程中增加一个虚拟变量为自变量。比如，考察性别是不是决定小时工资的因素的简单模型。

$$\text{wage} = \beta_0 + \beta_1 \text{female} + \mu \qquad (9.27)$$

在这一模型中，β_0 的含义是基组男性的平均小时工资；β_1 的含义是女性和男性在小时工资上的平均差异；$\beta_0 + \beta_1$ 为女性的平均小时工资。因此，系数 β_1 决定了是否对女性存在工资歧视：如果 $\beta_1 < 0$，那么在其他因素相同的情况下，女性工资总体上比男性工资低。

一般而言，对一个常数和一个虚拟变量进行简单回归，是比较两组均值的直接方法。要使 t 统计量生效，还必须假定同方差性，这就意味着，男、女工资的总体方差相同。

由于影响小时工资的因素不只是性别，还需要在回归模型中加入其他因素，如受教育年限（educ）、工作经历（exper）、任职年限（tenure）。加入这些控制因素后，β_1 的含义是：在其他条件不变的情况下，女性和男性在小时工资上的平均差异。

其次，也可以在同一个方程中使用几个虚拟自变量。比如，可以在小时工资方程中再增加一个虚拟变量 married，其估计系数的含义是：在其他条件不变的情况下，已婚和未婚工人在小时工资上的平均差异。

当自变量中有一个或多个虚拟变量，而因变量以对数形式出现时，该系数可以用百分比来解释。若因变量为 $\ln(\text{wage})$，则 female 的系数的含义是：在其他条件不变的情况下，女性比男性少挣 $(100 \times \beta_1)\%$。更精确的计算是：如果 $\hat{\beta}_1$ 是一个虚拟变量（如 x_1）的估计系数，$\log(y)$ 是因变量，在 $x_1 = 1$ 时预测的 y 相对于在 $x_1 = 0$ 时预测的 y 精确的百分比变化（与估计系数的方向一致）为

$$\text{百分比变化} = 100 \times \left[\exp\left(\hat{\beta}_1\right) - 1 \right]$$

（二）虚拟变量的交互效应

就像连续变量在回归模型中可以有交互作用一样，虚拟变量也能产生交互作用。例如，我们根据婚姻状况和性别定义了四个类别。事实上，可以在 female 和 married 分别出现的模型中，增加一个 female 和 married 的交互项来重建这个模型。这就使婚姻对小时工资的影响与性别有关。为便于比较，含有 female 和 married 交互项的估计模型为

$$\begin{aligned} \log(\text{wage}) = & \beta_0 + \beta_1 \text{female} + \beta_2 \text{married} + \beta_3 \text{female} \times \text{married} + \beta_4 \text{educ} \\ & + \beta_5 \text{exper} + \beta_6 \text{tenure} + \beta_7 \text{exper}^2 + \beta_8 \text{tenure}^2 + u \end{aligned}$$

使用 wage1.dta 的数据估计模型,得到 $\beta_0 = 0.321$,$\beta_1 = 0.213$,这个模型还能得到四组数据之间预期工资的差异,但这里必须小心地将 0 和 1 的组合代入。取 female = 0 和 married = 0,这就排除了 female、married 和 female × married,所以对应单身男性这个基组。female = 0 和 married = 1,就给出已婚男性组的截距,这个截距是 0.321+0.213=0.534。其他组截距的计算同理。

这一示例说明,在多元线性回归模型中,如果对不同虚拟变量进行交互,就会使几个组之间出现不同的截距。在有些情况下,虚拟变量可能与非虚拟的解释变量有交互作用,使得出现不同的斜率。回到本例,假设在男性和女性的工资存在恒定差别的情况下,我们想检验男性和女性受教育的回报是否相同,可以使用以下模型进行估计。

$$\log(\text{wage}) = \beta_0 + \beta_1 \text{female} + \beta_2 \text{educ} + \beta_3 \text{female} \times \text{educ} + \beta_4 \text{exper}$$
$$+ \beta_5 \text{exper}^2 + \beta_6 \text{tenure} + \beta_7 \text{tenure}^2 + u$$

一个重要的假设是,男性和女性受教育的回报是相同的,则检验的假设是

$$H_0 : \beta_0 = 0$$

利用 wage1.dta 的数据估计模型,可以考察 female 和 educ 的交互影响。结果显示,没有证据能够拒绝男女受教育的回报相同这个假设。模型中 female 的系数不显著,并不能表明女性获得的回报更低。一方面,加入交互项后多重共线性使标准误发生了膨胀;另一方面,female 的系数仅度量了 educ = 0 时男性和女性的工资差异,事实上,很少有人的受教育年限是 0。更有意义的做法是,在样本的平均受教育年限上估计性别的差异。

Stata 应用:含有虚拟变量的交互分析

在 Stata 中,可以通过多种方法进行虚拟变量的交互分析。

(1)先产生虚拟变量的交互项,然后加入模型。

(2)直接使用 Stata 中的因子变量,在命令窗口输入 help fvvarlist 获取有关因子变量使用的详细说明。

Stata 代码如下:

1. 虚拟变量之间的交互

use "wage1.dta",clear
方法 1:产生相应的交互变量
gen female_married = female*married
reg lwage female married female_married
reg lwage female married female_married educ exper tenure expersq tenursq

```
est store lwage
```
方法 2：利用因子变量
```
reg lwage female married i.married# i.female educ exper tenure expersq/// tenursq
est store lwage2
esttab lwage
est clear
```
2. 虚拟变量与连续变量的交互
```
use "wage1.dta",clear
```
方法 1：产生相应的交互变量
```
gen female_educ = female*educ
sum educ
gen female_meduc=female*(educ-r(mean))
reg lwage female educ female_educ exper expersq tenure tenursq
est store lwage1
*检验边际效应
sum educ
reg lwage female educ female_meduc exper expersq tenure tenursq
est store lwage2
tset female female_meduc
```
方法 2：利用因子变量
```
reg lwage female educ i.female# c.educ exper expersq tenure tenursq
est store lwage3
esttab lwage*
*计算边际效应
reg lwage i.female c.educ i.female# c.educ exper expersq tenure tenursq
margin,dydx(female educ)
```

第四节　哑　变　量

一、哑变量定义

哑变量，也叫虚拟变量。引入哑变量的目的是，将不能够定量处理的变量量化。在线性回归分析中引入哑变量的目的是，可以考察定性因素对因变量的影响。

哑变量是人为虚设的变量，通常取值为 0 或 1，来反映某个变量的不同属性。

对于有 n 个分类属性的自变量，通常需要选取 1 个分类作为参照，因此可以产生 $n-1$ 个哑变量。职业、性别对收入的影响，战争、自然灾害对国内生产总值的影响，季节对某些产品（如冷饮）销售的影响，等等，这种"量化"通常是通过引入"哑变量"来完成的。根据这些因素的属性类型，构造只取"0"或"1"的人工变量，记为 D。

例如，假设变量"职业"的取值分别为：工人、农民、学生、企业职员、其他，5 种选项。我们可以增加 4 个哑变量来代替"职业"这个变量，分别为 $D1$（1=工人，0=非工人）、$D2$（1=农民，0=非农民）、$D3$（1=学生，0=非学生）、$D4$（1=企业职员，0=非企业职员），最后一个选项"其他"的信息已经包含在这 4 个变量中了，所以不需要再增加一个 $D5$（1=其他，0=非其他）。这个过程就是引入哑变量的过程，其实在综合分析中，就是利用哑变量来分析各个属性的效用值。

此时，我们通常会将原始的多分类变量转化为哑变量，每个哑变量只代表某两个级别或若干个级别间的差异。通过构建回归模型，每一个哑变量都能得出一个估计的回归系数，从而使得回归的结果更易于解释，更具有实际意义。

二、什么情况下需要设置哑变量

（一）对于无序多分类变量，引入模型时需要转化为哑变量

例如，血型一般分为 A、B、O、AB 四个类型，为无序多分类变量。通常情况下，在录入数据的时候，为了使数据量化，我们常会将其赋值为 1、2、3、4。

从数字的角度来看，赋值为 1、2、3、4 后，它们具有从小到大的一定的顺序关系。但实际上，四种血型之间并不存在这种大小关系，它们之间应该是相互平等独立的关系。如果将其按照 1、2、3、4 赋值并代入回归模型中，则是不合理的，此时我们就需要将其转化为哑变量。

（二）对于有序多分类变量，引入模型时需要酌情考虑

例如，疾病的严重程度一般分为轻、中、重度，可认为是有序多分类变量。通常情况下，我们常会将其赋值为 1、2、3（等距）或 1、2、4（等比）等形式，通过由小到大的数字关系，来体现疾病严重程度之间一定的等级关系。

但需要注意的是，一旦赋值为上述等距或等比的数值形式，这在某种程度上就是认为疾病的严重程度也呈现类似的等距或等比关系。但事实上由于疾病在临床上的复杂性，不同的严重程度之间并非严格的等距或等比关系，因此再赋值为上述形式就显得不太合理，此时可以将其转化为哑变量进行量化。

（三）连续性变量进行变量转化时可以考虑设置其为哑变量

对于连续性变量，很多人认为可以直接将其代入回归模型中，但有时我们还需要结合实际意义，对连续性变量作适当的转换。例如，将年龄作为连续性变量代入模型时，其解释为年龄每增加一岁时对因变量的影响。但往往年龄增加一岁，其效应是很微弱的，并没有太大的实际意义。此时，我们可以将年龄这个连续性变量进行离散化，按照10岁一个年龄段进行划分，如0~10、11~20、21~30、31~40等，将每一组赋值为1、2、3、4。此时，构建模型的回归系数就可以解释为年龄每增加10岁时对因变量的影响。

以上赋值方式是基于一个前提，即年龄与因变量之间存在着一定的线性关系。但有时可能会出现以下情况，如在年龄段较低和较高的人群中，某种疾病的死亡率较高，而在中青年人群中死亡率却相对较低，年龄和死亡结局之间呈现一个U形关系，此时再将年龄段赋值为1、2、3、4就显得不太合理了。

因此，当我们无法确定自变量和因变量之间的变化关系，在将连续性自变量离散化时，可以考虑进行哑变量转换。

还有一种情况，如将身体质量指数（body mass index，BMI）按照临床诊断标准分为体重过低、正常体重、超重、肥胖等几类时，由于不同分类之间划分的切点是不等距的，此时赋值为1、2、3、4就不太符合实际情况了，因此也可以考虑将其转化为哑变量。

三、如何选择哑变量的参照组

前文我们提到，对于有 n 个分类的自变量，需要产生 $n-1$ 个哑变量，当 $n-1$ 个哑变量取值都为0的时候，这就是该变量的第 n 类属性，即我们将这类属性作为参照。

例如，前文提到的以职业因素为例，共分为工人、农民、学生、企业职员、其他5个分类，设定了4个哑变量，当每个哑变量的赋值均为0，此时我们就将"其他"这个属性作为参照，在最后进行模型解释时，所有类别哑变量的回归系数，均表示该哑变量与参照相比之后对因变量的影响。

在设定哑变量时，应该选择哪一类作为参照呢？

1. 可以选择有特定意义的，或者有一定顺序水平的类别作为参照

例如，婚姻状态分为未婚、已婚、离异、丧偶等情况，可以将"未婚"作为参照；或者如学历，分为小学、中学、大学、研究生等类别，存在着一定的顺序，可以将"小学"作为参照，以便于回归系数的解释。

2. 也可以选择临床正常水平作为参照

例如，BMI 按照临床诊断标准分为体重过低、正常体重、超重、肥胖等类别，此时可以选择"正常体重"作为参照，其他分类都与正常体重进行比较，这样更具有实际意义。

3. 还可以将研究者所关注的重点类别作为参照

例如，血型一般分为 A、B、O、AB 四个类型，研究者更关注 O 型血的人，因此可以将 O 型作为参照，来分析其他血型与 O 型相比对于结局产生影响的差异。

四、引入哑变量的两种方式

通常，引入哑变量有加法方式和乘法方式两种。加法方式是指，哑变量作为单独的自变量，有独立的系数，从几何意义上来讲，就是只改变回归直线的截距，不改变斜率；乘法方式则正好相反，不改变截距，只改变斜率，因为哑变量在回归方程中不是作为一个独立的自变量，而是与其中某一个自变量相乘后作为一个自变量。当然，也可以同时使用加法和乘法来引入哑变量，即同时改变截距和斜率。

五、哑变量的性质

（1）哑变量方法只在离散型变量水平数较小时使用，一般在 3 个及以内。例如，成年人的年龄水平只有 3 个（青年、中年、老年）。

（2）由于哑变量的取值只有 0 和 1，它起到的作用像是一个"开关"的作用，可以屏蔽掉 $D=0$ 的情况，使之不进入分析。

例 9.10 一个包含哑变量的回归模型。

此例中，我们将全面展示哑变量的构造与应用。某年，一家银行面临着工资方面存在性别歧视的指控。此银行 208 名员工的工资数据见数据集 BANK.XLS。此数据集中包括如下变量：

EducLev（教育水平），是一个定类变量，高中毕业为 1，大专毕业为 2，大学毕业为 3，硕士毕业为 4，博士毕业为 5。

JobGrade（岗位级别），是一个定序变量，按照员工的岗位级别由低到高分为 6 级，6 为最高岗位。

YrHired（从业年限），这是一个定比尺度的连续变量。

YrBorn（出生年月），这是用来计算员工年龄的一个变量，用当前年份减去此变量可算得员工年龄。这是一个定距尺度的连续变量。

Gender（性别），这是一个定类变量，1 表示男性，0 表示女性。

YrsPrior（工作经验），这是一个定比尺度的连续变量，表示员工在供职于本银行前在其他机构任职的年限。

Salary（工资），这是一个定比尺度的连续变量，表示员工的年薪，以万元为单位取值。

针对上述数据，我们简单地对男、女员工的平均工资进行均值比较，以确认该银行是否存在性别歧视。

. ttest Salary, by(Gender)
Two-sample t test with equal variances

```
------------------------------------------------------------------------------
   Group |   Obs        Mean     Std. Err.    Std. Dev.   [95% Conf. Interval]
---------+--------------------------------------------------------------------
  Female |   140     3.720993    0.0567172    0.6710867   3.608853   3.833133
    Male |    68     4.550544    0.1921272    1.584322    4.167057   4.934032
---------+--------------------------------------------------------------------
combined |   208     3.992192    0.0780474    1.125615    3.838323   4.146062
---------+--------------------------------------------------------------------
    diff |         −0.8295513    0.1564493               −1.137998  −0.5211041
------------------------------------------------------------------------------
    diff = mean(Female) - mean(Male)                          t = −5.3024
Ho: diff = 0                                    degrees of freedom =    206

    Ha: diff < 0              Ha: diff != 0               Ha: diff > 0
 Pr(T < t) = 0.0000       Pr(|T| > |t|) = 0.0000        Pr(T > t) = 1.0000
```

均值比较结果显示，男、女员工的平均工资存在显著差异。如果以性别为自变量，以工资为因变量进行回归分析，我们也得到了与 t 检验相同的结果。

. reg Salary Gender

```
------------------------------------------------------------------------------
     Source |     SS          df         MS        Number of obs  =    208
------------+------------------------------------  F(1, 206)      =  28.12
      Model | 31.4963384        1     31.4963384   Prob > F       = 0.0000
   Residual | 230.774734      206     1.1202657    R-squared      = 0.1201
------------+------------------------------------  Adj R-squared  = 0.1158
      Total | 262.271072      207     1.26701001   Root MSE       = 1.0584
------------------------------------------------------------------------------
     Salary |    Coef.    Std. Err.      t       P>|t|   [95% Conf. Interval]
------------+-----------------------------------------------------------------
     Gender | −0.8295513  0.1564493    −0.530    0.000   −1.137998  −0.5211041
      _cons |  4.550544   0.128353      3.545    0.000    4.29749    4.803598
------------------------------------------------------------------------------
```

那么，这家银行真的存在性别歧视吗？男、女员工的工资差别会不会是由于先前的工作经验和工龄的不同而引起的？为此，我们决定把YrsPrior、YrHired两个变量加入模型，以做进一步检验。

. reg Salary i.Gender YrsPrior YrHired

Source	SS	df	MS			
Model	129.10668	3	43.0355601			
Residual	133.164392	204	0.652766628			
Total	262.271072	207	1.26701001			

Number of obs = 208
F(3, 204) = 65.93
Prob > F = 0.0000
R-squared = 0.4923
Adj R-squared = 0.4848
Root MSE = 0.80794

Salary	Coef.	Std. Err.	t	P>|t|	[95% Conf. Interval]	
1.Gender	−0.8080212	0.119817	−6.74	0.000	−1.04426	−0.5717827
YrsPrior	0.0131338	0.0180923	0.73	0.469	−0.0225381	0.0488057
YrHired	−0.0987994	0.0080928	−12.21	0.000	−0.1147557	−0.0828431
_cons	12.93511	0.6926358	18.68	0.000	11.56946	14.30075

通过控制YrsPrior和YrHired两个变量，我们看到女性员工仍然比男性员工的平均工资低0.808万元，男、女员工间的工资差别有所减小，但仍然存在显著差异（$p<0.001$）。那么，加入更多控制变量，是否会消除这个差别呢？我们又将教育水平（EducLev）加入模型。

. reg Salary i.Gender YrsPrior YrHired i.EducLev

Source	SS	df	MS			
Model	169.126921	7	24.1609887			
Residual	93.1441513	200	0.465720757			
Total	262.271072	207	1.26701001			

Number of obs = 208
F(7, 200) = 51.88
Prob > F = 0.0000
R-squared = 0.6449
Adj R-squared = 0.6324
Root MSE = 0.68244

Salary	Coef.	Std. Err.	t	P>|t|	[95% Conf. Interval]	
1.Gender	−0.4501322	0.1085767	−4.15	0.000	−0.6642343	−0.2360301
YrsPrior	0.03622342	0.0158123	2.29	0.023	0.0050431	0.0674037

YrHired	−0.103293	0.0069603	−14.84	0.000	−0.1170179	−0.0895681
EducLev						
2	0.0160242	0.1656012	0.10	0.923	−0.3105241	0.3425725
3	0.4764556	0.1473434	3.23	0.001	0.1859097	0.7670016
4	0.7319841	0.2694169	2.72	0.007	0.200722	1.263246
5	1.177021	0.1510214	7.79	0.000	0.8792224	1.474819
_cons	12.47417	0.5903902	21.13	0.000	11.30998	13.63836

可以看出，在控制教育水平后，男、女员工的平均工资差别进一步减小（由 0.808 万元减少至 0.450 万元），但仍然存在显著差异（$p<0.001$）。于是我们进一步控制岗位级别和出生年月。

. reg Salary i.Gender YrsPrior YrHired i.EducLev i.JobGrade YrBorn

Source	SS	df	MS		
Model	197.143389	13	15.1648761	Number of obs	= 208
Residual	65.127683	194	0.335709706	F(13, 194)	= 45.17
				Prob > F	= 0.0000
				R-squared	= 0.7517
				Adj R-squared	= 0.7350
Total	262.271072	207	1.26701001	Root MSE	= 0.5794

Salary	Coef.	Std. Err.	t	P>|t|	[95% Conf. Interval]	
1.Gender	−0.174678	0.1008055	−1.73	0.085	−0.3734933	0.0241374
YrsPrior	0.0243521	0.0142179	1.71	0.088	−0.0036894	0.0523936
YrHired	−0.0491891	0.0100248	−4.91	0.000	−0.0689608	−0.0294175
EducLev						
2	−0.1132022	0.1421	−0.80	0.427	−0.3934614	0.167057
3	0.0906435	0.1387741	0.65	0.514	−0.1830561	0.3643431
4	0.0634887	0.2464534	0.26	0.797	−0.4225834	0.5495607
5	0.2985189	0.1660321	1.80	0.074	−0.0289408	0.6259786
JobGrade						

2|	0.2009495	0.1208714	1.66	0.098	−0.0374412	0.4393402
3|	0.5190125	0.1294988	4.01	0.000	0.2636062	0.7744189
4|	0.8769411	0.1533744	5.72	0.000	0.5744458	1.179436
5|	1.331944	0.191987	6.94	0.000	0.9532941	1.710593
6|	2.417726	0.2870294	8.42	0.000	1.851627	2.983824
YrBorn|	0.0002041	0.0059152	0.03	0.973	−0.0114622	0.0118704
_cons|	7.569239	0.7645974	9.90	0.000	6.061249	9.07723

现在，我们可以看到，男、女员工的平均工资差下降到了 0.175 万元，但不再显著。这表明，之前由均值比较而发现的性别歧视现象，事实上是由性别之外的其他诸多因素导致的。

【思考与练习】

一、单项选择题

1. 在一元线性回归方程中，回归系数 b 的含义是（　　）。
   A. 当 $x=0$ 时，y 的平均值
   B. 当 x 变动一个单位时，y 的平均变动数额
   C. 当 x 变动一个单位时，y 增加的数额
   D. 当 y 变动一个单位时，x 的平均变动数额
2. 常用的求解一元线性回归方程的方法是（　　）。
   A. 相关系数法　　B. 最小二乘法　　C. 误差绝对值最小法　　D. 误差和最小法
3. 已知变量 x 与 y 高度线性相关，x 与 y 的协方差为−60，x 的协方差为 64，y 的协方差为 100，则二者相关系数的值为（　　）。
   A. 0.75　　　　B. −0.75　　　　C. 0.1　　　　D. −0.1
4. 若相关系数为正值，则回归系数的值（　　）。
   A. 为负　　　　B. 为正　　　　C. 视 α 的符号而定　　　　D. 不确定

二、多项选择题

1. 若所有观测点都落在回归直线上，则（　　）。
   A. 相关系数可能为+1
   B. 相关系数可能为−1
   C. 相关系数可能为 0.85
   D. 两变量之间呈线性函数关系
   E. 两变量之间呈完全相关关系
2. 建立一元回归方程是为了（　　）。
   A. 确定两个变量之间的数量关系
   B. 用自变量推算因变量
   C. 用于两个变量的互相推算
   D. 确定两个变量的相关程度

E. 以上说法都对
3. 成本与产量回归方程 $\hat{y} = a + bx$ 中（　　）。
   A. x 代表产量　　　　　B. y 代表产量　　　　　C. b 为回归系数
   D. b 代表 x 增加一个单位时，y 平均增加 b 个单位
   E. b 代表 y 增加一个单位时，x 平均增加 b 个单位

三、练习题

1. 利用"和政数据"，进行如下计算：
   （1）计算手机使用时长与信息资产（信息资产得分）的相关系数；
   （2）计算信息资产与收入的相关系数；
   （3）分别建立它们之间的回归方程；
   （4）对以上模型绘图；
   （5）解释回归系数的含义。
2. 根据个人对个人信息世界的理解和对"和政数据"的分析，进行多元回归分析。
   （1）根据所选变量，构建回归方程；
   （2）绘制相关图，并对回归方程进行解释；
   （3）计算相关系数，并对方程进行检验（显著性水平 $\alpha = 0.05$）；
   （4）利用 predict 命令对构建模型的预测值和残差进行分析，并绘制相应的图形。
3. 根据个人对个人信息世界的理解和对"和政数据"的分析，尝试构建有二次项或交互项等其他形式的多元回归。
   （1）根据所选变量，构建回归方程；
   （2）绘制相关图，并对回归方程进行解释；
   （3）计算相关系数，并对方程进行检验（显著性水平 $\alpha = 0.05$）；
   （4）利用 predict 命令对构建模型的预测值和残差进行分析，并绘制相应的图形。

第十章 非参数检验

迄今为止，我们所介绍的方法都是参数检验，因为它们是基于从具有特定参数的人群中取样（如平均值或标准差）来进行检验的。参数化的方法通常必须符合一些相当严格的假定。例如，样本数据来自正态分布总体。非参数检验是不依赖总体分布的统计推断方法，是当总体分布未知时的一类检验方法，因这些方法一般不涉及总体参数而得名。这类方法的假定前提比参数假设检验方法少得多，也适用于计量信息较弱的资料，且计算方法简便易行，所以在实际中有广泛的应用。

第一节 单样本非参数检验

一、非参数检验的优点和缺点

参数检验方法假设总体符合特定的性质或形状，而非参数检验则不要求总体必须具有特定的分布，仅仅依赖于和数据本身总体分布无关的性质进行检验。因此，非参数检验通常被称为无分布检验。

非参数检验的优点：

（1）非参数检验不像参数检验那样有严格的要求（特别是要有正态分布总体），因此适用范围广泛。

（2）与许多参数检验不同，非参数检验通常可以应用于分类数据。

（3）非参数检验通常比相应的参数检验计算更简单，因此更容易理解和应用。

（4）异常值（通常是一个不正确的观测值）对非参数检验结果的影响远小于参数检验。

非参数检验的缺点：

（1）非参数检验常常把精确的测量数据简化为定性形式，因此浪费了统计信息。

（2）非参数检验不如参数检验有效，因此对于非参数检验，我们通常需要更有力的证据（如更大的样本或更大的差异）来拒绝原假设。

（3）如果数据中存在的异常值不是测量错误，那么使用非参数检验可能会低估这些异常值所代表因素的影响。

二、单样本非参数检验的方法

（一）二项分布检验

二项分布检验（binomial test）旨在对二项随机变量进行精确的假设检验，原假设是指试验成功的概率为 p。

例 10.1　对 15 名大学生进行快速反应测试（成功通过测试为 1，否则为 0），从之前积累的数据来看，30%的人可以通过该测试。据此使用数据 quick.dta 展开二项分布检验。

Stata 运行结果如下：
. bitest quick == 0.3

Variable	N	Observed k	Expected k	Assumed p	Observed p
quick	15	7	4.5	0.30000	0.46667

Pr(k >= 7)　　　　　　= 0.131143　(one-sided test)
Pr(k <= 7)　　　　　　= 0.949987　(one-sided test)
Pr(k <= 1 or k >= 7)　= 0.166410　(two-sided test)

上述输出结果中，第一部分显示假设成功通过测试的概率（H_0）为 0.3，预期成功人数为 4.5（0.3*15）人。实际上我们观测到 7 人通过测试，成功率约为 0.466 67。Stata 运行结果中表（虚线部分为表的内容）下第一行是单侧检验结果。这是在 p=0.3 的条件下观察到 7 次或 7 次以上成功的概率。这是一个针对 H_0 :p=0.3 与备择假设 H_1 :p>0.3（超过 30%的大学生通过了这项测试）的检验。由上可知，本次检验的 P 值为 0.131 143，即 15 人中，大于或等于 7 人通过测试的概率为 13.114 3%。表下第二行是 H_0 与备择假设 H_1（少于 30%的大学生通过了这项测试）的单侧检验，表示通过测试的人数等于或少于 7 人的概率为 0.949 987。第三行是双侧检验。这是对 H_0 与备择假设 H_1（$p \neq 0.3$）的检验，结果表明，通过测试的人数少于 1 人或多于 7 人的概率为 0.166 410。

例 10.2　在一个拥有 250 万人（N=2 500 000）的城市中，当罹患某种疾病的

人口比率 $p=0.00001$ 时，我们对观测到 36 例以上病患的概率进行检验。

Stata 运行结果如下：

. bitesti 2500000 36 .00001

N	Observed k	Expected k	Assumed p	Observed p
2500000	36	25	0.00001	0.00001

Pr(k >= 36)　　　　　　= 0.022458　(one-sided test)
Pr(k <= 36)　　　　　　= 0.985448　(one-sided test)
Pr(k <= 14 or k >= 36)　= 0.034859　(two-sided test)

由检验结果可知，250 万人中，观测到 36 例病患的概率为 0.000 01，预期观测到 25 例，概率为 0.000 01。观测到大于或等于 36 人的概率为 0.022 458，小于或等于 36 人的概率为 0.985 448，观测到病患人数少于等于 14 人或多于等于 36 人的概率为 0.034 859。

（二）游程检验

游程检验（run test）通过计算高于和低于阈值的运行次数来测试观测值是否以随机顺序出现（具有独立性）。如果观测值在中位数以上，则是正序列相关，反之亦然。默认情况下，游程检验使用中位数作为阈值，也可使用平均值。

例 10.3　某份考卷中有一道"判断题"，共含 20 道小题，其标准答案中"对"与"错"的排列次序如下（"1"代表"对"）。

10010101101001010110

请问上述排列能否认为是随机的？

. runtest tf

　　N(tf <= 0.5) = 10
　　N(tf > 0.5) = 10
　　　　　obs = 20
　　　N(runs) = 16
　　　　　z = 2.3
　　Prob>|z| = 0.02

从检验结果可知本例游程个数为 16，双尾检验 P 值=0.02，在 5%的水平下检验是显著的，因此支持备择假设，并认为上述排列缺乏随机性。

例 10.4 某股票连续 20 个交易日的收盘价如数据"游程检验（股价）.dta"所示。请问该股票价格是否具有随机性？

. runtest p

N(p <= 21.5) = 10
N(p >21.5)= 10
obs= 20
N(runs) = 3
z = −3.68
Prob>|z| = 0

上述检验表明，在 1%的水平下检验是显著的，所以认为上述股票 20 日价格缺乏随机性。

例 10.5 我们可以用游程检验来检验一个时间序列数据的回归模型的残差是否随机。使用数据"残差随机性游程检验.dta"，先制作各年份残差的图，如图 10.1 所示。

. scatter resid year, connect(l) yline(0) title(Regression residuals)

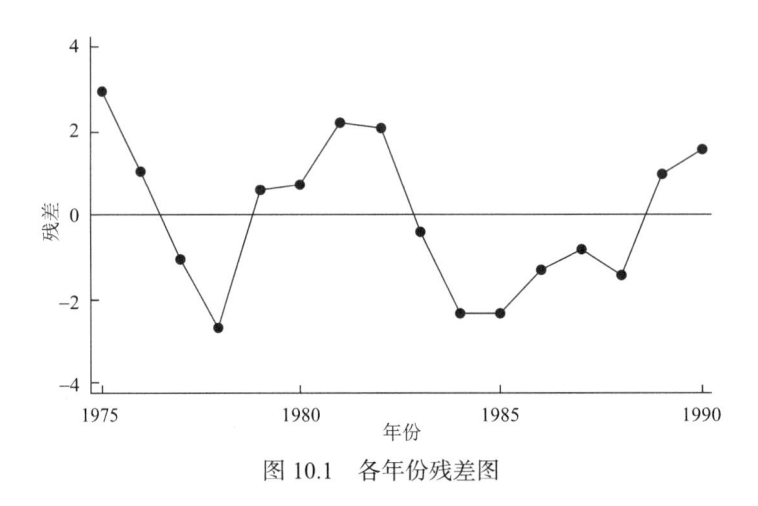

图 10.1 各年份残差图

由图 10.1 可知，这些残差是正相关的，具体表现为连续几个年份的观测值都高于或低于零（回归残差的自然阈值）。为确认此现象，我们进行游程检验：

. runtest resid, thresh(0)

N(resid <= 0)= 8
N(resid >0)= 8

obs = 16
N(runs)= 5
z = –2.07
Prob>|z| =0.04

由检验结果可知，这16年的数据中存在5个游程。如果残差是序列独立的，则该序列中的5个游程次数应当少于预期。P值为0.04，表明在5%的水平上支持备择假设，即残差不随机。

（三）单样本柯尔莫哥洛夫—斯米尔诺夫检验

单样本柯尔莫哥洛夫—斯米尔诺夫检验（one-sample Kolmogorov-Smirnov tests，K-S）用于比较测试数据是否服从指定的分布。

例 10.6 使用数据"单样本柯尔莫哥洛夫—斯米尔诺夫检验.dta"，该数据中两组构成一个实验数据。我们的目标是，测试 x 是否服从正态分布。同时，我们将根据具有相同平均值和标准偏差的正态分布进行测试。

. summarize x

Variable	Obs	Mean	Std. Dev.	Min	Max
x	7	4.571429	3.457222	0	10

ksmirnov x = normal((x–4.571429)/3.457222)

One-sample Kolmogorov-Smirnov test against theoretical distribution
  normal((x–4.571429)/3.457222)

Smaller group	D	P-value
x:	0.1650	0.683
Cumulative:	–0.1250	0.803
Combined K-S:	0.1650	0.991

由于K-S的 P 值大于0.05，因此我们无法拒绝关于这组数据服从正态分布的假设。

第二节　多样本非参数检验

一、两个独立样本检验

在事先不知道样本所属总体分布类型的情况下，我们想知道两个独立总体间是否具有相同的分布，以及是否存在显著差异，可以使用威尔科克森秩和检验（Wilcoxon rank-sum test），该检验也可称为曼—惠特尼秩和检验（又称曼—惠特尼 U 检验，Mann-Whitney U test）。威尔科克森秩和检验中，在小样本情况下（样本个数小于 30 时）采用 U 统计量，提供统计检验精确的 P 值；在大样本情况下（样本个数大于 30 时）将用正态分布来近似 U 的分布，改用 Z 统计量，此时提供近似的 P 值。

例 10.7　对 24 辆车进行新型燃油添加剂的有效性试验：12 辆车有燃油处理，另外 12 辆车没有。通过创建一个包含 24 个观测值的数据集来输入这些数据（威尔科克森秩和检验-两独立样本.dta），其中，mpg 记录里程额定值，如果里程对应不含添加剂的燃油，则 treat 记录为 0，如果里程对应含添加剂的燃油，则 treat 记录为 1。

. ranksum mpg, by(treat)

Two-sample Wilcoxon rank-sum (Mann-Whitney) test

treat	obs	rank sum	expected
untreated	12	128	150
treated	12	172	150
combined	24	300	300

unadjusted variance　　　300.00
adjustment for ties　　　−4.04
　　　　　　　　　　　----------
adjusted variance　　　　295.96

Ho: mpg(treat==untreated) = mpg(treat==treated)
　　　　　z = −1.279
　　Prob > |z| = 0.2010
　　Exact Prob= 0.2117

因为总样本只有 24 辆车，属于小样本，所以默认情况下会计算精确的 P 值。尽管样本量较小，但使用正态近似值 0.201 0 计算的 P 值与精确的 P 值 0.211 7 相似。这些结果表明，在 0.05 显著性水平上，两个总体的分布在统计学上没有差异。

进而，我们用 median 检验燃油添加剂是否具有有效性。

. median mpg, by(treat) exact

Median test

Greater than the median	whether car received fuel additive untreated	treated	Total
no	7	5	12
yes	5	7	12
Total	12	12	24

Pearson chi2(1) =   0.6667   Pr = 0.414

Fisher's exact = 0.684

1-sided Fisher's exact = 0.342

Continuity corrected:

Pearson chi2(1) =   0.1667   Pr = 0.683

Pr > 0.05，因此两组的中位数无显著差异，我们未能拒绝"含有添加剂的燃油和不含添加剂的燃油之间没有差异"的原假设。

二、多个独立样本检验

克鲁斯卡尔—沃利斯检验（Kruskal-Wallis test），亦称 K-W 检验，是一种对几个样本来自同一总体的假设进行检验的方法，该方法是两样本威尔科克森秩和检验的推广。

例 10.8 针对 50 个州的人口数据（多个独立样本检验 Kruskal Wallis Test.dta），检验该数据中四个地区（NE、N Cntr、South、West）的平均年龄分布是否相同。

. kwallis medage, by(region)

Kruskal-Wallis equality-of-populations rank test

region	Obs	Rank Sum
NE	9	376.50

```
| N Cntr  |   12 |    294.00 |
| South   |   16 |    398.00 |
| West    |   13 |    206.50 |
```

chi-squared = 17.041 with 3 d.f.

probability = 0.0007

chi-squared with ties = 17.062 with 3 d.f.

probability = 0.0007

从输出结果可知，我们可以拒绝"四个地区的样本来自同一总体"的原假设。

三、两配对样本的非参数检验

威尔科克森配对符号秩检验（Wilcoxon match-pairs signed ranks test）用来检验配对观测值的相等性，原假设是两种分布是相同的。此外，该检验还对配对样本的相等性进行检验，其原假设是差异的中位数为零。

例10.9 仍然使用例10.7中的数据，但现在我们假设是对12辆车是否添加燃油添加剂进行前后测。我们把数据（威尔科克森秩和检验-两独立样本.dta）分为相互匹配的12对。

```
. signrank mpg1 = mpg2
Wilcoxon signed-rank test

      sign |   obs    sum ranks    expected
  ---------+----------------------------------
  positive |    3        13.5        38.5
  negative |    8        63.5        38.5
      zero |    1         1           1
  ---------+----------------------------------
       all |   12         78          78

  unadjusted variance        162.50
  adjustment for ties         -1.63
  adjustment for zeros        -0.25
                           ----------
  adjusted variance          160.63
```

　　　　Ho: mpg1 = mpg2
　　　　　　　z = −1.973
　　Prob > |z| = 0.0485
　　Exact Prob= 0.0479

尽管样本量较小，但使用正态近似值 0.048 5 计算的 P 值与精确的 P 值 0.047 9 非常接近。这些结果表明，在显著性水平为 0.05 时，我们可以拒绝原假设，即两组数据分布相同。

我们进一步分析两组数据的中位数是否存在差异：

. signtest mpg1 = mpg2

Sign test

sign	observed	expected
positive	3	5.5
negative	8	5.5
zero	1	1
all	12	12

One-sided tests:
　　Ho: median of mpg1−mpg2 = 0 vs.
　　Ha: median of mpg1−mpg2 > 0
　　　　Pr(#positive >= 3) =
　　　　　　Binomial(n = 11, x >= 3, p = 0.5) = 0.9673
　　Ho: median of mpg1−mpg2 = 0 vs. Ha: median of mpg1−mpg2 < 0
　　　　Pr(#negative >= 8) = Binomial(n = 11, x >= 8, p = 0.5) = 0.1133

Two-sided test:
　　Ho: median of mpg1−mpg2 = 0 vs. Ha: median of mpg1 - mpg2 != 0
　　　　Pr(#positive >= 8 or #negative >= 8) = min(1, 2*Binomial(n = 11, x >= 8, p = 0.5)) = 0.2266

结果表明，有 3 辆车的 mpg1 超过 mpg2，8 辆车的 mpg2 超过 mpg1，1 辆车的比较结果相同。

汇总表（上文代码中两条虚线中的内容）下方显示的 P 值是基于二项式（$n, p=1/2$）分布计算得出的，即它们考虑了正数差值和负数差值的数量，而忽略了差值为零的数量。单侧检验的 P 值中，备择假设是 mpg1 与 mpg2 中位数之差小于零，为 0.113 3。双侧检验的 P 值为 0.226 6，其中备择假设是中位数之差不为零。两个 P 值都拒绝了备择假设，因此，我们认为燃油添加剂并没有明显效果。

【思考与练习】

1. 利用非参数检验方法，对"和政数据"进行如下检验。
   （1）检验手机使用时长在 3.9 小时前后的信息资产得分、收入是否存在显著差异。
   （2）检验中文水平在能看懂某一方面专业性学术著作前后信息资产得分是否存在显著差异。
   （3）检验自强动力得分在 3 左右，脱贫素质得分是否存在显著差异。
2. 你需要比较两个治疗方案对疾病治疗效果的差异。由于患者基线数据不同，你决定采用非参数检验方法。你将如何选择适当的检验方法，以及进行哪些统计检验？
3. 你需要比较三种不同品牌的手机电池寿命是否存在差异。由于电池寿命的分布不是正态分布，你决定采用非参数检验方法。你将如何选择适当的检验方法，以及进行哪些统计检验？

第十一章 时间序列分析

本章我们将介绍几种分析时间序列的方法,这些方法主要是用来描述事物随时间发展变化的规律,并对变量的未来值提供合适的预测。时间序列分析按照其发展的历史阶段和所使用的分析方法,可分为传统时间序列分析和现代时间序列分析。传统时间序列分析将事物发展过程分解为若干因素,并分别加以测定;而现代时间序列分析将事物看作受多种因素影响的随机过程,通过构造模型和数据处理来进行趋势分析和预测。

第一节 时间序列分析概述

一、时间序列概念

所谓时间序列,就是将反映社会经济现象数量特征的某一统计指标在不同时间上的数值按时间先后顺序排列所形成的数列,亦称动态序列或时间数列。时间序列也可以理解为按照一定的时间间隔排列的一组数据。这一组数据可以是表示各种各样含义的数值,如某种产品的需求量、产量、销售额等,其时间间隔可以是任意的时间单位,如小时、日、周、月、年等。从概念来看,时间序列由两个要素构成:一是现象数值所属的时间,即现象发生的时间,可以表现为年、月、日或季、周等时间单位;二是统计指标的具体数值,如表 11.1 列举了我国 2010~2021 年国内生产总值、年末人口数、第三产业增加值、第三产业所占比重、人均国内生产总值等经济指标的时间序列。

表 11.1 我国部分经济指标时间序列

年份	国内生产总值/亿元	年末人口数/万人	第三产业增加值/亿元	第三产业所占比重	人均国内生产总值/元	城镇单位就业人员平均工资/元
2010	397 983	134 100	171 005	43.0%	24 732	37 147
2011	471 564	134 735	203 260	43.1%	36 018	42 452
2012	519 322	135 404	231 626	44.6%	39 544	46 769
2013	568 845	136 072	262 204	46.1%	43 320	51 483

续表

年份	国内生产总值/亿元	年末人口数/万人	第三产业增加值/亿元	第三产业所占比重	人均国内生产总值/元	城镇单位就业人员平均工资/元
2014	636 463	136 782	306 739	48.2%	46 629	56 360
2015	676 708	137 462	341 567	50.5%	49 351	62 029
2016	744 127	138 271	384 221	51.6%	53 980	67 569
2017	827 122	139 008	427 032	51.6%	59 660	74 318
2018	900 309	139 538	469 575	52.2%	64 644	82 413
2019	990 865	140 005	534 233	53.9%	70 892	90 501
2020	1 015 986	141 212	553 977	54.5%	72 447	97 379
2021	1 143 670	141 260	609 680	53.3%	80 976	106 837

时间序列具有以下作用：①它可以反映现象发展变化的过程和结果；②通过时间序列可以计算动态水平、动态速度指标，并考察现象发展变化的方向及一般趋势；③根据时间序列的变动趋势，运用数学模型，为预测现象未来的变化状态提供依据；④将相互联系的时间序列进行比较和分析，研究现象之间的相互依存关系。

二、时间序列的种类

时间序列按其指标表现形式的不同可分为总量指标时间序列、相对指标时间序列和平均指标时间序列。其中，总量指标时间序列是编制相对指标时间序列和平均指标时间序列的基础。

（一）总量指标时间序列

总量指标时间序列指把一系列同类的总量指标按时间先后顺序排列而成的数列，它反映了现象在各期达到的绝对水平及其发展变化过程。例如，表11.1中的国内生产总值、年末人口数、第三产业增加值序列都是总量指标时间序列。

根据所反映现象的时间状态不同，总量指标时间序列又分为时期数列和时点数列两类。

1. 时期数列

当序列中排列的总量指标为时期指标，反映现象在各时期发展过程的总量时，该序列就被称为时期数列或时期序列。例如，表11.1中的第三产业增加值序列就是一个时期数列。时期数列具有以下特点。

（1）数列中各个指标的数值是可以相加的。由于时期数列中每个指数值是表示现象在一段时期内发展变化的累计总量,所以相加之后的数值就表示现象在更长一段时期内发展变化的累计总量。例如,全年的国内生产总值是一年内几个季度国内生产总值相加的结果,每个季度的国内生产总值又是每个月的国内生产总值之和。

(2)数列中每一个指标数值的大小与时期长短有直接联系。一般来说,时期越长,指标数值就越大,反之就越小。

(3)数列中每个值通常都是通过连续不间断的登记取得的。

2. 时点数列

时点数列,亦叫时点序列。在时点数列中,每个指标数值所反映的都是社会经济现象在某一时点(时刻)上所达到的水平或所处的状态。表11.1中年末人口数就是时点数列。时点数列具有以下几个特点。

(1)时点数列中的每个指标不能相加。由于时点数列中的指标数值都是反映现象在某一瞬间的数量,几个指标相加后没有实际意义。

(2)时点数列中每个指标数值大小和时点间隔长短没有直接关系。时点数列中每个指标只是现象在某一时点上的水平,因此它的大小与时点间隔的长短没有直接关系,如年末人口数不一定比某月底的人口数大。

(3)时点数列中每个指标数值通常都是定期(间断)一次性登记取得的。

(二)相对指标时间序列

把一系列同类的相对指标按照时间顺序排列而成的序列,称为相对指标时间序列,其可以用来反映社会经济现象之间的数量对比关系、结果、速度的发展变化过程及规律。如表11.1中,第三产业所占比重、人均国内生产总值为相对指标时间序列。在相对指标时间序列中,各个指标也是不能相加的,相加没有实际意义。

(三)平均指标时间序列

把一系列同类的平均指标按照时间顺序排列而成的序列,称为平均指标时间序列,其可以用来反映社会经济现象一般的发展过程及变化趋势。如表11.1中,城镇单位就业人员平均工资为平均指标时间序列。在平均指标时间序列中,各个指标相加也没有实际意义。

三、编制时间序列的原则

编制时间序列时,应注意以下原则。

（一）总体空间范围应一致

总体范围与指标数值有直接关系，如果总体范围有了变化，则指标数值须调整，使前后时间的数值能够进行比较。如重庆市从四川省分离出来成为直辖市后，四川省的地区生产总值、工业总产值等指标都应做相应的调整，从而使前后数据具有可比性。

（二）时期长短应统一

在时期数列中，由于各指标数值大小与时期长短有直接关系，因此在数据分析时，必须保持不同数据都具有相同的时间长短；对于时点数列中的指标数值也要求时点间隔尽可能相同，以便准确反映现象发展变化的动态趋势。或者对不同时间间隔的数据进行处理。

（三）各项观测值的经济内容具有可比性

指标的内容是由其理论内涵决定的。随着社会经济条件的变化，有些指标的内容发生了变化。对于名称相同而经济内涵不一致的指标，尤其要注意这一点。务必使各时间上的观察内涵一致，否则不具有可比性。

（四）指标计算方法和计算单位应一致

指标的计算方法有时也称为计算口径，如果指标计算口径前后不一致，则难以进行比较。如国内生产总值的计算方法有生产法、支出法和收入法三种。理论上这三种方法的计算结果应该相等，但由于资料获取的渠道不同，三种方法计算的结果往往会存在差异，所以在编制国内生产总值时间序列指标时应注意各时间指标的计算方法是否一致。另外，实物指标的计量单位也应保持一致，不同的计量单位不能直接进行对比。

第二节　时间序列的水平指标

一、发展水平和平均发展水平

（一）发展水平

发展水平是指时间序列中各个指标的数值，又称发展量，反映事物的发展变化在一定时期内或时点上所达到的总体规模或水平，是计算其他动态指标的基础。

时间序列中的指标从表现形式上讲有三种，即绝对数、相对数和平均数。因此，发展水平可分为绝对数发展水平、相对数发展水平和平均数发展水平。

发展水平一般以绝对数发展水平为主，其他发展水平是由绝对数发展水平派生出来的。时间序列中第一项指标数值称为最初水平，以符号 a_0 表示；时间序列中最后一项指标数值称为最末水平，以符号 a_n 表示；处于时间序列第一项和最后一项之间的各个指标值均称为中间发展水平，用符号 $a_1,a_2,\cdots,a_{n-1}$ 表示。在动态分析时，将作为对比基础时期的指标数值称为基期水平，将所要研究时期的指标数值称为报告期水平。基期水平和报告期水平是相对的，随着研究时期的变化而变化。

（二）平均发展水平

平均发展水平是指将不同时期的发展水平加以平均而得到的平均指标，又称为序时平均数或动态平均数。它与前文所讲的一般平均数（静态平均数）既有相同点，也有明显的区别。相同点是，二者都是将现象的个别数量差异抽象化，概括地反映现象的一般水平。区别主要是：一般平均数是根据同一时期总体标志总量与总体单位总量对比求得的，是根据变量数列计算的，从静态上说明总体某个数量标志的一般水平；序时平均数则是根据时间序列不同时间指标值的总和与时间的项数对比求得的，是根据时间序列计算的，从而说明某一现象在不同时间数值中的一般水平。

在动态分析中，利用平均发展水平分析社会经济现象的动态变化具有很重要的作用。平均发展水平可以反映社会经济现象在一段时间内所达到的一般水平，并对其作出概括的说明；可以消除现象在短期内波动的影响，便于观察现象的发展趋势和规律；还可以对不同单位、不同地区等在某一段时间内某一事物的一般水平进行比较。

计算平均发展水平的方法，依时间序列指标的性质而定。既可根据总量指标时间序列计算，也可根据相对指标或平均指标时间序列计算，而根据总量指标时间序列计算序时平均数的方法则是最基本的方法。

由于总量指标时间序列分为时期数列和时点数列，两者具有不同的性质，因此计算序时平均数的方法也不同。

1. 由时期数列计算序时平均数

由于时期数列中各项指标数值相加等于全部时期的总量，因此可采用简单算术平均数方法计算，计算公式为

$$\bar{a} = \frac{a_1 + a_2 + \cdots + a_{n-1} + a_n}{n} = \frac{\sum a}{n} \quad (11.1)$$

式中，$\bar{a}$ 代表平均发展水平；$a_1, a_2, \cdots, a_n$ 为各期发展水平；n 为数列水平项数。

2. 由时点数列计算序时平均数

如果利用上述由时期数列计算序时平均数公式计算时点数列的序时平均数，理论上要求掌握现象在每一时点上的数据。然而，我们不可能统计现象发展变化过程中每一时点上的数值，只能每隔一段时间统计其在某一时点上的数值。所以，根据时点数列计算的序时平均数是假定在某一时间间隔内现象的增减变动比较均匀或波动不大的前提下推算出的近似值。时点数列按其间隔的表现形式不同，可分为连续时点数列与间断时点数列两种。连续时点数列是指时间间隔为日（天），间断时点数列是指时间间隔为月、季、年等。具体根据掌握资料的不同而有不同的计算方法。

（1）根据每日时点资料计算序时平均数。这种数列是以日为间隔编制的，其特点是间隔都为天，属于逐日记录资料并将考察期内资料按日加以排列。可用简单算术平均法求解序时平均数。例如，若已知某企业某月每天的工人数，要计算该月每天平均工人数，则可将每天的工人数相加，除以该月的日历天数即可。计算公式为

$$\bar{a} = \frac{\sum_{i=1}^{n} a_i}{n} \tag{11.2}$$

式中，a_i 为各时点发展水平；n 为指标项数（天数）。

如果我们掌握了一段时间中每次变动的资料，就可以用每一资料所存在的日数作为权数，对各时点指标值加权，用加权算术平均法来计算序时平均数。计算公式为

$$\bar{a} = \frac{\sum_{i=1}^{n} a_i f_i}{\sum_{i=1}^{n} f_i} \tag{11.3}$$

式中，a_i 为每次变动的时点水平；f_i 为各时点水平所持续的间隔长度（天数）。

（2）根据间隔相等的时点资料计算序时平均数。在掌握间隔相等的时点资料的情况下，计算序时平均数可以用简单算术平均法，先依次将相邻两个时点指标值相加除以"2"，得到两个时点指标值的序时平均数；然后再将这些序时平均数进行简单算术平均，就可以计算出整个时点数列的序时平均数。

例 11.1 某工业企业 2021 年 7~10 月各月初产品库存额资料如表 11.2 所示，试计算第四季度平均库存额。

表 11.2　某工业企业 2021 年 7～10 月各月初产品库存额

时间	7月1日	8月1日	9月1日	10月1日
库存额/万元	20.0	16.0	18.0	17.6

具体分析如下：

$$月平均库存额 = \frac{当月初库存额 + 当月末(次月初)库存额}{2}$$

$$季度平均库存额 = \frac{该季度各月平均库存额之和}{3}$$

$$= \frac{\frac{20.0+16.0}{2} + \frac{16.0+18.0}{2} + \frac{18.0+17.6}{2}}{3}$$

$$= \frac{\frac{20}{2} + 16 + 18 + \frac{17.6}{2}}{4-1} = 17.6(万元)$$

通过以上计算，我们可以得出一个计算间隔相等的时点数列序时平均数的一般公式。如果 $a_1, a_2, \cdots, a_n$ 代表各时点水平，n 代表项数，则其计算公式为

$$\bar{a} = \frac{\frac{a_1}{2} + a_2 + a_3 + \cdots + \frac{a_n}{2}}{n-1} \tag{11.4}$$

根据时间间隔相等的时点数列计算序时平均数的方法，是假定现象在各个时点之间的变动是均匀的，但实际上并不完全如此，所以计算的序时平均数只能是近似值。时间越短，误差越小，因此为了使序时平均数能基本反映实际情况，时点数列的间隔不宜过长。

（3）根据间隔不等的时点资料计算序时平均数。在掌握的是时间间隔不等的时点资料的情况下，可用不同的时点间隔长度作为权数，用加权算术平均法计算序时平均数，其公式为

$$\bar{a} = \frac{\frac{a_1+a_2}{2}f_1 + \frac{a_2+a_3}{2}f_2 + \cdots + \frac{a_{n-1}+a_n}{2}f_{n-1}}{\sum_{i=1}^{n} f_i} \tag{11.5}$$

式中，f_i 为各时点间隔长度。

二、增长量与平均增长量

（一）增长量

增长量是指时间序列中计算期水平与基期水平之差，说明社会经济现象在一定时期内增减变化的绝对量。按对比选择的基期不同，增长量可分为逐期增长量和累计增长量两种。逐期增长量是各期水平与上一期水平之差，表明各计算期比上一期增减变动的绝对数量；累计增长量是各期水平与某一固定基期水平差，表明在较长一段时期内累计增减的绝对数量。以公式表示为

$$\text{逐期增长量：} a_1-a_0, a_2-a_1, a_3-a_2, \cdots, a_n-a_{n-1} \qquad (11.6)$$

$$\text{累计增长量：} a_1-a_0, a_2-a_0, a_3-a_0, \cdots, a_n-a_0 \qquad (11.7)$$

从上述公式中，可以看出这两种增长量之间具有一定的数量关系，即累计增长量等于相应各逐期增长量之和，即

$$a_n - a_0 = (a_1-a_0)+(a_2-a_1)+\cdots+(a_n-a_{n-1})$$

（二）平均增长量

平均增长量是指逐期增长量的简单算术平均数，说明经济现象在一段较长时间内，平均每期增减变化的数量。计算公式为

$$\begin{aligned}\text{平均增长量} &= \frac{\text{逐期增长量之和}}{\text{逐期增长量个数}} \\ &= \frac{(a_1-a_0)+(a_2-a_1)+\cdots+(a_n-a_{n-1})}{n} \\ &= \frac{\text{累计增长量}}{n} = \frac{a_n-a_0}{n}\end{aligned} \qquad (11.8)$$

式中，n 为逐期增长量个数，即资料项数减 1。

第三节 时间序列的速度指标

一、发展速度

发展速度是指计算期发展水平与基期发展水平之比，是反映社会经济现象发展快慢程度的相对指标。计算公式如下：

$$发展速度 = \frac{报告期水平}{基期水平} \quad (11.9)$$

发展速度一般用百分比来表示，当比值较大时，也可用倍数和翻番数表示，它说明现象报告期水平为基期水平的百分之几、若干倍或翻几番。当它大于 100%（或 1）时，表明现象数量在增长；当它小于 100%（或 1）时，则表明现象数量在下降。

根据采用的基期不同，可将发展速度分为环比发展速度和定基发展速度。环比发展速度是报告期水平与报告期前一期水平之比，反映现象的逐期发展程度。定基发展速度是报告期水平与某一固定基期水平（通常是最初水平）之比，它表明报告期水平为某一固定基期水平的百分之几、若干倍或翻几番，反映现象在较长一段时间内的发展速度，故也称为总速度。

这两种发展速度之间存在一定的换算关系，即同一时间序列内，各期环比发展速度的连乘积等于相应的定基发展速度；相邻两个时期的定基发展速度之商等于相应时期的环比发展速度。

设基期水平为 a_0，各报告水平为 $a_i\ (i=1,2,3,\cdots,n)$，则：

$$各期环比发展速度的连乘积 = \frac{a_1}{a_0} \times \frac{a_2}{a_1} \times \frac{a_3}{a_2} \times \cdots \times \frac{a_n}{a_{n-1}} = \prod_{i=1}^{n} \frac{a_i}{a_{i-1}} = \frac{a_n}{a_0}$$

$$两个相邻定基发展速度之商 = \frac{a_i}{a_0} \div \frac{a_{i-1}}{a_0} = \frac{a_i}{a_{i-1}}$$

现实统计中，根据需要还可以使用年距发展速度指标，它是报告某年某月（季）水平与上年同月（季）水平之比的。对受季节影响较大的现象，使用年距发展速度指标进行分析，可排除季节变动影响。

二、增长速度

增长速度是指计算期增长量与基期发展水平之比，可以根据某一现象报告期水平增长量与基期发展水平对比求得，也可以根据发展速度减 1（或 100%）求得。是反映社会经济现象增长程度的相对指标。公式如下：

$$增长速度 = \frac{报告期水平增长量}{基期发展水平} = 发展速度 - 1(或100\%) \quad (11.10)$$

增长速度也有正负之分，正值表示增长的程度，负值表示下降的程度。

增长速度由于采用的基期不同，也有环比增长速度和定基增长速度之分。环比增长速度是将基期定为报告期的前一期，用逐期增长量与报告期前一期的发展水平对比而得，反映现象的逐期增长程度。定基增长速度是将基期固定为某一固定基期（通常是最初水平），用累积增长量与固定基期的发展水平对比而得，反映现象在较长一段时间内的增长程度。也可以根据相应的发展速度减 1 来计算：

$$环比增长速度 = 环比发展速度 - 1（或100\%）$$

$$定基增长速度 = 定基发展速度 - 1（或100\%）$$

必须指出，环比增长速度与定基增长速度之间无直接的换算关系。如果由一个环比增长速度数列求其定基增长速度数列，需先将各期环比增长速度换算成各期环比发展速度，再将它们连乘，求得各期的定基发展速度，最后，将各期定基发展速度分别减 1 或 100%，可得各期的定基增长速度。相反，若知各期的定基增长速度，求各期的环比增长速度，也要经过一定的变换计算求得。

另外，为消除季节变动的影响，在统计实践中还使用年距增长速度。年距增长速度是现象报告某年某月（季）的年距增长量与上年同月（季）现象的水平之比，或者用年距发展速度减 1 或减 100%求得。

三、增长 1%的绝对速度

速度指标计算结果的大小与基期水平高低有较大关系，现实分析中有可能存在高水平低速度或者低水平高速度的现象。因此，在分析比较现象动态变化时，既要看水平又要看速度，将水平与速度结合起来才能进行全面分析，此时可以计算增长 1%的绝对值指标。

$$增长1\%的绝对值 = \frac{增长量}{增长速度} \qquad (11.11)$$

在具体计算分析时有三种选择：一是用逐期增长量与环比增长速度对比而得，反映现象在报告期前一期基础上增加一个百分点带来的绝对量变化；二是用累积增长量与定基增长速度对比而得，反映现象在固定基期基础上增加一个百分点带来的绝对量变化；三是用年距增长量与年距增长速度对比而得，反映现象在上年同期基础上增加一个百分点带来的绝对量变化。从实际应用角度看，第一种最为常用，其计算公式为

$$增长1\%的绝对值 = \frac{逐期增长量}{环比增长速度} = \frac{前期水平}{100} = \frac{a_{i-1}}{100}$$

四、平均发展速度与平均增长速度

（一）平均发展速度

平均发展速度是指环比发展速度的序时平均数，说明某种社会经济现象在一

段较长时期内逐期发展变化的平均速度。社会经济现象在各个时期所处的条件及影响其变化的因素不同，因而各时期的发展速度有差异，而平均发展速度通过对各个时期发展速度的平均，消除了差异，也消除了时期长短不同的影响，便于对社会经济现象不同历史时期的发展变化速度进行比较，或对不同地区、不同国家的发展速度进行比较，它是进行统计分析和预测的必要依据。平均增长速度是平均发展速度的派生指标，说明了某种社会经济现象在一段较长时期内逐期平均增减变化的程度。两者之间的关系为：平均增长速度=平均发展速度–1。

在社会经济现象统计中，计算平均发展速度通常采用几何平均法和方程法两种。

（1）几何平均法。计算平均发展速度时，由于总速度不等于各期环比发展速度的算术总和，而等于各期环比发展速度的连乘积，所以不能用算术平均法，而要用几何平均法来计算。在实践中，如果用几何平均法制订长期计划，则要求用该法计算其平均发展速度。按此平均发展速度发展，可以保证在最后一年达到规定的 a_n 水平，所以几何平均法也称为"水平法"，即从最初水平 a_0 出发，以平均发展速度代替各环比发展速度，经过 n 期发展，正好达到最末水平 a_n，用公式表示如下：

$$\bar{x} = \sqrt[n]{x_1 \cdot x_2 \cdot x_3 \cdot \cdots \cdot x_n} = \sqrt[n]{\prod_{i=1}^{n} x_i} \quad (11.12)$$

式中，$\bar{x}$ 为平均发展速度；x_i 为环比发展速度 $(i=1,2,\cdots,n)$。环比发展速度的连乘积等于定基发展速度。因此，平均发展速度亦可直接用定基发展速度（总速度）来计算，即

$$\bar{x} = \sqrt[n]{\frac{a_n}{a_0}} = \sqrt[n]{R}$$

式中，R 为平均发展速度。

由此可见，用几何平均法计算的平均发展速度取决于 a_0 和 a_n，并侧重于考察中长期计划期末发展水平。这种方法适用于诸如生产能力、国民生产总值、工资额、劳动生产率等水平指标平均发展速度的计算。几何平均法也可以直接用期末水平与期初水平资料计算，优点是简单易算，但忽略了中间各期水平，当中间各期水平波动很大时，几何平均法计算的平均发展速度的代表性就不高。

（2）方程法。为了克服几何平均法存在的忽略中间水平波动影响的缺陷，我们需要一种能够利用动态数列各期水平计算平均发展速度的方法，这种方法就是方程法，又称累计法。

设动态数列各期水平为 $a_1,a_2,a_3,\cdots,a_n$，平均发展速度为 $\bar{x}$，则方程法的出发点是要求以期初水平 a_0 为基础，用平均发展速度 $\bar{x}$ 作为公比推算，所得各期推算

水平（也称理论水平）$a_0, a_0\bar{x}, a_0\bar{x}^2, \cdots, a_0\bar{x}^n$ 之和与各期实际水平之和保持一致，则有以下方程式：

$$a_0\bar{x} + a_0\bar{x}^2 + a_0\bar{x}^3 + \cdots + a_0\bar{x}^n = \sum_{i=1}^{n} a_i \qquad (11.13)$$

$$\bar{x} + \bar{x}^2 + \bar{x}^3 + \cdots + \bar{x}^n = \frac{\sum_{i=1}^{n} a_i}{a_0}$$

则：

$$\frac{\sum_{i=1}^{n} a_i}{a_0} = \sum_{i=1}^{n} \frac{a_i}{a_0} = \frac{a_1}{a_0} + \frac{a_2}{a_0} + \cdots + \frac{a_n}{a_0}$$

由此可见，各期实际水平之和 $\sum_{i=1}^{n} a_i$ 与期初水平 a_0 的比率，实际上也就是各期定基发展速度之和，也称为累计发展总速度。因此，若给出了动态数列各期定基发展速度，也可以写出上述方程式。

（二）平均增长速度

平均增长速度是各期环比增长速度的序时平均数，它表明现象在一定时间内逐期平均增长变化的程度。根据增长速度与发展速度之间的运算关系，要计算平均增长速度，先要计算出平均发展速度指标，然后再将其减"1"求得，即

$$平均增长速度 = 平均发展速度 - 1 \qquad (11.14)$$

平均发展速度大于 1，平均增长速度就是正值，表示某种现象在一个较长时期内逐期平均递增的程度，这个指标也被称为"平均递增速度"或"平均递增率"；反之，平均发展速度小于 1，平均增长速度就为负值，表示某种现象在一个较长时期内逐期平均递减程度，这个指标也被称为"平均递减速度"或"平均递减率"。

统计学界编制了"累计法平均增长速度查对表"。这种查对表分为平均增长和平均下降两部分，只要有现象某一段时期的总发展速度 M 和该段时间的间隔年数 n，就可查表直接得到平均增长速度或平均下降速度。

第四节　时间序列的因素分析

一、影响时间序列的主要因素

在任一时间序列中，每一期指标值的形成都是多种因素共同作用的结果。为

了研究现象的发展趋势和规律，需要将这些因素加以分类，并测定出各类因素对时间序列指标值的影响度。在统计中，时间序列的影响因素可以归纳为以下四类。

1. 长期趋势（T）

长期趋势（secular trend）是在基本因素的作用下，在较长时间内时间序列呈现的某种趋势，这种趋势可以是向上、向下或持平的。

2. 季节变动（S）

季节变动（seasonal fluctuation）是时间序列随季节变化而呈现的周期性变动，通常以年或更短的时间长度为周期。这里所讲的季节变动是一个广义的概念，是指一年或更短的时间内，现象随季节变化而呈现的周期性波动。

3. 循环变动（C）

循环变动（cyclical fluctuation）是时间序列以若干年为周期出现的涨落相间的波动。

4. 不规则变动（I）

不规则变动（irregular fluctuation）是现象受偶然因素影响而出现的随机波动，是在时间序列的变动中，不能由上述三个因素解释的剩余部分。例如，因为偶发的自然灾害如地震、水灾等，或者社会动荡如战争等所引起的变动。从长期来看，有些偶然因素的个别影响是可以互相抵消一部分的。

时间序列的上述四种变动影响因素按一定的方式组合，构成影响时间序列变动的模型。按对四种变动因素相互关系的不同假设，时间序列变动模型可分为加法模型和乘法模型。

（1）加法模型。假设四种变动因素是相互独立的，时间序列便是各因素相加的和，即

$$Y = T + S + C + I \tag{11.15}$$

式中，Y、T 为总量指标，S、C、I 均是对 T 产生的偏差，都用原始单位表示。

（2）乘法模型。假设四种变动因素是相互交错影响的关系，时间序列便是各因素的乘积，即

$$Y = T \times S \times C \times I \tag{11.16}$$

式中，Y、T 是总量指标，用原始单位表示；S、C、I 则是比率，是围绕 1 上下波动、对原数列指标增加或减少的百分比，用百分数表示。

现实中，并非所有现象的时间序列都包含上述四种因素的变动，有的只有 T、S 和 I，有的只有 T、C 和 I，如时间序列采用年度资料时，季节因素就被掩盖了。

以乘法模型为例，其又可分为四种模型：

趋势模型：$Y = T \times I$

趋势季节模型：$Y = T \times S \times I$

趋势循环模型：$Y = T \times C \times I$

趋势季节循环模型：$Y = T \times S \times C \times I$

在实际应用中，采用乘法模型分析较为普遍。

对时间序列的分解方法也因组合模型的不同而分为两种。

（1）加法模型用减法分解，如：

$$T = Y - (S + C + I) \qquad C + I = Y - (T + S)$$

（2）乘法模型用除法分解，如：

$$T = Y / (S \times C \times I) \qquad S \times I = Y / (T \times C)$$

二、长期趋势的测定

长期趋势预测是利用各种预测方法对时间序列在一段较长时间内的根本变化趋势进行预测，测定其规律性，并对其未来进行外推预测的方法。长期趋势预测分析的目的是正确反映社会经济现象发展变化的方向和趋势，认识其发展变化的规律性；为统计决策提供依据；便于从时间序列中消除长期趋势影响，为测定季节变动和循环变动创造条件。

长期趋势预测分析的方法很多，常用的有扩大时距法、移动平均法、指数平滑法等。

（一）扩大时距法

扩大时距法，就是把现有时间序列的各个时期或时点指标数值的间隔扩大，也就是将其中间隔较短的各个时期或时点的指标数值加以合并处理，得到间隔较长的各个数值，形成一个新的时间序列。扩大时距法通过指标值的时距扩大，将原时间序列中季节变动和各种偶然因素的影响加以消除，呈现出现象发展变化的长期趋势。扩大时距法可以采用时距扩大后的数值计算总量，也可采用时距扩大后的数值计算序时平均数，剔除原时间序列中季节变动和不规则变动的影响，达到对时间序列进行修匀的目的。需要注意的是，前者仅适用时期序列，后者可用于时期序列和时点序列。

例 11.2 2002~2021 年某地区固定资产投资如表 11.3 所示。

表 11.3　某地区 2002～2021 年固定资产投资（一）　　　单位：亿元

年份	固定资产投资	年份	固定资产投资
2002	150.66	2012	214.07
2003	174.33	2013	265.94
2004	149.95	2014	307.84
2005	110.21	2015	347.57
2006	120.49	2016	376.02
2007	132.87	2017	440.45
2008	141.29	2018	532.98
2009	153.62	2019	574.93
2010	184.02	2020	700.43
2011	195.72	2021	766.39

从表 11.3 的资料中可以看出，由于多种因素的影响，该地固定资产投资有升有降，发展趋势不够明显。为了反映长期趋势，将时距扩大为 5 年，编制扩大时距后的固定资产投资时间序列和序时平均数时间序列如表 11.4 所示。

表 11.4　某地区 2002～2021 年固定资产投资（二）　　　单位：亿元

年份	2002～2006	2007～2011	2012～2016	2017～2021
固定资产投资	705.64	807.52	1 511.44	3 015.18
年均固定资产投资	141.13	161.50	302.29	603.04

从表 11.4 两种新的时间序列中可以明显看出，固定资产投资有不断增长的长期趋势。

应用扩大时距法时应注意的问题是，为了保持可比性，同一数列前后的时距单位应当一致；时距单位的大小，应以扩大时距后数列能正确反映长期趋势为准。

扩大时距法是一种时间数列分析法，虽然计算简便，但有一定的局限。时距扩大后，新数列的项数比原数列少，可能不便据以预测未来的发展趋势，不能满足消除长期趋势、分析季节变动和循环变动的需要。

（二）移动平均法

移动平均法，就是对原时间序列各期发展水平按一定项数计算序时平均数，并采取逐项递移的办法，逐项计算同样项数的序时平均数，用逐项计算的序时平均数构成一个新的时间序列以测定现象长期趋势的方法。通过移动平均，可以消除现象短期不规则变动的影响，如果扩大的时距与现象周期波动的周期相一致或为其倍数，还能进一步削弱或排除季节变动和循环变动的影响，更好地反映现象发展的基本趋势。

若移动项数 n 为奇数，则每次移动所得序时平均数应作为中间项的长期趋势值，以 i 期为中心的移动平均数的计算公式如下：

$$\bar{y}_i = \frac{1}{n}\left(y_{i-\frac{n-1}{2}} + \cdots + y_i + y_{i+\frac{n+1}{2}}\right) \quad (11.17)$$

若移动项数为偶数，则每次移动所得序数平均数，需要再进行两项的二次移动平均（也称二项移动正平均），所得数值才能作为中间项的长期趋势值。

移动平均法的一般步骤如下：

（1）确定移动时距。一般应选择奇数项进行移动平均。若原数列呈周期变动，应选择现象的变动周期作为移动的时距长度。

（2）计算各移动平均值，并将其编制成新动态数列。

例 11.3 计算某机器厂某年各月生产机器台数的移动平均数，具体如表 11.5 所示。

表 11.5　某机器厂某年各月生产机器台数的移动平均数计算表

月份	机器数量/台	三项移动平均	四项一次移动平均	四项二次移动平均（二项移正）
1	41			
2	42	45.0（$\bar{y}_2$）		
			44.50	
3	52	45.7（$\bar{y}_3$）		45.0
			45.50	
4	43	46.7（$\bar{y}_4$）		16.6
			47.75	
5	45	46.3（$\bar{y}_5$）		47.9
			48.00	
6	51	49.7（$\bar{y}_6$）		47.6
			47.25	
7	53	48.0（$\bar{y}_7$）		48.0
			48.75	
8	40	48.0（$\bar{y}_8$）		48.5
			48.25	
9	51	46.7（$\bar{y}_9$）		48.6
			49.00	
10	49	52.0（$\bar{y}_{10}$）		50.8
			52.50	
11	56	53.0（$\bar{y}_{11}$）		
12	54			

当移动项数 $n=3$ 时：

$$\overline{y}_2 = \frac{1}{3}(y_1 + y_2 + y_3) = \frac{1}{3}(41 + 42 + 52) = 45.0$$

$$\overline{y}_3 = \frac{1}{3}(y_2 + y_3 + y_4) = \frac{1}{3}(42 + 52 + 43) = 45.7$$

同理，可计算出其他数据，从而得到新的动态数列，该数列呈现出明显的长期趋势。具体变化如图 11.1 所示。

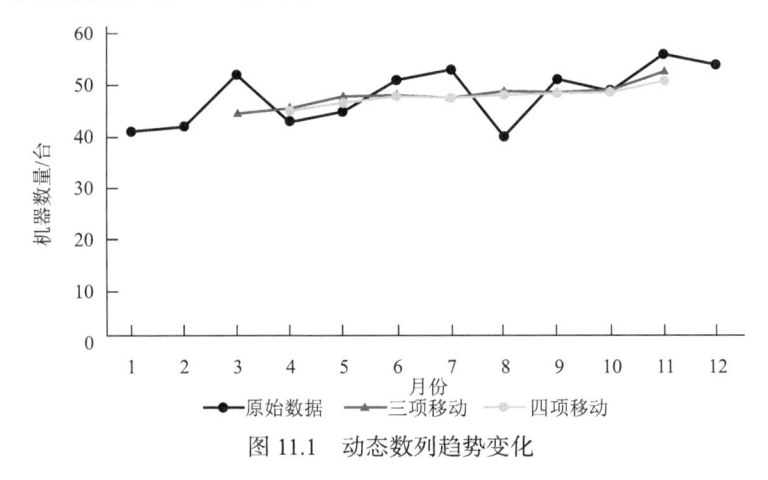

图 11.1 动态数列趋势变化

由图 11.1 可知，使用移动平均法修匀后的数列呈现上升趋势，四项移动平均修匀效果要比三项好，上升趋势更明显，但修匀的项数越多，丢掉的数据也就越多。

（三）指数平滑法

指数平滑法是一种特殊的加权平均法。指数平滑法的基本思路是，充分利用数据信息，且考虑到近期数据对未来预测影响作用更大，同时，由于是取相邻多项的平均值，对序列具有平滑修匀作用，能消除不规则变动的影响。指数平滑法的基本原理是，如果 t 趋势估计值与 t 期实际值完全一致，二者之间没有误差，则可以用 t 期趋势估计值直接作为 $t+1$ 期的趋势估计值。如果二者之间有误差，则这种误差可以理解为是由两部分所组成：一部分是现象从 $t-1$ 期到 t 期的实质性变化；一部分是由不规则变动引起的随机误差。指数平滑法既要剔除不规则变动影响即随机误差影响，也要反映出现象的实质性变化。按此思路，t 期指数平滑值的计算公式为

$$E_t = ay_t + (1-a)E_{t-1} = E_{t-1} + a(y_t - E_{t-1}) \qquad (11.18)$$

式中，E_t 为 t 时期的指数平滑值；E_{t-1} 为 $t-1$ 时期的指数平滑值；y_t 为 t 时期的实际观测值；a 为平滑系数，其值为 $0\sim1$。

t 期的指数平滑值是在 $t-1$ 期指数平滑值的基础上加上 t 实际观测值与 $t-1$ 期指数平滑值（作为 t 期趋势估计值）的误差的一部分组合而成，体现了指数平滑法求趋势估计值的基本思想，即误差中属于现象实质性变化的部分由平滑系数 a 所决定。a 的取值越大，则认为误差中现象实质性变化的比例越大，在下期的趋势估计中，本期的实质误差就剔除得越多；而 a 的取值越小，则认为误差中随机因素引起的随机误差所占比例越小，下期的趋势估计中本期实质误差就剔除得越少。

显然，各期指数平滑值均在上期平滑值的基础上递推而得，指数平滑法具有递推性质。

$$E_t = E_{t-1} + a(y_t - E_{t-1})$$
$$= ay_t + (1-a)E_{t-1}$$
$$= ay_t + (1-a)[ay_{t-1} + (1-a)E_{t-2}]$$
$$= ay_t + a(1-a)y_{t-1} + (1-a)^2 E_{t-2}$$
$$= ay_t + a(1-a)y_{t-1} + a(1-a)^2 y_{t-2} + (1-a)^3 E_{t-3}$$
$$\cdots$$
$$= ay_t + a(1-a)y_{t-1} + a(1-a)^2 y_{t-2} + \cdots + a(1-a)^{t-1} y_t + (1-a)^t E_0$$
$$E_t = a\sum_{j=0}^{t-1}(1-a)^j y_{i-j} + (1-a)^t E_0$$

E_0 称为初始值，序列项数较多时，初始值对平滑值的影响不大，故可设定为 $E_0 = y_1$。

由于 $0 \leqslant a \leqslant 1$，随着 t 增大，$(1-a)^t \to 0$，则 $E_t = a\sum_{j=0}^{t-1}(1-a)^j y_{i-j}$。

当 $t \to \infty$ 时，$\sum_{j=0}^{t-1}(1-a)^j$ 为无穷递减等比级数，其公比为 $(1-a)$，则 $\dfrac{首项}{1-公比} = \dfrac{a}{1-(1-a)} = 1$。

指数平滑值 E_t 实际上是各期观测值 y_t 的加权平均数，各期观测值的系数就是其相对数形式的权数，其权数和为 1，即 t 期的平滑值包含了 t 期及 t 期以前所有数据的信息，但又对不同时期的数据给予了不同的权数，越是近期的数据给予的权数越大，体现了对各期数据的不同重视程度。

当时间序列呈现水平发展趋势或者没有明显波动规律时，可以采用一次指数

平滑法进行短期预测，其公式为

$$\hat{y}_{t+1} = E_t = ay_t + (1-a)E_{t-1} \quad (11.19)$$

即将 t 期的指数平滑值 E_t 作为 $t+1$ 期的预测值。依此，上述公式也可写成：

$$\hat{y}_{t+1} = E_t = ay_t + (1-a)\hat{y}_t = \hat{y}_t + a(y_t - \hat{y}_t) \quad (11.20)$$

即 $t+1$ 期的预测值等于 t 期的预测观测值加上用平滑系数调整后的预测误差。

Stata 应用：趋势分析

1. 定义时间序列

在进行时间序列的分析之前，首先要定义变量为时间序列数据。只有定义之后，才能对变量使用时间序列运算符号，也才能使用时间序列分析的相关命令。定义时间序列通常用 tsset（time series set）命令，将数据指定为时间指标变量并设定变量的显示格式为%td（其中 d 代表 daily，也可用代表 weekly 的 w、代表 monthly 的 m、代表 quarterly 的 q、代表 yearly 的 y 等表示），基本命令格式为

tsset var, format(%td)

例如，利用 2017 年 1 月至 2022 年 10 月居民消费价格指数（cpi）数据处理，时间序列分析如下（资料来源于国家统计局官网）。

gen monthly = ym(year, month)   //生成新的变量，该变量由年和月构成
list in 1/6   //输出结果如图 11.2

	year	month	cpi	monthly
1.	2022	10	102.1	753
2.	2022	9	102.8	752
3.	2022	8	102.5	751
4.	2022	7	102.7	750
5.	2022	6	102.5	749
6.	2022	5	102.1	748

图 11.2　list in 1/6 的输出结果（一）

由图 11.2 可以看出，新生成的 monthly 出现的数值具有一定的隐含性，因此需要将 monthly 变量指定为时间序列，并设置格式，具体操作如下。

方法一：

format monthly %tm   //将变量设置为%tm 的时间序列

list in 1/6   //输出结果如图 11.3

```
list in 1/6

     year   month    cpi   monthly
1.   2022      10   102.1   2022m10
2.   2022       9   102.8   2022m9
3.   2022       8   102.5   2022m8
4.   2022       7   102.7   2022m7
5.   2022       6   102.5   2022m6

6.   2022       5   102.1   2022m5
```

图 11.3　list in 1/6 的输出结果（二）

如图 11.3 所示，monthly 的数据格式为年份加月份，如 2022m10。

tsset monthly   //定义变量为时间序列，结果如图 11.4

```
tsset monthly
        time variable:  monthly, 2017m1 to 2022m10
                delta:  1 month
```

图 11.4　tsset monthly 的输出结果

由上述结果可知 monthly 的性质为时间序列，起止时间为 2017 年 1 月至 2022 年 10 月，观察周期以月（delta：1 month）为单位。

方法二：

tsset monthly,monthly   //第二个 monthly 表示时间单位

2. 修匀

修匀（smoothing）会将数据分解为两部分：一部分为逐渐的变化，另一部分为包含剩下的迅速变化的粗糙部分。

$$数据=修匀部分+粗糙部分$$

一个更好的办法涉及 egen 命令的 ma（moving average）函数。继续使用居民消费价格指数数据对 smoothing 命令的应用进行说明。

egen cpi3 = ma(cpi),nomiss t(3)   //nomiss 选项要求序列两端计算更短的移动平均数，否则新变量的第一个和最后一个值将为缺失值。选项 t(3)要求按跨距为 3 来计算移动平均数

如果希望修匀方法是利用非奇数跨距，可以输入如下命令：

tssmooth ma cpi4 = cpi, window(1 1 2)   //新的时间序列 cpi4 为本月 cpi 及前一

个月 cpi 和后两个月 cpi 的平均数，window 命令后的第一个"1"表示前一个月，第二个"1"表示当月，"2"表示后两个月

修匀后的数据可以计算残差，通过输入以下命令来实现：

gen rough = cpi -cpi4   //生产残差序列 rough

对时间序列修匀后，可以通过作图的方式观察修匀的效果，最终决定修匀方法。绘制修匀时间标绘图，如图 11.5 所示。

graph twoway line cpi monthly || line cpi3 monthly || line cpi4 monthly

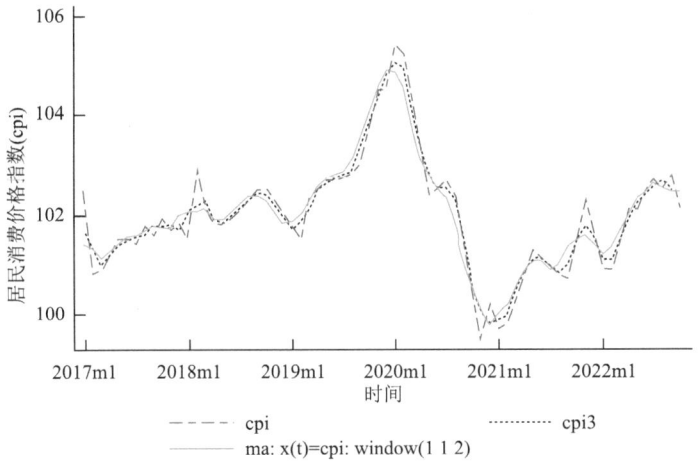

图 11.5　修匀时间标绘图

绘制残差时间标绘图，如图 11.6 所示。

tsline rough,ttitle("")

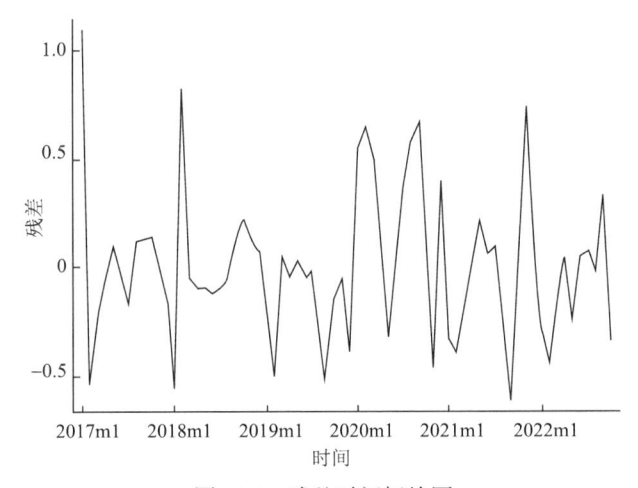

图 11.6　残差时间标绘图

注意，绘制时间标绘图一个更好的办法是使用专门的时间序列命令 tsline，具体可通过 help 命令详细了解。

对于时间序列数据，tssmooth 命令提供了强大的修匀工具。以下修匀工具，除了 tssmooth nl 都能处理缺失值。

（1）tssmooth ma，移动平均数过滤器（未加权的或加权的）。

（2）tssmooth exponential，单指数过滤器。

（3）tssmooth dexponential，双指数过滤器。

（4）tssmooth hwinters，非季节性的 Holt-Winters 修匀。

（5）tssmooth shwinters，季节性的 Holt-Winters 修匀。

（6）tssmooth nl，非线性过滤器。

例如，tssmooth ma cpi3 = cpi, window(1 1 1)；tssmooth ma cpi5 = cpi, window(2 1 2)。

第五节 季节效应分析

季节变动是由于受自然和社会因素的影响，现象随季节变化而呈现出周期性变动，如冷饮、围巾等时令商品的销售量，水果、禽蛋的生产量均存在一定的季节变动。测定和分析季节变动的主要目的在于把握季节变动的规律，从而合理地组织生产、销售等各项经济活动。同时可将找出的季节变动从时间序列中剔除，以便于更好地研究长期趋势和循环变动。还可以利用季节变动的规律，配合长期趋势，更科学地进行经济预测。

测定季节变动的常用方法有：同期平均法和移动平均趋势剔除法。

一、季节变动的测定

（一）同期平均法

当时间序列的长期趋势不存在或不明显时，可采用同期平均法。同期（月、季）平均法测定季节变动的一般步骤如下。

（1）计算若干年内同月（季）平均数。

（2）计算总的月（季）平均数。

（3）用同期平均数除以总平均数的季节比率。

（4）计算出的季节比率之和应该等于 12 或者 4，但实际上由于计算过程存在舍入误差，往往季节比率之和与理论值不相等，需要进行调整，即用调整系数乘以各季节比率。调整计算公式如下：

$$\text{调整系数} = \frac{12(4)}{\text{各月(季)季节比率之和}} \quad (11.21)$$

例 11.4 以某商场围巾销售量为例，说明同期平均法。具体销售量如表 11.6 所示。

表 11.6　围巾销售量的季节比率计算表

年度	第一季度	第二季度	第三季度	第四季度	合计
2019	800 条	440 条	170 条	710 条	2 120 条
2020	870 条	460 条	210 条	730 条	2 270 条
2021	900 条	500 条	230 条	760 条	2 390 条
合计	2 570 条	1 400 条	610 条	2 200 条	6 780 条
季平均	856.67 条	466.67 条	203.33 条	733.33 条	565 条
季节比率	1.516 2	0.826 0	0.359 9	1.297 9	4

根据该商场三年围巾销售量的季节资料计算出季节比率如表 11.6 所示。由于四个季节比率之和正好等于 4，因此不需要进行调整。计算结果表明：第一季度的季节比率最高（旺季），其次是第四季度，第三季度的季节比率最低（淡季）。

在分析季节变动时，要注意季节比率大于 1 或小于 1 均表示有季节变动，当大于 1 或小于 1 的程度较大时，说明现象分别处于旺季或淡季。

（二）移动平均趋势剔除法

当时间序列存在明显的长期趋势时，需要先剔除长期趋势的影响，然后计算季节比率，其步骤如下。

（1）对时间序列计算移动平均数，作为时间序列的长期趋势值。

（2）用时间序列的原有指标值除以对应的长期趋势值，得到剔除长期趋势后的新时间序列。

（3）对新时间序列实施同期平均法的各步骤。

例 11.5 某服装公司 2018～2021 年各季度销售资料如表 11.7 所示。

表 11.7　某服装公司 2018～2021 年服装销售量　　　单位：件

年份	第一季度	第二季度	第三季度	第四季度
2018	8 300	2 800	4 000	10 000
2019	9 800	3 500	4 700	11 000
2020	10 700	4 100	5 500	12 900
2021	12 000	5 600	7 100	14 200

由表 11.7 可知，销售量除了具有明显的季节变动外，各季度都存在较强的长期趋势，所以采用移动平均剔除法，计算如表 11.8 所示。

表 11.8 销售量的季节变动计算表（一）

年份	销售量（y）/件	长期趋势值（T）	新数列（y/T）
2018	8 300		
	2 800		
	4 000	6 462.5	0.619 0
	10 000	6 737.5	1.484 2
2019	9 800	6 912.5	1.417 7
	3 500	7 155.0	0.489 2
	4 700	7 362.5	0.638 4
	11 000	7 550.0	1.457 0
2020	10 700	7 725.0	1.385 1
	4 100	8 062.5	0.508 5
	5 500	8 462.5	0.649 9
	12 900	8 812.5	1.463 8
2021	12 000	9 200.0	1.304 3
	5 600	9 562.5	0.585 6
	7 100		
	14 200		

长期趋势值按照指数平滑法计算，其中移动项数按照四季移动。对新数列按照同期平均法重新排列计算，具体如表 11.9 所示。

表 11.9 销售量的季节变动计算表（二）

年份	第一季度	第二季度	第三季度	第四季度	合计
2018			0.619 0	1.484 2	
2019	1.417 7	0.489 2	0.638 4	1.457 0	
2020	1.385 1	0.508 5	0.649 9	1.463 8	
2021	1.304 3	0.585 6			
季节比率	1.369 0	0.527 8	0.635 8	1.468 3	4.000 9
调整季节比率	1.368 7	0.527 6	0.635 7	1.468 0	4

由此可见，销售量的旺季在第四季度，第一季度次之，淡季在第二季度，第三季度的业务也比较清淡。

二、季节变动的调整

含有季节变动因素的时间序列，由于受到季节影响而产生波动，使时间序列中其他特征不能清晰地表现出来，因此需要将季节变动的影响因素从时间序列中剔除，以便观察其他特征的影响。这被称为季节变动调整，其方法是将原时间序列除以相应的季节比率，即

$$\frac{y}{S} = \frac{T \times C \times S \times I}{S} = T \times C \times I \qquad (11.22)$$

结果即为调整后的时间序列，反映了在没有季节因素影响的情况下时间序列的变化形态。

例 11.6 根据例 11.5 的资料，对 2018～2021 年各季度的销售量做季节调整。根据表 11.9 中的季节比率及式（11.22），可得计算结果如表 11.10 所示。

表 11.10　销售量的季节变动调整

年份	季度	时间序列（t）	销售量（y）/件	季节比率（S）	调整后的销售量（y/S）/件	调整后的趋势值（T）/件
2018	1	1	8 300	1.368 7	6 065	5 490
	2	2	2 800	0.527 6	5 301	5 812
	3	3	4 000	0.635 7	6 293	6 133
	4	4	10 000	1.468 0	6 813	6 454
2019	1	5	9 800	1.368 7	7 161	6 775
	2	6	3 500	0.527 6	6 626	7 096
	3	7	4 700	0.635 7	7 395	7 418
	4	8	11 000	1.468 0	7 495	7 739
2020	1	9	10 700	1.368 7	7 819	8 060
	2	10	4 100	0.527 6	7 762	8 381
	3	11	5 500	0.635 7	8 653	8 702
	4	12	12 900	1.468 0	8 789	9 023
2021	1	13	12 000	1.368 7	8 769	9 345
	2	14	5 600	0.527 6	10 602	9 666
	3	15	7 100	0.635 7	11 171	9 987
	4	16	14 200	1.468 0	9 675	10 308

由表 11.10 可知，剔除季节因素影响的长期趋势呈现明显上升趋势，如图 11.7 所示。

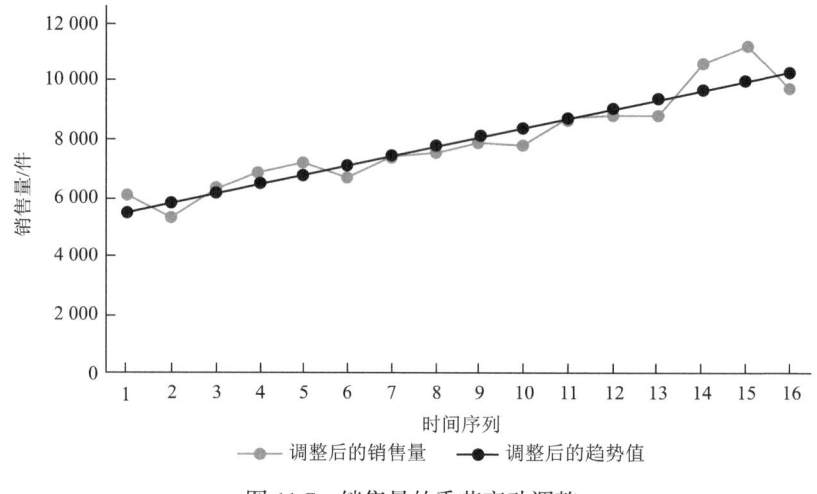

图 11.7　销售量的季节变动调整

根据调整后的数列配合趋势线为 $Y_t = 5267.50 + 308.23t$，各月调整后的趋势值如图 11.7 所示。

由此，可对 2022 年第二季度（$t=18$）的销售量进行预测，即

2022 年第二季度预测销售量=（5267.50+308.23×18）×0.5267=5697（件）

第六节　循环变动和不规则变动分析

一、循环变动分析

循环变动一般周期较长。所以循环变动分析需要以时期更长的时间序列资料为基础，去测定以若干年为周期的社会经济现象盛衰起伏的变动规律。分析方法常用剩余法，即从时间序列中剔除长期趋势、季节变动和不规则变动的影响，求得循环变动的影响。

根据前文介绍过的乘法模型，测定循环变动的步骤如下。

（1）分别计算出趋势值和季节比率。

（2）分别消去季节变动和长期趋势的影响，求得循环变动和不规则变动相对数。公式为

$$\frac{T \times S \times C \times I}{T \times S} = C \times I \qquad (11.23)$$

（3）将上述结果进行移动平均，以消除不规则变动，即得循环变动，通常用百分比表示。

二、不规则变动分析

不规则变动是由一些不可估计、不可预料的原因引起的变动，具有很大的随机性。分析不规则变动可以了解随机因素、偶然因素对现象发展变化的影响大小。

进行不规则变动分析，一般也可采用剩余法。基本原理是从时间序列中剔除长期趋势、季节变动、循环变动，剩余的就是不规则变动。

根据前文介绍过的乘法模型，测定不规则变动的步骤如下。

（1）将时间序列 y 除以长期趋势 T，即得无长期趋势数据 $S \times C \times I$。
（2）将 $S \times C \times I$ 除以季节指数 S，得到无长期趋势和季节变动的数据 $C \times I$。
（3）将 $C \times I$ 除以循环变动 C，便可得到不规则变动 I。

第七节 ARIMA 模型

自回归整合移动平均数（auto regressive integrated moving average，ARIMA）模型可以使用 arima 命令进行估计。这包含对自回归、移动平均及 ARIMA 模型的估计。包含一个或多个自变量，以及 ARIMA 扰动项的结构模型，被称为 ARIMA 模型，即包含外生变量的自回归移动平均数。

在时间序列模型中，被解释变量 Y_t 可由其滞后值和随机误差项来解释，而不像回归模型那样，是用 k 个解释变量 $X_1, X_2, \cdots, X_k$ 去解释 Y_t。本节中强调单变量 ARIMA 模型，即只包含一个时间序列的 ARIMA 模型，但这一分析可以推广到多变量 ARIMA 模型中。

一、自回归模型

时间序列 x_t 的 p 阶自回归（auto regressive，AR）模型的表达式为

$$x_t = c + \alpha_1 x_{t-1} + \alpha_2 x_{t-2} + \cdots + \alpha_p x_{t-p} + \mu_t \qquad (t=1,2,\cdots,n) \qquad (11.24)$$

式中，c 为常数；α_p 为自回归模型系数，是待估计参数；p 为自回归模型的阶数；

μ_t 为白噪声序列（白噪声源于物理学，是指功率谱密度在整个频域内均匀分布的噪声），其均值为 0，方差为 σ^2。

称 x_t 为 p 阶自回归过程，用 $AR(p)$ 表示。

自回归模型 $AR(p)$ 常用来修正随机误差项 μ_t 的序列相关。$AR(1)$ 模型常用来修正一阶序列相关；如果模型存在高阶序列相关，可用 $AR(p)$ 来修正。

假设一元线性回归模型存在一阶序列相关，即

$$y_t = \alpha_0 + \alpha_1 x_t + \mu_t$$

$$\mu_t = \beta \mu_{t-1} + \varepsilon_t$$

$$y_t - \beta y_{t-1} = \alpha_0(1-\beta) + \alpha_1(x_t - \beta x_{t-1}) + \varepsilon_t$$

令 $y_t^* = y_t - \beta y_{t-1}$，$x_t^* = x_t - \beta x_{t-1}$，则

$$y_t^* = \alpha_0(1-\beta) + \alpha_1 x_t^* + \varepsilon_t$$

一个含有序列相关性的模型转化为一个满足基本假定条件的一元线性回归模型，从而消除了误差项的序列相关。

二、移动平均模型

时间序列 $\{x_t\}$ 的 q 阶移动平均（moving average，MA）模型的表达式为

$$x_t = c + \mu_t + \beta_1 \mu_{t-1} + \beta_2 \mu_{t-2} + \cdots + \beta_q \mu_{t-q} \quad (t=1,2,\cdots,n) \quad (11.25)$$

式中，c 为常数；β_q 为移动平均模型的系数，是待估计参数；q 为移动平均模型的阶数；μ_t 为白噪声序列，其均值为 0，方差为 σ^2。

称 $\{x_t\}$ 为 q 阶移动平均过程，用 $MA(q)$ 表示。时间序列 $\{x_t\}$ 由 1 个 μ 和 q 个 μ 的滞后项加权的和组成，"移动"是指 t 时间的变化，"平均"是指 μ 滞后项的加权和。由式（11.25）可知，q 阶移动平均模型是 $q+1$ 个白噪声变量的加权组合，因而移动平均过程是平稳的随机过程。

三、自回归移动平均模型

自回归移动平均（auto regressive moving average，ARMA）模型是由自回归模型 $AR(p)$ 和移动平均模型 $MA(q)$ 共同组成的随机过程，记作 $ARMA(p,q)$。表达式为

$$x_t = c + \alpha_1 x_{t-1} + \alpha_2 x_{t-2} + \cdots + \alpha_p x_{t-p} + \mu_t + \beta_1 \mu_{t-1}$$
$$+ \beta_2 \mu_{t-2} + \cdots + \beta_q \mu_{t-q} \quad (t = 1, 2, \cdots, T) \tag{11.26}$$

式中，p 和 q 分别表示自回归模型和移动平均模型的最大阶数。当 $p=0$ 时，自回归移动平均模型 ARMA$(0,q)$=MA(q)；当 $q=0$ 时，自回归移动平均模型 ARMA$(p,0)$=AR(p)。由前文可知，MA(q) 是平稳的，因而自回归移动平均模型 ARMA(p,q) 是否稳定完全取决于自回归模型 AR(p) 是否稳定。一般利用自相关系数（autocorrelation coefficient，AC）和偏自相关系数（partical autocorrelation coefficient，PAC）这两个统计量对 ARMA 模型进行识别。

如果 AR(p) 序列的偏自相关系数在 p 期后全是 0，则可确定自回归模型的阶数为 p。如果 MA(q) 序列自相关系数在 q 期后全是 0，则可确定移动平均模型的阶数为 q。在 ARMA 模型的识别中，如果自相关函数在 p 期后显著趋于 0，偏自相关函数在 q 期后显著趋于 0，则建立 ARMA(p,q) 模型。

对于受季节因素影响的季度数据，可以使用季节自回归模型 SAR(p) 和季节移动平均模型 SAM(q)。

四、自回归单整移动平均模型

自回归模型 AR(p)、移动平均模型 MA(q) 和自回归移动平均模型 ARMA(p,q) 是用来描述平稳时间序列的自相关性的，通过时间序列的过去值和当前值对未来进行预测。平稳时间序列的均值、方差和协方差是不随时间的变化而变化的，但非平稳时间序列的每个时间上的均值、方差和协方差是不同的，因而难以根据当期值和过去值对未来进行预测。如果时间序列是平稳的，则说明存在单整，在进行估计前需进行平稳性处理。

经过 d 次方差后变换的 ARMA(p,q) 模型为 ARIMA(p,d,q) 模型。ARIMA(p,d,q) 模型的估计过程与 ARMA(p,q) 模型基本相同，区别在于估计 ARIMA(p,d,q) 模型时需要确定原序列的差分阶数 d，并对 x_t 进行 d 阶差分。因而在构建模型前需通过单位根检验来确认时间序列是否平稳，以及含有的单位根的个数。

Stata 应用：ARIMA 模型

利用 2017 年 1 月至 2022 年 10 月居民消费价格指数（cpi）数据进行分析，具体操作如下。

1. 定义时间序列

gen monthly = ym(year, month)

tsset monthly, monthly

2. 相关性分析

corrgram cpi   //分析变量 cpi 的自相关和偏自相关，结果如图 11.8

```
. corrgram cpi

                                          -1    0    1 -1   0    1
LAG     AC      PAC      Q     Prob>Q  [Autocorrelation] [Partial Autocor]

1     0.8875   0.8876   57.53  0.0000
2     0.7476  -0.2306   98.953 0.0000
3     0.6112  -0.0259  127.05  0.0000
4     0.5015   0.0542  146.25  0.0000
5     0.4080  -0.0284  159.16  0.0000
6     0.3101  -0.1145  166.74  0.0000
7     0.2023  -0.1042  170.01  0.0000
8     0.0810  -0.1101  170.54  0.0000
9    -0.0465  -0.1494  170.72  0.0000
10   -0.1606  -0.0502  172.89  0.0000
11   -0.2634  -0.1316  178.81  0.0000
12   -0.3422  -0.0226  188.99  0.0000
```

图 11.8　变量 cpi 的自相关和偏自相关结果（部分结果）

通过上述自相关和偏自相关的分析，可以绘制图形的方式，更清晰地了解滞后期数。

ac cpi   //绘制变量的自相关图（图 11.9）

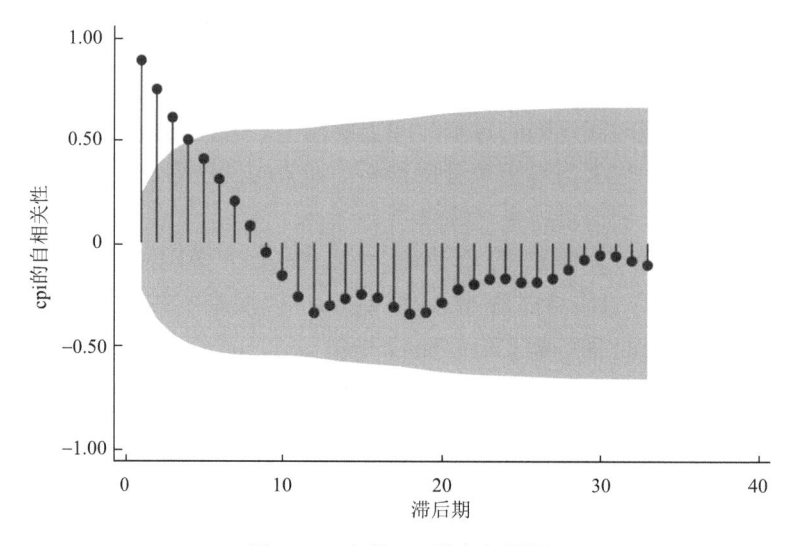

图 11.9　变量 cpi 的自相关图

如图 11.9 前 4 期的取值均超过阴影部分，说明存在自相关，超出部分也可以作为滞后期数的参考。

pac cpi   //绘制变量的偏自相关图

如图 11.10 所示，滞后 1 期超出阴影部分明显，说明偏自相关显著。

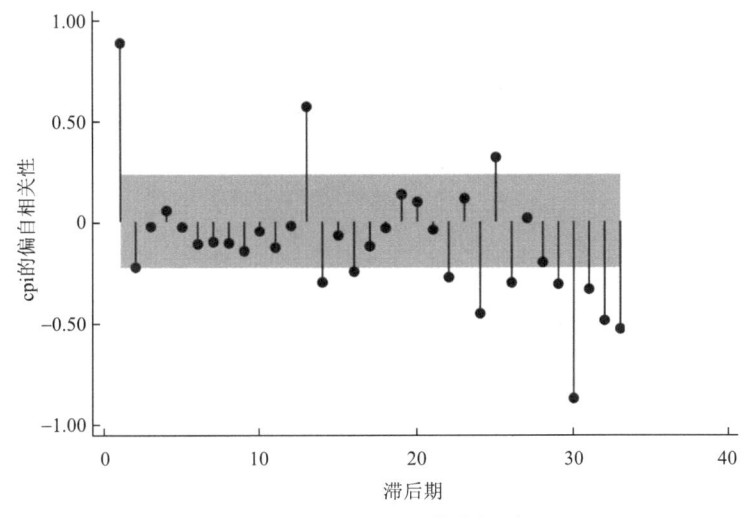

图 11.10   变量 cpi 的偏自相关图

根据图 11.9 和图 11.10，可以确定时间序列 cpi 存在自相关性和偏自相关性。为了让分析结果更可靠，可以尝试采用一阶差分的方法。

corrgram d.cpi , lag(10)   //分析变量的一阶差分的自相关和偏自相关性，其中 d.cpi 表示一阶差分，如果要分析 cpi 的二阶差分，则可以将 "d.cpi" 修改为 "d2cpi"。lag(10) 表示显示之后 10 期的结果，结果如图 11.11

```
. corrgram d.cpi,lag(10)

                                              -1       0       1 -1       0       1
   LAG       AC       PAC       Q      Prob>Q  [Autocorrelation]   [Partial Autocor]

    1     0.1617    0.1648    1.8841   0.1699
    2    -0.0162   -0.0546    1.9032   0.3861
    3    -0.1280   -0.1264    3.1196   0.3736
    4    -0.0793   -0.0371    3.5938   0.4638
    5     0.0221    0.0441    3.6313   0.6036
    6     0.0476    0.0221    3.8072   0.7028
    7     0.0531    0.0148    4.0302   0.7763
    8     0.0359    0.0339    4.1339   0.8448
    9    -0.0682   -0.0764    4.5134   0.8745
   10    -0.0489    0.0020    4.712    0.9096
```

图 11.11   变量 cpi 一阶差分的自相关和偏自相关性结果

如图 11.11 所示，P 值已经发生变化。通过绘制变量一阶差分的自相关和偏自相关图，可以确认自相关性。

ac d.cpi, lag(20) //如果滞后 10 期，结果都显著

如图 11.12 所示，第 12 期自相关系数在 95%水平显著的不为 0，同时自相关系数显示存在断尾，因此考虑建立 AR(1)模型。

pca d.cpi,lag(20)

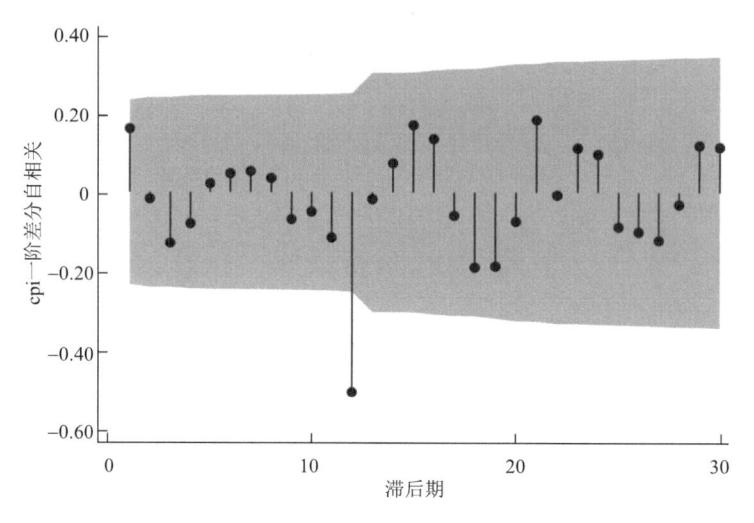

图 11.12 变量 cpi 一阶差分自相关图

如图 11.13 所示，第 12、13 期偏自相关在 95%水平显著的不为 0，同时自相关系数显示存在断尾，因此考虑建立 AR(2)模型。

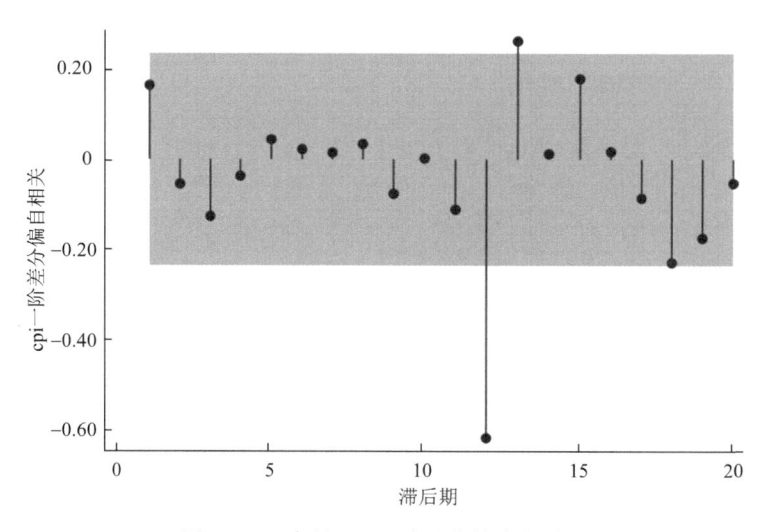

图 11.13 变量 cpi 一阶差分偏自相关图

3. 平稳性检验

要对时间序列 cpi 进行分析，必须检验 cpi 的平稳性。

dfuller d.cpi   //对变量的一阶差分进行迪基—富勒（Dickey-Fuller）检验，结果如图 11.14

```
. dfuller d.cpi

Dickey-Fuller test for unit root                   Number of obs   =        68

                               ---------- Interpolated Dickey-Fuller ----------
                    Test         1% Critical       5% Critical      10% Critical
                 Statistic          Value             Value             Value
------------------------------------------------------------------------------
 Z(t)             -7.353            -3.555            -2.916            -2.593
------------------------------------------------------------------------------
MacKinnon approximate p-value for Z(t) = 0.0000
```

图 11.14　时间序列 cpi 的迪基—富勒检验结果

结果显示，P 值为 0，变量 cpi 是一阶单整。

pperron d.cpi   //对变量的一阶差分进行 Phillips-Perron 检验，如图 11.15

```
. pperron d.cpi

Phillips-Perron test for unit root                 Number of obs   =        68
                                                   Newey-West lags =         3

                               ---------- Interpolated Dickey-Fuller ----------
                    Test         1% Critical       5% Critical      10% Critical
                 Statistic          Value             Value             Value
------------------------------------------------------------------------------
 Z(rho)          -57.053           -19.224           -13.444           -10.808
 Z(t)             -7.354            -3.555            -2.916            -2.593
------------------------------------------------------------------------------
MacKinnon approximate p-value for Z(t) = 0.0000
```

图 11.15　时间序列 cpi 的 Phillips-Perron 检验结果

结果显示，P 值为 0，变量 cpi 是一阶单整。

4. ARIMA 模型估计

arima cpi,arima(2, 1, 1) nolog   //估计时间序列 cpi 的 ARIMA 回归模型, nolog 表示不显示似然值。在实际研究中，可以根据相关性的滞后阶数和单整阶数，结合 AIC 值和 BIC 值确定合适的模型，结果如图 11.16。

5. 检验 ARIMA 模型

利用残差的性质，对上述模型结果进行评价。

predict cpir,resid   //得到 cpi 的残差序列，名称为 cpir
corrgram cpir   //检验残差序列的自相关和偏自相关

```
. arima cpi,arima(2, 1, 1) nolog

ARIMA regression

Sample:  2017m2 - 2022m10                    Number of obs    =        69
                                             Wald chi2(2)     =    315.95
Log likelihood = -52.83258                   Prob > chi2      =    0.0000

                           OPG
           D.cpi     Coef.   Std. Err.       z    P>|z|    [95% Conf. Interval]

cpi
           _cons   -.009147   .0205414    -0.45    0.656   -.0494075    .0311135

ARMA
      ar
           L1.    1.129916   .0977447    11.56    0.000    .9383397    1.321492
           L2.    -.258601   .0982044    -2.63    0.008    -.451078    -.066124
      ma
           L1.          -1          .        .        .           .           .

       /sigma    .5126617    .035753    14.34    0.000    .4425871    .5827364

Note: The test of the variance against zero is one sided, and the two-sided
      confidence interval is truncated at zero.
```

图 11.16 时间序列 cpi 的 ARIMA 模型估计

【思考与练习】

一、单项选择题

1. 时间序列根据观测时间点的间隔可以分为（   ）。
   A. 离散时间序列   B. 连续时间序列
   C. 平稳时间序列   D. 白噪声时间序列
2. 在时间序列中，趋势是指（   ）。
   A. 数据在一个周期内波动的大小   B. 数据在整个时间序列中的总体上升或下降趋势
   C. 数据的随机波动   D. 数据中存在的季节性因素
3. 时间序列中的发展水平（   ）。
   A. 只能是总量指标   B. 只能是相对指标
   C. 只能是平均指标   D. 上述三种指标均可以
4. 根据时期相等的时期数列计算序时平均数，应采用（   ）。
   A. 几何平均法   B. 加权算术平均法
   C. 简单算术平均法   D. 首尾折半法
5. 平均增长量与累计增长量的关系是（   ）。
   A. 平均增长量的连乘积等于累计增长量
   B. 平均增长量等于累计增长量除以逐期增长量
   C. 累计增长量减 1 等于平均增长量
   D. 平均增长量加 1 等于累计增长量

6. 某厂 5 年的销售收入为 200 万元、220 万元、250 万元、300 万元、320 万元，则平均增长量为（   ）。

   A. $\dfrac{120}{5}$　　　B. $\dfrac{120}{4}$　　　C. $\sqrt[5]{\dfrac{320}{200}}$　　　D. $\sqrt[4]{\dfrac{320}{200}}$

7. 定基增长速度与环比增长速度的关系为（   ）。
   A. 定基增长速度等于相应的各个环比增长速度的算术和
   B. 定基增长速度等于相应的各个环比增长速度的连乘积
   C. 定基增长速度等于相应的各个环比增长速度加 1 后的连乘积再减 1
   D. 定基增长速度等于相应的各个环比增长速度的连乘积加 1（或 100%）

8. 已知各期环比增长速度分别为 5%、8%、6%、10%，则相应的定基增长速度的计算方法为（   ）。
   A.（105% × 108% × 106% × 110%）–100%
   B. 105% × 108% × 106% × 110%
   C.（5% × 8% × 6% × 10%）–100%
   D. 5%+8%+6%+10%

9. 平均发展速度是（   ）。
   A. 定基发展速度的算术平均值　　　B. 环比发展速度的算术平均值
   C. 环比发展速度的几何平均数　　　D. 增长速度+100%

10. 若无季节变化，则季节比率为（   ）。
    A. 0　　　　　B. 1　　　　　C. 大于 1　　　　　D. 小于 1

二、简述题

1. 简述如何根据时间序列特征选择适当的趋势方程。
2. 为什么要注意速度指标和水平指标的结合运用？
3. 简述常用的几种时间序列预测方法。

三、应用题

1. 通过国家统计局官网收集近 20 年国内生产总值和社会消费品零售总价相关数据。
   （1）试用移动平均法测定"国内生产总值"的长期趋势。
   （2）试用趋势模型法求出"社会消费品零售价格总额"的最佳趋势方程，并预测 2024 年的增加值。
2. 若某地区 2021~2024 年前半年的经济活力指数如下表所示。

年份	2021				2022				2023				2024	
季度	1	2	3	4	1	2	3	4	1	2	3	4	1	2
指数	100	90	89	107	103	93	90	110	109	96	94	116	112	99

（1）试用 4 点移动平均模型求曲线趋势，并根据该曲线对乘法模型求季节指数；
（2）试用乘法模型预测 2024 年第三、四季度的经济活力指数。

第十二章 面板数据分析

面板数据分析在实证研究中的使用越来越广泛。本章首先介绍面板数据的概念和使用面板数据的原因,然后阐述线性面板数据模型和非线性面板数据模型,其中线性面板数据模型部分主要包括线性面板数据模型(包括混合横截面模型、固定效应模型与随机效应模型、变系数模型)的估计和检验,线性面板数据模型中的工具变量法,以及动态面板数据的广义矩估计(generalized method of moments,GMM)方法,包括差分 GMM 和系统 GMM。非线性面板数据模型部分主要包括面板二元选择模型、面板 Tobit 模型和面板计数数据模型的估计和检验。最后讨论面板数据在项目评价与政策分析中的应用,包括双重差分法(difference in differences,DID)、倾向得分匹配(propensity score matching,PSM)、断点回归的应用。

第一节 面板数据概述

一、面板数据的概念

面板数据由数据集中每个横截面单位的一个时间序列组成。例如,对 500 家上市公司连续追踪 10 年形成的数据集。面板数据又分为两种类型:平衡面板数据和非平衡面板数据。平衡面板数据是指每个横截面单位追踪的时期是完全一样的。非平衡面板数据是指除平衡面板数据以外的面板数据。有时某些个体的数据可能缺失(比如,个体死亡、企业倒闭或被兼并、个体不再参与调查),或者新的个体后来才加入调查。在这种情况下,每个时期观测到的个体不完全相同,从而导致非平衡面板数据的出现。现代计量经济学软件可以轻松对这两种数据进行处理。关注非平衡面板数据出现的原因很重要,因为其会导致复杂的计量经济学问题,如样本选择、样本丢失。

二、使用面板数据的原因

使用面板数据最主要的原因是解决遗漏变量问题。比如,在研究上市公司的公司治理、会计和财务问题时，有很多不随时间变化的因素无法观测，如管理的质量或结构。这些因素可能和解释变量相关，也可能和解释变量不相关。但由于在不同的年度中，这些因素的影响都存在，因此将这些因素包括在扰动项中总体来说会导致序列相关。

（1）如果这些未观察到的效应同解释变量相关，通常的OLS估计会导致非一致性。

（2）如果与解释变量不相关但与序列相关，则不会影响一致性，但会影响有效性。

如果第一种情况出现，通常会采用去除均值或固定效应和一阶差分来消除不随时间变化的未观察效应，从而获得一致估计。

如果第二种情况出现，通常采用可行广义最小二乘法（FGLS）来获得更有效率的估计，即随机效应分析。

此外，由于面板数据是对不同的个体连续观察T期，因而更容易出现组内相关，即通常所说的群问题，群问题的影响类似于异方差。同样由于面板数据是横截面数据和时间序列数据的结合体，所有在横截面数据和时间序列数据分析中会出现的问题都可能在面板数据分析中出现，如异方差、自相关、群、截面相依、内生性、单位根和协整。因此，对面板数据的分析要非常谨慎。Stata提供了丰富的命令处理上述问题。

使用面板数据的第二个原因是可以增大样本量，降低估计量的标准误。自由度$= n - k$，所以标准误$s = \sqrt{e'e/(n-k)}$。

使用面板数据还有助于正确理解变量之间的关系（如产出、规模和技术进步的关系），度量难以度量的因素（如地理差异）。

Hsiao列出了使用面板数据的好处[1]，主要有以下几点。

（1）控制个体异质性。Hajivassiliou用79个发展中国家在1970~1982年的数据研究了其外部债务偿还情况[2]。这些国家在殖民历史、金融制度、宗教信仰和政治体制上都存在差异。所有这些国家特有的变量将会影响其借款和违约的态度，以及其与贷款人交往的方式。不考虑这些国家的异质性将导致严重的误设，对上市公司来说也是一样。

（2）面板数据给统计的变量提供了更有信息含量的数据、更多的可变性、变量之间更低的多重共线性、更多的自由度和更高的效率。

时间序列数据常常会受到多重共线性的影响。数据之间的可变性可分为组内

---

[1] Hsiao C. Benefits and limitations of panel data[J]. Econometric Reviews, 1985, 4(1): 121-174.

[2] Hajivassiliou V A. The external debt repayments problems of LDC's: An econometric model based on panel data[J]. Journal of Econometrics, 1987, 36(1-2): 205-230.

变化和组间变化，后者常常呈现出更大的可变性。更大的可变性使数据更具信息含量，从而使参数估计更可靠。

（3）面板数据可以更好地研究动态调整。横截面分布看上去相对稳定但却隐藏了许多变化；面板数据由于包含的时间较长，能够弄清诸如经济政策变化对失业状况的影响等问题。

对于失业率，横截面数据只能研究某一时点某一群体（如会计师）的失业比例，重复的横截面数据可以显示这种比例如何随时间变化。只有面板数据才能估计某一期间某一失业群体在另一个期间是否仍处于失业状态。同样，对于盈余与股价的关系，横截面数据只能提供某一时点两者的相关性，而面板数据可以让我们考察盈余与股价的关系如何随时间（包括证券市场改革和会计制度改革）的变化而变化。重要的政策问题使面板数据的使用很有必要。面板数据使个体在某一时点的经验和行为同另一时点的其他经验和行为相互关联。

（4）面板数据可以更好地识别、计量纯截面数据和纯时间序列数据中不能被简单识别的效应。

（5）面板数据允许我们构建和检验较纯截面数据和纯时间序列数据更复杂的行为模型。

（6）面板数据通常聚集了更多的微观单元，如个体、家庭和公司。许多变量在微观层面上可以更精确地计量，并且可以消除来自公司或个体总体数据的偏差。

面板数据的局限性包括以下几点。

（1）设计与数据收集问题。同普通数据收集和管理一样，面板数据也面临着设计不完整、无回答、核准、多次访问、访问间隔、对比参照期等问题。

（2）存在计量误差。不清晰的提问、记忆错误等带来的测量误差会给面板数据应用带来很大困难。

（3）选择问题。第一，自选择。在某种情况下，我们能观察到个体的特征，但无法观测到他们的具体收入。由于只是收入缺失，样本是截取的。如果我们不观察所有个体的数据，则样本是断尾的。断尾样本的一个例子是，如果我们仅对贫穷感兴趣，收入高于贫困水平 1.5 倍的人将被从样本中剔除。豪斯曼（Hausman）和 Wise 认为，从断尾样本中获得的推断将引入偏差，由于断尾，扩大样本量也无济于事[1]。第二，其他情况导致的选择问题，如无回答、样本丢失、短时窗（short time-series dimension）导致的选择问题。

---

[1] Hausman J A, Wise D A. Attrition bias in experimental and panel data: The gary income maintenance experiment[J]. Econometrica: Journal of the Econometric Society, 1979, 47(2): 455-473.

第二节 线性面板数据模型与 Stata 实现

对于横截面观测值 i，t 期的面板数据模型通常为

$$y_{it} = a_i + \boldsymbol{x}_{it}\boldsymbol{\beta}_i + \mu_{it} \quad i=1,\cdots,n; t=1,\cdots,T \quad (12.1)$$

式中，$\boldsymbol{x}_{it}$ 为 $1 \times K$ 向量；$\boldsymbol{\beta}_i$ 为 $K \times 1$ 向量，K 为解释变量的数目。

$\boldsymbol{x}_{it}$ 表示一个 $1 \times K$ 向量，它能够包含随 t 而不随 i 变化的可观测变量，随 i 而不随 t 变化的可观测变量，以及随 i 又随 t 变化的可观测变量。变量 a_i 概括了影响 y，但又不随着时间变化的所有无法观测的因素（a_i 没有下标 t 这一事实告诉我们，它不随时间的变化而变化）。

a_i 一般被称为非观测效应、非观测成分或潜变量，在应用研究中常常被称为固定效应，这有助于我们记住 a_i 在时间上是固定的，模型（12.1）因此被称为非观测效应模型或固定效应模型。在具体应用中，a_i 也被称为不可观测异质性。如果 i 表示个体（如家庭、公司、城市等）的话，那么 a_i 有时被称为个体效应或个体异质性，或者个人异质性、企业异质性、城市异质性等。

μ_{it} 被称为特质误差、特质扰动项，或时变误差，因为它代表因时而变且影响因变量的那些无法观测的因素。这和纯粹时间序列回归方程中的误差非常类似。

模型（12.1）常用的情形有如下三种。

情形 1：$a_i = a_j$，$\boldsymbol{\beta}_i = \boldsymbol{\beta}_j$。$(i,j=1,\cdots,n)$

情形 2：$a_i \neq a_j$，$\boldsymbol{\beta}_i = \boldsymbol{\beta}_j$。$(i,j=1,\cdots,n)$

情形 3：$a_i \neq a_j$，$\boldsymbol{\beta}_i \neq \boldsymbol{\beta}_j$。$(i,j=1,\cdots,n)$

对于情形 1，如果在横截面上无个体影响、无结构变化，扰动项 μ_{it} 服从独立同分布假定，而且和解释变量不相关，那么 OLS 估计给出了 a 和 $\boldsymbol{\beta}$ 的一致有效估计。相当于将多个时期的横截面数据放在一起作为样本数据，即混合最小二乘法（pooled OLS）估计。

对于情形 2，称为变截距模型，在横截面上个体影响不同。个体影响表现为模型中被忽略的反映个体差异的变量的影响，又分为固定效应模型下的个体影响和随机效应模型下的个体影响两种情况。如果个体效应 a_i 是一个均值为 0、方差为 σ_a^2 的独立同分布的随机变量，也就是 $\text{Cov}(a_i, \boldsymbol{x}_{it}) = 0$，那么该模型就称为随机效应模型（random effects model，RE 模型），或误差成分模型（error component model）；如果 a_i 和 $\boldsymbol{x}_{it}$ 相关，则称为固定效应模型（fixed effects model，FE 模型）。

对于情形 3，称为变系数模型，除了存在个体影响外，在横截面上还存在变

化的经济结构，因而结构参数在不同横截面单位上是不同的。

一、混合横截面模型

在模型（12.1）中，在情形 1 的情况下，OLS 估计给出了 a 和 β 的一致有效估计。

如果面板数据存在组间异方差、组内自相关、组间同期相关或截面相关，如对于上市公司面板数据，上市公司之间的同期经济活动可能通过交易相互影响，这种相关也称为空间相关（spatial correlation）。存在上述问题时，在 μ_{it} 和解释变量不相关的情况下，可以获得一致估计，但统计推断可能是错误的或者不是有效的。在这种情况下，可以采用稳健估计或广义最小二乘法（GLS）估计。

如果仅在横截面单位上存在异方差，最简单的方法是仍然使用异方差稳健标准误来控制异方差的影响。面板数据是否存在组间异方差，可以使用 Green 提供的组间异方差沃尔德（Wald）检验[1]。

组内自相关是指同一个体不同期间的观测值存在相关性（自相关）。面板数据是否存在组内自相关，可以使用 Wooldridge 提供的组内自相关 Wald 检验[2]。

通常我们假设不同个体之间的扰动项相互独立，但是当不同个体之间存在交易等相互影响时，该假设就不再成立。面板数据是否存在组间同期相关，Greene 提供了针对组间同期相关的拉格朗日乘数检验（LM 检验，又称为 Breusch-Pagan 检验）[3]。

如果样本观测值可以分为不同的"群"或"聚类"，在同一"群"里的观测值相关，而不同"群"之间的观测值不相关，那么这种样本被称为"群/聚类样本"（cluster sample）。例如，面板数据有时是从"整群"中得到的，部分原因是为了降低成本。比如，寻访员可能会寻访某一街区的全部家庭，使得收集的数据聚类在此街区。在另外一些情况下，样本集中可能会很自然地产生类似面板数据处理过程中共同随机效应中的一些效应。设想对几个省学生考试分数进行研究，这类数据集在很多层面上可能会产生共同效应。一个省的课程设置和资助政策可能会导致省效应，也可能会引发学区效应、同区内的学校效应甚至同一学校内的教师效应。这些效应都有可能引发同一个体不同期间观测值之间的相关性，即群/聚类问题。

因此，采用 OLS 对混合横截面数据进行估计时，为了控制组间异方差和群问

---

[1] Green S B. Testing for inter-group variances in random coefficient regression models[J]. Applied Statistics, 2002, 51(2): 199-211.

[2] Wooldridge J M. Econometric Analysis of Cross Section and Panel Data[M]. Cambridge: MIT Press, 2002.

[3] Greene W H. Econometric Analysis[M]. Upper Saddle River: Prentice Hall, 2000.

题的影响，在统计推断中应采用群稳健标准误（cluster-robust standard error），或者采用 GLS 估计。

二、固定效应模型与随机效应模型

（一）固定效应模型

在模型（12.1）中，如果个体固定效应 a_i 和解释变量 x_{it} 相关，那么 OLS 和 GLS 都将失效。

解决上述问题的一种方法是采用一阶差分（适用两期或多期数据）去除模型（12.1）中的固定效应，由此得到的估计量为一阶差分估计量（first-differenced estimator），即 FD 估计量。

差分变换后 OLS：$\Delta y = \Delta x \beta + \Delta \mu$。

FD 估计量潜在的缺陷是：当关键解释变量在不同时期变化不大时，使用这种方法会存在问题。若解释变量根本不随时间变化而变化，这种方法便毫无用处。遗憾的是，即便在 x_{itj} 中有足够的时间变化，一阶差分估计仍可能存在严重偏误。在一阶差分估计中，解释变量的严格外生性是一个关键假定。若解释变量不是严格外生的（如 x 中包含 y 的滞后影响），则通常不能消除 FD 估计量的不一致性。

FD 估计量的另一个重要缺陷在于，若一个或多个解释变量存在计量误差，特别是对经典变量中的误差模型（errors-in-variables model）来说，它可能比混合 OLS 更糟。对一个测量糟糕的解释变量进行差分，相对其与差分误差（经典测量误差所致）之间的相关，测量糟糕的解释变量差分便降低了差分误差的变化，从而导致存在相当大的偏误。要解决这种问题可能十分困难。

另一种方法是使用固定效应变换（fixed effects transformation），又称组内估计量（within estimator），来消除个体效应的影响。

首先，对模型（12.1）中每个 i 求方程在时间上的平均，得

$$\bar{y}_i = a_i + \bar{x}_i \beta + \bar{\mu}_i \tag{12.2}$$

式中，$\bar{y}_i = T^{-1} \sum_{t=1}^{T} y_{it}$。因为 a_i 在时间上不变，故平均后仍为 a_i。如果对每个 t 都用模型（12.1）减去模型（12.2），便有模型（12.3）

$$y_{it} - \bar{y}_i = (x_{it} - \bar{x}_i) \beta_i + \bar{\mu}_i \tag{12.3}$$

通过上述变换，a_i 被消除，我们可以使用混合 OLS 进行估计。这种基于去除时间均值变量的混合 OLS 估计量被称为固定效应估计量或组内估计量。后一种

称谓是因为用于模型（12.3）的 OLS 使用了每个横截面单元内部 y 和 x 随时间的变化关系。

固定效应模型估计主要利用了时间维度的信息，因此那些不随时间变化的变量就无法估计（如性别）。在解释变量严格外生性的假定下，此时的估计值是无偏的。固定效应模型的另一种等价方法是虚拟变量的 OLS，该模型通常被称为最小二乘虚拟变量（least squares dummy variable，LSDV）模型，有时也称为协方差分析模型（解释变量既有定量的，也有定性的）。如果 n 充分小，模型可以当作具有 $n+K$ 个参数的多元回归模型，参数可由 OLS 进行估计。若 n 很大，甚至成千上万，则 OLS 的计算可能超过任何计算机的存储容量。因此，虚拟变量法对含有许多横截面观测（单位）的面板数据集来说不是很现实。此时，可用分块回归的方法进行计算。

有时，人们会关注估计的截距 $\hat{a}_i$。这种情形出现在人们想研究 $\hat{a}_i$ 在 i 中怎样分布时，或要检查某特定企业或城市的 $\hat{a}_i$ 是否高于或低于样本平均值时。这些估计值虽然可直接从虚拟变量回归中得到，但备有固定效应程序的软件包却很少把它们报告出来（因为这些估计值 $\hat{a}_i$ 太多了）。不管 n 多大，在做了固定效应估计之后，可以通过下述公式计算 $\hat{a}_i$：

$$\hat{a}_i = \bar{y}_i - \hat{\beta}_1 \bar{x}_{i1} - \cdots - \hat{\beta}_k \bar{x}_{ik} \quad (i=1,2,\cdots,n) \tag{12.4}$$

式中，变量上方的横线指对时间的平均，$\hat{\beta}_k$ 是固定效应估计量。

需要指出的是，直接采用模型（12.3）进行估计，不能获得计算估计方差的自由度。如果需要去除时间均值并且用混合 OLS 进行估计，就有必要对标准误和 t 统计量加以修正。

当然，采用统计软件内置的直接估计命令，如 Stata 的 xtreg 命令进行估计，会直接报告正确的标准误，不存在修正这个问题。

对于上述一阶差分估计量（FD 估计量）和固定效应估计量（FE 估计量）两种方法，当 $T=2$ 时，FD 估计量和 FE 估计量及其全部检验统计量完全一样，故可随便选用一种。当 $T \geq 3$ 时，FE 估计量和 FD 估计量不同。对于较大的 n 和较小的 T，选择 FE 估计还是选择 FD 估计关键在于估计量的相对效率，而这由特质误差 μ_{it} 中的序列相关性来决定。当 μ_{it} 无序列相关时，FE 估计比 FD 估计更有效。如果 μ_{it} 遵循一个随机游走（有一个很强的正的序列相关），那么差分 $\Delta\mu_{it}$ 便与序列无关。此时，FD 估计更好。在许多情形中，μ_{it} 表现出某种正的序列相关，但未必达到一个随机游走的程度，这时要比较 FE 估计和 FD 估计的效率就不那么容易了。

当 T 很大，尤其是 n 还不是很大时（比如，$n=20$ 而 $T=30$），使用 FE 估计必须保持警惕。虽然在经典固定效应假定下精确分布结果对任何 n 和 T 都适用，

但当 n 小而 T 大时，这些结果对假定情况的违背是极其敏感的。

当 FE 估计和 FD 估计给出明显不同的结果时，在两者之间做出取舍就很困难了。因此，可以同时报告两组结果并尝试判断差异产生的原因。

以上个体固定效应模型解决了不随时间而变但随个体而异的遗漏变量问题。类似地，引入时间固定效应，则可以解决不随个体而变但随时间而变的遗漏变量问题。假定模型为

$$y_{it} = a_i + x_{it}\beta_i + \lambda_t + \mu_{it} \quad (i=1,\cdots,n; t=1,\cdots,T) \tag{12.5}$$

在模型（12.5）中，可将 λ_t 视为第 t 期独有的截距项，并将其解释为第 t 期对被解释变量 y 的效应。因此，$\lambda_1,\cdots,\lambda_T$ 称为时间固定效应（time fixed effects）。显然，对于模型（12.5），可使用 LSDV 法来估计，即对每个时期定义一个虚拟变量，然后把 $T-1$ 个时间虚拟变量包括在回归方程中（未包括的时间虚拟变量即为基期），这和个体固定效应的 LSDV 法的原理是完全相同的。

由于模型（12.5）既考虑了个体固定效应，又考虑了时间固定效应，故被称为双向固定效应（two-way fixed effect）。相应地，如果仅考虑个体固定效应，则被称为单向固定效应（one-way fixed effect）。

有些情况下，为了节省参数，可以引入一个时间趋势项，以替代上述 $T-1$ 个时间虚拟。显然，这里隐含着一个较强的假定，即每个时期的时间效应相等。如果此假定不太可能成立，则应使用时间虚拟变量法（可通过该法的估计结果判断每期的时间效应是否大致相等）。

在固定效应模型中，同样需要采用异方差稳健标准误、群稳健标准误来控制异方差和群问题的影响。

（二）随机效应模型

在模型（12.1）中，如果个体效应 a_i 和解释变量 x_{it} 不相关，那么使用 FE 估计和 FD 估计消去 a_i 的变换将导致非有效估计。

如果我们假定非观测效应 a_i 与每个解释变量都无关：

$$\text{Cov}(x_{itj}, a_i) = 0 \quad (t=1,\cdots,T; j=1,\cdots,k)$$

则称该模型为随机效应模型。事实上，理想的随机效应假定包括全部固定效应假定，再加上 a_i 独立于所有时期中每个解释变量的假定。

如果我们定义复合误差项（composite error term）为 $v_{it} = a_i + \mu_{it}$，由于 a_i 在每个时期都是复合误差的一部分，所以不同时期的 v_{it} 应该序列相关。当误差项存在序列相关时，可以采用 FGLS 进行参数估计。原因有两方面：第一，OLS 虽得到参数的一致估计，但标准误差被低估。第二，OLS 估计不如 FGLS 估计有效。

在随机效应模型中，同样需要采用异方差稳健标准误、群稳健标准误来控制异方差和群问题的影响。

Stata 应用：固定效应模型和随机效应模型估计

在 Stata 中，可以采用 xtreg 命令进行固定效应模型和随机效应模型估计。选项 fe 表示固定效应估计，选项 re 表示随机效应估计。

固定效应估计模型（FE 模型）：

xtreg depvar [indepvars] [if] [in] [weight],fe [FE_options]

随机效应估计模型（RE 模型）：

xtreg depvar [indepvars] [if] [in] [weight],re [RE_options]

在 Stata 中，可以使用 reg 命令和 areg 命令进行 LSDV 回归，以获得和固定效应模型相同的结果。

使用非官方的 Stata 命令 reghdfe，能方便地估计双向固定效应[选项 absorb（FE1=idcode FE2=year）]和双向 cluster 效应[选项 cluster（idcode year）]。

ssc install reghdfe

ssc install ftools

三、变系数模型

对于长面板数据（大 T），如果样本量大，除了可以让每一个体拥有自己的截距项或时间趋势项外，还允许每一个体的回归方程斜率不同，这被称为变系数模型。变系数模型可分为两大类，具体取决于将可变系数视为常数还是随机变量。

（一）可变系数模型

假设 $y_{it} = x_{it}\beta_i + \mu_{it}$，其中 β_i 为个体 i 对应的系数。此时，可以对每个个体方程进行分别回归。如果不同个体的扰动项相关，则分别回归效率不高，因为它忽略了不同方程扰动项存在相关性的可用信息。有效率的做法是，把所有个体回归方程叠放，然后使用近似不相关回归（seemingly unrelated regression，SUR）对整个方程系统进行系统估计。

使用这个方法的缺点是，可能需要估计较多参数，从而损失自由度。作为一种折中，考虑部分变系数模型，即允许模型中的部分系数（比如，研究者感兴趣的系数）依个体而变，其余系数则不变。在这种情况下，不再适用 SUR，因为各个体方程除了扰动项相关外，还拥有部分相同的系数（跨方程约束）。此时，可以使用 LSDV 法，即在回归方程中引入个体虚拟变量，以及虚拟变量与 x_{it} 中具有可变系数的解释变量的交互项。

（二）随机系数模型

前文考虑个体固定效应 a_i 或个体时间效应 λ_t 时，分别将 a_i 或 λ_t 视为随机变量。类似地，可将系数（斜率）β_i 视为随机变量（仿佛从某个总体中获取随机样本，抽样后取值不再随时间而变），并假设 $\beta_i = \beta + v_i$。其中，β 为常数向量，v_i 为随机向量，且满足条件期望 $E(v_i | x_i) = 0$（故影响斜率的随机因素与解释变量 x_i 不相关），可以证明使用 OLS 是一致的。Swamy 提出用 FGLS 来估计此模型[①]，即利用 OLS 残差来估计协方差矩阵中的参数，然后再使用 GLS。

Stata 应用：对面板数据采用随机系数模型估计
在 Stata 中，可以采用 xtrc 命令进行随机系数模型估计，命令为
xtrc y x1 x2 x3,betas
其中，选项"betas"表示，显示对每组系数的估计。该命令提供了一个检验参数稳定性的卡方统计量及其 P 值，其原假设为各个体的 β 相等。如果拒绝原假设，则认为应使用可变系数模型。

四、模型的选择与设定检验

一般来说，在实证研究中，以面板数据作为基准，通常首先需要报告混合横截面模型的结果。在此基础上，再报告面板模型（固定效应模型或随机效应模型）的结果。如果不同模型能得出一致结果，则说明研究结果比较可靠。从计量分析的角度，可以通过一些检验为模型的设定提供依据。例如，基于 F 检验来选择混合横截面模型还是固定效应模型；基于 LM 检验来选择混合横截面模型还是随机效应模型；基于豪斯曼检验来选择随机效应模型还是固定效应模型。

（一）混合横截面模型还是固定效应模型（F 检验）

如果不同个体的截面项都相同，表明应当采用混合横截面模型。通过对原假设 $H_0: a_1 = a_2 = \cdots = a_n$ 进行 F 检验，可以考虑是采用混合横截面模型还是采用固定效应模型。拒绝原假设，则表明应当采用固定效应模型。

（二）混合横截面模型还是随机效应模型（LM 检验）

如果没有个体效应，即 $\sigma_a^2 = 0$，那么 OLS 是最佳线性无偏估计，否则采用随

[①] Swamy P A V. On the use of GLS in the estimation of a regression model with varying variances[J]. The Annals of Statistics，1970，2(2)：397-405.

机效应模型更好。采用拉格朗日乘数检验。

$$H_0: \sigma_a^2 = 0 \quad \text{vs} \quad H_1: \sigma_a^2 > 0$$

$$\text{LM} = \frac{NT}{2(T-1)} \left[\frac{\sum_{i=1}^{N} \left(\sum_{i=1}^{T} \hat{\varepsilon}_{it} \right)^2}{\sum_{i=1}^{N} \sum_{i=1}^{T} \hat{\varepsilon}_{it}^2} - 1 \right]^2$$

其中，扰动项来自 OLS。

(三) 随机效应模型还是固定效应模型 (豪斯曼检验)

固定效应允许 a_i 与 x_{it} 任意相关，而随机效应则不然，其估计横截面单元的效应是随机的，且与解释变量不相关，因此，普遍认为固定效应估计是更令人信服的。随机效应在某些特定情形中仍可适用。最明显的是，若关键解释变量不随着时间而变化，就不能用固定效应估计其对 y 的影响。

比较常见的是，研究者会同时使用随机效应和固定效应模型，以规范地检验时变解释变量系数的统计显著差别。豪斯曼首先提出这一检验。

$$H_0: \text{Cov}(x_{itj}, a_i) = 0 \quad \text{vs} \quad H_1: \text{Cov}(x_{itj}, a_i) \neq 0$$

如果原假设成立，那么随机效应估计和固定效应估计都是无偏的，随机效应估计是一致有效的，而固定效应估计是无效的；如果备择假设成立，则随机效应估计是有偏非一致的，而固定效应估计仍然是无偏的。

豪斯曼统计量：

$$\text{Haus} = \left(\hat{\beta}_{fe} - \hat{\beta}_{re} \right)' \left[V_{fe} - V_{re} \right]^{-1} \left(\hat{\beta}_{fe} - \hat{\beta}_{re} \right)$$

统计量渐进服从卡方分布，自由度为 k (不含截距项的解释变量个数)。

五、线性面板数据模型的工具变量法

虽然面板数据能在一定程度上解决遗漏变量问题 (如个体异质性造成的遗漏问题)，但如果回归模型本身包含内生解释变量，仍应使用工具变量法。实际操作通常分为两步，即首先对模型进行变换以解决遗漏变量问题 (比如，使用固定效应模型或一阶差分法)，然后对变换后的模型使用二阶段最小二乘法 (2SLS)。当然，如果认为不存在遗漏变量问题，则可省去第一步，然后考虑以下几种情形。

（1）对固定效应模型先进行离差变换，再使用工具变量法。对固定效应模型，根据模型 $y_{it} - \bar{y}_i = (\boldsymbol{x}_{it} - \bar{\boldsymbol{x}}_i)\boldsymbol{\beta}_i + \mu_{it} - \bar{\mu}_i$ 进行 OLS 回归。假设 x_{it} 包含内生解释变量，而 z_{it} 为有效工具变量（x_{it} 中的外生解释变量也被包括在 z_{it} 中），此时可以使用工具变量 $(z_{it} - \bar{z}_i)$，把 $(y_{it} - \bar{y}_i)$ 对 $(\boldsymbol{x}_{it} - \bar{\boldsymbol{x}}_i)$ 进行 2SLS 回归。

（2）对固定效应模型先进行一阶差分，再使用工具变量法。对于固定效应模型，也可以先进行一阶差分，然后使用工具变量 $(z_{it} - z_{i,t-1})$，把 $(y_{it} - y_{i,t-1})$ 对 $(\boldsymbol{x}_{it} - \boldsymbol{x}_{i,t-1})$ 进行 2SLS 回归。

（3）对随机效用模型使用工具变量法。此时，可以先对随机效用模型进行 FGLS 变换，然后对变换后的模型进行 2SLS 回归。

（4）对面板数据模型采用 GMM 估计。当工具变量个数多于内生解释变量个数时，对面板数据进行 GMM 估计会更有效率。

Stata 应用：面板数据模型的工具变量法

在 Stata 中，可以使用 xtivreg 命令或非官方的 xtivreg2 命令进行面板数据模型的工具变量估计。

xtivreg y [varlist1](varlist2=varlist_iv),option

其中，"varlist1" 为外生解释变量，"varlist2" 为内生解释变量，"varlist_iv" 为工具变量。

选择项（option）"fe" 表示组内估计法，即对固定效应模型先进行离差变换，再使用工具变量法。

选择项 "fd" 表示一阶差分法，即对固定效应模型先进行一阶差分，再使用工具变量法。

选择项 "re" 表示随机效应模型，即对随机效应模型使用工具变量法。

选择项 "vce(robust)" 表示使用聚类稳健标准误。

Stata 中 xtivreg 命令无法提供 GMM 估计，需要下载非官方的 xtivreg2 命令。该命令只能处理固定效应模型，即先对模型进行固定效应或一阶差分变换，再对变换后的模型使用 GMM 估计。

ssc install xtivreg2   //下载安装命令 xtivreg2

xtivreg2 y [varlist1](varlist2=varlist_iv),fe gmm   //先进行固定效应变换

xtivreg2 y [varlist1](varlist2=varlist_iv),fd gmm   //先进行一阶差分变换

对面板工具变量法的过度识别检验，可通过非官方命令 xtoverid 来实现。该命令须在运行命令 xtreg、xtivreg、xtivreg2 之后才能使用，下载安装方法为 "scc install xtoverid"。安装后，可通过 "help xtoverid" 查看使用说明。

第三节　动态面板数据的广义矩方法

面板数据的一个优点是可以对个体的动态行为进行建模。有些经济理论认为，由于惯性或部分调整，个体的当前行为取决于过去行为，如资本存量的调整。如果面板模型中的解释变量包含被解释变量的滞后值，则称之为动态面板数据（dynamic panel data，DPD）。动态面板模型是指解释变量包含滞后被解释变量的面板模型，见模型（12.6）。

$$y_{it} = \gamma y_{i,t-1} + x_{it}\boldsymbol{\beta} + a_i + \mu_{it} \quad (i=1,\cdots,N; t=1,\cdots,T) \quad (12.6)$$

式中，误差项 μ_{it} 的均值 $E(\mu_{it}) = 0$。

$$E(\mu_{it}\mu_{js}) = \begin{cases} \sigma_u^2, & i-j \text{且} t=s \\ 0, & \text{否则} \end{cases}$$

采用 OLS 估计时，由于滞后被解释变量与误差项中固定效应相关，因而估计量是非一致的。为了消除滞后被解释变量和固定效应之间的相关性，可以采用 LSDV 回归、固定效应回归或者去除均值回归，以消除固定效应的影响。

采用单因子固定效应模型估计时，由于滞后被解释变量与误差项中的固定效应相关，采用组间估计时滞后被解释变量的系数估计将出现大样本偏误（动态面板偏误）[1]，即使增大 N 也不能消除这一偏误。并且，如果其他解释变量 x_{it} 同滞后被解释变量存在相关性，估计系数将产生更严重的偏误。如果误差项 μ_{it} 存在自相关，要获得一致的估计量则更加困难。

一、差分 GMM

针对动态面板数据估计系数的偏误等问题，一种方法是对原模型进行一阶差分，从而消除常数项和固定效应。

$$\Delta y_{it} = \gamma \Delta y_{i,t-1} + \Delta x_{it}\beta + \Delta \mu_{it} \quad (i=1,\cdots,N; t=1,\cdots,T) \quad (12.7)$$

在模型（12.7）中，由于 $y_{i,t-1}$ 和 μ_{it-1} 相关，滞后被解释变量差分项同误差项的差分项仍然相关。由于固定效应被消除，因此，可以使用滞后被解释变量的水

---

[1] Nickell S. Biases in dynamic models with fixed effect[J]. Econometrica, 1981, 49(6): 1417-1426; Bond S R. Dynamic panel data models: A guide to micro data methods and practice[J]. Portuguese Economic Journal, 2002, 1: 141-162.

平项 $y_{it-j}, j \geqslant 2$ 作为滞后被解释变量差分项的工具变量。如果误差项服从 AR(1) 过程，可以使用 $y_{it-j}, j \geqslant 3$ 作为工具变量。然后进行 2SLS 估计，这种方法称为 Anderson-Hsiao 估计量。Arellano 和 Bond 认为，直接使用滞后被解释变量作为工具变量未能利用样本的所有信息，并提出基于每期进行滞后来构造工具变量矩阵，对于某个特定的期间 t，所有 $t-2$ 及之后的滞后项均可作为工具变量[1]。在这种情况下，工具变量个数显然多于内生变量个数，使用 GMM 估计量可以提高估计效率。GMM 估计量就是阿雷拉诺-邦德估计量（Arellano-Bond 估计量），因为是对差分后的方程进行 GMM 估计，因此也被称为差分 GMM。使用差分 GMM 的前提为扰动项 μ_{it} 不存在自相关，即 $\mathrm{Cov}(\mu_{it}, \mu_{is}) = 0, t \neq 0, \forall i$。

需要指出的是，使用滞后变量作为工具变量会损失样本量，使用越高级的滞后变量作为工具变量，损失的样本量就越多。为此，Holtz-Eakin 等提出使用一系列的工具变量来表示 $y_{i,T-2}$，其中每个工具变量对应一个时期，缺失值用 0 来代替[2]。

$$\begin{bmatrix} 0 & 0 & \cdots & 0 \\ y_{i1} & 0 & \cdots & 0 \\ 0 & y_{i2} & \cdots & 0 \\ \vdots & \vdots & & \vdots \\ 0 & 0 & 0 & y_{i,T-2} \end{bmatrix} \quad (12.8)$$

这种形式的工具变量被称为 GMM 式（GMM-type，GMM-style）或展开式工具变量。传统形式的工具变量则称为标准式、IV（instrumental variable）式或折叠式工具变量。在差分 GMM 及下文的系统 GMM 估计中，为了尽量不损失样本量，一般默认使用 GMM 式工具变量。但如果工具变量并非滞后变量（比如，将额外的工具变量或外生变量作为自己的工具变量），仍可使用标准式工具变量。由模型（12.8）可知，如果使用 GMM 式工具变量，则工具变量的总数是时间维度 T 的二次函数，可能导致很多工具变量。如果 T 很大，则会有很多工具变量，容易出现弱工具变量问题（通常滞后越多期，相关性越弱），产生偏差。

对其他解释变量 x_{it}，应当区分前定变量和内生、外生变量，分别处理。

（1）前定变量。x_{it} 和 $\mu_{it-j}, j \geqslant 1$ 相关，但是和 μ_{it} 不相关。经过差分处理，Δx_{it} 成为内生变量。因此，如果 x_{it} 为前定变量，可以用其滞后 1 阶以及更多项

---

[1] Arellano M, Bond S. Some tests of specification for panel date: Monte Carlo evidence and an application to employment equations[J]. The Review of Economic Studies, 1991, 58(2): 277-297.

[2] Holtz-Eakin D, Newey W, Rosen H S. Estimating vector autoregressions with panel data[J]. Econometrica, 1988, 56(6): 1371-1395.

$(x_{i1}, x_{i2}, \cdots, x_{iT-1})$ 来做 Δx_{it} 的工具变量。

（2）内生变量。x_{it} 和 $\mu_{it-j}, j \geq 0$ 相关，但是和 $\mu_{it+j}, j \geq 1$ 不相关。经过差分处理，Δx_{it-1} 与 $\Delta \mu_{it}$ 相关。因此，如果 x_{it} 为内生变量，那么可以用其滞后 2 阶以及更多项 $(x_{i1}, x_{i2}, \cdots, x_{iT-2})$ 来做工具变量。

（3）外生变量。x_{it} 和 μ_{it} 不相关，不管扰动项（μ_{it}）是过去的、现在的还是未来的。如果 x_{it} 为外生变量，那么可以用所有项 $(x_{i1}, x_{i2}, \cdots, x_{iT})$ 作为工具变量。

差分 GMM 存在如下问题。

（1）不随时间变化的变量因差分被消掉了，故差分 GMM 无法估计不随时间变化的变量的系数。

（2）如果序列 $\{y_{iT}\}$ 具有很强的持续性，即一阶自回归系数接近 1，则 y_{iT-2} 与 Δy_{it-1} 的相关性可能很弱，导致弱工具变量问题。极端情况下，如果被解释变量符合随机游走，则 y_{iT-2} 不再是有效的工具变量，这时可能不适合差分 GMM。

二、系统 GMM

为了解决差分 GMM 存在的问题，Arellano 和 Bover 重新回到了差分之前的水平方程（level equation），并使用 Δy_{it-1}、Δy_{it-2}、……作为 y_{iT-1} 的工具变量进行 GMM 估计，这被称为水平 GMM[1]。使用水平 GMM 的前提包括：扰动项 μ_{it} 不存在自相关，而且 Δy_{it-1}、Δy_{it-2}、……与个体效应 a_i 不相关。

Blundell 和 Bond 将差分 GMM 与水平 GMM 结合在一起，将差分方程与水平方程作为一个方程系统进行 GMM 估计，并称之为系统 GMM[2]。与差分 GMM 相比，系统 GMM 的优点是可以提高估计的效率，并且可以估计不随时间变化的变量的系数（因为系统 GMM 包含对水平方程的估计）。缺点是，必须额外地假定 Δy_{it-1}、Δy_{it-2}、……与个体效应 a_i 不相关。如果这个条件无法满足，则不能使用系统 GMM。使用系统 GMM 的前提包括与水平 GMM 相同的假定。

在一般的动态面板模型中，解释变量可以包括被解释变量的多阶滞后值。

差分 GMM 和系统 GMM 主要用于面板数据分析，对数据产生过程包括以下假设。

（1）过程是动态的，被解释变量当期实现值受过去值的影响。

（2）解释变量可以是内生的，这意味着同误差项的滞后值或可能同当期实现

---

[1] Arellano M, Bover O. Another look at the instrumental variable estimation of error-components models[J]. Journal of Econometrics, 1995, 68(1): 29-51.

[2] Blundell R, Bond S. Initial conditions and moment restrictions in dynamic panel data models[J]. Journal of Econometrics, 1998, 87(1): 115-143.

值相关。

（3）异质扰动项可以是非球形扰动，即可以是异方差和自相关的。

（4）个体内存在异方差和自相关，但不同组不存在异方差和自相关。

（5）一些解释变量可以是前定的而不是严格外生的，即独立于当期扰动项，但受上期扰动项影响，如滞后被解释变量。

（6）"小T，大N"面板，即面板涉及的时间短，但个体较多。

（7）唯一可以获得的工具变量是内部工具变量，基于工具变量的滞后值。

三、差分 GMM 与系统 GMM 估计的 Stata 实现

在 Stata 中，一共有 xtabond、xtdpdsys、xtdpd 和非官方的 xtabond2 四个命令可以执行动态面板的 GMM 估计。各个命令的文献来源与使用条件见表 12.1。

表 12.1 Stata 中差分 GMM 与系统 GMM 估计命令概述

命令	文献来源	使用条件
xtabond （差分 GMM）	Arellano 和 Bond 的研究	要求特质误差 μ_{it} 不存在自相关
xtdpdsys （系统 GMM）	基于 Arellano 和 Bover 的研究，Blundell 和 Bond 通过使用额外的矩条件提出了一个系统估计量	要求面板水平效应与被解释变量第一个观测值的一阶差分不相关；扰动项 μ_{it} 不存在自相关；Δy_{it-1}、Δy_{it-2}、……与个体效应 a_i 不相关
xtdpd（差分 GMM 和系统 GMM）	采用 Arellano 和 Bond 或 Arellano 和 Bover，以及 Blundell 和 Bond 提出的估计方法拟合动态面板模型	拟合特质误差存在低阶移动平均相关或前定变量具有 xtabond 或 xtdpdsys 命令的更复杂结构的模型
xtabond2（差分 GMM 和系统 GMM）	第一类是 Arellano 和 Bond 提出的估计量，称为差分 GMM	
	第二类是由 Arellano 和 Bover 拓展，Blundell 和 Bond 全面提出的估计量，称为系统 GMM	

资料来源：Arellano M, Bond S. Some tests of specification for panel date: Monte Carlo evidence and an application to employment equations[J]. The Review of Economic Studies，1991，58(2)：277-297；Arellano M，Bover O. Another look at the instrumental variable estimation of error-components models[J]. Journal of Econometrics, 1995, 68(1): 29-51；Blundell R, Bond S. Initial conditions and moment restrictions in dynamic panel data models[J]. Journal of Econometrics, 1998, 87(1): 115-143

即使有专门的命令，差分 GMM 与系统 GMM 估计在 Stata 中的实现仍较为复杂，本节专门对相关命令进行介绍。

（1）xtabond 命令。xtabond 估计是 Arellano 和 Bond 提出的广义矩估计量。这一估计主要适用于有许多个体但涉及时期不多的数据集。这一方法要求特质误差不存在自相关。如果特质误差存在自相关，应使用 xtdpd 进行估计。

xtabond 命令格式如下：

xtabond depvar indepvars,lags(p) maxldep(q) twostep vce(robust) pre(varlist,lagstruct(prelags,premaxlags))///endogenous(varlist,lagstruct(endlags,endmaxlags)) inst(varlist)

（2）xtdpdsys 命令。线性动态面板模型包括将被解释变量的 p 阶滞后作为协变量，并且包括不可观测的面板水平效应（固定效应或随机效应）。不可观测的面板水平效应与滞后的被解释变量相关导致标准的估计方法失去一致性。Arellano 和 Bond 通过 GMM 估计获得了一致的广义矩估计量。然而，如果自相关参数或者面板水平效应的方差同特质误差的方差比率较大，则广义矩估计量表现不好。基于 Arellano 和 Bover 的研究，Blundell 和 Bond 通过使用额外的矩条件提出了一个系统估计 xtdpdsys 执行这一估计。

这一估计主要适用于有许多个体但时期不多的数据集。这一方法假定特质误差没有自相关，并且要求面板水平效应与被解释变量第一个观测的一阶差分不相关。

xtdpdsys 命令的语法结构与 xtabond 命令完全一样，在此不再赘述。

xtdpdsys depvar [indepvars], lags(p) maxldep(q) twostep vce(robust)///pre(varlist)endogenous(varlist) inst(varlist)

（3）xtdpd 命令。xtdpd 命令使用 Arellano 和 Bond 或者 Arellano 和 Bover，以及 Blundell 和 Bond 提出的估计方法拟合动态面板模型。xtdpd 命令更综合，语法更复杂，既可执行适用 xtabond 或 xtdpdsys 命令的情形，也可以拟合特质误差存在低阶移动平均相关或前定变量，具有较 xtabond 或 xtdpdsys 命令中所描述的结构更复杂的模型。具体语法结构为

xtdpd depvar [indepvars][if][in], dgmmiv(varlist [...])[options]

（4）xtabond2 命令。xtabond2 拟合两类相关的动态面板模型，第一类是 Arellano-Bond 估计量，这一估计量可以通过 xtabond 获得，称为差分 GMM。第二类是 Arellano 和 Bover 拓展的，由 Blundell 和 Bond 全面提出的估计量，称为系统 GMM。

xtabond2 的语法同 xtabond 存在实质性区别。xtabond2 几乎完全分离了解释变量和工具变量的设定。因此，许多变量在 xtabond2 命令行中出现两次。xtabond2 要求在命令行的初始变量设定中包括所有解释变量，除了可供选择的常数项（可以是严格外生、前定或内生的）。用作工具的变量再次出现在逗号后的 gmmstyle() 或 ivstyle()选项中。结果丧失了简洁性，但能更完整地控制工具变量矩阵。作为"GMM-style"工具变量集基础的变量不能包括在解释变量中，反之亦然。

xtabond2 depvar varlist [if exp][in range][,level(#) twostep robust noconstant small noleveleq artests(#) arlevels h(#) nomata ivopt [ivopt ...] gmmopt [gmmopt ...]]

其中，gmmopt 可以包括下属选项：

gmmstyle(varlist[,laglimuts(# #)collapse equation({diff |leve|both})passthru])
ivopt 可以包括下属选项：
ivstyle(varlist[,equation({diff |leve|both})passthru mz])
以上语法可借助 help 命令进行查看。

第四节 非线性面板数据模型与 Stata 实现

一、概述

对于面板数据来说，如果被解释变量为虚拟变量、计数变量等受限变量，则为非线性面板数据。一般来说，非线性面板数据不再适用线性面板数据的方法。对于短面板数据来说，在一些标准的非线性模型中，无法得到固定效应模型的一致估计量，如二值 Probit 模型。与线性模型的情形不同，非线性模型中的混合横截面数据模型与随机效应模型的斜率参数将导致不一致的估计量。更一般地，线性模型的结果并非总能推广到非线性模型中，并且适用于某一种形式的非线性模型的方法可能无法适用于另一种形式。

非线性面板数据模型同样包括：混合横截面模型、随机效应模型和固定效应模型（如果可获得）。如果固定效应模型是恰当的，若可行，就必须使用 FE 估计量。随机效应模型的条件均值与混合横截面数据模型的条件均值不同，除非随机个体效应是加法形式或者乘法形式的。所以，与线性模型的情形不同，如果假设随机效应模型是恰当的，那么非线性模型的混合数据模型估计会导致不一致的参数估计值，反之亦然。

在非线性面板模型中，原则上需报告群/聚类稳健标准误，即使控制了随机效应、固定效应，也需要计算群/聚类稳健标准误。

二、面板二元选择模型

对于面板数据，如果被解释变量为二值虚拟变量，则称估计模型为面板二元选择模型（binary choice model for panel data）或面板二值模型。此时，基于效应函数推导二元选择模型的潜变量方程应该从 $y_i^* = X_i B + \mu_i^*$ 变化为

$$y_{it}^* = X\boldsymbol{\beta} + a_i + \mu_{it}^* \quad (i=1,\cdots,n; t=1,\cdots,T) \tag{12.9}$$

式中，a_i 为个体效应。给定 x_{it}、β、μ，则有模型：

$$P(y_{it}=1 | x_{it}, \beta, a_i) = P(y_{it}^* > 0 | x_{it}, \beta, a) = F(a_i + X\boldsymbol{\beta}) \tag{12.10}$$

欲使模型（12.10）可以估计，必须为 μ_{it}^* 选择一种特定的概率分布。两种最常用的分布是标准正态分布和逻辑分布，于是形成了两种最常用的二元选择模型：Probit 模型和 Logit 模型。

面板二元数据的主要估计方法包括混合横截面回归、随机效应估计与固定效应估计。在式（12.9）中：

（1）不存在个体效应。如果 $a_1 = a_2 = \cdots = a_n$，则为混合横截面回归，可将此面板数据作为横截面数据处理（因为不存在个体效应）。此时，只需使用横截面数据的相关 Stata 命令即可进行混合回归。由于同一个体不同时期的扰动项可能存在自相关，故应使用以面板为聚类的聚类稳健标准误。

（2）存在个体效应。更一般地，我们允许个体效应的存在，即不同的个体拥有不同的 a_i。如果 a_i 与所有解释变量 x_{it} 均不相关，则称为随机效应模型。如果 a_i 与某个解释变量相关，则称为固定效应模型。

对非线性面板随机效应二元选择模型，不便使用线性面板随机效应模型中的 GLS 进行估计，转而进行最大似然（maximum likelihood，ML）估计。假设 $a_i \sim N(0, \sigma_a^2)$，记其密度函数为 $g(a_i)$。假定服从 Logit 或 Probit 分布，给定 a_i，可获得个体 i 的条件分布 $f(y_{i1}, y_{i2}, \cdots, y_{iT} | x_{it}, \beta, a_i)$，由于 a_i 不可观测，因此必须对条件分布进行分解，将 a_i 消除。进一步假设不同个体的观测值相互独立，可以写出整个样本的似然函数。最大化此似然函数即得到对 β 的随机效应 Logit 估计量或 Probit 估计量。由于进行随机效应估计时已将 a_i 消除，故得不到对个体效应的估计，也无法预测 y_i 的发生概率或计算解释变量对 y_i 的边际效应。解决方法之一是假设 $\mu_i = 0$。由于不同个体的观测值相互独立，故不同个体之间的扰动项互不相关。但由于 a_i 的存在，同一个体不同时期的扰动项之间仍存在自相关，自相关系数为

$$\rho = \mathrm{corr}(a_i + \mu_{it}, a_i + \mu_{is}) = \frac{\sigma_a^2}{\sigma_a^2 + \sigma_u^2} \qquad (12.11)$$

$t \neq s$，ρ 越大，则复合扰动项 $a_i + \mu_{it}$ 中介效应的部分（a_i）越重要。特别是，如果 $\rho = 0$，则说明 $\sigma_a^2 = 0$，即不存在个体随机效应，应选择混合横截面回归。

对非线性面板固定效应二元选择模型，不便使用线性面板固定效应模型中的一阶差分或组内变换来消除固定效应，即使在模型中增加个体虚拟变量（相当于 LSDV 法），仍然得不到一致估计（除非 $t \to \infty$）。在该模型中，a_i 的估计参数为伴生参数，当 $n \to \infty$ 而 t 为有限值时，对 a_i 的估计通常是不一致的，对 a_i 的不一致估计还会"污染" β 的估计，导致对 β 的估计也不一致，这被称为伴生参数问题。在线性面板中，可以通过组内变换或差分变换来解决伴生参数问题。对于固

定效应的面板 Probit 模型，目前尚无法解决此伴生参数问题。对于固定效应的面板 Logit 模型，可以寻找充分统计量，在给定此充分统计量的条件下通过条件最大似然估计来估计和检验参数。同样，由于在进行固定效应条件最大似然估计时已将 a_i 消除，故得不到对个体效应的估计，也因此无法预测 y_i 的发生概率或计算解释变量对 y_i 的边际效应。解决方法之一是假设 $\mu_i = 0$。

如何在固定效应二元选择模型与混合横截面二元选择模型之间进行选择？可以使用以下的豪斯曼检验。原假设为不存在个体效应，即"$H_0 : a_i = a$"。如果原假设成立，则固定效应二元选择模型与混合横截面二元选择模型是一致的，但混合横截面二元选择模型更有效率（固定效应二元选择模型未利用 $a_i = a$ 的信息，而且可能损失样本容量）。反之，如果原假设不成立，则固定效应二元选择模型是一致的，而混合横截面二元选择模型不一致。如果二者的系数估计值相差较大（以二次型来衡量），则倾向于拒绝原假设，表明存在个体效应。更进一步，对于固定效应二元选择模型与随机效应二元选择模型的选择，也可以进行豪斯曼检验。

Stata 应用：面板二元选择模型估计

在 Stata 中，probit 和 logit 命令提供混合横截面二元选择模型的估计。xtprobit 和 xtlogit 命令可以对随机效应面板二元选择模型进行估计。xtlogit 命令可以对固定效应面板二元选择模型进行估计。

对混合横截面二元选择模型，Stata 命令为

probit y x1 x2 x3,vce(cluster id)　　//混合 Probit 回归

logit y x1 x2 x3,vce(cluster id)　　//混合 Logit 回归

其中，"id"用来确定面板单位的变量。

对于面板二元选择模型，其随机效应估计的 Stata 命令为

xtprobit y x1 x2 x3　　//默认为随机效应 Probit

xtlogit y x1 x2 x3　　//默认为随机效应 Logit

在 Stata 的输出结果中，包含了对原假设"$H_0 : \rho = 0$"的似然比检验结果（Stata 将 ρ 记为"rho"）。如果拒绝"$H_0 : \rho = 0$"，则支持采用随机效应模型；反之，则支持混合横截面回归。

固定效应面板 Logit 模型的 Stata 命令为

xtlogit y x1 x2 x3,fe

不存在固定效应面板 Probit 模型，因为目前尚无法解决伴生参数问题。

通过 est store 命令收集 logit、xtlgoit、fe、xtlogit、re 的估计结果，并使用 hausman 命令进行模型选择。

三、面板 Tobit 模型

考虑如下面板 Tobit 模型：

$$y_{it}^* = \beta_0 + x\beta + a_i + \mu_{it}^*, \mu_{it} | x_{it} \sim N(0, \sigma^2) \quad (12.12)$$

$$y_{it}^* = \max(0, y_{it}^*) \quad (12.13)$$

式中，y_{it}^* 不可观测；a_i 为个体效应。如果 $a_1 = a_2 = \cdots = a_n$，则可直接进行混合横截面 Tobit 回归，但须使用聚类稳健标准误。

更一般地，我们允许个体效应的存在，即不同个体拥有不同的 a_i。如果 a_i 与所有解释变量 x_{it} 均不相关，则应使用随机效应 Tobit 模型。如果 a_i 与某个解释变量相关，则应使用固定效应 Tobit 模型。

对于固定效应 Tobit 模型，由于找不到个体异质性 a_i 的充分统计量，故无法像固定效应 Logit 模型或计数模型那样进行条件最大似然估计。如果直接在混合横截面 Tobit 回归中加入面板单位的虚拟变量（类似于 LSDV 法），所得的 FE 估计量也是不一致的。因此，下面仅考虑随机效应 Tobit 模型。

对非线性面板随机效应 Tobit 模型，不便使用线性面板随机效应模型中的 GLS 进行估计，而应进行 ML 估计。

Stata 应用： 面板 Tobit 模型估计

在 Stata 中，tobit 命令提供混合横截面 Tobit 模型的估计。xttobit 命令可以对随机效应面板 Tobit 模型进行估计。混合横截面 Tobit 回归的 Stata 命令为

tobit y x1 x2 x3,ll(#) ul(#) vce(cluster id)

其中，选择项 "ll(#)" 表示下限，选择项 "ul(#)" 表示上限，"id" 为指示面板单位的变量。

随机效应面板 Tobit 回归的 Stata 命令为

xttobit y x1 x2 x3,ll(#) ul(#) tobit

其中，选择项 "tobit" 表示对原假设 "$H_0 : \sigma_a^2 = 0$" 的似然比检验。

不存在固定效应面板 Tobit 模型，因为目前尚无法解决伴生参数问题。

四、面板计数数据模型

对 y 只取包括 0 在内的有限几个值的面板数据。比如，企业在一段时间内每年获得专利的个数，全国各省在几年内每年发生矿难的数目，病人在一段时间内

的发病次数,等等。

对于个体 i,时期 t,记被解释变量为 y_{it},假设 x(不含常数项)为条件,$y=h$ 的概率是

$$P(y=h|x)=\frac{\exp\left[-\exp(x\boldsymbol{\beta}+a_i)\right]\left[\exp(x\boldsymbol{\beta}+a_i)\right]^h}{h!},\ h=0,1\cdots \quad (12.14)$$

式中,$h!$ 表示阶乘。令 $\lambda_{it}=\exp(x\boldsymbol{\beta}+a_i)=\exp(x\boldsymbol{\beta})\exp(a_i)=v_i\exp(x\boldsymbol{\beta})$,$v_i=\exp(a_i)$ 为乘积形式的个体效应。如果 $v_1=v_2=\cdots=v_n$,则不存在个体效应,可以使用混合截面泊松回归。

一般我们允许个体效应的存在,即不同个体拥有不同的 v_i。如果 v_i 与所有解释变量 x_{it} 均不相关,则应使用随机效应泊松模型。如果 v_i 与某个解释变量相关,则应使用固定效应泊松模型。

对随机效应泊松模型,由于它是非线性模型,故可使用最大似然估计。由于 v_i 不可观测,需要首先在密度函数中分离 v_i 的影响并将其消除,然后利用最大似然法进行估计。

对固定效应泊松模型,类似于固定效应二元选择面板模型,寻找 v_i 的充分统计量,并计算在给定 n_i 的情况下的条件似然函数,然后进行条件极大似然估计。在固定效应泊松回归与随机效应泊松回归之间进行选择时,可借助豪斯曼检验。

泊松回归的缺陷是,它假设均等分散,即方差等于期望。如果存在过度分散,即方差大于期望,则可考虑负二项回归。如果不存在个体异质性,则可直接进行混合横截面负二项回归。如果存在随机效应或固定效应,可以使用随机效应或固定效应负二项面板模型。

Stata 应用:面板计数数据模型估计

在 Stata 中,poisson 命令提供混合横截面计数数据模型的估计。xtpoisson 和 xtnbreg 命令可以对随机效应和固定效应面板计数数据模型进行估计。

混合截面泊松回归的 Stata 命令为

poisson y x1 x2 x3, vce(cluster id) irr

其中,"id"用来确定面板单位的变量。选择项"irr"表示汇报发生比率。

面板泊松回归的 Stata 命令为

xtpoisson y x1 x2 x3, fe normal irr

其中,选择项"fe"表示固定效应,默认为"re"(随机效应);选择项"normal"表示在估计随机效应模型时,指定个体异质性服从正态分布,默认为服从 Gamma 分布。

面板负二项回归的 Stata 命令为

```
nbreg y x1 x2 x3, vce(cluster id)
xtnbreg y x1 x2 x3, fe irr
```

第五节 利用面板数据做项目评价与政策分析及 Stata 实现

混合横截面或面板数据对于评价某一事件的影响（项目评价）或政策的影响（政策分析），即评价或分析某些经济政策或社会项目对个人、企业或城市的影响时，可能非常有用。这种项目效应常被称为处理效应。在最简单的项目评价中，会把对象分为两组。控制组（或对照组）不参加项目，处理组（或实验组）参加项目。收集控制组和处理组两个横截面数据集（一个于事件发生之前收集，另一个于事件发生之后收集），可以用来判断该事件的经济效果。

一、随机实验与自然实验

（一）随机实验或随机控制实验

例如，医学上对新药 x_1 疗效的实验。由于实验者体质与生活方式的不同，不可能完全控制所有其他的因素 $\{x_2,\cdots,x_K\}$（即使用老鼠做实验，老鼠之间仍然有差异），故无法进行严格的控制实验。为此，当代统计学之父罗纳德·费希尔提出了随机实验的概念，即将实验人群（或个体）随机地分为两组，其中处理组服用真药，而控制组服用安慰剂。所有被试者均不知道自己被分在哪一组，以避免心理作用的干扰。有时，科研人员也不知道被试者究竟在哪一组。这被称为双盲法。又比如在农学中将地块随机地分成三组（因为很难找到土壤条件完全一样的地块），分别给予不同的施肥量，然后考察施肥的效果。在经济学中，实验经济学所做的实验基本上属于随机实验。

在理想的随机实验中，处理组与控制组成员的决定完全是随机的。比如，通过抛硬币或计算机随机数来决定。个体究竟被分在哪一组或得到多大的实验处理水平，与个体的特征或其他可能影响实验结果的因素是完全独立的。因此，解释变量处理水平与被遗漏的扰动项是不相关的。这样，就避免了遗漏变量偏差或内生变量偏差。这是随机实验的最大优点。

在随机实验中，因果效应有着清晰的定义。在理想的随机实验中，X 对 y 的因果效应表现为条件期望的差别，即 $E(y|X=x)-E(y|X=0)$，也称为处理效应。

虽然在理想的随机实验条件下，OLS 估计量（即差分估计量）是一致且无偏的，但由于遗漏了较多变量，μ_i 的方差可能较大，OLS 估计可能效率不高。引入某些遗漏变量可以改善这个问题。另外，引入其他遗漏变量提供了一个检验 x_i 是否完全随机的机会。

随机实验的执行过程可能并不完全符合理想的随机实验的要求。可能出现的问题包括内部有效性问题与外部有效性问题。

1. 内部有效性问题

（1）未能完全随机分组。比如，以姓氏字母在字母表的前半部或后半部来决定谁进入就业培训项目。然而，在美国，姓氏与种族有关，种族又与就业机会有关。因此，这种分组其实不完全随机。

（2）未能完全遵从实验设计。比如，被指定参加就业培训的人因故没来，未被指定参加的人自行参加。即使研究者知道实际上谁参加了，但由于是否参加的决定是由个人做出的，违反了 x_i 的随机性假定（x_i 可能与不可观测的个体特性 μ_i 相关），导致不一致的估计。此时可使用工具变量法来解决此类内生性问题。

（3）中途退出实验。比如，参加就业培训的优秀者可能在项目进行过程中因找到工作而退出项目。那么，该项目只剩下较不优秀者，造成选择性偏差。但如果中途退出的原因与实验无关（比如，必须退出项目去照顾生病的家人），则不会造成选择性偏差。

（4）实验效应。参加实验本身可能改变个体的心理或行为，从而影响实验结果。对于药物疗效实验，可以通过双盲法来避免这种效应。但对于就业培训，双盲法并不可行，因为个体一定知道他是否参加了就业培训。这种效应也被称为霍桑效应。

（5）样本量较小。由于实验成本高，实验的样本量可能较小。由于个体间差异可能较大，估计量的精确度不足。

2. 外部有效性问题

（1）样本的代表性不足。比如，在讨论培训与就业的关系时，由于培训项目参加者为自愿报名的义工，而义工的素质通常较高，所以造成样本的代表性不足。

（2）小型实验的条件与大规模推广时的现实条件不同。小型实验的条件与大规模推广时的现实条件可能很不同，这种差异可能导致项目的结果截然不同。比如，英国《经济学人》杂志在 2008 年 6 月 12 日报道了经济学家在非洲肯尼亚进行的实验，该实验旨在推广蚊帐以防止疟疾。一种观点认为，免费发放能够最快地推广蚊帐。另一种观点则认为，由于不知道蚊帐的价值，人们不会珍惜免费发放的蚊帐，而且免费发放使得蚊帐的长期供给变得困难。经济学家于是随机地对一些村庄提供免费蚊帐，而对另外一些村庄有偿提供。实验结果证明，免费提供蚊帐更为有效。然而，如果大规模推广这个实验，结果仍然有效吗？反驳者指出，在肯尼亚的实验地区，蚊帐的价值已广为人知；在实验过程中，蚊帐的供给也是有保证的。但这两点在蚊帐大规模推广时不见得成立。

（3）一般均衡效应。一个小型的就业培训项目可能不会改变社会上雇主的行为。但大面积推广后，雇主可能减少企业自行提供的员工培训，使得该项目给整个社会带来的净福利减少。

（4）自我选择效应。在随机实验中，可以随机地安排处理组与控制组的成员。但在现实社会中，人们常常可以自由选择是否参与。这样，就会有自我选择问题。比如，在随机实验中，数据可能显示该项目并不有效。但在现实社会中，预期收益最大的人将最有积极性参加此项目。因此这个项目可能实际上很有效。

（二）自然实验或准实验

由于某些并非为了实验目的而发生的外部突发事件，当事人仿佛被随机地分在了处理组或控制组。比如，一个州通过了一部法律，但相邻的另一个州没有通过这一法律。两个州的民众事先并不知道哪个州会通过这部法律，因此无法选择住在哪个州。这样，从考察这部法律的效果而言，可以近似地认为民众是随机选择住在哪个州的，或者随机被分在了哪个组，即处理组（通过法律）与控制组（没有通过法律）。这种情形被称为自然实验或准实验。

随机实验虽然说服力强，但通常成本较高。自然实验为自然发生（非为实验目的而发生），几乎没有成本，且说服力类似于随机实验，故为实证研究者所青睐。但是，发现自然实验需要有一双慧眼。自然实验可分为两类，在第一类自然实验中，个体的分组或处理水平完全由自然实验所决定，可直接用 OLS 估计因果效应。在第二类自然实验中，个体的分组或处理水平只是部分地由自然实验所决定，此时应以自然实验带来的随机变动作为工具变量进行估计。不完美的自然实验可能与不完美的随机实验存在类似的问题，只是前者不可能存在实验效应，因为自然实验中的个体不会视自己为实验对象。

例如，最低工资对就业的影响。提高法定最低工资在多大程度上会影响对低技能工人的需求？由于工资与雇用人数由劳动力市场的供求均衡所决定，故如果使用 OLS 估计劳动力需求函数，将导致联立方程偏差或内生变量偏差。设想这样一个随机实验：将参加实验的雇主分为两组，要求处理组的雇主提高最低工资，而控制组的雇主保持最低工资不变，然后比较这两组的劳动力需求变化。然而，这种实验很难执行，因为经济学家并没有立法的权力或实验成本太高。为此，Card 和 Krueger 考虑进行一个自然实验[1]。1992 年，美国新泽西州通过法律将最低工资从每小时 4.25 美元提高到 5.05 美元，但在相邻的宾夕法尼亚州最低工资却保持不变。在这种情况下，这两个州的雇主仿佛被随机地分配到处理组（新泽西州）

---

[1] Card D, Krueger A B. Minimum wages and employmet: A case study of the fast-food industry in New Jersey and Pennsylvania[J]. The American Economic Review, 1994, 84(4): 772-793.

与控制组（宾夕法尼亚州）。Card 和 Krueger 收集了两个州的快餐店在实施新法前后雇用人数的数据，并使用双重差分法进行估计。结果发现，提高最低工资对低技能工人的就业几乎没有影响。也就是说，对低技能工人的需求是没有弹性的，并不会因工资的上升而显著地减少雇用人数。本例属于第一类自然实验，个体分组完全由自然实验所决定。

二、双重差分

当某些外生时间（常常是政府的政策变化）改变了个人、家庭、企业或城市运行环境时，自然实验便产生了。一个自然实验总有一个不受政策变化影响的控制组和一个被认为受政策变化影响的处理组。为了控制好控制组和处理组之间的系统差异，至少需要两个年份的数据，一个在政策改变之前，另一个在政策改变之后。于是样本按照事由、目的划分为 4 组：变化前的控制组，变化后的控制组，变化前的处理组和变化后的处理组。

将控制组称为 C，处理组称为 T，dT 表示是否为处理组的虚拟变量，若为处理组 T 中的观测值，则 dT 等于 1，否则等于 0。$d2$ 表示是否为政策改变后的虚拟变量，若为政策改变后（第 2 个）时期，则 $d2$ 等于 1，否则等于 0。我们感兴趣的方程是

$$y = \beta_0 + \delta_0 d2 + \beta_1 dT + \delta_1 d2 \cdot dT + \text{其他解释变量} + \mu \quad (12.15)$$

式中，y 是我们关注的结果变量；δ_1 度量了政策效应。

若回归中没有其他因素，估计的 δ_1 就是双重差分的估计量：

$$\hat{\delta}_1 = \left(\bar{y}_{2,T} - \bar{y}_{2,C}\right) - \left(\bar{y}_{1,T} - \bar{y}_{1,C}\right) = \left(\bar{y}_{2,T} - \bar{y}_{1,T}\right) - \left(\bar{y}_{2,C} - \bar{y}_{1,C}\right) \quad (12.16)$$

式中，字母第一个下标表示年，第二个下标表示组。

一般双重差分估计量的结构如表 12.2 所示。

表 12.2 双重差分估计量的结构

双重差分	之前	之后	之后-之前
控制组	β_0	$\beta_0 + \delta_0$	δ_0
处理组	$\beta_0 + \beta_1$	$\beta_0 + \delta_0 + \beta_1 + \delta_1$	$\delta_0 + \delta_1$
处理组-控制组	β_1	$\beta_1 + \delta_1$	δ_1

表 12.2 显示，参数 δ_1 因度量对 y 的平均结果的"处理"或政策效应，有时

也被称为平均处理效应。参数 δ_1 有两种估计方法：①在每个时期都计算处理组与控制组的平均值之差，然后对不同时期的上述差值进行差分；②分别计算处理组和控制组不同时期的平均值变化，然后对这些变化进行差分，估计 $\hat{\delta}_1$ 不依赖差分的方式。

Stata 应用：面板数据的双重差分法

在 Stata 中，可以通过设定处理组、实验期及其交互项来进行双重差分估计，也可下载非官方命令 diff 进行双重差分估计。

ssc install diff　　//下载安装命令 diff

该命令的基本格式为

diff y,treat(varname) period(varname) cov(z1 z2) robust report test

其中，"y"为结果变量（即被解释变量）。必选项"treat(varname)"用来指定处理变量[即式（12.15）中的 dT]，必选项"period(varname)"用来指定实验期虚拟变量[即式（12.15）中的 $d2$]。选择项"robust"表示汇报稳健标准误，"cov(z1 z2)"用来指定其他解释变量[即式（12.15）中的"其他解释变量"]，其中"cov"表示协变量。选择项"report"表示汇报对协变量系数的估计结果，"test"表示检验在基期各变量在处理组与控制组的均值是否相等。

在双重差分法的基础上，如果需要对处理组和控制组做进一步细分，还可以采用三重差分法。

三、倾向得分匹配

（一）处理效应与选择难题

在许多情况下，并没有随机实验或自然实验的数据，只有观测数据，并且实际处理水平存在自我选择，并非随机分组，可能导致不一致的估计。因此，对于观测数据，需使用特别的计量方法来估计处理效应。

考虑就业培训的处理效应评估。一个自然的做法是直接对比处理组与控制组的未来收入或就业状况。如果这样做，常会发现参加就业培训者的未来收入比未参加者更低。难道就业培训反而有害？值得注意的是，是否参加培训是参加者自我选择的结果，岗位好收入高的人群并不需要参加就业培训，就业培训的参加者多为失业、低收入者，甚至刑满释放者。由于处理组与控制组成员的初始条件不完全相同，故存在选择偏差。另外，即使处理组的未来收入低于控制组的，但我们真正感兴趣的问题是，处理组的未来收入是否会比这些人如果未参加培训项目

(假想)的未来收入更高。

为此,Rubin 提出了以下反事实框架,称为鲁宾因果模型(Rubin causal model, RCM)[1]。令虚拟变量 $D_i=\{0,1\}$ 表示个体 i 是否参与此项目(即 1 为参与,0 为未参与),通常称为处理变量,反映个体 i 是否得到处理。记个体未来收入或其他感兴趣的结果为 y_i。我们想知道 D_i 是否对 y_i 有因果作用。对于个体 i,其未来收入 y_i 可能有两种状态,具体是哪种状态取决于其是否参加此项目,即

$$y_i = \begin{cases} y_{1i}, & 若 D_i = 1 \\ y_{0i}, & 若 D_i = 0 \end{cases}$$

式中,y_{0i} 表示个体 i 未参加项目的未来收入,y_{1i} 表示个体 i 参加项目的未来收入。我们想知道 $y_{1i}-y_{0i}$,即个体 i 参加该项目的因果效应或处理效应。如果个体 i 参加了项目,则可观测到 y_{1i},但看不到 y_{0i},除非让此人"穿越"到过去,选择不参加此项目,才能观测到 y_{0i}。反之,如果个体 i 未参加项目,则可观测到 y_{0i},但看不到 y_{1i}。总之,由于个体只能处于一种状态(要么参加项目,要么不参加),故只能观测到 y_{1i} 或 y_{0i},而无法同时观测到 y_{1i} 和 y_{0i}。这实际上是一种数据缺失问题。

处理效应 $y_{1i}-y_{0i}$ 为随机变量,故我们关心其期望值,即平均处理效应(average treatment effect,ATE),也称为平均因果效应。

另一常用概念为仅考虑项目实际参加者的平均处理效应,称为参与者平均处理效应(average treatment effect on the treated,ATT 或 ATET),或参与者处理效应。

由于个体通常会根据其参加项目的预期收益 $E(y_{1i}-y_{0i})$ 选择是否参加项目,给平均处理效应的估计带来困难,这被称为选择难题。解决选择难题的方法之一是随机分组,使得个体是否参加项目是随机的。这对随机实验是可行的,对大多数自然实验而言则不可行。

因此,在大多数情况下,需要使用以下两类方法。第一类方法假设个体依可测变量选择是否参加项目,而第二类方法假设个体依不可测变量选择是否参加项目。

通常,除了 (y_i, D_i) 之外,还可以观测到个体 i 的一些特征,如年龄、性别、培训前收入,记为向量 $\boldsymbol{x}_i$,也称为协变量。这样,总体可由 $(y_i, D_i, \boldsymbol{x}_i)$ 来表示。如果个体 i 对 D_i 的选择完全取决于可观测的 $\boldsymbol{x}_i$,称为依可测变量选择,则可以找到估计处理效应的合适方法(即使没有合适的工具变量)。如果个体 i 对 D_i 的选择完全取决于 $\boldsymbol{x}_i$,在给定 $\boldsymbol{x}_i$ 的情况下,潜在结果 $y_{1i}-y_{0i}$ 将独立于 D_i,这就是

---

[1] Rubin D B. Estimating causal effects of treatments in randomized and nonrandomized studies[J]. Journal of Educational Psychology,1974,66(5):311-323.

Rosenbaum 和 Rubin 引入的可忽略性假定[①]。

可忽略性假定是一个很强的假定，它意味着回归方程包括了所有相关变量，故不存在任何与解释变量相关的遗漏变量。另外，如果 x_i 中已包含较丰富的协变量，可认为可忽略性假定基本得到满足，遗漏变量偏差较小。

（二）倾向得分匹配

一般 x_i 可能包括多个变量，如 x_i 为 K 维向量。此时，如果直接使用 x_i 进行匹配，则意味着要在高维度空间进行匹配，可能遇到数据稀疏的问题，即很难找到与 x_i 相近的 x_j 与之匹配。为此，一般使用某函数 $f(x_i)$ 将 K 维向量 x_i 的信息压缩到一维，进而根据 $f(x_i)$ 进行匹配。方法之一为使用向量范数，即在向量空间定义的距离函数。考虑 x_i 与 x_j 之间的相似度或距离，通常基于马氏距离（Mahalanobis distance）进行匹配，被称为马氏匹配（Mahalanobis matching）。

马氏匹配的缺点是，如果 x 包括的变量较多或样本量不够大，则不容易找到好的匹配。比如，尽管个体 j 与个体 i 的（相对）马氏距离最近，但绝对距离可能依然很远。为此，统计学家 Rosenbaum 和 Rubin 提出使用倾向得分来度量距离。个体 i 的倾向得分是指，在给定的情况下，个体 i 进入处理组的条件概率，即 $P(x_i) = P(D_i = 1 | x = x_i)$，或简记为 $P(x)$。

在使用样本数据估计 $P(x)$ 时，可使用参数估计（如 Probit 或 Logit 估计）或非参数估计，最流行的方法为 Logit 估计。使用倾向得分来度量个体之间距离的好处在于，它不仅是一维变量，而且取值介于[0,1]。比如，即使 x_i 与 x_j 的距离很远，但仍可能 $P(x_i) = P(x_j)$。

使用倾向得分作为距离函数进行匹配，称为倾向得分匹配（propensity score matching，PSM）。PSM 的理论依据在于，如果可忽略性假定成立，在给定 $P(x)$ 的情况下，(y_{0i}, y_{1i}) 就独立于 D_i 从而解决了选择难题。

通过 PSM 计算平均处理效应的一般步骤如下。

（1）选择协变量 x_i，尽量将可能影响 (y_{0i}, y_{1i}) 的相关变量包括进来，以保证可忽略性假定得到满足。如果协变量选择不当或太少，导致可忽略性假定不满足，将引起偏差。

（2）估计倾向得分，一般使用 Logit 回归。Rosenbaum 和 Rubin 建议使用形

[①] Rosenbaum P R, Rubin D B. The central role of the propensity score in observational studies for causal effects[J]. Biometrika, 1983, 70(1): 41-55.

式灵活的 Logit 模型，如包括 x_i 的高次项与交互项[1]。

（3）进行 PSM。如果倾向得分估计得较准确，应使得 x_i 在匹配后的处理组与控制组分布较均匀。

（4）根据匹配后样本计算平均处理效应。

在一定意义上，匹配估计量可视为一种再抽样方法。因此，在方法论上，PSM 试图通过匹配再抽样的方法使得观测数据尽可能地接近随机实验数据，其思想可以追溯到费希尔提出的随机实验设计。尽管 PSM 可以在很大程度上减少观测数据的偏差，但它本身有如下局限性。

（1）PSM 通常要求比较大的样本量以得到高质量的匹配。

（2）PSM 要求处理组与控制组的倾向得分有较大的共同取值范围；否则，将丢失较多观测值，使剩下的样本不具有代表性。

（3）PSM 只控制了可测变量的影响，如果存在依不可测变量选择，仍会带来隐形偏差。

Stata 应用：PSM 估计

在 Stata 中，PSM 可通过下载非官方命令 psmatch2 来实现。
ssc install psmatch2,replace　//下载安装命令 psmatch2
该命令的基本格式为

psmatch2 D x1 x2 x3,outcom(y) logit ties ate common odds pscore(varname) quietly

其中，"D"为处理变量。"x1 x2 x3"为协变量。"outcom(y)"用来指定变量 y 为结果变量。选择项"logit"表示使用 Logit 来估计倾向得分，默认方法为 Probit。选择项"ties"表示包括所有倾向得分相同的并列个体，默认按照数据排序选择其中一位个体。"ate"表示同时汇报总体的平均处理效应、控制组的平均处理效应（average treatment effect on the uncontrol, ATU）、处理组的平均处理效应，默认仅汇报 ATT。"common"表示仅对共同取值范围内个体进行匹配，默认对所有个体进行匹配。"odds"表示使用比值比[即 $p/(1-p)$]进行匹配，默认使用倾向得分进行匹配。"pscore(varname)"用来指定某变量作为倾向得分，默认通过"x1 x2 x3"来估计倾向得分。"quietly"表示不汇报对倾向得分的估计过程。

针对不同的匹配方法，命令 psmatch2 提供了一系列选择项，具体可利用"help"进行查看。

---

[1] Rosenbaum P R, Rubin D B. Constructing a control group using multivariate matched sampling methods that incorporate the propensity score[J]. The American Statistician, 1985, 39(1): 33-38.

（三）双重差分倾向得分匹配（双重差分 PSM）

以上介绍的各种匹配估计量均依赖于可忽略性假定，即依可测变量选择，故不适用于依不可测变量选择的情形。对于观测数据，如果怀疑存在依不可测变量选择，大致有以下几种处理方法。

（1）尽量使用更多的相关可测变量，以满足可忽略性假定，然后使用匹配估计量。显然，如果 x_i 中包括的变量太少，不太可能满足可忽略性假定。

（2）如果影响处理变量 D_i 的不可观测变量不随时间而变，而且有面板数据，可使用双重差分倾向得分匹配估计量。

（3）使用断点回归法，特别是模糊断点回归。

（4）使用工具变量法，如 Imbens 和 Angrist 提出的局部平均处理效应 IV 估计量[1]。工具变量法的最大局限在于，通常很难找到有效的工具变量，因为此工具变量既要影响个体选择参与项目的决定 D_i，又必须与是否参加项目的潜在结果 (y_{1i}, y_{0i}) 无关。

（5）根据依可测变量选择的影响来估计依不可测变量选择的影响。

双重差分 PSM 由 Heckman 等提出[2]。假设有两期面板数据，记实验前的时期为 t'，实验后的时期为 t。在时期 t'，实验还未发生，故所有个体（无论是处理组个体还是控制组个体）的潜在结果均可记为 $y_{0t'}$。在时期 t，实验已经发生，故可能有两种潜在结果，分别记为 y_{1t}（如果参与实验）与 y_{0t}（如果未参与实验）。双重差分 PSM 成立的前提是满足均值可忽略性假定。概括起来，双重差分 PSM 的步骤如下。

（1）根据处理变量 D_i 与协变量 x_i 估计倾向得分。

（2）对于处理组的每个个体 i，确定与其匹配的全部控制组个体（即确定集合 S_p）。

（3）对于处理组的每个个体 i，计算其结果变量的前后变化 $(y_{1ti} - y_{1t'i})$。

（4）对于处理组的每个个体 i，计算与其匹配的全部控制组个体的前后变化 $(y_{0ti} - y_{0t'i})$。

（5）针对 $(y_{1ti} - y_{1t'i})$ 与 $(y_{0ti} - y_{0t'i})$，进行倾向得分核心匹配或局部线性回归匹配，即得 $\widehat{ATT}$。

---

[1] Imbens G W, Angrist J D. Identification and estimation of local average treatment effects[J]. Econometrica, 1994, 62(2): 467-475.

[2] Heckman J J, Ichimura H, Todd P E. The American Statistican[J]. Review of Economic Studies, 1997, 64(4): 605-654; Heckman J J, Ichimura H, Todd P E. Matching as an econometric evaluation estimator[J]. Review of Economic Studies, 1998, 65: 261-294.

双重差分 PSM 的优点在于它可以控制不可观测且不随时间变化的组间差异，如处理组与控制组来自两个不同的区域，或处理组与控制组使用了不同的调查问卷。

Stata 应用：双重差分 PSM 估计

在 Stata 中，可使用非官方命令 diff 来实现。

该命令的基本格式为

diff outcom_var, treat(varname) period(varname) id(varname) kernel ktype(kernel) cov(varlist) report logit support test

其中，"outcom_var"为结果变量。必选项"treat(varname)"用来指定处理变量。必选项"period(varname)"用来指定实验期虚拟变量（实验期=1，非实验期=0）。必选项"id(varname)"用来指定个体 ID（这是进行匹配的前提）。必选项"kernel"表示进行基于倾向得分的核匹配（命令 diff 不提供其他匹配方法）。选择项"ktype(kernel)"用于指定核函数，默认为二次核。必选项"cov(varlist)"用来指定用于估计倾向得分的协变量。选择项"report"表示汇报对倾向得分的估计结果。选择项"logit"表示使用 Logit 估计倾向得分，默认为 Probit 估计。选择项"support"表示仅使用共同取值范围内的观测值进行匹配。选择项"test"表示检验在 PSM 后，各变量在处理组与控制组的分布是否平衡。

四、断点回归

依可测变量选择的一种特殊情形是，有时处理变量D_i完全由某连续变量x_i是否超过某断点所决定。据此进行分组的变量x_i称为分组变量。比如，考察上大学对工资收入的影响，并假定上大学与否（D_i）完全取决于高考成绩x_i是否超过 500 分。

$$D_i = \begin{cases} 1, & \text{若} x_i \geqslant 500 \\ 0, & \text{若} x_i < 500 \end{cases}$$

记不上大学与上大学的两种潜在结果分别为(y_{0i}, y_{1i})。由于D_i是x_i的确定性函数，故在给定x_i的情况下，可将D_i视为常数，不可能与任何变量有关系，因此D_i独立于(y_{0i}, y_{1i})，满足可忽略性假定。但此时并不能使用 PSM，因为重叠假定完全不满足，所有处理组成员都有$x_i \geqslant 500$，而所有控制组成员都有$x_i < 500$，二者完全没有交集。因此，匹配估计量此路不通，需另辟蹊径。

显然，处理变量D_i为x_i的函数，记为$D(x_i)$。由于函数$D(x_i)$在 500 处存在一个断点,提供了估计 D_i 对 y_i 的因果效应的机会。对于高考成绩为 498 分、499 分、500 分或 501 分的考生,可以认为他们在各方面(包括可观测变量与不可观测变量)都没有系统差异。他们高考成绩的细微差异只是随机抽样的结果。考试成绩本身含随机因素,导致成绩为 500 分或 501 分的考生上大学(进入处理组),而成绩为 498 分或 499 分的考生落榜(进入控制组)。因此,由于制度原因,仿佛对高考成绩在小邻域 $[500-s,500+s]$ 之间的考生进行了随机分组,故可视为准实验。由于存在随机分组,故可一致地估计在 $x = 500$ 附近的局部平均处理效应。

断点一般可以是某个常数 c,分组规则为

$$D_i = \begin{cases} 1, & 若 x_i \geq c \\ 0, & 若 x_i < c \end{cases}$$

假设在实验前,结果变量 y_i 与 x_i 之间存在如下线性关系。

$$y_i = a + \beta x_i + \varepsilon_i \quad (i=1,\cdots,n)$$

不失一般性,假设 $D_i = 1$ $(x_i \geq c)$ 的处理效应为正,则 y_i 与 x_i 之间的线性关系在 $x = c$ 处就存在一个向上跳跃的断点。由于在 c 附近,个体在各方面均无系统差别,故造成条件期望函数 $E(y_i|x)$ 在此跳跃的唯一原因只可能是 D_i 的处理效应。基于此逻辑,可将此跳跃视为在 $x = c$ 处 D_i 对 y_i 的因果效应。

我们知道,在方程中引入虚拟变量的效果就是在不同的子样本中产生不同的截距项。因此,为了估计此跳跃,可将方程改写为

$$y_i = a + \beta(x_i - c) + \delta D_i + \gamma(x_i - c)D_i + \varepsilon_i \quad (i=1,\cdots,n)$$

式中,变量 $(x_i - c)$ 为 x_i 的标准化,使得 $(x_i - c)$ 的断点为 0。引入互动项 $\gamma(x_i - c)D_i$ 是为了允许在断点两侧的回归线的斜率不同。对方程进行 OLS 回归,所得 $\hat{\delta}$ 就是在 $x = c$ 处局部平均处理效应的估计量。由于此回归存在一个断点,故被称为断点回归(regression discontinuity,RD)或断点回归设计(regression discontinuity design,RDD)。需要注意的是,在有交互项的情况下,如果方程使用 x_i 而非标准化变量 $(x_i - c)$,$\hat{\delta}$ 虽然度量断点两侧回归线的截距之差,但并不等于这两条回归线在 $x = c$ 处的跳跃距离。

由于在断点附近仿佛存在随机分组,故一般认为断点回归是内部有效性比较强的一种准实验。在某种意义上,断点回归可视为局部随机实验,而且可通过考察协变量在断点两侧的分布是否有显著差异来检验此随机性。另外,断点回归仅推断在断点处的因果关系,并不一定能推广到其他样本值中,故外部有

效性受局限。

断点回归由 Thistlewaite 和 Campbell 于 1960 年首次使用[1]，但直到 20 世纪 90 年代末才引起经济学家的重视。Hahn 等提供了断点回归的计量经济学理论基础[2]。目前，断点回归在教育经济学、劳动经济学、健康经济学、政治经济学及区域经济学等领域的应用方兴未艾。参见 Imbens 和 Lemieux[3]、Van der Klaauw[4] 以及 Lee 和 Lemieux[5] 的文献综述。

断点回归可分为两种类型。一种类型是精确断点回归（sharp regression discontinuity，SRD），其特征是在断点 $x=c$ 处，个体得到处理的概率从 0 跳跃为 1。另一种类型为模糊断点回归（fuzzy regression discontinuity，FRD），其特征是在断点 $x=c$ 处，个体得到处理的概率从 a 跳跃到 b，其中 $0<a<b<1$。

Stata 应用：断点回归

利用命令 rd 自带的数据集（votex.dta）进行断点估计。根据数据的研究内容，以 0.5（在两党政治中，得票比例大于或等于 0.5 当选，反之落选）进行断点回归。主要变量包括：结果变量 lne（选区联邦开支的对数），分组变量 d（民主党候选人得票比率减去 0.5），处理变量 win（民主党候选人当选），以及一系列协变量。

在 Stata 中，可使用非官方命令 rd 来实现。

ssc install rd,replace　　//下载安装命令 rd

该命令的基本格式为

rd y D x,z0(real) strineq mbw(numlist) graph bdep oxline kernel(rectangle) cov(varlist) x(varlist)

其中，"y"为结果变量；"D"为处理变量；"x"为分组变量。选择项 z0(real) 用来指定断点位置，默认值为 z0(O)，即断点为原点。如果省略处理变量 D，则默认为精确断点回归，并根据分组变量 x 来计算处理变量，即如果 x 大于或等于断点 z0，则 D 取值为 1；反之，D 取值为 0。选择项"strineq"表示根据

---

[1] Thistlewaite D L, Campbell D T. Regression-discontinuity analysis: An alternative to the ex-post facto experiment[J]. Journal of Educational Psychology, 1960, 51(6): 309-317.

[2] Hahn J, Todd P, Van der Klaauw W. Identification and estimation of treatment effects with a regression-discontinuity design[J]. Econometrica, 2001, 69(1): 201-209.

[3] Imbens G W, Lemieux T. Regression discontinuity designs: A guide to practice[J]. Journal of Econometrics, 2008, 142(2): 615-635.

[4] Van der Klaauw W. Regression-discontinuity analysis: A survey of recent developments in economics[J]. Labour, 2008, 22(2): 219-245.

[5] Lee D S, Lemieux T. Regression discontinuity designs in economics[J]. Journal of Economic Literature, 2010, 48(2): 281-355.

严格不等式来计算处理变量，即如果 x 大于断点 z_0，则 D 取值为 1；反之，D 取值为 0。

选择项"mbw(numlist)"用来指定最优带宽的倍数，默认值为 mbw(50 100 200)，即根据最优带宽的 0.5、1、2 倍进行局部线性回归，其中 100 对应根据 Imbens 和 Ka-lyanaraman 计算的最优带宽。选择项"graph"表示根据所选的每一带宽，画出其局部线性回归图。选择项"bdep"表示通过画图来考察断点回归估计量对带宽的依赖性。选择项"oxline"表示在此图的默认带宽（即最优带宽）上画一条直线，以便识别。选择项"kernel(rectangle)"表示使用矩形核（即均匀核），默认使用三角核。选择项"cov(varlist)"用来指定加入局部线性回归的协变量。选择项"x(varlist)"表示检验这些协变量是否在断点处有跳跃（估计跳跃值及其显著性）。

【思考与练习】

一、简述题

1. 什么是面板数据，为什么要使用线性面板数据模型来分析面板数据？
2. 请简要解释固定效应模型和随机效应模型的区别，以及它们在线性面板数据模型中的应用。
3. 如何确定应该使用固定效应模型还是随机效应模型？请说明你的策略。
4. 如何解释线性面板数据模型中的交叉项？请说明它们在模型中的作用。
5. 线性面板数据模型中，如何解释时间不变个体的固定效应或随机效应？请给出一个具体的例子。

二、应用题

1. 假设你是一位市场研究人员，想要研究不同广告策略的效果是否存在显著差异。你收集了不同广告策略的曝光次数和点击次数，并使用面板计数数据模型进行分析。请问，你需要考虑哪些问题来确保模型的准确性？
2. 假设你想要研究一项政策对不同城市的经济增长的影响，你收集了不同城市的年度生产总值数据，并使用面板数据双重差分进行分析。你得到了如下表格，请根据表格回答问题。

城市	2019 年	2020 年	双重差分
A 市	500	600	50
B 市	400	500	40
C 市	700	800	70
D 市	600	650	35

(1) 请计算 A 市 2020 年的生产总值。

(2) 请计算 B 市 2019 年和 2020 年的平均生产总值增长率。

3. 假设你想要研究一项政策对不同企业利润率的影响，你收集了不同企业的月度利润率数据，并使用面板数据断点回归进行分析。你将断点设置为 2020 年 3 月，得到了如下的结果表格，请根据表格回答问题。

企业	2019 年 1 月～2020 年 3 月	2020 年 4 月～2021 年 12 月	断点回归
企业 A	0.05	0.08	0.03
企业 B	0.07	0.09	0.02
企业 C	0.04	0.06	0.02
企业 D	0.08	0.11	0.03

(1) 请计算企业 A 在 2020 年 4 月的利润率。

(2) 请计算企业 B 和 C 的平均利润增长率。

第十三章 测　　量

在任何科学研究活动中，对变量加以有效测量都是一个极其重要的基础性问题。过去的几十年里，以标准化的问卷调查或基于访谈或观察的测量方法已得到长足发展。本章将对变量的测量及其信效度检验方法进行系统介绍。

第一节　测量的定义与工具

一、测量对象的概念化与操作化

所谓测量，是指为分析单元（或称为构念）指定标签和数字以表示结构属性级别的过程。例如，我们对信息贫困进行测量的过程，实际上就是以个人信息世界的三个要素、八个维度为分析单元，在给予各维度特定标签后（如可及信息源、可获信息源等），根据不同个体对具体测量问项的回应加以量化赋分，最终对个体信息贫富状况的层次结构及各自的属性特征加以表征。

构念（constructs 或 concepts）是一个与测量密切相关的概念。所谓构念，是指用来描述单位或系统特性的抽象标签。构念通常是无法直接观测的，为此，我们需要借助一定的测量工具（通常称之为量表），以便对特定构念所表征的现象加以量化。

将构念转化为量表的具体问项，需要完成两个方面的工作：概念化与操作化。所谓概念化，是指通过指定测量维度与选择指标的方式对概念所描述的对象加以定义、阐释和澄清的过程。所谓操作化，是指将量表等测量工具应用于特定分析单元以获得构念测量值的确切程序的说明。

例 13.1　信息贫困的测量。
测量目标：个体的信息贫富状况。
分析单元：个人信息世界的三个要素、八个维度。
构念：可及信息源。
概念化：信息主体在物理上可及的信息源。
操作化：用户周边五千米范围内的信息源（如图书馆或可上网的电脑）。

指标：传统信息源（图书馆、书店、政府信息公开点）、网络信息源（可上网的电脑、数据库）、人际信息源（政府工作人员、研究人员、医生或农业技术员、记者）。

在学术研究中，测量常常是为了收集相关变量的数据，以便对待检验的假设进行检验。对于有些具有客观性的变量，研究者通常可以直接测量获得，如企业人数、年龄、性别、产品数量等。对于一些主观性较强、含糊不清且无法精确测量的变量，如满意度、激励程度、动机等，则需要用非常科学、系统的方法方可做出测量。本章所涉及的测量，主要指后者。

下面以一个比较抽象的概念"成就动机"的测量为例，介绍此类变量测量指标的设计过程。

例 13.2 "成就动机"的测量。

通过阅读文献发现，"成就动机"是一个较为抽象的概念，我们可以将其具体化，以降低其抽象程度。总结现有研究发现，"高成就动机"的人应具有以下特点：努力工作，无法松懈，对低效率者无耐心，寻求适度挑战和寻求工作反馈。具体测量指标的选择过程如图 13.1 所示。

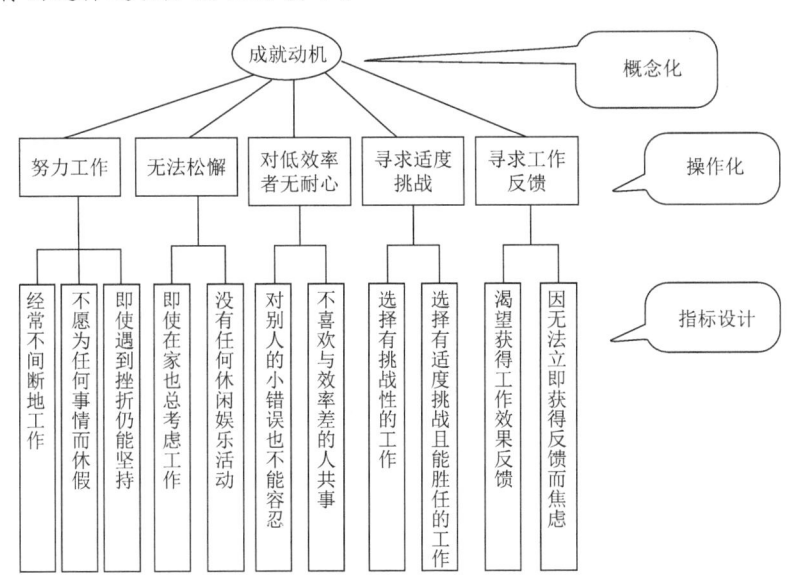

图 13.1 "成就动机"测量指标选择过程

在实际应用中，对抽象的、主观性强的概念加以操作化，区分出有效的测量维度常常是一件富有挑战性的工作。幸运的是，学术界发展了探索性因子分析（exploratory factor analysis，EFA）等一系列工具和方法，帮助研究者寻找抽象概念背后的维度与结构。关于探索性因子原理及使用方法，可参照本书第七章。

二、测量工具

调查问卷是展开测量的基本工具。对于经过标准化和系统信效度检验的问卷，我们通常称其为量表。一个调查的展开，至少需具备如下先决条件。

（1）调查必须有明确的对象（元素、单位）。

（2）拟调查的群体须有一个或多个可测量的属性。

（3）调查对象具有一个或多个根据可测量属性定义的参数来描述调查总体。

（4）有确定的抽样框。

（5）可以使用概率原理确定样本大小及抽样设计，以便从抽样框中选择样本。

（6）测量过程可观察。

（7）基于测量值所计算的统计量能够估计参数，以实现依据样本对总体进行推断的目标。

在具备了上述先决条件后，如果研究者以一个问项清单的形式将拟测量的问题加以组织、呈现时，就形成了一份调查问卷。通常情况下，经过标准化处理，并具备足够信效度保障的调查问题，被称为量表。本书中使用的"个人信息世界量表"正是一份经过标准化与系统信效度检验的量表。在实际研究中，我们将相关的因素一并纳入测量，从而使这些问题与"个人信息世界量表"一起，构成了一份调查问卷。这份问卷的结构，请参见本书第一章的介绍。通常情况下，问卷调查的基本流程如图 13.2 所示。

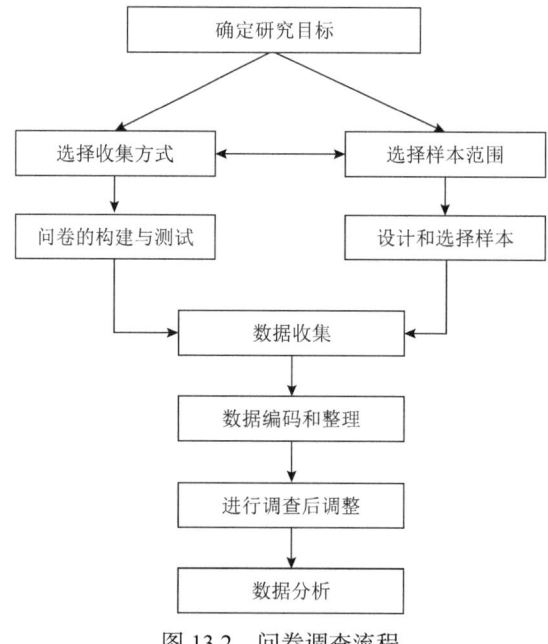

图 13.2 问卷调查流程

对于大多数社会研究来说，调查需要一个确定的、具有已知性质的样本以便对近乎无穷的总体做出描述。这意味着调查必须根据概率抽样原则事先获得确定样本群体。同时，样本群体须包含对重要变量变化加以衡量、识别的设计，还要尽量保障在样本量有限的情况下降低抽样误差。另外，问卷或量表等测量工具必须涵盖与研究问题相关的、理论上存在的全部变量，并能将竞争性解释所需的变量加以有效排除。最后，测量工具还需要正确的度量形式以获得关于变量的确定测量值。

Groves 认为，测量实现了由数据到构念的描述功能，而表征则实现了由样本到总体的推断功能[①]。他将二者在调查统计中的对应关系总结如图 13.3 所示。

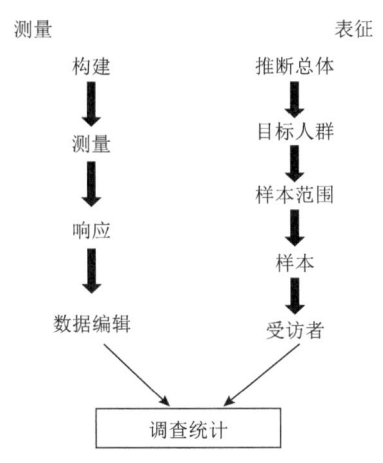

图 13.3 "测量"和"表征"在统计调查中的关系图

问卷调查的问项设计有一些具体的技术、规则。本书所使用的以"个人信息世界量表"为核心的问卷，已将问卷设计的相关理念、方法融入其中。因此，要了解问卷的设计，可回顾本书第一章。

第二节 测 量 方 法

一、预测试

对测量对象进行概念化、操作化并设置相应指标，是研究者对抽象的、充满主观性的现象加以测量的基本过程。然而，由于测量对象的复杂性及其他各种因

---

① Groves L R. Now It can be Told: The Story of the Manhattan Project[M]. Boston: Da Capo Press, 2009.

素的影响，测量工具可能会"失真"甚至"误测"。为此，测量工具的开发需要经受严格的科学性检验。后文将要讲到的信效度检验是保障测量工具质量的传统手段。近年来，越来越多的研究者强调通过规范的预测试，有效提高测量工具的质量。具体而言，预测试的目标是，有效提高问项设计的科学性、可靠性和稳定性，并协同信度和效度理论及因子分析等一系列具体方法，最大程度保障测量的科学性、有效性和稳定性。

预测试可追溯到 20 世纪 30 年代中期或其后不久现代抽样调查的建立。学术期刊中能够追溯到的参考文献来自 1940 年，Katz 和 Schmitt 报道说："美国民意研究所和《财富》预先测试了他们的问题，以避免使用公众无法理解的措辞，并避免提问街上男人不知道的问题。"[1]

在调查研究的历史上，有一种类似于"彩排"的传统预测试形式。在这种彩排中，访谈者接受规范的培训，并按照事先确定的流程和方式测试问卷并展开调查。在每个访谈者完成几次访谈后，对受访者做出的回答进行统计分析，并且会进行一次汇报。在汇报中，访谈者将自己的经验与问项得到回答的情况联系起来，并就问卷存在的问题提出自己的看法。Sheatsley 指出，"在预测试问卷中，通常不需要超过 12~25 个案例就能揭示问项设计的薄弱点"[2]。Sudman 也指出，一般通过"20~50 个案例就足以发现问卷中的主要缺陷"[3]。

预测试是基于这样的假设，即质量不高的问卷将表现为受访者频繁回答"不知道"或拒绝回答（有些情况下，也表现为受访者回答时的犹豫或不安）。然而，正如 Cannell 和 Kahn 所指出的，质量不高的问项无法对受访者"进行精确测试"[4]。

虽然本章后续部分所介绍的项目分析、信度和效度等检验方法有助于提升测量工具的质量，但传统的预测试仍然无法解决测量工具开发的全部问题。仅仅通过观察受访者的行为，问卷或量表中某些问项存在的问题可能不容易被发现。例如，受访者可能会误解一个封闭式问题的意图，而没有提供任何回答。此外，由于传统的预测试几乎总是不事先告诉受访者预测试的目的（例如，重测信度要尽量避免受访者知道还将进行下一次测试），所以受访者缺乏深度参与。这种缺陷使得预测试的效果常常不是那么理想。为此，研究者常常采用访谈法，以弥补传

---

[1] Katz B, Schmitt O H. Electric interaction between two adjacent nerve fibres[J]. The Journal of Physiology, 1940, 97(4): 471.

[2] Sheatsley P B. Questionnaire construction and item writing[J]. Handbook of Survey Research, 1983, 4(1): 195-230.

[3] Sudman S. Survey research and technological change[J]. Sociological Methods & Research, 1983, 12(2): 217-230.

[4] Cannell C F, Kahn R L. Interviewing: The art of data collection[J]. Journal of the American Medical Association, 1968, 203(6): 287-291.

统预测试的不足。

二、访谈

访谈不是专为预测试而发展的方法，而是一种独立的测量方法。为节约篇幅，本节将仅仅介绍作为预测试方法的访谈。

如前文所述，开发一份高质量的量表或设计一份高水平的问卷殊非易事。在诸多帮助研究者开发量表的基础性方法中，访谈法对于澄清概念内涵、划定构念边界、析出测量维度、选择测量指标都有着重要的意义。一般来说，问卷的设计和量表的开发不仅需要获得充分的理论支撑，更需要深入现场进行扎实的访谈与观察，以便使所设计的问项贴近拟研究的现象本身。

作为预测试手段的访谈，是为了在问卷和量表开发之前，先对调查对象之于拟调查问题的理解进行预先测试，观察其反应，有的放矢地对问项加以修改、完善，以便使设计的问项更符合调查的目的。对于多数形式的访谈而言，其目标更多地专注于了解受访者对拟调查或测量事项的思维过程和认知程度，因此，又常常被称为认知访谈。Schuman 和 Presser 认为，除去用于检验信效度的常规预测试，以下四种与认知访谈相关的方法是常规预测试的基本补充[1]。

（一）行为编码

行为编码是由查尔斯·W. 坎奈尔（Charles W. Cannell）及其密歇根大学调查研究中心（University of Michigan Survey Research Center）的同事于 20 世纪 60 年代开发的，它可以用来评估测量问题的合理性。20 世纪 70 年代末和 80 年代初，一些欧洲研究人员采用行为编码来辅助测量问项的设计。到了 20 世纪 80 年代末，它才被广泛应用于预测试（Oksenberg 等将行为编码描述为两种"预测试问题的新策略"之一[2]）。

行为编码包括监控访谈或录音访谈（或笔录）。二者都以访谈者和受访者在问答互动中的言语为素材，通过对访谈记录的系统性编码，以便对问项的设计及其合理性加以辨识，并对存在问题的问项（例如，受访者频繁要求澄清的问项）加以修复。Van der Zouwen 和 Smit 扩展了行为编码在预测试中的应用[3]。

---

[1] Schuman H, Presser S. Questions and Answers in Attitude Surveys: Experiments on Question Form, Wording, and Context[M]. Thousand Oaks: Sage Publications Inc, 1996.

[2] Oksenberg J, Cannell C F, Kalton G. Behavioral coding and classification: A review and evaluation of the research[J]. Journal of Applied Psychology, 1991, 76(4): 547-570.

[3] Van der Zouwen J, Smit J H. Evaluating survey questions by analyzing patterns of behavior codes and question-answer sequences: A diagnostic approach[J]. Methods for Testing and Evaluating Survey Questionnaires, 2004, 68(1): 109-130.

（二）响应延迟

这是一种基于观察的预测试方法。Draisma 和 Dijkstra 使用回答延迟来评估受访者回答的准确性，并据此间接评估问题本身[1]。响应延迟是基于这样的假设：较长的延迟表示受访者不确定，Draisma 和 Dijkstra 通过比较准确和不准确答案的延迟（准确性由另一来源的信息确定）来验证这一观点。此外，他们还将响应延迟的性能与其他几个不确定性指标的性能进行了比较。在多变量分析中，较长的响应潜伏期和响应者对其答案表达的不确定性都与不准确的反应有关。其他研究报告称，受访者的信心或确定性与其答案的准确性之间没有任何关系（甚至在一些研究中是反向关系）[2]。因此，需要制定更精确的条件规范，在这些条件下，对响应者不确定性的不同度量有助于预测响应误差。

尽管对响应延迟的解释不如对其他问题的度量直接（长时间未回答可能表示受访者在仔细思考问题，而不是问项本身存在问题），但该方法有着广阔的应用前景。特别是在各种类型的在线调研日渐普及的今天，更好地理解响应延迟的含义和影响，将基于响应延迟的评测手段与问项质量评价相结合，显然对提高问卷设计质量和量表发展具有重要作用。此外，如何将响应延迟与其他测试方法（如行为编码）更好地结合起来，以加强对问卷问题的诊断，具有更广泛的应用空间。

（三）受访者汇报

与行为编码和响应延迟这两种"未声明"的预测试方法不同，受访者汇报是一种"参与式"的方法，即访谈前就告知受访者调查的目的。这是一种由访谈者即兴进行的非结构化调查。Martin 展示了如何以标准化的方式引导受访者进行汇报，从而揭示测量问项的含义及受访者对测量问项的反应[3]。此外，他还演示了如何利用受访者的汇报来衡量测量问题可能导致的遗漏或误报信息的程度。受访者汇报的方式非常适合如下情况。

（1）探索人们如何思考概念。

（2）测试受访者对概念的解释是否与预期一致。

（3）分析概念的维度。

---

[1] Draisma S, Dijkstra W. Response latency and (para) linguistic expressions as indicators of response error[J]. Methods for Testing and Evaluating Survey Questionnaires, 2004, 68(1): 131-147.

[2] Presser S, Couper M P, Lessler J T, et al. Methods for testing and evaluating survey questions[J]. Methods for Testing and Evaluating Survey Questionnaires, 2004, 68(1): 109-130; Schaeffer N C, Dykema J. A multiple-method approach to improving the clarity of closely related concepts: Distinguishing legal and physical custody of children[J]. Methods for Testing and Evaluating Survey Questionnaires, 2004, 68(1): 475-502.

[3] Martin J R. Standardizing respondent behavior to improve the quality of survey data[J]. Public Opinion Quarterly, 2004, 68(2): 207-230.

(4) 诊断问卷中问项措辞是否合适。

不同的预测试方法可适用于不同的情况。例如，在识别受访者对问项的理解可能存在问题时，正式的受访者汇报和案例分析似乎比行为编码和响应延迟更容易。在许多情况下，需要综合运用多种预测试方法，以确保受访者了解问项背后的概念，并能够且愿意准确回答这些问项（有关多种方法应用的良好示例，参见 Kaplowitz 等[1]，以及 Schaeffer 和 Dykema[2]的研究）。

（四）试验比较

预测试和访谈两种方法互为补充、相得益彰。二者都可以识别测量工具中问项所存在的问题，并针对这些问项进行修订。然而，基于上述预测试方法确定修订是否能够改进问项设计的质量，并不能替代对原始问项和修订问项之间的试验比较。具体方法，可以使用有统一标准的测试方法比较原始问项和修订问项之间的差异。例如，如果访谈显示受访者对某个问项的理解存在困难，可以在另一轮访谈中测试该问项及其修订版，以确认修订版显示的此类问题比原始版本更少。对此类试验结果的解释通常很简单，尽管无法保证观测到的差异会对调查估计值产生影响。

Fowler 描述了三种评估比较问题措辞的试验结果的方法：响应分布差异、标准验证和可用性[3]。例如，通过行为编码，他说明了访谈和试验比较是如何补充的：前者识别潜在问题并提出解决方案，而后者测试解决方案的影响。正如他所说，试验证据对于估计不同的问题措辞是否影响调查结果至关重要。

正如 Moore 等所描述的那样，试验也可以用来测试以多种复杂方式变化的整个问卷的不同修订版本的效果，以满足三个主要目标：最小化回答负担，从而减少单位和项目的无回答；减少报告错误；将新的研究主题纳入问卷[4]。为了比较旧问卷与修订后新问卷之间的差异，可以将受访者随机分配到新版本或旧版本问卷中，对其结果加以比较分析。

---

[1] Kaplowitz M D, Lupi F, Hoehn J P. Multiple methods for developing and evaluating a stated‐choice questionnaire to value wetlands[J]. Methods for Testing and Evaluating Survey Questionnaires, 2004, 68(1): 503-524.

[2] Schaeffer N C, Dykema J. A multiple‐method approach to improving the clarity of closely related concepts: Distinguishing legal and physical custody of children[J]. Methods for Testing and Evaluating Survey Questionnaires, 2004, 68(1): 475-502.

[3] Fowler J W. Three ways to test the effectiveness of a comparative question[J]. Journal of Consumer Research, 1995, 22(1): 171-179.

[4] Moore J C, Berlow E L, Coleman D C, et al. Detritus, trophic dynamics and biodiversity[J]. Ecology Letters, 2004, 7(7): 584-600.

三、项目分析

项目分析是提高量表质量的常用手段。通过该手段，可以发现并剔除量表中质量较差的问项，从而优化量表。项目分析的主要方法是对量表中的每个问项进行辨别力分析。辨别力分析是对某一量表，计算出每一个人整个量表的全部问项答案的总分，计算得分最高的25%（或33%）的被调查者和得分最低的25%（或33%）的被调查者在每一个问题上的平均分，两者相减所得的差为辨别力评分，辨别力评分高的问题保留，辨别力评分低的问题删掉。

例 13.3　辨别力分析。

使用某一量表进行测量时，对收回的 20 份有效问卷进行项目分析，20 份有效问卷的 25% 为 5 份。将样本按整个量表总分数进行排序。若高分组的 5 份问卷在第一题的得分分别是 5、4、4、5、5 分；低分组 5 份问卷在第一题的得分分别是 2、2、1、1、1，那么，得分最高的 5 人在第一题的平均分为

$$(5+4+4+5+5)/5=4.6$$

得分最低的 5 人在第一题的平均分为

$$(2+2+1+1+1)/5=1.4$$

两者相减 4.6−1.4=3.2 即为第一题的分辨力系数。

分辨力系数越小，说明这一题的分辨力越低，应该删除。至于最终是否删除，则需要做进一步检验。

通常我们可以利用独立样本 t 检验，比较高分组与低分组在某一题上的平均分是否存在显著差异，以判断每个问项是否具有将研究对象区分出高分群与低分群的能力。如果差异不显著，则可以考虑将该题从量表中删除。继续例 13.3。

例 13.4　通过独立样本 t 检验删除质量不高的问项。

针对数据"项目分析.xlsx"进行项目分析，删除未通过检验的项目。具体过程是

```
. gen total=c1+c2+c3+c4+c5+c6+c7+c8+c9+c10
. sort total
. gen group1=total<29
. gen group2=total>38
. gen mgroup = group1
```

```
. replace mgroup = group2 if group1 == .
. ttest c1, by(mgroup)
```

第三节 测量工具的信度评价

测量工具的信度，又可简称为测量信度，是指针对特定变量加以测量的得分的一致性或稳定性。保障测量结果一致性的来源主要有两个方面：测验内信度（即内部一致性，主要包括一致性系数和复本信度）和跨时间信度（即重测信度，反映不同时间点上的稳定性）。同时，评分者信度也可作为问卷信度的测量方法。

一、一致性系数

一致性系数（consistency coefficient）是目前信度评价中最常用的指标，是指对同一对象从不同角度进行测量时，其结果的相关性。内部一致性意味着测验的每个问题对测验所衡量的属性都具有相同的价值，主要反映的是测验内部题目之间的关系，考察测验的各个题目是否测量了相同的内容或特质。内部一致性信度又分为分半信度和同质性信度。

（1）分半信度（split-half reliability）指一项调查中，调查问卷两半题目的调查结果的变异程度。它是通过将测验分成两半，计算这两半测验之间的相关性而获得的信度系数。修正公式是斯皮尔曼—布朗公式。斯皮尔曼—布朗公式为校正分半信度的经验公式 $r_{tt} = 2r_{hh}/(1+r_{hh})$。一般来说，如果将测试分为均匀两半的话，分半系数 r_{tt} 为 0.5。

它的假设是两半测验分数的变异数相等。当假设不成立时，可以采用弗朗那根（Flanagan）公式或卢伦（Kulon）公式，直接求得测验的信度系数。

（2）同质性信度（homogeneity reliability）是指测验内部的各题目在多大程度上考察了同一内容。同质性信度低时，即使各测试题看起来似乎是测量同一特质的，但测验实际上是异质的，即测验测量了不止一种特质。同质性分析与项目分析中的内部一致性分析相类似。计算同质性信度的公式主要有库德—理查逊公式[1]和克伦巴赫阿尔法（Cronbach's alpha）系数（也称 α 系数）。对于一些复杂的、异质的变量，采用单一的同质性测验是不行的，因而常常采用若干个相对异质的分测验。

---

[1] 麦坚泰，米勒．心理测量[M]．骆方，孙晓敏，译．北京：中国轻工业出版社，2009：157.

二、复本信度

复本信度（parallel-forms reliability）又称为等值性系数，是等值性信度（equivalence reliability）的一种，指问卷调查结果相对另一个非常相同的问卷调查结果的变异程度，是对同一组被调查人员运用两份内容等价但题目不同的问卷进行调查，然后比较两组数据的相关程度。

为计算复本信度，需要对同一个测量工具（调查问卷、量表等）构建两个等值的复本，两个复本要包含相同数量、类型、内容、难度的题目。评估复本信度要用两个复本对同一群受试者进行测试，再估算两种复本测量分数的相关系数，相关系数越大，说明两个复本构成带来的变异越小。这与重测信度中考虑时间产生的变异不同，也就是说，相关系数反映的是测量分数的等值性程度。

复本信度的主要优势在于：①能够避免重测信度的一些问题，如记忆效果、练习效应等；②适用于进行长期追踪研究或调查某些干涉变量对测验成绩的影响；③减少了辅导或作弊的可能性。

复本信度的局限性在于：①如果测量的行为易受练习的影响，则复本信度只能减少而不能消除这种影响；②有些测验的性质会由于重复而发生改变；③有些测验很难找到合适的复本[①]。

三、重测信度

重测信度（test-retest reliability）也称为再测信度，是对同一组被调查人员采用相同的调查问卷，在不同的时间点先后调查两次，两次调查结果之间的差异程度。重测信度所考察的误差来源是时间的变化所带来的随机影响。在评估重测信度时，必须注意重测间隔的时间。在进行重测信度的评估时，还应注意以下两个重要问题：①重测信度一般只反映随机因素导致的变化，而不反映被试行为的长久变化。②不同的行为受随机误差影响不同。重测信度有个两难的矛盾。缩短两次测试的时间间隔，被测试者较容易回忆出测试的题目；而延长两次测试的时间间隔，则被测试者较容易受外部影响而发生改变[②]。

四、评分者信度

评分者信度是指不同评分者对同一对象进行评定时的一致性。最简单的估计方法就是随机抽取若干份答卷，由两个独立的评分者打分，再求每份答卷两

[①] 风笑天. 社会研究方法[M]. 北京：高等教育出版社，2006.
[②] 风笑天. 社会研究方法[M]. 北京：高等教育出版社，2006.

个评判分数的相关系数。这种相关系数的计算可以用积差相关方法，也可以用斯皮尔曼等级相关方法。通常利用 Cohen's kappa 公式进行计算[①]。要注意的是 Cohen's kappa 使用的是定类或定序数据，因此需要对测量得分进行排序而后才可以分析。

第四节　测量工具的效度评价

所谓效度，即测量所得的值在现实情境中的真实、有效程度，是一种旨在对基于特定测量工具所获取的原始数据的科学程度做出评判的指标。广义上，效度不仅指测量工具的效度，还包括研究设计的效度。

一、测量工具的效度

测量工具的效度，也可简称为测量效度，主要是对测量工具的有效性加以判断的一种指标。在社会科学领域，几乎所有的实证研究都必须从变量的测量开始。与自然科学领域相比，社会科学领域的测量对象常常比较抽象、模糊。测量工具的发展速度已成为制约社会科学领域研究质量的一个主要因素。为此，在社会科学领域的实证研究中，一个关键问题是对变量的测量效度做出全面评估。迄今为止，社会科学领域的研究者已发展了表面效度、构念效度、内容效度、效标关联效度等一系列指标，用以对测量工具的科学性进行检验。

表面效度（face validity）是指测量的结果与人们的共识吻合的程度。通俗地说，就是指从表面上看特定测量工具测到了其原来计划要测量的属性的程度。在实际检验中，研究者常常通过匹配特定测量问项与人们直观、表面的感受之间的一致程度对表面效度加以衡量。在实证研究中，当研究者对特定变量测量的数值大小与人们对这些变量所涉及的研究对象的一般认识越接近，则表面效度越高。

构念效度（construct validity）关注的是特定测量工具所涉及的项目在多大程度上与所测量的构念相匹配。为检验构念效度，研究者常常采用验证性因子分析的方法，对测量工具中的项目与理论构想之间的一致性加以判断。经过多年的发展，构念效度的检验方法包括了以聚合效度和区别效度为核心的多质多法等。其中，聚合效度（convergent validity）反映使用不同测量工具度量相同变量时得出的结果之间的一致性，区别效度（discriminate validity）用以考察特定测量方法得出的测量结果的独立程度。多质多法（multitrait-multimethod）是一种基于聚合效

[①] 麦坚泰，米勒. 心理测量[M]. 骆方，孙晓敏，译. 北京：中国轻工业出版社，2009：157.

度和区别效度而发展起来的系统性构念效度检验方法，其基本理论是：测量同一特质的不同测量工具的测量结果之间相关程度应该很高（即聚合效度），测量不同特质测量工具的测量结果之间相关程度应该很低（即区别效度）。

内容效度（content validity）也是一种极其重要的测量效度评价指标。内容效度主要用以考察特定的测量工具中，是否包括了足够有代表性的项目来度量应该测量的变量的内容，并同时将该测量工具所测变量之外无关内容排除出去的程度。例如，一份试卷如果能在很好涵盖拟考查知识点的同时，把考试范围之外的知识点都排除出去，则其内容效度较高。在实证研究中，内容效度主要用来衡量研究者所提取的变量之于真实现象的全面性和代表性。

效标关联效度（criterion-related validity）也是一种应用范围较为广泛的效度指标，其基本原理是，通过对测量结果与测量目标的一致程度进行衡量，从而对测量工具的科学性做出判断。在实际应用中，研究者通常在拟测量的事项上先选定一个约定俗成的标准（即效标），然后应用特定测量工具展开测量，并对测量所得结果与效标之间的匹配度进行权衡。如果效标与测量结果之间的关联程度越高，则测量工具的效标关联效度就越高，反之亦然。

测量效度与研究效度之间既紧密联系又相互区别，其联系主要表现在：二者都是对证据质量的检验，都是为了确保循证过程与结果的科学性、真实性和准确性，因此，二者在本质上是一致的。在同一项证据生产活动中，只有测量的效度高，研究效度才能得到保障。同时，高效度的测量只有融入高水平的研究设计之中，才有意义。从这个意义上说，测量效度是研究效度的基础，研究效度是测量效度的归宿。

从实证研究的角度看，测量效度与研究效度存在的差异在于，二者所关注的侧重点有所不同。概括而言，研究效度主要针对研究设计展开，用以衡量产出特定结果的研究设计的可靠性和研究结论的可推广性；而测量效度则主要针对变量测量的科学性，重在对测量工具的有效性和可靠性进行判断。由于对变量的测量直接影响变量间关系的描述和外推，因此，相对于研究效度，测量效度更具有基础性作用。显然，如果变量的测量不够真实、恰当，则无论对变量间关系展开多么精密的揭示都没有实际意义。由此可见，测量效度是获得研究效度的前提和基础，只有具备较高的测量效度，研究的内部效度和外部效度才有实际意义。当然，研究效度作为研究结果科学性的最终判断标准，既依赖测量效度，更依赖对揭示变量间关系的程序与方法的合理设计。

二、研究设计的效度

研究设计的效度，也可简称为研究效度，主要是从研究设计的角度对研究结果的科学性进行评估的一项指标。具体而言，研究效度是用来衡量特定的研究中所提示的变量之间关系的真实性和确定性。研究效度主要用来对实证研究过程中采取的剔除无关因素、消除各种偏倚、识别调节效度等方面措施的科学性作出评价。研究效度进而区分为内部效度和外部效度。

内部效度主要用来衡量在特定的研究中，根据研究设计所依据的初始理论，变量间关系具有何种程度的确定性和真实性。例如，在实际研究中，如果能确凿证实自变量和因变量之间的因果关系，则内部效度显然就较高；反之，如果所获取的证据只能证实变量间存在相关关系，其内部效度就相对较低。研究者常常通过控制无关因素的方法提高证据的内部效度。也就是说，如果在排除了各种干扰因素后，自变量的变化确定无疑地引起了因变量的变化，且因变量只因自变量的变化而变化，则所获取的证据毋庸置疑就具有内部效度。考虑个体的原始研究可能存在各种偏倚，循证社会科学领域发展了系统评价和元分析，以期通过对原始研究证据的整合，增大样本量，最大程度消除偏倚，识别各种可能存在的调节效应，从而对变量间的关系做出更接近真实的解析。从这个意义上说，循证社会科学领域展开证据整合的初始动机，就是为了提高研究的内部效度。

与内部效度不同，外部效度主要用来衡量特定研究的结论的可外推程度，因此也形象地被称为生态效度。也就是说，如果一项研究所获得的结论越能够广泛地适用于外部"生态系统"，则其外部效度就越高。显然，为提高外部效度，特定的研究结果需要在存在不同干扰因素的情况下，仍然具有确定解释能力。例如，如果在随机对照试验中所获得的关于财政投入之于农民脱贫的正向影响相关证据能够适应于不同区域、不同产业传统和生活习惯的人群，则其外部效度就毋庸置疑。循证社会科学领域的研究者常常通过元分析等方法，把来自不同研究情境的原始研究结果加以整合，从而实现丰富研究结果适用情境的目标。可见，与个体的原始研究相比，循证研究（特别是基于元分析方法开展的研究整合）可有效提升研究的外部效度。

总之，如果研究者越有可靠的证据证明所阐释的变量间的关系确实是成立的，那么研究的内部效度就越高；如果研究者越有把握把研究所得的结论推广到一般化和普遍化的情境中，则研究所获证据的外部效度就越高。对于原始研究而言，内部效度与外部效度之间存在着此消彼长的对立统一关系。例如，研究者为了提高内部效度，追求尽量多地控制干扰因素并营造目标变量之间"纯净"的关系，从而使其在事实上存在各种干扰因素的外部情境中很难成立；反之，为追求普适性和概括性，研究者不得不在对所关心的变量间关系加以解析时"包容"一些无关因素（甚至很可能是干扰因素）的加入，从而为内部效度做出牺牲。

研究的内外部效度的协同问题是一个长远影响实证研究质量的重要问题。目前，循证社会科学等领域的快速发展，使内部效度和外部效度可以通过证据整合加以有效协调。具体而言，循证研究者通过将来自原始研究的证据加以有效整合，消除其偏倚，丰富其适用情境，从而实现在提高内部效度的同时增加外部效度的目标。循证社会科学的生命力，恰恰在于其在有效协同内部与外部效度、提升研究证据科学性方面所具有的独特优势。

思考 围绕信息贫困问题，展开一项研究设计，并阐释在这一研究中如何权衡内外部效度的协作。

第五节 "个人信息世界量表"的信度检验

一、检验方法及样本

"个人信息世界量表"首先采用了重测法进行信度检验，以南开大学商学院 2011 级本科生为测试对象，于 2012 年 6 月 12 日进行了第一次预测试，2012 年 6 月 28 日进行了第二次预测试，两次测试共得到可以匹配的样本 27 个。为进一步确认研究的信度，该研究还分别计算了全体问项和 8 个维度的 Cronbach's alpha 系数。

二、各维度重测得分的差异性与相关性

通过重测，研究者获得了 27 个样本在"个人信息世界量表"各维度的得分。为考察前后测之间的差异程度，研究者对前后测得分进行了配对样本的 t 检验。检验结果表明，所有变量在前后两次测度中的得分均不存在显著差异[①]。该研究进而分析了各变量前后测得分的相关性。分析发现，"个人信息世界量表"各维度在两次测试中的得分均在 0.01 水平（双侧）上显著相关，相关系数如表 13.1～表 13.8 所示：可及信息源维度为 0.737，可获信息源维度为 0.589，惯用信息源维度为 0.664，信息资产维度为 0.831，时间维度为 0.773，空间维度为 0.784，智识维度为 0.900，动力维度为 0.554。

---

① 本部分关于前后测得分差异显著性的 t 检验使用了于良芝教授 2012 年 11 月在南开大学商学院信息资源管理系组织的"信息资源管理论坛"上的相关数据分析结果。

表 13.1 可及信息源维度重测相关系数

重测相关系数		可及信息源前测	可及信息源后测
可及信息源前测	Pearson 相关性	1	0.737**
	显著性（双侧）		0.000
	N	27	27
可及信息源后测	Pearson 相关性	0.737**	1
	显著性（双侧）	0.000	
	N	27	27

**表示在 0.01 水平（双侧）上显著相关

表 13.2 可获信息源维度重测相关系数

重测相关系数		可获信息源前测	可获信息源后测
可获信息源前测	Pearson 相关性	1	0.589**
	显著性（双侧）		0.001
	N	27	27
可获信息源后测	Pearson 相关性	0.589**	1
	显著性（双侧）	0.001	
	N	27	27

**表示在 0.01 水平（双侧）上显著相关

表 13.3 惯用信息源维度重测相关系数

重测相关系数		惯用信息源前测	惯用信息源后测
惯用信息源前测	Pearson 相关性	1	0.664**
	显著性（双侧）		0.000
	N	27	27
惯用信息源后测	Pearson 相关性	0.664**	1
	显著性（双侧）	0.000	
	N	27	27

**表示在 0.01 水平（双侧）上显著相关

表 13.4 信息资产维度重测相关系数

重测相关系数		信息资产前测	信息资产后测
信息资产前测	Pearson 相关性	1	0.831**
	显著性（双侧）		0.000
	N	27	27

续表

重测相关系数		信息资产前测	信息资产后测
信息资产后测	Pearson 相关性	0.831**	1
	显著性（双侧）	0.000	
	N	27	27

**表示在 0.01 水平（双侧）上显著相关

表 13.5　时间维度重测相关系数

重测相关系数		时间前测	时间后测
时间前测	Pearson 相关性	1	0.773**
	显著性（双侧）		0.000
	N	27	27
时间后测	Pearson 相关性	0.773**	1
	显著性（双侧）	0.000	
	N	27	27

**表示在 0.01 水平（双侧）上显著相关

表 13.6　空间维度重测相关系数

重测相关系数		空间前测	空间后测
空间前测	Pearson 相关性	1	0.784**
	显著性（双侧）		0.000
	N	27	27
空间后测	Pearson 相关性	0.784**	1
	显著性（双侧）	0.000	
	N	27	27

**表示在 0.01 水平（双侧）上显著相关

表 13.7　智识维度重测相关系数

重测相关系数		智识前测	智识后测
智识前测	Pearson 相关性	1	0.900**
	显著性（双侧）		0.000
	N	27	27
智识后测	Pearson 相关性	0.900**	1
	显著性（双侧）	0.000	
	N	27	27

**表示在 0.01 水平（双侧）上显著相关

表 13.8　动力维度重测相关系数

重测相关系数		动力前测	动力后测
动力前测	Pearson 相关性	1	0.554**
	显著性（双侧）		0.003
	N	27	27
动力后测	Pearson 相关性	0.554**	1
	显著性（双侧）	0.003	
	N	27	27

**表示在 0.01 水平（双侧）上显著相关

三、量表的 Cronbach's alpha 检验结果

在对"个人信息世界量表"的全部问项进行了一致性检验后发现，其 Cronbach's alpha 系数为 0.909。对照现有统计标准[1]，可以确认本量表具有较高的内部一致性。

（1）针对全部问项进行的 Cronbach's alpha 检验，结果如表 13.9 所示。

表 13.9　2011 级学生后测全部变量 Cronbach's alpha 系数

Cronbach's alpha	项数/项
0.909	105

（2）针对 8 个维度进行的 Cronbach's alpha 检验，结果如表 13.10 所示。

表 13.10　2011 级学生后测各维度 Cronbach's alpha 系数

Cronbach's alpha	项数/项
0.622	8

四、信度检验结果

由表 13.1 至表 13.8 可以看出，本量表各维度重测相关系数较高，各维度两次测试的相关程度均达极其显著水平（$p<0.01$）。进而，根据表 13.9、表 13.10 可以看出，无论是各问项与问卷的整体一致性程度，还是各维度与问卷的一致性程

---

[1] Cronbach's alpha 的参照值可以依据吴统雄建议的可信程度的参考范围：信度≤0.30，不可信；0.30<信度≤0.40，初步的研究，勉强可信；0.40<信度≤0.50，稍微可信；0.50<信度≤0.70，可信（最常见的信度范围）；0.70<信度≤0.90，很可信（次常见的信度范围）；0.90<信度，十分可信。

度均较高。据此认为，本量表信度较高。

总之，无论是通过差异性还是通过相关性来衡量，本量表都具有较满意的重测信度。

第六节 "个人信息世界量表"的效度检验

一、检验方法及样本

根据 Chatman 和 Pendleton 的研究，由于社会和文化标准规制人的信息行为，在特定人群中会形成"小世界"，从而造成信息贫困[①]。本书参照 Chatman 的标准，以天津市西青区一个建筑工地的农民工为调查对象。在该工地共发放问卷 60 份，收回有效问卷 59 份。在问卷发放过程中，研究者注意到问卷发放地是一个典型的"小世界"：由于研究者为受访者提供了一份小礼品，在第一个施工地发放过程中受访者积极性很高。研究者在第一个施工地发放 40 余份问卷，历时 2 小时（由于需要不断向受访者解释问卷的内容，因此耗时较长）。之后，来到 200 米外的另一个施工地发放问卷，发现这里的农民工完全没有听到关于隔壁施工地填写问卷领取礼品的消息。进一步交谈发现，第一个施工地的务工者全部来自同一村落，他们与邻近施工地的农民工基本上没有交流。据此认为，将这个群体与南开大学的学生群体进行比较，可有效揭示本量表的效度。

二、检验结果

通过对南开大学学生和西青区某建筑工地农民工得分进行独立样本的 t 检验发现，南开大学的学生在各维度上的得分均显著高于西青区农民工。作为一所全国重点大学，南开大学的学生需要具备很强的学习能力。从整体上说，南开大学的学生代表着一个信息相对富裕的人群；而根据前文所述 Chatman 关于信息贫困的"小世界"的描述，建筑工地上的农民工从整体上更符合信息贫困人群的特征。如表 13.11 所示，南开大学学生在各个维度上得分的均值均高于西青区某建筑工地的农民工。进一步观察表 13.12 发现，上述两个群体在各维度上得分的差异均

[①] Chatman E A. Information, mass media use and the working poor[J]. Library & Information Science Research, 1985, 32(7): 97-115; Chatman E A. The information world of low-skilled workers[J]. Library & Information Science Research, 1987, 21(9): 265-285; Chatman E A. The Information World of Retired Women[M]. Westport: Greenwood Pub Group, 1992: 44-56; Chatman E A. Framing social life in theory and research[J]. New Review of Information Behaviour Research, 2000, 34(1): 3-17; Chatman E A, Pendleton V E M. Knowledge gaps, information-seeking and the poor[J]. Reference Librarian, 1995, (1): 135-145.

极其显著（$p<0.001$）。因此，本量表很好地契合了信息贫困研究领域现有研究的理论发现，能够有效区分不同人群的个人信息世界的丰富程度，有着良好的效度。

表13.11　南开大学学生与西青区某建筑工地农民工各维度均值比较

"个人信息世界量表"的维度	受访人群	N	均值	标准差
可及信息源	大学生	27	12.46	5.303
	农民工	59	5.27	5.814
可获信息源	大学生	27	11.46	5.186
	农民工	59	5.73	5.745
惯用信息源	大学生	27	69.12	16.859
	农民工	59	34.63	21.746
信息资产	大学生	27	131.20	41.714
	农民工	59	55.78	36.546
时间	大学生	27	2.20	0.610
	农民工	59	1.12	0.745
空间	大学生	27	11.36	5.848
	农民工	59	4.46	4.485
智识	大学生	27	39.49	6.358
	农民工	59	14.22	8.092
动力	大学生	27	81.08	11.542
	农民工	59	39.68	28.452

表13.12　南开大学学生与西青区某建筑工地农民工各维度的 t 检验

"个人信息世界量表"的维度	均值方程的 t 检验		
	t	df	Sig.(双侧)
可及信息源	10.941	116	0.000
可获信息源	12.073	116	0.000
惯用信息源	9.629	116	0.000
信息资产	10.723	116	0.000
时间	8.657	116	0.000
空间	7.190	116	0.000
智识	18.862	116	0.000
动力	10.359	116	0.000

【思考与练习】

一、简述题

1. 什么是测量工具的信度?
2. 请简述测试中重测信度的计算方法及其优缺点。
3. 请简述内部一致性信度的计算方法及其优缺点。
4. 什么是信度系数的可接受范围,如何判断一个信度系数是否达到了可接受的水平?
5. 请简述因素分析在内容效度评价中的应用方法。

二、练习题

1. 请围绕信息贫困领域的研究,开展一项测量的表面效度检验,并简要撰写检验报告。
2. 假设你正在评估一份新的数学能力测试的内部一致性信度和效度。你使用了克罗宁—伯达公式来计算测试的内部一致性信度,得到了 0.85 的 α 系数。接着,你使用了相关系数来评估测试的效度,抽取了 100 名学生参与评价,评价结果为:测试得分与学生数学成绩的相关系数为 0.75。

请计算这份数学能力测试的内部一致性信度和效度。

第十四章 统 计 指 数

指数（index number）是反映事物数量相对变化程度的一类重要指标。从统计学的角度看，指数就是反映所关心变量的特征的统计量。在经济领域，指数多为一些统计观测值的加权平均，而且用过去类似的观测值平均作为基础，以比例或百分比的形式出现，物价指数就是此形式。

但是，综合指数并非经济学领域所专有。比如，有衡量气象对人类或动物情绪、行为和生理影响的生物气象指数；有衡量星体颜色和温度的颜色指数；有研究温度和湿度对人体舒适度影响的温度、湿度指数等。

这些指数并不都是通过简单的算术或几何（加权）平均和比例得出的。有些计算方法很复杂，有些很简单，不尽相同。比如，经济媒体几乎天天报道的纳斯达克指数、东京日经指数、伦敦金融时报指数、道·琼斯指数、恒生指数、上证指数和深圳成分指数等，都有自己的计算方法。

为具可比性，各国也采取一些同样（或类似）的办法计算指数，如国内生产总值等。可见，指数是一类重要的、应用广泛的统计指标和统计方法。

本章将主要介绍用于经济领域的指数及其相关知识。

第一节 指数的概念和分类

一、指数的概念

指数最早起源于物价指数的编制，英国人赖斯·沃汉（Rice Vaughan）于1965年首创物价指数，用于度量物价的变化。随后指数的应用范围不断扩大，其度量的内容和编制的方法日益丰富，形成了一个体系。

概括而言，描述报告期或报告点价格、数量或价值与基期或基准点相比的相对变化程度的指标被称为指数。指数是一种对比性的统计指标，是总体各变量在不同时空的数量对比形成的相对数。其中，诸如上证指数这种描述一组事物某一变量在不同时期变动水平的综合性时间指数应用最广，也是本章讨论的重点。

二、指数的分类

（一）按计入指数的项目数目的差异分类

（1）个体指数（individual index）：反映某一项目或变量变动的相对数。价比（price relative）就是一种典型的个体指数。它是一种商品项目的物价指数，用该商品项目报告期的单价与基期的单价对比再乘以100来计算。

（2）综合指数（aggregative index number）：反映多个项目或变量综合变动的相对数。加权综合物价指数（weighted aggregate price index）就是一种典型的综合指数。它是对一组复合的商品项目的价格，依据其重要性来加权的一种复合物价指数。上证指数就是一种加权综合物价指数。

（二）按编制方法的不同分类

（1）不加权指数（unweighted index）：一组指数的各个项目的权重一样，又被称为简单指数（simple index）。

（2）加权指数（weighted index）：依据重要程度对一组指数的各项目赋予不同权重进行计算的指数。该种指数按赋予权重的方式不同又可分为以下两种：①拉氏指数（Laspeyres index），是以每一个项目的基期或基准点数量为权数的加权综合指数。②帕氏指数（Paasche index），是以每一个项目的报告期或报告点数量为权数的加权综合指数。上证指数就是帕氏指数。

（三）按反映内容的差异分类

（1）数量指数（quantity index）：测量数量随时间或空间变动的一种指数，主要反映现象的规模、水平变化。如工业产品指数，它是测量实物量或工业品产量随时间变动的一种数量指数。

（2）质量指数（quality index）：测量质量随时间或空间变动的一种指数，综合反映生产经营工作质量变动情况。如价格指数，它是反映价格变动水平的指数。

（四）按对比场合的差异分类

（1）时间指数：描述某一变量在不同时间的变动水平的指数。根据对比期的不同可分为定基指数和环比指数。上证指数是一种定基时间指数。

（2）区域指数：描述某一变量在不同空间的变动水平的指数。

在对指数的类型有了系统认识后，需要说明的是，本章重点讨论的是综合加权指数，因为这类指数对揭示复杂现象变量的总体变动水平非常有效，应用广泛。

第二节　个体指数与综合指数

一、个体指数

个体指数是形式最简单的一种指数,用于反映某单一项目或变量的变动情况,应用因此受限。在编制个体指数时,为保证反映问题的有效性与客观性,需重点解决基准点的选择问题。

个体指数编制的一般公式为

$$P = \frac{p_t}{p_0} \times 100 \tag{14.1}$$

式中, p_t 为报告期或报告点项目数值; p_0 为基期或基准点项目数值; P 为该报告期或报告点项目的指数。

基期或基准点的选择由计算指数的预期目的和用途决定。一般情况下,基准点或基期数值应是正常或典型状态下的数值,是报告期或报告点数值变化程度的有效度量尺度。

二、综合指数

（一）不加权综合指数

编制不加权综合指数时,因为要选择样本,以样本的某一变量的综合变化程度来反映某现象的总体变化程度,所以,除了像编制个体指数时一样应解决好基准点或基期的选择问题之外,还应解决好样本中项目的选择问题。应注意的是,选择的项目必须具有代表性,选择的项目数量必须合适,既能简化计算,又能充分代表总体的性质。

不加权综合指数的编制公式一般为

$$P = \frac{\sum p_t}{\sum p_0} \times 100 \tag{14.2}$$

式中, $\sum p_t$ 为报告期或报告点所有样本某一变量的总和; $\sum p_0$ 为基期或基准点所用样本某一变量的总和; P 为该报告期或报告点总体某一变量的不加权综合指数。

例 14.1　表 14.1 给出了美国某一地区一组水果 2019 年和 2021 年的单位价格和销售量。若以 2019 年为基期,试计算 2021 年该组水果的不加权综合价格指数。

表 14.1　水果的单位价格和销售量

水果名称	2019 年		2021 年	
	每磅价格/美元	数量/磅	每磅价格/美元	数量/磅
苹果	0.692	19.2	0.896	18.8
香蕉	0.342	20.2	0.419	31.4
橙子	0.365	14.3	0.843	8.6

2021 年该组水果的不加权综合价格指数为

$$P = \frac{0.896 + 0.419 + 0.843}{0.692 + 0.342 + 0.365} \times 100 = 154.3$$

该计算结果显示 2021 年该组水果总体价格上涨。虽然不加权综合指数容易计算，但是它有两个缺点：①它认为一组中各个项目的重要程度一样，而现实中各个项目的重要程度通常是不一样的。②如果项目的计量单位发生改变，相应的指数就不同。只有在所有样本的待测变量所用单位与价值尺度基本一致、可比性较强时，不加权综合指数的使用才有效。总之，不加权综合指数仍然是一种使用局限性很强的指数。

（二）加权综合指数——拉氏指数和帕氏指数

与不加权综合指数相比，加权综合指数对计入指数的各个项目根据其重要程度赋予不同的权数，因此，除应注意基期或基准点的选择、项目的选择外，还应合理确定所选项目的权数。

1. 权数的确定

首先，权数必须能准确反映各项目在总体中的重要程度，并且能把尺度不同的各项目转化为统一尺度的数值再求和。例如，上证指数就是以每种样本股的总股本为权数，乘以该样本股的市价，得到每种样本股的市价总值，再求各样本股市价总值的总和，从而准确反映了股本大小不同的样本股在上证指数中的相对重要程度，并统一了衡量尺度。其次，保持分子、分母所使用权重时期的一致性，并确定权重的所属时期。这里的同一时期，既可以是基期，也可以是报告期或某一个固定时期。最后，选择合适的权数形式，可以是总量形式，也可以是比重形式。

2. 拉氏指数

拉氏指数又叫拉斯贝尔指数，由德国经济学家拉斯贝尔（Laspeyres）于 1864

年提出。它将权数的各变量值固定在基期来计算指数,计算公式如下。

拉氏数量指数:

$$I_q = \frac{\sum q_1 p_0}{\sum q_0 p_0} \tag{14.3}$$

拉氏质量指数:

$$I_p = \frac{\sum p_1 q_0}{\sum p_0 q_0} \tag{14.4}$$

式中,p_0 为基期的质量值;p_1 为报告期或报告点的质量值;q_0 为基期的数量值;q_1 为报告期或报告点的数量值。

例 14.2 仍以表 14.1 的数据为基础,计算该组水果 2021 年的拉氏指数。

根据式(14.3)计算其拉氏数量指数为

$$I_q = \frac{\sum q_1 p_0}{\sum q_0 p_0} = \frac{26.8874}{25.4143} = 105.80\%$$

根据式(14.4)计算其拉氏质量指数为

$$I_p = \frac{\sum p_1 q_0}{\sum p_0 q_0} = \frac{39.1763}{25.4143} = 154.15\%$$

3. 帕氏指数

帕氏指数又叫帕煦指数,由德国经济学家帕煦(Paasche)于 1874 年提出。它将权数的各变量值固定在报告期来计算指数,计算公式如下。

帕氏数量指数:

$$I_q = \frac{\sum q_1 p_1}{\sum q_0 p_1} \tag{14.5}$$

帕氏质量指数:

$$I_p = \frac{\sum p_1 q_1}{\sum p_0 q_1} \tag{14.6}$$

式中,p_0 为基期的质量值;p_1 为报告期或报告点的质量值;q_0 为基期的数量值;

q_1 为报告期或报告点的数量值。

例 14.3 仍以表 14.1 的数据为基础，计算该组水果 2021 年的帕氏指数。

根据式（14.5）计算其帕氏数量指数为

$$I_q = \frac{\sum q_1 p_1}{\sum q_0 p_1} = \frac{39.5120}{39.1763} = 100.86\%$$

根据式（14.6）计算其帕氏质量指数为

$$I_p = \frac{\sum p_1 q_1}{\sum p_0 q_1} = \frac{39.5120}{26.8874} = 146.95\%$$

4. 拉氏指数和帕氏指数的比较

从以上计算和分析中可以看到，用拉氏指数和帕氏指数分别计算数量指数和质量指数所得的计算结果是有区别的。从编制方法的角度看，两种公式都是正确的。但是从实际应用的角度看，对于两个计算数量指数的公式和两个计算质量指数的公式应该如何取舍呢？

先看数量指数，从式（14.3）和式（14.5）中可以看到，拉氏数量指数是以基期价格为权数计算的，帕氏数量指数是以报告期或报告点价格为权数计算的。从例 14.2 拉氏数量指数计算结果可以看出，与 2019 年相比，2021 年销售量平均上涨了 5.8%，销售额的增长为 26.8874 − 25.4143=1.4731 美元，它是假定价格不变的前提下由于销售量发生变化而带来的变化。从例 14.3 帕氏数量指数的计算结果可以看到，与 2019 年相比，2021 年销售量平均上涨了 0.86%，销售额的增长为 0.335 7 美元，它是在价格已经变化的前提下按调整后的价格来计算销售量变化的。我们将式（14.5）稍作调整，具体如下。

$$\frac{\sum q_1 p_1}{\sum q_0 p_1} = \frac{\sum q_1 (p_0 - p_0 + p_1)}{\sum q_0 (p_0 - p_0 + p_1)} = \frac{\sum q_1 p_0 + \sum q_1 (p_0 + p_1)}{\sum q_0 p_0 + \sum q_0 (p_0 + p_1)}$$

可以清楚地看到，按照基期价格计算的，除包括销售额的变化外还包括价格的变动。使用帕氏指数计算的增长额比拉氏指数增长额少 1.137 4 美元，也是由于价格下降带来的结果。在现实中，单纯反映数量变化的指数更具有经济意义，所以在计算数量指数时使用拉氏数量指数更为合适。

然后分析质量指数。拉氏质量指数是以基期销售量为权数计算的，帕氏质量指数是以报告期或报告点销售量为权数计算的。帕氏质量指数不仅反映了价格的变动，还反映了销售量变化的影响，比拉氏质量指数更具有经济意义，因此在计算质量指数时使用帕氏质量指数更为合适。

同时，从例14.2和例14.3中看出，拉氏指数大于帕氏指数。从实际资料看，当价格与销售量呈反方向变动的某段时间内，根据同一项资料计算的拉氏指数大于帕氏指数；反之，假如某段时间内价格与销售量呈同方向变动，则根据同样一项资料计算的拉氏指数小于帕氏指数。

由于种种原因，拉氏指数与帕氏指数的计算结果总是不相同的。从它们之间的差异出发，进一步分析社会经济现象，以及完善指数的编制均有重要作用。假如用同一资料计算这两种指数，结果差别较大，这就提醒我们，经济运行市场情况变化大，应当对国民经济的有关方面作出相应的调整。

第三节 平 均 指 数

平均指数是总指数的另一重要形式，是从个体指数角度出发，先计算质量指标或数量指标的个体指数，然后通过对个体指数进行加权平均编制的总指数。

平均指数编制的基本原理是先对比后平均，即先对比计算各个个体指数，然后对个体指数进行加权平均，进而计算总指数。平均指数的基本形式有两种：一种是加权算术平均指数；另一种是加权调和平均指数。在每种平均指数中，又由于所用权数之不同，可再分为综合指数变形权数和固定权数两种。

与综合指数相比，平均指数有两个特点：第一，编制综合指数时其计算公式较简单，而且其既可以说明现象数量总的变动方向和程度，又可说明现象数量变动所产生的效果，但编制时需要全面的统计资料，在某些原始资料不完备的情况下，综合指数的应用就会受到一定限制，而平均指数可以根据代表性资料计算，应用范围更加广泛。第二，综合指数必须用报告期（基期或固定时期）的数量指标或质量指标的实际资料作为权数，而平均指数除了可用实际资料作为权数，也可以在实际资料的基础上推算确定比重而后进行加权平均计算。由此可见，综合指数与平均指数都是编制总指数的不同形式和方法，适用于不同的条件，各有其应用价值。在一定的权属下，平均指数可以成为综合指数的一种变形，但是作为一种独立的总指数编制形式，它本身具有广泛应用价值，既可以应用非全面资料，也可以应用全面资料，特别是在全面资料不易获得的情况下有其特有的应用价值。

一、加权算术平均法编制数量指标指数

已知数量指标个体指数和基期总量权数，求数量指标指数时，应采用加权算

术平均指标指数的计算形式。加权算术平均法使用基期价值量指标(p_0q_0)作为权数，这通常是对个体指标指数加权算术平均计算得出。因为突出的经济意义，其多用于计算数量指标，计算公式一般为

$$\overline{I_q} = \frac{\sum k_q p_0 q_0}{\sum p_0 q_0} = \frac{\sum \frac{q_1}{q_0} p_0 q_0}{\sum p_0 q_0} \tag{14.7}$$

式中，$\overline{I_q}$为数量加权算术平均指标指数；k_q为个体数量指标指数，$k_q = q_1/q_0$。

例 14.4 表14.2给出了中国某地区三种水果的有关资料，计算其销售量的加权算术平均指标指数。

表14.2 中国某地区三种水果的有关资料

水果名称	销售额/元 基期	销售额/元 报告期	价格个体指数	销售额个体指数
苹果	60 000	75 000	1.0	1.25
梨	37 500	60 000	1.2	1.33
橙子	62 500	60 000	0.8	1.20
合计	160 000	195 000	3.0	3.78

根据式（14.7），三种水果销售量的加权算术平均指标指数为

$$\overline{I_q} = \frac{\sum k_q p_0 q_0}{\sum p_0 q_0}$$

$$= \frac{1.25 \times 60000 + 1.33 \times 37500 + 1.20 \times 62500}{160000}$$

$$= \frac{199875}{160000} = 124.92\%$$

计算结果表明，报告期与基期相比，销售量平均提高了24.92%。

二、加权算术平均法编制质量指标指数

加权调和平均法是以报告期价值量指标(p_1q_1)作为权数，对个体质量指标指数加权调和平均计算得出的。从指数经济意义出发，加权调和平均法通常用于编制质量指数，其计算公式一般为

$$\overline{I_p} = \frac{\sum p_1 q_1}{\sum \frac{1}{k_p} p_1 q_1} = \frac{\sum p_1 q_1}{\sum \frac{1}{p_1/q_1} p_1 q_1} \quad (14.8)$$

式中，$\overline{I_p}$ 为质量加权调和平均指标指数；k_p 为个体质量指标指数。

例 14.5 仍用表 14.2 给出的数据资料，计算其销售量的加权调和平均指标指数。
根据式（14.8），得出三种水果单位价格的加权调和平均指标指数为

$$\overline{I_p} = \frac{\sum p_1 q_1}{\sum \frac{1}{k_p} p_1 q_1} = \frac{195000}{\frac{75000}{1.0} + \frac{60000}{1.2} + \frac{60000}{0.8}} = \frac{195000}{200000} = 97.5\%$$

计算结果表明，三种水果的价格报告期比基期平均降低了 2.5%。

第四节　指数体系与因素分析

一、指数体系的概念和应用

前文介绍的是指数编制的一些方法。在实际中，为了更深入研究社会经济相互关系的现象，除了确定单个指数的计算方法，更重要的是确定几个指数组成的指数体系。

指数体系是指相互联系且在数值上具有一定数量对等关系的一系列指数所形成的体系。例如，销售额指数体系由销售额指数、销售量指数和价格指数构成；生产费用指数体系由生产费用指数、产量指数和单位产品成本指数构成；原材料消耗费用指数体系由原材料消耗费用指数、产量指数、单位产量原材料消耗指数和单位原材料价格指数构成。

每一个指数体系中，有一个指数称为总变动指数，其余指数称为因素指数。总变动指数是反映现象总量变动的指数，等于报告期与基期总量之比。例如，在上述指数体系中，销售额指数、生产费用指数和原材料消耗费用指数都是总变动指数。因素指数综合反映制约和影响总量指标变动的因素及其效果。例如，销售额指数体系中的销售量指数和价格指数；生产费用指数体系中的产量指数和单位产品成本指数等都是因素指数。

指数间的这种数量对等关系最典型的表现形式是：一个总变动指数等于若干个（两个或两个以上）因素指数的乘积。例如：

销售额指数=销售量指数×价格指数
生产费用指数=产量指数×单位产品成本指数
原材料消耗费用指数=产量指数×单位产量原材料消耗指数×单位原材料价格指数

显然，这些指数体系是建立在有关指标经济联系的基础之上的，因而具有实际的经济分析意义。

指数体系的主要作用：一是进行因素分析，即分析各种因素指数对总变动指数影响的方向和程度；二是进行指数间的相互推算，即根据已知的指数推算未知的指数。

二、指数体系的因素分析

因素分析是借助指数体系来分析社会经济现象变动中各种因素变动发生作用的影响程度。按影响因素的数量不同，因素分析可分为两因素分析和多因素分析；按分析指标的表现形式不同，可分为总量指标变动因素分析和平均指标变动因素分析。

（一）总量指标变动因素分析

1. 两因素分析

在指标体系中，若某个总量指标（结果指标）是两个因素指标的乘积，则可以根据指标关系构造指数体系。它是总量指标因素分析的基础。

总量指标 = 数量指标 × 质量指标

$$\frac{\sum p_1 q_1}{\sum p_0 q_0} = \frac{\sum q_1 p_0}{\sum q_0 p_0} \times \frac{\sum p_1 q_0}{\sum p_0 q_1} \tag{14.9}$$

总量指标指数中的对等关系除了乘法关系外还有加法关系，即结果指数的分子分母之差等于各因素指数分子分母之差的和。

总量指标变动额 = 数量指标变动额 + 质量指标变动额

$$\sum p_1 q_1 - \sum p_0 q_0 = \left(\sum q_1 p_0 - \sum q_0 p_0\right) + \left(\sum p_1 q_0 - \sum p_0 q_1\right) \tag{14.10}$$

例 14.6 根据例 14.1 的数据资料，结合前文得出的计算结果，利用指数体系分析价格和销售量变动对销售额的影响。

分析如下：

$$销售额指数 = \frac{\sum p_1 q_1}{\sum p_0 q_0} = \frac{39.5120}{25.4143} = 155.47\%$$

价格指数 = 146.95%

销售量指数 = 105.80%

三者的乘法数量关系为：155.47%=146.95%×105.80%

由此也可以看出，2019 年与 2021 年相比，三种水果的销售额提高了 55.47%，其中，由于价格变动使得销售额提高了 46.95%，由于销售量变动使得销售额提高了 5.80%。

又由于：

销售额变动 = 39.5120 − 25.4143 = 14.0977（美元）

价格变动的影响额 = 39.5120 − 26.8874 = 12.6246（美元）

销售量变动的影响额 = 26.8874 − 25.4143 = 1.4731（美元）

三者的加法数量关系为：14.0977 = 12.6246 + 1.4731（美元）

由此表明，与 2019 年相比，2021 年三种水果的销售额增长了 14.097 7 美元。其中，由于价格变动使得销售额增加了 12.624 6 美元，由于销售量变动使得销售额增加了 1.473 1 美元。

2. 多因素分析

根据分析研究问题的需要，还可建立多个因素指数组成的指数体系，对总量变动进行多因素分析。

例如，分析工业总产值的变动时，可以按全部职工人数、工人占全部职工人数的比重与工人劳动生产率三个因素的组合，进行三因素分析。这样，总产值的动态就可以分解为全部职工人数、工人占全部职工人数的比重和工人劳动生产率三个指数的连乘积。用乘法关系表示如下：

工业总产值 = 全部职工人数×工人占全部职工人数的比重×工人劳动生产率

在进行多因素分析时，要注意下面两个问题。

（1）对多因素现象进行变动分析，测定某个因素变动的影响时，必须固定其他因素。固定的办法，按照两因素分析的原理，分析数量指标因素变动时，要将其同度量因素质量指标固定在基期；分析质量指标因素变动时，要将其同度量因素数量指标固定在报告期。

（2）对多因素的分析顺序，要从现象总体的经济内容出发，使相邻两变量乘积具有独立意义。依据多因素的内在联系，先分析数量因素的变动程度，再分析质量因素的变动程度。

（二）平均指标变动因素分析

除了采用综合指数的形式对总量指标的变动进行指数因素分析外，还可结合总平均数指数进行。平均指标是反映社会经济现象总体一般水平的指标。总体一般水平取决于两个因素：一个是总体内部各部分的水平；另一个是总体的结构，即各部分在总体中所占的比重。平均指标的变动是这两个因素变动的综合结果。因此，对总体平均指标变动进行因素分析时，需要从数量上分析它们对总体平均指标变动的影响。故要相应地编制两个平均指标指数：固定构成指数和结构影响指数。

对总平均指标的变动进行因素分析，也就是对总平均数指数进行因素分析。总平均数指数由两个时期的总平均数的直接对比计算，即

$$\text{平均数指数} = \frac{\overline{x_1}}{\overline{x_0}} = \frac{\sum x_1 f_1}{\sum f_1} \bigg/ \frac{\sum x_0 f_0}{\sum f_0} \qquad (14.11)$$

式中，x 为各组变量值；$\dfrac{f}{\sum f}$ 为各组的权数，表现的是总体单位数结构。

1. 固定构成指数

影响平均数指数的一个因素是变量值，为了测定它的变动，可计算固定构成指数。计算这个指数时把总体单位数结果固定下来，测定各组变量值的变动对平均数指数变动的影响，总体单位结果数一般固定在报告期。计算公式如下：

$$\text{固定构成指数} = \frac{\sum x_1 f_1}{\sum f_1} \bigg/ \frac{\sum x_0 f_1}{\sum f_1} \qquad (14.12)$$

2. 结构影响指数

从式（14.12）中看到，影响平均数指数的另一个因素是总体单位数结构。计算这个指数时把各组变量值固定下来，测定总体单位数结构变动的影响，各组变量值通常固定在基期。计算公式如下：

$$\text{结构影响指数} = \frac{\sum x_0 f_1}{\sum f_1} \bigg/ \frac{\sum x_0 f_0}{\sum f_0} \qquad (14.13)$$

上述三者之间的联系，可组成总平均数指数体系。同样可以从相对数与绝对数两个方面进行因素分析。从相对水平看：

平均数指数 = 固定构成指数 × 结构影响指数

$$\frac{\sum x_1 f_1}{\sum f_1} \bigg/ \frac{\sum x_0 f_0}{\sum f_0} = \left[\frac{\sum x_1 f_1}{\sum f_1} \bigg/ \frac{\sum x_0 f_1}{\sum f_1}\right] \times \left[\frac{\sum x_0 f_1}{\sum f_1} \bigg/ \frac{\sum x_0 f_0}{\sum f_0}\right] \qquad (14.14)$$

从绝对水平看

$$\frac{\sum x_1 f_1}{\sum f_1} - \frac{\sum x_0 f_0}{\sum f_0} = \left[\frac{\sum x_1 f_1}{\sum f_1} - \frac{\sum x_0 f_1}{\sum f_1}\right] + \left[\frac{\sum x_0 f_1}{\sum f_1} - \frac{\sum x_0 f_0}{\sum f_0}\right] \quad (14.15)$$

例 14.7 表 14.3 是某地区粮食作物的生产情况,试分析该地区三种粮食作物的总体平均亩产量变动及其原因。

表 14.3 某地区粮食作物的生产情况

粮食作物	播种面积/公顷		每公顷产量/千克	
	2020年(f_0)	2021年(f_1)	2020年(x_0)	2021年(x_1)
A	2 000	1 000	200	200
B	2 200	2 000	300	315
C	4 000	4 600	400	440

分析如下:

根据式(14.11),计算该地区三种粮食作物总平均单位面积产量指数为

$$\frac{\sum x_1 f_1}{\sum f_1} \bigg/ \frac{\sum x_0 f_0}{\sum f_0} = \frac{2854000}{7600} \bigg/ \frac{2660000}{8200} = 115.76\%$$

根据式(14.12),计算出固定构成指数为

$$\frac{\sum x_1 f_1}{\sum f_1} \bigg/ \frac{\sum x_0 f_1}{\sum f_1} = \frac{2854000}{7600} \bigg/ \frac{2640000}{7600} = 108.11\%$$

根据上面计算结果,固定构成指数为 108.11%,即各种作物单位面积产量平均上升 8.11%。从而,促使总平均单位面积产量增长 8.11%。

分别观察 A、B、C 三种作物单位面积产量,A 不增不减,B 增加 5%,C 增加 10%。三种作物单位面积产量平均增长 8.11%,未超出最低限和最高限的范围。

根据式(14.13),可得结构影响指数为

$$\frac{\sum x_0 f_1}{\sum f_1} \bigg/ \frac{\sum x_0 f_0}{\sum f_0} = \frac{2640000}{7600} \bigg/ \frac{2660000}{8200} = 107.08\%$$

这个平均指数所反映的是播种面积构成变动,以及这种变动引起的全部粮食作物总平均单位面积产量的变动。由于播种面积构成发生了变化,致使总平均单

位面积产量上升了 7.08%。

三者之间的相对关系为

$$115.76\% = 108.11\% \times 107.08\%$$

从绝对水平看,该地区三种作物总平均单位面积产量变动额为

$$\frac{\sum x_1 f_1}{\sum f_1} - \frac{\sum x_0 f_0}{\sum f_0} = 375.5 - 324.4 = 51.1 \text{(千克)}$$

因为各种粮食作物单位面积产量和播种面积构成均有变动,致使粮食作物平均单位面积产量报告期比基期增加了 51.1 千克。

$$\frac{\sum x_1 f_1}{\sum f_1} - \frac{\sum x_0 f_1}{\sum f_1} = 375.5 - 347.4 = 28.1 \text{(千克)}$$

计算结果表明,由于各种作物单位面积产量变动,使总平均单位面积产量增加了 28.1 千克。

$$\frac{\sum x_0 f_1}{\sum f_1} - \frac{\sum x_0 f_0}{\sum f_0} = 347.4 - 324.4 = 23.0 \text{(千克)}$$

播种面积结构的变化,使得全部粮食作物总平均单位面积产量增加了 23.0 千克。

三者之间的绝对关系为

$$51.1 = 28.1 + 23.0$$

第五节 几种重要的统计指数编制

一、居民消费价格指数编制

消费价格指数(consumer price index,CPI)反映了一定时期内城乡居民所购买商品和服务的价格变动水平。一般国家的政府相关部门每个月都会报告这一指数,观察消费价格的变动水平,研究实际收入和实际消费水平的变动状况,为研究城乡居民生活和制定工资政策等提供依据。

在美国,消费价格指数是被人广为了解和运用的经济指数。美国劳工统计局每个月都公布这个指数,它是美国生活费用的基本测度指标。美国建立这个指数需要由 400 多个商品或服务项目组成一个"购物篮"(market basket),"购物

篮"中包括食品、住房、服装、交通运输和医疗保健等方面的商品或服务项目。消费价格指数是固定权数的加权综合物价指数，"购物篮"中每个商品或服务项目的权数通过对遍及美国的城市家庭的定期调查获得。

在我国，这一指数被称作居民消费价格指数，每月在国家统计局网站（http://www.stats.gov.cn/）上公布，表14.4是我国2022年6月居民消费价格分类指数（上年同月或同期为100）。

我国的居民消费价格指数是采用固定加权算术平均指数方法编制的。编制过程如下。

（1）项目分类：将各种居民消费划分为八大类（如表14.4所示），包括食品烟酒类、衣着类、居住类、生活用品及服务类、交通和通信类、教育文化和娱乐类、医疗保健类、其他用品和服务类，下面再划分为若干个中类和小类。

表14.4 2022年6月我国居民消费价格分类指数

项目名称	上年同月=100			上年同期=100		
	全国	城市	农村	全国	城市	农村
居民消费价格指数	102.5	102.5	102.6	101.7	101.7	101.5
食品烟酒类	102.5	102.6	102.3	100.4	100.7	99.2
衣着类	100.6	102.6	100.6	100.5	100.5	100.5
居住类	100.8	100.6	101.7	101.2	101.0	102.0
生活用品及服务类	101.5	101.5	101.5	101.0	101.0	101.0
交通和通信类	108.5	108.6	108.1	106.3	106.4	106.1
教育文化和娱乐类	102.1	102.2	101.8	102.3	102.4	102.0
医疗保健类	100.7	100.7	100.9	100.7	100.6	100.9
其他用品和服务类	101.7	101.5	103.0	101.2	101.1	101.8

资料来源：根据国家统计局官网资料整理

（2）个体价格指数计算：从以上各类中选定325种有代表性的商品项目（含服务项目）入编指数，利用有关对比时期的价格资料分别计算个体价格指数。

（3）权数确定：依据有关时期内各种商品的销售额构成，确定代表产品的比重权数。它既包括代表产品本身的权数——直接权数，也包括该代表产品所属的那一类商品中其他项目的权数——附加权数，以此提高入编项目对于所有消费品的一般代表性程度。

（4）消费价格分类指数和总指数的编制：按从低到高的顺序，采用固定加权算术平均公式，依次编制各小类、中类的消费价格分类指数和消费价格总指数。

我国居民消费价格指数的编制公式如下：

$$P = \frac{\sum p_t \omega}{\sum \omega} \times 100 = \frac{\sum p_t \omega}{100} \times 100 \quad (14.16)$$

式中，p_t 为各商品项目的个体价格指数；ω 为各商品项目的比重权数。

二、工业生产指数编制

工业生产指数（industrial production index，IPI）是相对指标，反映某一时期工业经济的状况和发展趋势。工业生产指数编制时，以代表产品的生产量为基础，用报告期除以基期获得产品产量的个体指数，以工业增加值计算的权数来加权平均，计算出产品产量的分类指数和总指数，而总指数就是工业的综合发展速度。如同其他相对指标一样，在使用工业生产指数时，必须注意资料的可比性，必须同绝对指标结合起来使用，方能比较客观、全面地说明问题。

由于权数形式的不同，有三种不同的工业生产指数计算公式：权数固定在基期；权数固定在报告期；基期权数和报告期权数同时使用。我国采用"权数固定在基期"的计算公式，即

$$K = \frac{\sum \frac{Q_1}{Q_0} W_0}{\sum W_0} \quad (14.17)$$

式中，K 为总指数或分类指数；Q 为产品产量；W_0 为基期权数。

计算工业生产指数的总体方案主要包括代表产品的确定、权数的计算与指数的计算几个方面，相应分为如下三个步骤。

（1）确定本级代表产品目录，这是计算工业生产指数的一个重要环节。代表产品的选取是否科学合理，直接影响到生产指数计算结果的准确性。代表产品选取的基本原则主要包括：从各个行业分品种和规格来选择代表产品，并注重价值量比较大，处于上升趋势和经济寿命期长且在一定时期内处于相对稳定的产品。

（2）搜集权数基期年的有关基础资料，计算并确定权数。计算权数的基础资料主要包括代表产品的价格、单位产品增加值、分行业总产值和增加值、代表产品基期年产量等，产品增加值的计算是权数计算的关键。可以说，确立一套权数，是编制工业生产指数最重要的工作。

（3）依据代表产品的个体指数，并用各自的权数加权平均计算出分类指数（行业指数）和总指数。

三、商品零售价格指数编制

商品零售价格指数（retail price index，RPI）是反映市场商品零售价格变动水平的一种价格指数。零售价格指数和消费价格指数一样被广为了解和运用，但两者分析和反映的经济意义有所不同，消费价格指数综合反映城乡居民所购买的各种消费品和生活服务的价格变动程度，零售价格指数则反映城乡市场各种零售商品（不含服务项目）的价格变动程度。

我国的零售价格指数编制方法与消费价格指数编制方法基本相同，也是采用固定加权算术平均指数公式，其计算公式为

$$I_p = \frac{\sum kw}{\sum w} \times 100\% \qquad (14.18)$$

目前，零售价格指数与消费价格指数的入编商品不同，共计353项，其中不包括服务项目，以往曾包含的一部分对农村居民销售的农业生产资料现也已取消；对商品的分类方式也与消费价格指数有所不同。以上两点决定了两种价格指数在分析意义上的差别。表14.5是2022年6月我国商品零售价格分类指数（上年同月或同期为100）。

表14.5　2022年6月我国商品零售价格分类指数

项目名称	上年同月=100			上年同期=100		
	全国	城市	农村	全国	城市	农村
商品零售价格指数	103.7	103.7	104.2	102.8	102.7	102.9
食品类	102.7	102.7	102.5	100.4	100.6	99.1
饮料、烟酒类	101.9	102.2	101.5	101.9	101.9	101.6
服装、鞋帽类	100.6	100.7	100.4	100.5	100.5	100.4
纺织品类	100.2	100.1	101.3	100.4	100.3	101.2
家用电器及音像器材类	100.4	100.4	100.8	101.4	101.3	101.9
文化办公用品类	100.7	100.7	100.7	100.9	100.8	101.2
日用品类	102.3	102.3	102.3	100.5	100.4	100.7
体育娱乐用品类	102.1	102.1	102.0	101.4	101.4	101.4

续表

项目名称	上年同月=100			上年同期=100		
	全国	城市	农村	全国	城市	农村
交通、通信用品类	99.1	99.1	99.5	99.5	99.5	99.7
家具类	101.4	101.3	102.1	101.7	101.6	102.1
化妆品类	103.0	102.9	104.4	100.3	100.3	100.7
金银珠宝类	99.5	99.3	101.8	100.5	100.3	101.9
中西药品及医疗保健用品类	100.1	100.0	100.2	99.9	99.9	100.1
书报杂志及电子出版物类	102.4	102.5	101.4	101.7	101.8	101.2
燃料类	127.2	126.8	130.3	122.8	122.4	125.5
建筑材料及五金电料类	102.3	102.5	102.7	102.9	102.8	103.3

资料来源：根据国家统计局官网资料整理

【思考与练习】

一、简述题

1. 什么是指数，指数有哪些主要类型？
2. 综合评价指数是什么，有哪些主要的编制方法？
3. 什么是指数体系，指数体系的主要作用是什么？

二、应用题

1. 某公司的净利润、总资产、总销售额分别为500万元、8 000万元和1亿元，请计算其净利润率、总资产周转率和销售净利率，并对其进行说明。
2. 某企业200名职工的工资分组资料如下表所示。

工资/元	职工人数/人	各组人数所占比重
1 000 以下	10	5%
1 000～1 500	34	17%
1 500～2 000	64	32%
2 000～2 500	56	28%
2 500～3 000	24	12%
3 000 以上	12	6%
合计	200	100%

（1）以职工人数为权数计算职工平均工资。
（2）以各组职工人数所占比重为权数计算职工平均工资。